통일대담

역사·문학·예술 전문가에게 듣는 평화와 통일

통일대담
역사·문학·예술 전문가에게 듣는 평화와 통일

초판 1쇄 2020년 12월 30일

지은이 이재봉, 박맹수, 한완상, 이만열, 한홍구, 정창현
　　　　　황석영, 임헌영, 신학철, 백　자, 권병길, 김재용
펴낸이 김종영
펴낸곳 사람과사회™
편집 　김경식
인쇄 　한기획

사람과사회™
출판등록 2014년 07월 23일
등록번호 제300-2016-17호
주소 01304 서울시 도봉구 도봉산3길 78-6, 301호
전화 02-6449-0707 팩스 02-6015-8778 e메일 peoplesocietybook@gmail.com
홈페이지 https://peoplesocietybook.com/
페이스북 페이지 http://www.facebook.com/peopleciety/
페이스북 그룹 http://www.facebook.com/groups/ThePeopleSociety/

ISBN 979-11-965711-1-5 03300

가격 18,000원

- 저작권은 지은이와 사람과사회™에 있습니다.
- 저작권법 보호를 받는 저작물이므로 내용의 일부나 전부를 사용하려면
  지은이와 사람과사회™로부터 서면으로 동의를 받아야 합니다.
- 인지는 저자와 협의에 따라 생략합니다.

통일대담

역사·문학·예술 전문가에게 듣는 평화와 통일

이재봉, 박맹수, 한완상, 이만열
한홍구, 정창현, 황석영, 임헌영
신학철, 백　자, 권병길, 김재용

발간사

　1996년부터 원광대학교에서 북한사회와 통일문제 등에 관해 공부하며 강의해오다 2019년 초 통일부가 지원하는 '대학생을 위한 통일 특강 및 강좌 사업'에 대해 알게 되었다. 1학기 '통일 특강' 지원 사업에 신청해 선정됐다. 대통령 통일외교안보 특별보좌관인 문정인 연세대학교 정치외교학 명예교수, 통일부장관을 두 번 지낸 정세현 민주평통 수석부의장, 김진향 개성공단 이사장, 평화의길 이사장 명진 스님, 진천규 통일TV 대표 등을 초청해 대담을 진행하는데 매주 전국 각지에서 200~300명의 청중이 참여했다. 6주간 특강을 끝내자 통일교육원이 대담 내용을 통일교육 교재로 펴내자고 제안했다. 그 결과가 『평화의 길, 통일의 꿈』(메디치, 2019)이라는 책이다.
　그런데 '대학생을 위한 통일 특강'이었지만 학생들은 200~300명 청중의 10% 안팎에 불과했다. 통일부 사업 취지에 부응하지 못한 것이다. 2019년 2학기엔 통일부 지원으로 정규과목을 개설할 수 있는 '통일 강좌' 지원 사업을 신청했는데 다행히 또 뽑혔다. 교양과목 이름을 「명사초청 통일대담」으로 정했다. 혼자 강의하는 것보다 둘이 얘기하며 이끌어가는 수업의 호응도가 높다는 것을 깨달은 터였다. 수업 주제는 '역사와 문학·예술을 통해 생각해보는 평화와 통일'로 잡았다. 다양한 분야의 전문가들을 통해 북한 사회와 통일 문제에 접근해보는 게 재미있으리라 생각했다. 호응은 뜨거웠다. "평상시 접할 수 없는 유명 인사들이 편안하게 대담 형식으로 정보를 전달해주는 굉장히 인상 깊은 수업", "어디서 쉽게 듣지 못할 독특한 수업", "잊을 수 없는 색다른 수업" 등의 평가가 이어졌다.
　역사 분야에서는 동학 전문가로 한국근현대사학회장을 지낸 박맹수 원광대학교 총장, 통일부총리와 교육부총리를 지낸 한완상 3.1운동및대한민국임시정부수립100주년기념사업추진위원장, 국사편찬위원장과 한국독립운동사편찬위원장을 지낸 이만열 숙명여자대학교 역사학 명예교수, 반헌법행위자열전편찬위원회 책임편집인을 맡고 있는 한홍구 성공회대학교 역사학 교수, 북한 역사를 연구하며 월간 『민족21』 대표를 지낸 정창현 평화경제연구소장이 흔쾌히 초청을 수락했다. 어문학 분야에서는 북한·통일 관련 작품을 많이 발표해온 황석영 소설가, 민족문제연구소장인 임헌영 문학평론가, 『겨레말큰사전』 편찬위원을 맡고 있는 김재용 원광대학교 국어국문학 교수를, 예술 분야에서는 1980년대부터 민중미술과 민족미술을 이끌어온 신학철 화가, 노래패 '우리나라'를 대표해온 백자 가수, 경기도문화의전당 이사장 권병길 연극·영화배우를 모셨다.

'통일 강좌'를 성황리에 마치자 은근히 욕심이 생겼다. 이번에도 대담 내용을 책으로 펴내고 싶었다. 마침 원광대학교 사범대학이 '교원양성대학 시민교육 역량강화사업'의 일환으로 '통일교육 특성화'를 추진해왔기에 사범대학장 겸 사업단장을 맡고 있던 박은숙 교수에게 조심스레 출판을 제안해보았다. 기꺼이 응해주었다. '예비교사를 위한 통일교육' 교재로 삼기로 한 그의 결정이 2020년 8월 나의 정년퇴임 선물이 되었다.

「명사초청 통일대담」을 끝낸 지 꼭 1년 만에 대담 내용이 책으로 나온다. 초청에 기꺼이 응해주신 역사·문학·예술 분야 전문가들, 이를 통일교육 교재로 펴내주시는 박은숙 사범대학 교수, 섬세한 편집과 교정 그리고 출판을 맡아주신 김종영 사람과사회 대표에게 감사드린다. 이 책을 통해 '예비교사'들뿐만 아니라 많은 대학생들과 일반시민들도 '인문학적 소양'을 기르며 평화와 통일의 길로 나아가게 되길 기대한다.

2020년 12월

이재봉 원광대학교 정치외교학·평화학 명예교수

차 례

발간사 이재봉 원광대학교 정치외교학·평화학 명예교수   6

제1부 역사로 보는 평화와 통일

제1강 동학혁명과 개벽정신   13
       생명에는 좌우가 없다 | 박맹수 동학 전문가

제2강 3.1운동과 건국   45
       8.15는 '건국일' 아닌 '정부수립일' | 한완상
       3·1운동100주년기념사업추진위원장

제3강 항일독립운동과 해방   77
       대한민국 건국은 '1919년' | 이만열 前 독립운동사편찬위원장

제4강 민주화운동   113
       현대사는 끝나지 않은 역사 공부 | 한홍구 성공회대 교수

제5강 남북한 역사 인식   149
       북한은 쉬지 않고 변하고 있다 | 정창현 평화경제연구소 소장

제2부 문학과 예술로 보는 평화와 통일

제6강　문학　　　　　　　　　　　　　　　　　　　　　185
　　　　기억·진실·용서·상생이 통일 | 황석영 소설가

제7강　필화사건과 저항문학　　　　　　　　　　　　　223
　　　　필화로 국가폭력을 말하다 | 임헌영 문학평론가

제8강　미술　　　　　　　　　　　　　　　　　　　　　253
　　　　예술은 현실과 함께 가는 것 | 신학철 화가

제9강　음악　　　　　　　　　　　　　　　　　　　　　285
　　　　노래로 세상을 바꾸고 싶다 | 백자 가수

제10강　연극과 영화　　　　　　　　　　　　　　　　　313
　　　　연극은 생각과 만남의 예술 | 권병길 연극·영화배우

제11강　남북한 언어와 문학예술　　　　　　　　　　　341
　　　　북한에도 문학이 있다 | 김재용 원광대학교 교수

역사·문학·예술 전문가들이 들려주는 평화와 통일 이야기

제1부

역사로 보는 평화와 통일

제1강 동학혁명과 개벽정신 | 박맹수 동학 전문가

제2강 3.1운동과 건국 | 한완상 3·1운동100주년기념사업추진위원장

제3강 항일독립운동과 해방 | 이만열 前 한국독립운동사편찬위원장

제4강 민주화운동 | 한홍구 성공회대 교수

제5강 남북한 역사 인식 | 정창현 평화경제연구소 소장

역사·문학·예술 전문가들이 들려주는 **평화와 통일 이야기**

제1강 | 동학혁명과 개벽정신

생명에는 좌우가 없다

박맹수 원광대학교 총장

동학 전문가

이재봉 여러분, 안녕하세요? 반갑습니다. 원광대학교에서 정치외교학과 평화학을 공부하며 강의해온 이재봉입니다. 주로 북한과 통일 문제, 그리고 미국과 중국 등 주변 강대국과 한반도 관계를 연구하고 있습니다. 이 과목은 이번학기 처음 개설했는데, 학생들 150여명이 수강 신청을 했어요. 오늘 첫 수업엔 교직원들도 많이 참석하고, 서울과 대구 등 전국 각지에서 시민들도 많이 오셨군요. 그 중 아주 특별한 분들이 몇 분 와 계시는데 간단하게 소개 해드리고 싶습니다. 여러분 모두 특별하지만, 조금 더 유별난 분들이기 때문입니다. 민주화운동이나 통일운동 하면서 오랫동안 감옥살이 하신 분들이거든요. 먼저 민주화운동과 평화학 분야의 큰 어르신 박성준 선생님 와주셔서 고맙습니다. 저에겐 선배 평화학자입니다만, 한명숙 총리 부군으로 더 널리 알려지셨지요. 1970년대 박정희 군사독재 때 대학 다니며 민주화운동하다 감옥에 다녀와서 한의사가 되신 고은광순 선생님 고맙습니다. 호주제 폐지 등을 이끌며 여성운동에 앞장서오다 요즘은 평화운동에 더 열심인 것 같은데요. 1980년대 미국에 유학 가서 정치학을 공부하다 간첩으로 엮여서 10년 이상 감옥살이 하는 동안 『야생초 편지』라는 책을 써서 백만 권 베스트셀러 저자가 되신 황대권 선생님 고맙습니다. 요즘 영광에 살면서 반핵평화운동을 이끌고 계시지요. 저와 함께 1998년 평양에 다녀오신 후 수십 번 북한을 드나들며 통일운동을 주도하다 감옥에 몇 차례 들락거린 한상렬 목사님 고맙습니다. 앞으로 평양엔 계속 가더라도 감옥엔 그만 가시기 바랍니다. 이제 오늘의 주인공 박맹수 총장님을 앞으로 모시겠습니다. 오늘은 총장님이 아니라 수업 주제에 따라 동학 전문가로 모셨습니다.

박맹수 반갑습니다. 제가 작년(2018) 8월말에 13대 원광대 총장이 되겠다는 선언을 하고 세 가지 공약을 준비했습니다. 첫 번째는 원광대학교를 대한민국 220개 4년제 대학 가운데 가장 모범적인 통일 선도 대학으로 만들겠다는 공약을 했는데, 이재봉 교수님이 그 공약을 이렇게 조금씩 실천할 수 있도록 길을 열어주셔서 감사드립니다. 이 과목에 등록해주신 재학생 여러분, 그리고 오늘 이 특강에 함께 해주신 익산시민들을 비롯한 전국 각지에서 오신 모든 분들께 원광대학교를 대표해서 감사의 인사를 드립니다. 고맙습니다.

이재봉 총장님 이력과 학력을 보니까 특이한 면이 많아요. 원불교 교무니까 당연히 원불교학과를 졸업하셨죠. 그런데 대학원 석·박사 과정에서는 원불교학이 아니라 역사학을 공부하셨어요. 그리고 일본에 가서 철학 박사를 받으셨습니다. 한국에 돌아온 후 역사학이나 철학 교수가 아니라 원불교학 교수가 되셨어요. 어떻게 역사학, 철학을 공부하고 원불교학 교수가 됐지요? 그리고 원불교학 교수와는 큰 관계가 없을 것 같은 박사 학위를 두 개나 받은 특별한 배경이 있을 것 같은데 말씀해주시겠어요?

'역사의 죄인', '민주화의 죄인', '민족의 죄인'

박맹수 우선 남들은 하나도 따기 어려운 학위 두 개를 갖고 있어서 죄송하다는 말씀을 좀 드리겠습니다. 그렇게 된 데에는 좀 특별한 사연이 있었어요. 나중에 자세히 말씀드릴 기회가 있을지 모르겠습니다만, 저는 1974년에 서울에서 고등학교를 졸업했습니다. 수행을 잘해서 제 얼굴만 봐도 모든 분들이 다 구원받는 착한 교무가 되기 위해 1975년 75학번으로 원광대 원불교학과에 입학했다가 학군단(학생군사교육단, ROTC, Reserve Officers' Training Corps)으로 군대를 가죠. 79년 2월에 임관했고, 중위 때 80년 5월을 겪었습니다. 거기에서 제가 '역사의 죄인'이 되는, '가해자'가 되는 쓰라린 사연이 있어요. 그래서 쓰라린 개인사 때문에 트라우마(Trauma) 같은 게 있어요. 왜 5월에 이 잔인한 비극이 이 땅에서 벌어져야 하고, 개인 의지와는 관계없이 가해자가 되어야 하고, 역사의 죄인이 될 수밖에 없었는가? 그런 고민을 하다가 제가 역사에 무지하다는 것을 깨닫고 역사 공부를 하게 되었습니다. 역사 공부를 하다 보니까, 요즘도 아마 우리 젊은이들 실감하겠지만, 한국 근현대사의 고비 고비마다 일본제국주의의 만행이 연결되지 않은 사건이 없더라고요. 그래서 대학원을 10여 동안 다니면서 죽기 전에 해야 할 일 중의 하나가 일본 유학을 한 번 가봐야겠다는 생각을 했고, 어떻게 하다 보니까 한국에서 학위를 받고 일본에서도 받게 됐습니다. 원불교학과 교수가 된 것은 역사와 관련이 있습니다. 사실 원불교는 한국 근현대사 전개와 함께 그대로 평행선을 그으면서 같이 길을 걸어왔죠. 그러니까 원불교를 제대로 이해하려면 근현대사를 정확히 알아야 합니다. 이렇게 해서 원불교학과 최초로 정통 원불교학 전공자가 아닌 역사학 전공자가 교수가 됐습니다.

이재봉 좀 전에 '역사의 죄인'이라고 하셨지요? 저는 1980년대 대학가에서 민주화 시위가 거의 매일 벌어질 때 데모 한 번 참여해보지 않아서 '민주화의 죄인'이라고 자처해왔어요. 소설가 채만식은 일제 말기 친일강연 몇 번 했다고 해방 직후 '민족의 죄인'이라며 속죄하는 내용을 담아 자전적 소설을 썼는데 제가 그걸 모방한 거죠. 아무튼 역사의 죄인과 민주화의 죄인이 대담하는 셈이군요. 그런데 총장님은 학교 안에서야 원불교학 교수로 알려져 있지만, 바깥에서는 그보다 '걸어 다니는 동학'이나 '동학쟁이'라는 얘기를 많이 하는데 동학에 평생을 바친 계기가 있습니까?

박맹수 있지요. 그런데 그 별명 중에 더 재미있는 별명도 있는데 혹시 아세요? 1983년부터 지금까지, 총장이 되기 전까지 동학혁명의 역사적 현장을 발로 확인하고자 대한민국을 발로 다 돌았고, 2000년대부터는 일본과 중국을 돌기 시작했습니다. 그리고 유일하게 가보지 못하고 있는 땅이 있습니다. 북측의 황해도와 평안도입니다. 아직 못 가보고 있는데, 발로 동학을 연구를 했기 때문에 역사학계에 가면 선후배들이 손을 들면서 저와 인사를 하는 표현이 있어요. '오늘도 걷는다마는 박맹수'라는 호칭이 그것입니다.

이재봉 빨리 통일이 되어야겠습니다. 나중에 다시 얘기 나올지 모르겠습니다만, 남쪽에서는 전라북도 정읍, 고창을 '동학혁명 발상지'라고 하잖아요? 북쪽에서는 황해도 아닙니까? 황해도까지 가서 직접 자료도 발굴하고 연구하시려면 빨리 통일이 돼야겠어요. 통일까지 안가더라도 남북교류가 많이 증진되어야겠습니다. 저하고 같이 가시죠. 제가 안내하겠습니다. 저는 황해도 가봤거든요. 평생을 바쳐서, 어제도 오늘도 계속 걸어다니면서 동학쟁이가 되셨는데, 우리는 역사책을 통해 동학을 대충 공부했지만, 동학의 진수라고 할 수 있는 기본적인 핵심 내용을 10분 정도 들어볼까요?

광주의 비극은 근현대사와 현대사회의 모순이 폭발한 것

박맹수 조금 전 질문에 대한 답변이 부족한 부분이 있어서 보충하자면, 저는 조정래 선생이 쓴 대하역사소설 『태백산맥』의 무대인 전라남도 벌교가 고향인데요. 아버님이 가문을 중흥하기 위해서 논밭을 팔아 서울로 유학을 보냈죠. 그 때 꿈은 사법고시 합격입니다. 그런데 고등학교를 다니면서 조금씩 생각이 바뀌고 그 과정에서 원불교를 만났습니다. 원불교 핵심 사상은 사람이 자기 혼자만 존재하는 게 아니라는 것입니다. 내가 존재하는 것은 천지, 부모, 동포, 법률의 은혜 속에서 존재하는 것이라는 '사은사상(四恩思想)'입니다. 사은사상에 굉장히 꽂혀서 원불교 학교를 왔습니다. 그래서 착한 교무가 되기 위해서 강의실과 기숙사와 도서관만 열심히 다니다가 군대 가서 5.18을 겪었죠. 5.18 당시 막연한 의문이 있었어요. '이거 뭔가 이상한데?'라는 것이었어요. 그러나 군 조직의 특성상 문제를 제기한다거나 명령

거부, 탈영, 그리고 요즘처럼 양심선언을 하는 것은 용기가 없었고, 또 그 당시만 해도 그럴 수 있는 환경이나 조건이 없었어요. 아마 군 내부에서 양심선언을 처음으로 하신 분이 이지문(李智文) 중위로 기억합니다. 저보다 한참 후배죠. 의문을 갖고 5.18을 겪는데, 하필 직책이 5.18을 열흘 동안 파악해 상급부대에 내용을 보고하고 하급부대에 하달하는 것이었습니다. 37사단 지하 벙커에서 연락장교를 담당했었어요. 그러니까 지금도 어디에서 무엇이 일어나고, 어떻게 되고 이런 내용이 들어 있는 '광주의 열흘'은 제 머릿속에 아주 선명하게 박혀 있습니다. 그러니까 군대에 있을 때는 그런 고통이 적었지만, 81년 6월말에 세상에 나오니까 외신기자들이 찍은 광주학살 비디오가 교회, 인권단체, 성당에서 조금씩 상영되었죠. 군산 어느 성당에서 비디오를 처음 봤는데, 제가 군대 안에서 서류상으로 보고 받은 내용하고, 알고 있었던 것과 막상 화면에 나오는 참상을 비교해 보니까 사람이 돌겠더라고요. 한 마디로 팽 돈 거죠. 그때야 비로소 역사의 진실을 꿰뚫을 수 있는 안목이 없었다는, 어떤 작은 자각이랄까, 그래서 나는 누구도 부정할 수 없는 '역사의 죄인'이라는 생각을 그때부터 하기 시작했습니다.

박맹수 그럼 역사를 어떻게 할 것이냐, 바꿔야 된다, 그래서 가장 전투적인 전사가 되기 시작하죠. 제대 후 익산에서 삼동야학을 만들어 변혁운동 전사들을 기르는, 의식화하는 야학운동, 야학 교장 노릇을 했습니다. 이 과정에서 후배들을 의식화하려면 저도 의식화를 해야 하니까 그때, 82년부터 소위 말하는 이념 서적, 사회과학 서적을 읽기 시작했어요. 그때 제일 감명 깊게 읽었던 책이 파울로 프레이리(Paulo Freire)의 민중교육론을 담은 『페다고지』(Pedagogy of the Oppressed, 1968), 이런 것들이었는데, 공부하다 보니까 광주의 비극이 어떤 특정한, 악한 사람 개인의 의지에 의해서 일어난 게 아니고 근현대사의 모순, 현대사회의 모순이 폭발한 것이라는 생각이 들었어요. 그래서 역사 공부를 시작했죠. 당시 지도교수님이 진보적 역사학계의 최고봉이었던 정창렬(鄭昌烈) 교수님인데, 이 분에게 고민을 이야기했더니 '성공한 역사에서 배우지 말고 실패한 역사에서 배워라'는 말씀을 해주셨어요. 광주학살의 비극이 어디서부터 시작됐는가, 이것을 나름대로 고민을 해보니까 1894년 동학농민혁명(東學農民革命)의 처절한 좌절, 거기에서부터 우리 근현대사의 모순과 비극이 시작됐다는 생각이 들었습니다. 실패한 역사를 다시는 실패하지 않는 역사로 만들기 위해서, '오기', 여러분들이 잘 쓰는 말인 '깡' 같은 것이 생겨서 지금까지 온 것 같습니다.

　박맹수 동학(東學)은 지금 많은 사람들이 오해를 하고 있어요. 첫째 오해가 뭐냐면, 동학이 서학에 대항하기 위해서 생겼다는 것, 그러니까 어떤 대항이데올로기 또는 서쪽에 대한 동쪽의 방위(防衛)로 동학을 이해하는 경향이 대부분입니다. 물론 그런 의미가 전혀 없는 것은 아닙니다. 있기는 하지만, 우리 민족이 동이족 시대 때부터 쓰던 동(東)의 의미를 추적해서 올라가보면 '생명의 원형, 본질, 있는 그대로'라는 뜻이 있어요. 그러니까 동학은 무슨 서학에 대립해서 생긴 학문이 아니고 생명의 실상, 본성, 원형, 본질을 있는 그대로 탐구하는 학문입니다. 이것을 우리가 좀 잘 알아야 될 것 같아요. 그런데 동학을 어디서 어떻게 하자는 것이냐? 내가 태어나서 자라고, 내가 뭔가 부모님으로부터 물려받은 어떤 그런 것들이 있는 곳, 내가 지금 있는 바로 여기, 'here and now', 내가 서있는 바로 이 자리에서부터 생명의 본성, 원형을 탐구하는 학문을 하자는 것이 동학이라고 이해하면 됩니다. 그래서 동학의 핵심 사상을 수운(水雲) 최제우(崔濟愚, 1824~1864) 선생은 '사람도 살리고, 우주도 살리고, 만물도 살리고, 섬기자'는 의미로 시천주(侍天主)를 강조하셨지요. '천주'는 하늘에 있는 초월자로서의 천주뿐만 아니라 모든 만물 속에도 천주가 계시고 우리 모두에게도 천주가 계시다는 의미입니다. 그래서 시천주사상이 동학사상의 핵심이라고 이해하시면 참고할 수 있을 것입니다.

이재봉 총장님이 취임하시면서 교수든 직원이든 학생이든 다 모시겠다고 한 게 동학사상에 바탕을 둔 것 같군요. 그런데 군사독재를 거치면서 사건 명칭 같은 것을 비롯해 역사 왜곡이 많이 생겼잖아요. 총장님이나 저나 1970년대 중고등학교 다닐 때는 5.16혁명, 4.19의거라고 배웠듯이 1990년대 김영삼 정부 때 민주화가 이루어지면서 '무슨 5.16혁명이냐 군사 쿠데타지', '4.19의거가 아니라 혁명이다', 이런 식으로 고쳐졌고요. 동학도 마찬가지잖아요. 60~70년대에는 '동학난'(東學亂)이라고 했지요. 난리가 났다는 거죠. 그러다 재야 사학자들로부터 시작해 '동학혁명'이라는 말도 나오고 '동학농민전쟁'이라는 말도 나왔는데, 지금 공식 명칭은 뭡니까?

국가가 인정한 용어는 '동학농민혁명'

박맹수 동학 명칭은 아직 하나로 통일되어 있지는 않고요. 대체로 동학농민혁명 100주년이 되던 1994년에서 120주년이 된 2014년 사이에 용어가 두 개 정도로 정리가 됐어요. 학계에서는, 역사학계를 포함한 학계에서는 '동학농민전쟁'이란 말을 90% 정도 쓰고 있어요. 저는 학자들하고는 조금 다르게 '동학농민혁명'이라고 쓰고 있습니다. 하지만 학계는 동학농민전쟁이 대세입니다. 그러나 2004년 「동학농민혁명 참여자 등의 명예 회복에 관한 특별법」 제정 당시에 법적으로, 제도적으로 국가가 인정한 용어는 동학농민혁명입니다. 그래서 현재 법적·제도적 명칭은 동학농민혁명, 학계는 동학농민전쟁, 이렇게 이해하시면 되겠습니다. 그러면 왜 두 용어가 혼재와 혼용이 되고 있느냐? 1894년 역사적 대사건을 깊이 파고들어가서 보면 안으로의 혁명과 밖으로의 혁명이 있는데, 밖으로의 혁명은 외세와의 전쟁이라는 측면이 있어요. 그러니까 안으로는 조선왕조 500년 모순을 근본적으로 뒤엎기 위한 혁명적 성격을 100% 띄고 있습니다. 그리고 밖으로는 혁명을 진압해 조선의 주도권을 장악하려 했던 제국주의 일본 세력과 맞서 싸운 것을 말합니다. 그래서 일반적으로는 동학농민혁명이라고 쓰고, 구체적으로는 두 가지 측면을 지니고 있다고 이해하면 됩니다. 즉 안으로는 혁명적 성격, 밖으로는 전쟁의 성격이라고 이해하시면 도움이 되지 않을까 생각합니다.

이재봉 1894년이 갑오년이었으니까 '동학혁명'이나 '갑오혁명' 또는 '갑오농민전쟁', 이렇게 부르잖아요. 그런데 가장 널리 보편적으로 쓰는 명칭이 동학농민혁명이라는 거죠?

박맹수 네, 그렇습니다. '갑오(甲午)'라는 명칭에 대해서도 지적하고 넘어가야 될 것 같습니다. 한국 학계는 아직도 사대주의적인 측면을 갖고 있다고 봐요. 1980년대까지만 해도 잘 나가는 역사가들이 썼던 용어가 '갑오농민전쟁'입니다. 갑오농민전쟁은 1950년대 재일동포 사학자를 비롯해서 일본학자들이 지금도 즐겨 쓰는 용어예요. 그런데 1994년 동학농민혁명 100주년을 전후로 발로 뛰는 역사 연구자 10여 명이 있었어요. 제 위로는 이이화(1937~2020) 선생이 필두시고, 충북대 사학과 신영우 교수, 상지대에 계시는 장영민 교수, 그리고 저 같은 사람도 포함되는데, 100주년 전후에 이들 10여 명의 연구자들이 전국을 발로 뜁니다. 그래서 사료를 조사하고 증언을 듣고 현장을 확인해보니 1894년의 역사적 상황을 설명할 때 동학을 빼놓고는 설명이 불가능하다는 결론에 이릅니다. 우선 김구(1876~1949) 선생이 황해도에서 동학에 뛰어든 것은 평등, 동학의 평등사상 때문에 그렇고, 북접(北接, 동학 교단 조직)에서 농민군을 이끈 손병희 선생도 동학의 평등사상 때문에 뛰어들고, 그러기 때문에 동학의 평등사상이 하나의 혁명 이념이 되고, 접(接)과 포(包)라는 동학 조직이 농민군 조직으로 바뀌게 되고, 그 다음에 농민군 지도자들이 대부분 동학의 접주(接主) 출신들이에요. 그래서 '갑오농민전쟁'이라든지 '갑오농민혁명'은 역사적인 실상을 정확히 짚어내는 개념이 아닙니다. 그리고 외국 학문에 의존하는 사대주의적인 요소도 버려야 합니다. 우리 스스로 가장 보편적인 이론이나 학문이나 용어를 얼마든지 확립할 수 있습니다. 그런 의미에서 '동학농민전쟁' 또는 '동학농민혁명'으로 쓰는 것이 정당하다는 말씀을 드리겠습니다.

'동학농민전쟁' 또는 '동학농민혁명'으로 쓰는 게 정당

이재봉 좋습니다. 동학은 당시에는 불순한 것이었어요. 60~70년대만 하더라도 동학 관련 책은 금서로 지정했잖아요. 그리고 동학농민혁명기념사업회가 만들어졌지만 정치인이나 관료에게 행사에 참여해달라고 하면 아무도 안 왔죠. 그러다가 아주 용감한 사람이 80년에 참여했어요. 김대중입니다. 나중에 대통령이 되었죠. 그래서 정읍에서 난리가 났죠. 어떻게 김대중 같은 사람을 정읍의 황토현동학농민혁명기념제에 참석하게 했느냐고요. 그게 40년 전인데, 올해 5월 11일인가요, 황토현전승기념일을 국가 지정 기념일로 인정했어요. 그 의미가 뭘까요?

박맹수 의미를 설명하기 전에 먼저 통곡을 해야 된다고 봅니다. 조금 전에 말씀드린 대로 갑오년에 사람답게 살 수 있는 나라로 만들기 위해서 일어난 것이 동학농민혁명인데 그것을 짓밟으려고 들어오는 외세에 맞서 공주 우금치에서 전봉준 장군이 만 명의 직속 부대를 거느리고 보름동안 혈전을 벌입니다. 우금치전투죠. 일주일 동안 혈전에서 남은 병력이 3,000명밖에 안돼요. 그 다음 정비를 해서 또 일주일을 싸우니까 500명밖에 남지 않았습니다. 그 해 우금치에서 다른 농민군 부대까지 하면 8만 명이 4~50차례 대격전을 벌입니다. 갑오년에 이 땅은 농민군의 피로 물들었죠. 엄청나고 위대한 우리 선조들의 업적을 100년 이상 방치하고 소홀히 하다가 이제야 법정기념일로 제정했다는 점에서 저를 포함해 모든 대한민국 국민은 우금치에 가서 소주 한 잔 올리면서 통곡을 해야 된다고 봐요. 그런 말씀을 꼭 드리고 싶습니다. 반면에 왕조시대에 있었던 잘못된 사건을 국민국가 시대에 들어와 명예를 회복하도록 국가기념일로 제정한 나라는, 제가 알기로는, 한국밖에 없습니다. 대단한 거죠. 그래서 저는 이거는 그러니까 2004년에 특별법 통과할 때나 이번에 법정기념일 제정하기까지 동학농민 후손은 족보도 파버리고, 성도 바꿔버리고, 독립운동가 후손들보다 더 열악한 여건에 있었습니다. 그래서 2004년 특별법을 제정할 때, 제가 이 대목에서 목청이 높아지는 것을 용서하세요, 2004년 특별법 통과되고 그 다음해에 모든 기록에 있는 농민군들의 이름을 조사해보니 적어도 200~300만 명이 봉기해서 30만 명이 희생당했다고 합니다. 그런데 2005년 기준으로 이름을 확인할 수 있는 사람은 2600명밖에 안됐어요. 그 이유는 100년 이상을 탄압에 탄압을 받았기 때문에 그런 거죠. 따라서 이 명예회복이나 국가기념일 제정은 후손들의 힘으로 된 것이 아니라 여기에 계신 여러분들과 같은 풀뿌리 민초들이 끊임없이 문제를 제기하고 싸우고, 싸우고, 또 물러섰다가 또 싸우고 힘을 합해 쟁취한 위대한 민중, 민초의 승리입니다. 그런 점에서 우리가 뜨겁게 박수 한 번 쳐야 될 것 같습니다.

최시형은 100년 전 장일순, 장일순은 100년 후 최시형

이재봉 고맙습니다. 동학에 대한 기본적 지식은 우리가 대략 갖춘 것 같습니다. 대담을 준비하면서 총장님 쓰신 책도 읽어봤습니다. 『생명의 눈으로 보는 동학』(모시는사람들, 2014)이에요. 제가 책장사 좀 하겠습니다. 이

책을 읽어보니까 아주 재밌어요. 아주 쉽게 써고요. 그래서 여러분들한테도 꼭 좀 권해야 되겠다 싶어 출판사에 부탁했어요. 도매가격, 원가로 사왔습니다. 밖에 30권 갖다 놨으니까 꼭 사보시기 바랍니다. 그런데 이 책 첫 장에 무위당 장일순(1928~1994) 선생이 나와요. 이 분을 얼마나 높게 평가했는지, '석·박사 논문 주제였던 최시형과 장일순은 나한테는 한 인물', 그러니까 '최시형이 100년 전 장일순이었고, 장일순은 100년 후의 최시형'이라고 했어요. 제가 아는 장일순 선생은 사회운동가, 걸어 다니는 노자 전문가죠. 그 분 제자라 할 수 있는 이현주 목사하고 노자에 관해 얘기한 내용이 나중에 『노자 이야기』(삼인, 2003)라는 책으로 나왔어요. 저에겐 너무 묵직하고 딱딱한 책이라 10여 년 전에 읽다 말아버렸지요. 재미없고 이해하기 곤란해서. 제 무식을 드러냅니다만, 장일순 선생에 관한 일화를 모은 『좁쌀 한 알』(도솔, 2004)은 아주 쉬운 책이라 재미있게 읽은 적이 있는데, 총장님이 그 분과 그렇게 가까운 인연을 맺고 그 분 영향을 많이 받았는지 몰랐습니다. 석사, 박사 논문 주제였던 최시형 선생하고 장일순 선생을 소개해주시겠어요? 총장님한테 가장 영향을 미친 분들 같은데…….

박맹수 장일순 선생을 소개하기 전에 만나게 된 사연부터 소개할게요. 앞에서 야학운동을 했었다고 말했는데요. 그러다가 역사 공부를 하려고 1983년에 갔던 대학원이 한국정신문화연구원(현 한국학중앙연구원) 부설 한국학대학원입니다. 그 대학원은 나라에서 세운 대학원입니다. 석사·박사 5년 동안 국가가 장학과 생활비까지 제공합니다. 또 석사 2학년 때는 해외연수도 보내주고, 우수한 성적으로 졸업하면 군대도 면제해주는 엄청난 특혜를 주는 대학원이죠. 그곳에서 5년 동안 나라의 특혜를 받아서 공부를 했는데, 공부하는 5년 내내 바깥에 있는 선후배 또는 잘 아는 지인들로부터 '너네는 어용대학원 다니는 놈'이라는 손가락질을 참 많이 받았어요. 우리는 그게 아닌데, 우리가 받는 이 혜택은, 그 당시 대통령이 전두환이었는데, 전두환 대통령이 주는 돈이 아니고 우리 아빠, 엄마, 우리 할아버지, 할머니들의 세금으로 운영하는 대학원이었어요. 제 과거 신상을 좀 공개할까요? 그래서 박사 과정 3학년 때 어용교수 축출 데모를 주동했어요. 그러니 찍힐 것 아닙니까? 그때가 87년 6월 항쟁 직후인데, 그렇게 해서 한국학대학원에서 나름대로 '문제 학생'이라는 '별'을 하나 달았죠. 거기에서 그치면 괜찮았는데, 6월항쟁 직후 한국 사회에 큰 변화의 하나인 '노동자대투쟁'이 일어납니다. 그러니까 공장에서만 노동조합을 만드는 게 아니라 대학, 전문 연구기관, 이런 데서도 대대적으로 노조 설립 운동이 일어나는데, 하필 또 제가 한국정신문화연구원 노동조합 발기인이 돼서 3개월 동안 파업을 이끌었어요. 그러니까 완전히 또 찍혔죠.

　박맹수 1988년에 서울올림픽을 개최합니다. 여러분들은 잘 모르실 텐데, 그 전에 있었던 두 번의 올림픽은 갈라진 반쪽자리 올림픽이었어요. 80년은 아마 모스크바올림픽이었을 것이고, 84년은 LA올림픽인데, 모스크바올림픽을 할 때는 자유주의 국가 쪽에서는 참가하지 않고, LA올림픽 때는 또 반대로 사회주의 국가가 가지 않았죠. 그런데 88년의 서울올림픽에는 양 진영이 다 모였습니다. 그러면서 굉장히 의미 있는 올림픽이 됩니다. 그때 우리 연구자들, 젊은 사회과학서적 출판사 사장들이 '가만히 있어서는 안 되겠다. 체코도 오고, 폴란드도 오고, 옛 소련도 오는데, 북한도 당연히 오게 해야 되는 것 아니냐. 북한이 오면 우리가 북한을 제대로 알아야 되지 않느냐?'라는 생각을 했습니다. 그래서 북한바로알기운동을 하면서 북한에서 간행한 정치, 경제, 사회, 문화, 역사, 종교 관련 책들을 일본을 통해 직수입해서 사진판으로, 영인본으로 찍어서 보급하는 운동을 해요. 그런 운동 과정에서 또 제가 『조선전사』(朝鮮全史, 1979년 5월부터 1983년까지 북한 과학백과

사전출판사에서 발간한 우리나라 역사서)를 보급하는 담당이 되었는데, 안기부에 찍혀서 도망을 다니던 시절이 있었습니다.

박맹수 96년에 박사 학위를 받기는 받습니다만, 10년 동안 박사 논문을 쓸 수가 없었죠. 그 사이에 어용교수로 우리가 지목한 교수가 대학원장이 되니까 보이지 않는 탄압을 가했죠. 지도교수를 바꾸라든지 뭐 그런 것이었어요. 그래서 결국 그런 식으로는 박사 학위를 받을 필요가 없다 해서 자퇴를 결심하고 원주에 있는 해월 최시형(1827~1898) 선생을 좋아하신다는 도사, 장일순 선생님을 만나게 되죠. 장 선생님의 첫 질문은 '다들 전봉준 장군만 연구하는데 너는 무슨 생각으로 해월 선생을 연구하게 됐느냐?'는 것이었어요. 그러니까 해월 연구를, 당시만 해도 해월을 연구한다고 하면 좀 덜떨어진 연구자로 인식했어요. 역사학 전공자 분위기 자체가 어떻게 보면 변혁운동을 위한 학문으로서의 역사학이었기 때문이었죠. 여하튼 전봉준이나 연구하지 왜 해월을 연구하냐고 그랬어요. 왜냐하면 해월 선생은 '종교적 반동'이고 뭐 '비폭력주의자', 이런 식으로 잘못 알려져 있었기 때문입니다. 그런 상황 속에서 해월 선생을 존경하고 좋아하는 도사가 원주에 계신다는 소식을 듣고 만나게 됐는데, 해월 연구를 인정해주는 분을 만났으니 뭣도 모르고 그 분 앞에서 세 시간을 떠들었던 것 같아요. 지금 생각해보면 참 염치도 없었습니다. 그런데 무위당 장일순 선생 입장에서는 굉장히 기분이 좋으셨나 봐요. '아니 이놈이?', 라고 하셨죠. 봉사가 문고리를 잡은 거죠. 해월 같은 대단한 분을 연구 주제로 삼다니……. 그렇게 해서 인정을 받고, 그 다음 두 번째 찾아뵈었을 때 지금까지 살아온 사연을 말씀드리니까 던지신 화두가 '전두환을 사랑해라', 그 말씀이셨어요. 전두환을 사랑해라……. 저를 역사의 죄인으로 만든 그 당사자를 사랑하라는 말, 엄청나게 충격적인 말씀이잖아요. 지금도 사랑을 못하고 있어요. 그때는 100% 못했다면, 지금은 20%는 할 것 같은데, 그 의미를 이제야 조금 알 수 있을 것 같습니다.

박맹수 어찌됐든 전두환을 사랑해라는 그 말씀이 지금도 제 가슴 속 깊숙이 남아 있습니다. 나중에 선생님 돌아가시기 전에 제가 전임 교수가 돼서 원주에서 살다가 이쪽으로, 제 집사람이 원주에서 교사를 하고 있었기 때문에 거기서 살다 여기로 올 때 이렇게 일러주셨어요. '생명의 차원에는 좌와 우가 없느니라.' 생명, 그야말로 진짜 엄청난 말씀이잖아요. '동학, 네가 연구하는 동학이 바로 그 생명사상이고, 네가 그토록 젊은 청춘을 바쳐서 연구한 해월 선생님이 바로 1세기 전에 이 땅을 가장 빛낸 위대한 생명 사상가다. 생명의 차원에는 좌우가 없느니라. 이 말 명심해라.' 이런 말씀을 해주셨습니다. 그 말씀이 지금도 제 뇌리 속에 생생합니다. 저 같은 경우는 대학원에서 '세 개의 별'이 있었기 때문에 논문을 쓰지 못해서 마지막에는 자퇴서를 들고 장일순 선생님을 찾아갑니다. 그 때 '허벌나게' 혼났어요. 그 분은 평소에는 예뻐하시지만 좀 격양되면 '야, 이 새끼야', 이렇게 바로 나옵니다. '야! 이 새끼야 네가 혁명가고 운동가고 세상을 조금이라도 따뜻하게 만들려는 고민을 했던 놈이냐, 네가?' 그러시면서 난을 하나 쳐주셨어요. 그 화제가 '내유천지(內有天地), 외무소구(外無所求)'입니다. 쉽게 표현하면, 장일순 선생님 식으로 표현하면, '네가 바로, 네가 바로 우주 전체다. 기독교식으로는 네가 바로 하나님이다. 그런데 무엇을 따로 구하고 말게 있느냐'라고 하시면서 '절대로 네 손으론 자퇴서 쓰지 마라. 그 놈들이 강제로 퇴학시키면 당할망정, 네 손으로는 절대 자퇴서 쓰지 마라. 그리고 너 이놈아, 맹수, 이놈아, 혁명가의 로망을 알아?'라고 하셨어요. 여러분, 혁명가의 로망 아세요? 지금도 생생합니다. 혁명가는 낭만적이어야 한다, 그러니까 지금으로 말하면 긍정적이고 적극적이어야 된다, 그런 뜻인데, 본인이 꿈꾼 100개의 목표가 살아오면서 전부 실패, 아흔 아홉 개가 전부 실패해버리고, 딱 한 개가 이제 남았는데, 그 한 가지가 될 것도 같고 안 될 것도 같고, 그럼에도 불구하고, 임마, 앞으로 나아가는 그런 것이 혁명가의 로망이고, 운동가의 로망이야, 이놈아!' 그러면서 난을 쳐주셨어요. 대단하신 분이죠. 혁명가의 로망, 운동가의 로망……. 그 분 이력을 보면 통일운동을 하다가 감옥에도 가셨어요. 그러니까 사회운동인 '한살림'으로 유명한데, 통일운동도 하셨다는 거죠. 아무튼 그 분 가르침 중에 전두환을 사랑하라는 게 있는데, 교회에서는 보통(일상)이겠죠. 이 자리에 목사님도 계시지만, 기독교에서 가장 큰 가르침이 원수를 사랑하라는 것이니까요.

'생명의 차원에는 좌와 우가 없다'

이재봉 다시 묻습니다. 대부분 동학 전문가들이 동학혁명 지도자 전봉준에 대해 많이 연구하잖아요. 총장님은 유달리 2대 교주 최시형을 연구하셨어요. 그런데 일본에 가서 자료를 찾아보니까 최시형과 전봉준의 연결고리를 밝혀주는 문서가 열 건 정도 있었다고 처음 밝히셨다고 했는데, 총장님 못지않게 동학혁명을 연구한 분들이 많이 있어요. 특히 정치학계에서는 신복룡 교수인데요. 건국대학교에서 정년퇴임하신 분입니다. 이 분이 오래 전에 『전봉준 평전』(지식산업사, 1996)을 펴냈어요. 올해 다시 출판(『전봉준 평전』, 동학농민혁명 125주년 기념, 제3판, 들녘, 2019)했습니다. 여기 보면 총장님 얘기도 나와요. 소위 '발로 뛰는 동학 전문가, 선배'라고 할 수 있겠죠. 이 분은 1970년대에 전봉준으로 석·박사 논문을 쓴 분인데, 가장 먼저 또는 좀 특이하게 주장하는 것은 전봉준은 동학교도가 아니었다, 더구나 접주는 전혀 아니었다는 거예요. 그러나 총장님 연구를 보면 최시형과 전봉준은 연결고리가 있다고 하지요. 신 교수님 주장은 연결고리가 있다고 할지라도 전봉준이 무슨 동학 접주였냐고 주장했어요. 이에 천도교에서는 상당히 크게 반발했어요. 전봉준을 동학 접주가 아니라고 하니까요. '동학쟁이'의 입장은 어떻습니까?

박맹수 우회적인 답을 드릴게요. 제가 어느 날 열심히 원본(原本) 사료를 찾아서 지도교수이신 정창렬 교수님을 찾아뵈었어요. 정창렬 교수님 박사 논문도 동학 관련 주제입니다. 갑오농민전쟁을 연구한 논문입니다. 그런데 제자가 선생님이 쓰신 논문을 분석하고 평을 했어요. 사료를 잘못 해석한 대목을 갖고 가서 의기양양하게 가서 말씀을 드렸더니, 선생님께서 빙긋이 웃으시면서 '아, 그래, 네가 잘 봤다. 그런데 크게 학문하는 자세는 그런 사소한 작은 잘못을 갖고 시시비비를 논하는 게 아니라 커다란 틀을 제시하는 것이 학자가 할 일'이라고 말씀해주셨어요. 지금도 생생합니다. 저는 제 스승님의, 은사님의 학설을 뒤집은 제자인데, 스승님께서는 한 번도 저를 혼낸다거나 서운하게 대하신 적이 없었어요. 대단한 스케일을 가진 분이죠. 그런데 지금 신복룡 교수님은 역사학자가 아니고 정치학자입니다. 우리 역사학에서는 역사 연구의 기본 원칙, 본질, 핵심이 있어요. 그게 뭐냐면 역사학의 본질은 역사적 사실을 정확히 해명하는 것이 기본이죠. 그리고 그 역사적 사실을 기본적으로 밝혀내고 나서 그게 오늘날 무슨 의미가 있는지, 현재적 의미가 무엇인지를, 그 다음에 해석을 붙이는 것, 즉 사실의 해명과 현재적 해석, 이게 역사학의 핵심 사명이다, 이렇게 이해하시면 될 것 같습니다. 또 사실을 해명하는 것도 몇 가지 원칙이 있어요. 기본이 있다는 것인데, 뭐냐면 남이 쓴 논문이나 책을 가지고 주장해선 안 된다는 것입니다. 원본 사료를 자기가 직접 봐야 된다는 의미입니다.

박맹수 예를 하나 들겠습니다. 제가 공부할 때 교수님에게 엄청나게 깨진 경험을 소개하겠습니다. 석사 1학년 때 고려사(高麗史) 대가이신 하현강(1935~2014) 교수님 수업을 들었어요. 그 분은 이미 작고하셨습니다. 연세대 사학과에 계셨는데, 제가 통일 신라 말기 불교를 얘기하면서 그 시대는, 요즘으로 생각하면, 변혁운동이 활발하던 시기였어요. 그래서 발표문에 '민중'이란 말을 썼어요. 그랬더니, 아마 거의 첫 수업, 첫 달 수업이었던 것 같아요. 하현강 교수님이 단 한 마디로 저를 'KO'(knockout)로 만들었습니다. 『삼국사기』나 『삼국유사』에서 민중이란 말이 나오는 것을 확인해본 적 있냐는 것이었어요. 지금도 답을 못하겠어요. 그때 한 방에 날아갔죠. 사실도 확인하지 않았을 뿐만 아니라 오늘날에 쓰는 용어로 그 시기를 설명하는 말(낱말)을 쓴 것은 잘못이기에 날아간 거죠. 그래서 원본 사료로 연구해야 한다는 것이 역사학의 기본입니다. 두 번째는 한 가지 사료만으로 주장해선 안 된다는 것인데, 복수의 사료를 교차·대조해야 한다는 것입니다. 그리고 복수의 사료에도 몇 가지 원칙이 있는데, 관에서 나온 사료하고 민간(인)이 쓴 사료를 같이 대조해야 하고, 또 어떤 사실이 기록으로만 나오는 게 아니라 이야기로 전승되기도 하기 때문에, 그러니까 기록으로 있는 것을 '문헌 사료'라고 하고 이야기로 전해오는 것은 '비문헌 사료' 또는 '구비전승 사료'라고 하는데, 그 두 가지 사료를 함께 대조해야 합니다. 신복룡 교수님은 그 작업을 안 하셨죠. 주로 2차 작업만 하셨다는 뜻입니다. 그리고 이 자리에 혹시 나중에 역사학 연구자의 길을 지망할 학생이 있을지 모르겠는데요. 그런데 대한민국에서 현재 전봉준 장군의 최후 진술이 들어 있는 『전봉준공초』(全琫準供草, 법정에서 심문에 답한 내용을 기록한 문서)를 처음부터 끝까지 제대로 읽은 학자가 역사학자 중에 열 명도 안 된다는 사실입니다. 신복룡 선생님은 『전봉준공초』를 정확히 읽지 않았어요. 이렇게 답을 드리겠습니다. 잠깐 곁가지 말씀을 하자면, 대학원 다니면서 은사님들로부터 귀가 따갑도록 들었던 명언이 있습니다. '역사학은 머리로 하는 학문이 아니라 엉덩이로 하는 학문'이라는 말씀입니다. 원본 사료는 현대어하고는 다르죠. 또 원본 사료에는 외국어 자료도 있죠. 그러니까 사료를 보려면 뭐가 많이 필요해요? 시간이 절대적으로 필요하지요. 그래서 역사학 분야에서 가장 우수한 역사학자가 될 수 있는 사람은 의자에다가 엉덩이 깔고 열 시간이고 열흘이고 열 달이고 일 년이고, 보통 대략 10년 연구하면 대가가 됩니다.

"역사학의 본질은 역사적 사실을 정확히 해명하는 것"

이재봉 알겠습니다. 여기 학생들이 많은데, 저도 가장 강조하는 것 중 하나는 '우리가 사회과학을 공부하는 데 가장 기본적으로 갖춰야 될 게 자료'라는 것입니다. 자료에는 1차, 2차, 3차 자료 등 여러 가지가 있어요. 요즘 학생들을 보면 인터넷에서 떠도는 것을 그냥 가져다가 복사하는 수준으로 보고서를 내는 경우가 많은데, 지금 총장님 말씀하신 것은 원본 자료, 그것도 두세 개를 비교하면서 공부해라, 이런 말씀이에요. 꼭 참고하시기 바랍니다. 그래도 신복룡 선생은 아주 정말 성실한 분이에요. 정치학자로서 정치인 평전을 많이 쓰신 분이죠. 나름대로 누구 못지않게 자료를 많이 섭렵하신 분이고, 전봉준 관련 지역은 안 가본 데가 없다고 하신 분이에요. 그런데 그 분도 원본 자료, 1차 자료는 부족하다고 말씀하신 것이죠. 이제 또 한 분의 역사학자가 있어요. 재야사학자 김상구 선생입니다. 이분 역시 자기 나름대로 자료를 엄청 갖고 있는 사람이에요. 김상구 선생이 몇 년 전에 『김구 청문회』(매직하우스, 2014)라는 책을 썼습니다. 1권, 2권으로 나눠서 두 권으로 쓴 책인데, 여기에서도 가장 앞부분에 뭐가 나오느냐면, 김구는 동학 접주가 아니었다는 거예요. 천도교도들한테 전봉준이 동학 접주가 아니었다고 하는 얘기와 마찬가지죠. 이건 어떻게 생각하세요?

박맹수 예, 신복룡 선생님 경우와 거의 똑같은 답을 드릴 수가 있습니다.

1894년에 일어난 동학농민혁명은 조선 내부만의 사건이 아니고 동아시아를 완전히 뒤흔든 세계사적 사건입니다. 동학농민혁명을 계기로 우리 조선은 급격히 식민지화의 길로 전락하고, 일본은 제국주의 국가로 성장하게 되고, 청나라는 반식민지화의 길을 걸어가게 되는, 동아시아, 그러니까 지금까지 19세기 이전의 중국 중심의 천하의 질서가 일본제국주의 중심의 새로운 질서로 갈라지는 결정적 사건입니다. 일본은 동학농민혁명 당시 첩자 수준의 특파원 129명을 보냈더라고요, 지금까지 확인된 숫자만 그렇습니다. 그러니까 그 특파원들이 전부 동학에 주목했고 관련 자료를 남겼어요. 김상구 선생은, 유감스럽지만, 일본 사료에 대해서는 무지합니다. 일본에 가서 사료를 보니까 백범 김구 선생이 남긴 『백범일지』(白凡逸志)에 해월 선생을 만난 대목을 실감나게 묘사하고 있습니다. 그 대목에 해월 선생이 '들고 일어나라'는 명령을 내렸다는 대목이 나와요. '기포령'(起包令, 1894년 10월16일(음력 9월18일), 해월 최시형 선생이 충북 옥천군 청산면 문암(문바위골)에서 전국 교도들에게 내린 총동원령)이라고 하는데, 『백범일지』에 어떤 대목이 나오느냐면, 정확하진 않지만 90%는 맞을 것으로 보는데, 제자들이 들어와서 전라도에서 전봉준이 병사(兵事)를, 그러니까 이제 일을 일으켰다는 소식을 듣고, 그리고 전라도 도인들이 수없이 타살을 당한다는 소식을 듣고 제자들한테 말씀하시기를 '호랑이가 집에 쳐들어와가지고 사람을 물어죽이고 있는데 앉아서 죽을 수가 있느냐, 참나무 몽둥이라도 들고 나가서 싸우자', 이렇게 나옵니다. 그 내용이 일본 도쿄아사히신문(朝日新聞) 4월 기사에 그대로 나와요. 그러면 김구 선생하고 도쿄아사히신문 기자가 내통을 했다는 얘깁니까? 말이 안 되죠. 왜 같은 내용이 서로 다른 나라에서 서로 다른 언어로 나올까요. 도쿄아사히신문 관련 기사를 국내에 와서 조사해보니까 전라 감사가 의정부에 올린 전문(電文)을 기록한 문서가 있어요. 「양호전기」(兩湖電記)라고 하지요. 「양호전기」에도 똑같은 내용이 나와요. 이렇게 김구 선생의 기록, 일본 측 신문의 기록, 그 당시 조선 관변 측의 기록이 똑같이 나와요.

"1894년 동학 시기는 지식인의 한계가 존재했던 때"

이재봉 알겠습니다. 고맙습니다. 우리가 김구 선생을 이야기하면 안중근 선생을 빼놓을 수가 없어요. 안중근 의사라고 하는데, 둘 다 황해도 출신이에요. 동학을 통해서 둘이 서로 적으로서 만났고요. 안중근 자서전을 보면 그 대목이 잘 나옵니다. 동학혁명이 일어나자 동학군을 '좀도둑들'이라고 했어요. 안중근은 양반 집안 출신이잖아요. 그래서 그 때 사병을 데리고 있었으니까 그들을 동원해 동학군을 격파하잖아요. 그 과정에서 안중근 아버지가 '동학도인 김구라는 사람이 난리를 피우는데 두목 같아도 사람이 쓸 만하니까 목숨은 빼앗지 말고 한 번 불러와봐라'고 해서 두 사람이 인연을 맺었죠. 안중근 의사는 우리한테 가장 존경받는 독립운동가입니다만, 한편으로는 동학을 진압한 사람이에요. 동학쟁이로서 안중근 선생을 어떻게 평가하세요?

박맹수 네, 2017년과 2018년 여름에 동지 10여 명과 안중근 의사가 이토 히로부미를 암살하기 위해서 손가락을 끊고 혈서를 쓰면서 맹세했던 연해주 유적지를 답사한 적이 있어요. 한국근현대사학회 회장이어서 회원들을 인솔하고 '단지동맹기념비'(斷指同盟記念碑)를 참배하면서 눈물을 흘렸죠. 안중근 의사는 '대한의군 중장으로서 나는 개인의 어떤 원수, 개인의 감정이나 그런 것으로 이토 히로부미에게 총을 쏘는 게 아니라 대한의 국권을 수호하기 위한 대한의군 중장으로서, 의병 총대장의 중장으로서 너를 쏜다', 이런 식으로 해서 나중에 의거를 하잖아요. 대단한 분이죠. 존경하죠. 또 돌아가시기 전에 쓰신『동양평화론』은 지금의 정세에 적용해도 하나도 손색

이 없을 정도로 대단한 저술이죠. 그런데 동학과 관련해서는 존경할 수가 없더라고요, 왜냐면 동학농민군을 탄압했으니까요. 그런데 이것은 안중근 의사만의 문제가 아니고, 갑오년(甲午年) 그러니까 1894년 동학 당시에는 지식인의 한계가 있던 때였어요. 그때만 해도 양반제가 서슬 퍼렇게 살아있었잖아요. 그런데 동학은 그 양반을 정점으로 하는 신분제도를 바닥에서부터 뒤엎으려고 하니까 양반제라는 기득권에 의해서 상층부에 존재하는 지식인들이 동학의 평등사상을 받아들일 수가 없었죠. 전라도 해남, 강진, 진도까지 농민군을 토벌했던 연안이씨 출신의 이규태(李圭泰)라는 관군 대장이 있습니다. 이규태가 나중에 동학농민군 진압을 끝내고 서울로 올라와서 조정에 보고하는 문서에서 '동학 10죄'를 논합니다. 동학이, 동학 농민군이 범한 열 가지 죄입니다. 그 첫째가 뭔 줄 아세요? 강상(綱常)의 윤리를 범한 죄입니다. 강상의 윤리는 뭐냐면, 원래 조선왕조 500년은 사람은 날 때부터 왕후장상(王侯將相, 왕과 제후, 장수와 재상)의 씨가 있는데 동학은 이를 부정하고 평등세상을 만들려고 했으니 그 죄가 제일 크다는 것입니다. 유감스럽게도 안중근 의사는 양반 집안 출신이에요. 그러니까 문제가 있는데, 그러나 그것은 안중근 의사 개인만의 문제가 아니고 갑오년 당시에 대부분의 양반 지식인들이 지니고 있었던 한계였습니다. 동학이 시대를 앞서 가려고 했던 그 시대정신에 대해서, 기득권에 안주하던 세력들은 역시 동의할 수 없었던 그런 한계로서 그 시대 지식인 전체의 문제로 이해하는 것이 바람직하겠다, 이렇게 생각하고 있습니다.

이재봉 좋습니다. 지금 바로 동학사상, 정신을 얘기했는데 동학에서 가장 중요한 게 개벽사상(開闢思想) 아니겠어요? 그런데 개벽은 원불교에서도 개교 표어로 내놓은 거죠. 물질이 개벽되니 정신을 개벽하자는 것이죠. 그래서 원광대학교에서도 개벽을 내세우지 않을 수 없고, 총장님은 개벽대학으로 만들겠다고 하셨는데, 개벽에 대해서 좀 얘기해주시겠어요?

박맹수 제가 답을 내리기 전에 지난 2018년 12월 23일 취임식 때부터 2019년 오늘까지 계속 개벽대학, 개벽대학을 외치면서 기회 있을 때마다 개벽에 대해 설명을 했는데, 우리 재학생들이 어느 정도 이해를 하고 있는지 모르겠습니다.

이재봉 개벽이나 개벽대학이 뭔지 한 번 물어볼까요? 우리 원광대학교가 추구하고자 하는 개벽대학이 어떤 대학인가, 총장님 상금도 걸려 있는데……

'개벽'은 '혁명'과 다르다

박맹수 예. 우선 이제 서너 가지로 간단히 정리를 할게요. 개벽이란 말은 『주역』, 또는 사마천의 『사기』, 그러니까 중국 고전에 나옵니다. 그런데 『주역』이나 『사기』, 이런 책은 중국만의 고전이 아니고 동아시아의 고전이라고 생각하시면 좋을 것 같습니다. 아무튼 거기에 이미 개벽이라는 말이 나오는데, 그 뜻은 천개지벽(天開地闢) 또는 천지개벽(天地開闢), 즉 하늘과 땅이 열린다는 뜻을 줄인 말이 개벽입니다. 요컨대 개벽이란 말은 동아시아 고전에서 유래합니다. 그런데 전혀 차원이 다른 새로운 의미로 개벽을 쓰기 시작한 분이 동학의 창시자 수운 최제우 선생님이십니다. 그분은 '다시 개벽'이라고 했어요. 그럴 때, 그러니까 동학이나 증산교(甑山教)나 원불교(圓佛教)에서 쓰는 이 개벽은 『주역』이나 『사기』에 나오는 개벽이 아니고, 수운 선생님이 말씀하셨던 '다시 개벽'의 줄임말로 개벽을 씁니다. 그런데 옛날 중국 고전에 나오는 개벽은 하늘과 땅이 열리는, 그러니까 지금으로 말하면 물리적 공간의 창조, 성경의 천지창조 같은 개념이라면, 다시 개벽은 문명의 새로운 창조, 문명을 새롭게 바꾸는 것, 인문학적으로 표현한다면 '인문개벽'입니다. 그러니까 동학에서 원불교로 이어지는 한국의 신종교(新宗教) 창시자들은 지금까지 인류 문명은 보통 5만 년 정도 유지돼왔다고 하죠. 그래서 5만 년 동안의 인류 문명을 '선천시대'라고 그래요. 선천시대의 잘못된, 낡은 것을 하늘과 땅이 맞닿아서 그 안에 있는 모든 것을 갈아엎는다는 의미에서, 완전히 새로운 판갈이를 해서 새로운 문명을 창조하는 것, 그러한 개벽의 의미가 동학에서 원불교로 이어지는 것으로 이해하면 될 것 같습니다.

박맹수 또 하나 유의할 게 있는데, 개벽은 혁명과 당연히 다르다는 사실입니다. 혁명(Revolution)과 전혀 차원이 다릅니다. 'Revolution'을 찾아보면 낡고, 오래된 모순에 가득 찬 제도, 시스템, 체제를 폭력을 동원해서라도 단기간에 뒤엎는 것을 말하는 개념이라면, 개벽은 가장 비폭력적인 방법으로 하는 것입니다. 그리고 혁명을 하면 어떻게 되죠? 희생당하는 세력이 나옵니다. 개벽은 희생이 없어야 됩니다. 희생을 하더라도 가장 최소화되어야 됩니다. 그러니까 혁명보다 굉장히 어렵죠. 차원이 전혀 다른 거예요. 혁명과 개벽을 쉽고 간단히 말하면, 작은 폭력을 용인하는 식으로 세상을 바꾸자는 것이라면, 개벽은 작은 폭력 하나라도 절대로 용인해서는 안 된다는 것입니다. 그런데 폭력이 보통 어디에서 비롯돼요? 제가 살아보니까 폭력은 제도적인 폭력도 있지만, 내 안의 폭력에서부터 그것이 드러나는 게 제도적 폭력이더군요. 그래서 개벽의 출발은 '밖으로부터'가 아니라 '나로부터'의 개벽에서 시작이 됩니다. 그리고 개벽은 바꾸는 것인데, 혁명은 눈에 보이는 제도나 시스템을 바꾸는 것이 위주라면, 개벽은 눈에 보이는 제도나 시스템을 만들어내는 것, 즉 우리들이 갖고 있는 세계관, 우주관, 가치관, 인간관까지도 근본적으로 바꾸는 것입니다. 이렇게 이해하면 개벽의 의미를 대략 담은 것 같습니다.

이재봉 고맙습니다. 말씀을 들으면서 비폭력으로 연결 짓는 대목이 가장 좋습니다. 제가 비폭력주의자이고, 평화학을 공부하니까요. 오늘 공부 주제처럼 동학과 개벽 정신으로 한반도 평화통일을 추구하는 게 참 바람직하겠죠. 그런데 우리 남쪽에서는 국가 지정 기념일도 만들고 동학을 긍정적으로 높이 평가하고 있는데, 북쪽에서는 어떤지 모르겠어요. 근현대사에 대한 인식은 남북한이 상당히 다르잖아요. 가장 대표적인 게 삼국통일이죠. 남한에서는 삼국통일을 주도한 김유신이나 김춘추가 영웅전이나 위인전에 빠지지 않아요. 북한에서는 둘 다 천하 역적들입니다. 이민족 당나라를 끌어들여 동족 백제와 고구려를 친 다음에 당나라한테 대동강 이북 땅을 다 빼앗겼기 때문이죠. 북한은 삼국통일이 아니라 역적질이라고 했는데, 동학혁명에 대해 북쪽은 어떤 역사적 인식을 갖고 있을까요?

"김일성은 어려서부터 매우 맹랑했었다"

박맹수 북한을 안 가봤는데요. 1983년 대학원 들어갔을 때 한국정신문화연구원, 지금 한국학중앙연구원에 특수문헌실이 있더군요. 북측에서 나온 『역사학연구』라든지, 북한 쪽 역사학 잡지를 특수문헌실에서 볼 수 있었죠. 평소에는 열쇠로 잠겨있습니다. 이곳은 반드시 신분 대조와 각서를 쓰고 들어가서 볼 수 있었어요. 그래서 사실은 다른 연구자와는 달리 그런 부분에서 특혜를 받았죠. 대학원 다닐 때부터 북쪽 연구 논문 서적들을 봤고요. 그 다음에 중국을 통해 북측 문헌을 입수해서 본 적도 있죠. 1990년인가요? 오사카에서 열린 제3차 조선학국제학술토론회에 참가했어요. 대학원 박사과정 있을 때인데, 그때도 통일부인가 어딘가 허가를 받고 가야 되는데, 허가도 안 받고 갔다가 나중에 자진신고를 했지요. 이 토론회는 한국 역사학자들하고 북측 학자들이 처음으로 대거 교류하는 기회였어요. 지금은 어디 계신지 모르겠는데, 북측 사회과학원에 계시던 박승덕 선생님도 만났죠. 1997년부터 2001년까지 일본에서 유학할 때는 재일동포 학자를 통해서 북쪽 연구를 접했습니다. 북한은 금강산밖에 가본 적이 없기 때문에 오해를 하실 수도 있을 것 같아서 말씀을 드렸습니다.

박맹수 그런 과정 속에서 북쪽의 연구를 계속 주목했는데, 몇 가지 단계적 변화가 있습니다. 우선 김일성 주석이 동학 천도교에 매우 우호적이었다는 사실을 기억할 필요가 있습니다. 김일성 주석의 혈통, 그러니까 친가와 외가가 있는데, 집안의 한 쪽인 외가는 기독교 쪽이었어요. 그런데 어린 김일성을 가르친 분은 천도교인이었어요. 돌아가신 천도교 연구자 삼암(三菴) 표영삼(1925~2008) 선생님에 의하면, 김일성은 어려서부터 매우 맹랑했었답니다. 문제아였대요. 그래서 김일성이 남의 집 개도 잡아먹고, 뭐 그런 얘기도 있는데, 어려서 천도교 스승으로부터 공부를 한 적이 있고, 보천보(普天堡)를 중심으로 항일투쟁(보천보전투)을 할 때 숨겨준 대부분 우리 민족이 천도교인이었다고 합니다. 그런 특수성도 있고, 또 하나는 기본적으로 북측에서는 갑오농민전쟁이라는 말을 써왔습니다만, 그 쪽에서 중시할 수밖에 없었던 이유는 사회주의가 무산계급(無産階級)의 움직임, 프롤레타리아(Proletariat)의 움직임을 중요시했다는 점입니다. 기본적으로 동학농민혁명은 프롤레타리아 혁명이다, 이런 식의, 일종의 전제 같은 게 있어요. 마르크스주의 사관에 의한 것이죠. 나중에 주체사관으로 바뀌지만……. 그렇기 때문에 사실은, 남한은, 이승만 정권 때는 동학은 거의 왜곡되고 주목을 받지 못했습니다.

박맹수 1940년대 말, 50년대, 60년대까지 북측에서 더 연구가 활발했죠. 그런데 동학사상보다는 항거, 봉기, 투쟁이라고 할 수 있는 농민전쟁 부분을 중심으로 연구하다가 주체사상과 주체사관이 등장하면서 평가가 조금 낮아지는 듯 했었어요. 그런데 80년대 이후에 다시 조금 미묘한 변화가 일어나더군요. 동학사상에 대해 일정한 평가를 합니다. 그리고 1994년에 100주년 기념논문집을 입수해서 보니까 확실히 달라졌어요. 동학의 역할을 일정하게 인정하고 있어요. 종교라기보다는 사상으로서 동학의 역할을 상당히 인정하고 있습니다. 최근에는 천도교의 전위정당인 천도교청우당(天道教青友黨, 종교적 색채를 띤 유일한 정당)이 아직 북한에는 존재하고 있기 때문에 청우당 중심으로 일정하게 공인을 한다고 볼 수 있어요. 그런 분위기도 있고요. 그래서 적어도 북측에서는 동학이나 천도교, 동학농민혁명은 그 나름대로 위상을 유지해왔다고 말씀드릴 수 있어요. 그러나 한계는 명확합니다. 왜냐하면 주요 무대가 남측에 있고, 대부분의 원본 사료가 남측에 있기 때문이죠. 이 정도로 말씀을 드릴 수가 있겠습니다.

천도교는 북한에서 '정당'이자 '가장 큰 종교'

이재봉 아무튼 제가 가지고 있는 북한 역사책이나 철학 책을 보면 지금 총장님 말씀처럼 변화가 좀 생겼죠. 동학에 대해 처음에는 상당히 긍정적으로 평가하고 명칭도 전쟁이라는 말을 먼저 쓰잖아요. 우리는 혁명이라고 합니다만……. 그리고 동학을 종교로 치부하죠. 종교지만 조금 건전한 사상이었다는 식입니다. 그러나 1990년대부터는 긍정적으로 평가하는 부분이 늘어나요. 다른 종교도 그렇고요. 특히 천도교는 북쪽에서 정당까지 있어요. 천도교청우당입니다. 우리나라에서는 원불교가 4대 종교에 들어가지만 천도교는 거기에도 못 들어가고 있는데 동학이 천도교로 연결되는 것 아니겠어요? 아무튼 천도교가 북쪽에서는 하나의 정당이 되었어요. 가장 큰 종교죠. 북쪽에서 김일성의 아버지 김형직(金亨稷)은 독립운동가였어요. 김형직의 친구이자 독립운동가였던 사람 중 최동오(崔東旿)가 있는데 천도교도였어요. 아버지가 죽으면서 친구들에게 유언을 남기죠. 자기가 죽거든 아들 좀 잘 보살펴 달라고요. 아버지 친구들은 독립군 양성학교를 세웠어요. 화성의숙(樺成義塾)입니다. 김일성이 그 학교에 들어갔는데 당시 교장이 천도교도 최동오였지요. 최동오 아들이 김일성 또래의 최덕신(崔德新)인데 남쪽에서 육사 교장을 지내고, 한국전쟁 휴전회담 대표를 맡았으며, 베트남 대사, 독일 대사, 외무부장관을 지내고 천도교 교령을 맡았어요. 그러다 1980년대 미국에 이민 갔다가 북쪽으로 건너갔습니다. 그런데 최덕신 아들 최인국이 올해(2019년 7월 6일) 서울에서 평양으로 넘어갔어요. 이러한 인연으로 북쪽에서 천도교가 가장 큰 종교 세력이 된 거죠. 이런 일이 좀 긍정적인 역할을 해서 남북이 동학과 천도교를 매개로 평화통일로 나아갈 수 있다면 좋겠습니다. 그런데 동학과 개벽사상을 매개로 또는 바탕으로 한반도 평화통일이 이뤄진다면 어떤 모습이 될까요? 남북 사회의 가장 큰 문제가 바로 이념과 사상의 차이입니다. 남쪽은 자유민주주의, 자본주의라고 하지만 너무나 천박한 자본주의 사회가 되었습니다. 북쪽은 인민민주주의, 사회주의라고 하지만 너무나 배고픈 사회주의가 됐지요. 그래서 남쪽의 천박한 자본주의와 북쪽의 배고픈 사회주의 사이에서 동학과 개벽 정신이 어떠한 역할을 할 수 있을까요?

박맹수 북측은 배고픔을 면하게 하고, 남측에게는 천민자본주의를 성스러운 자본주의로 만드는 게 필요한 셈인데요. 이 땅의 현실과 우리의 DNA에 적합한 사상이 동학사상이라고 봅니다. 동학사상을 다른 말로 말하면 좌우도 없고, 진보와 보수도 없고, 딴 나라와 이 나라도 없는, 그러니까 동학에서 강조하는 생명의 차원에서는 모든 것이 다 하나로 어우러지는 새로운 사회가 좋다고 봐요. 굳이 정치학 용어로 표현한다면 사회민주주의 형태입니다. 더 나아가서 사람과 사람과의 관계만 생명이 넘치는 세상이 되는 게 아니라 앞으로 세상은 사람과 만물 간에도 생명의 기운이 넘치는 생태민주주의도 중요합니다. 사회민주주의와 생태민주주의가 활짝 꽃피우면, 그래서 남북, 북남 모두 새로운 차원으로 진입하는, 기독교식으로 말하면 남과 북, 북과 남이 모두 구원받는, 남과 북에 모두 성령께서 임재(臨齋)하는 사회가 되지 않을까, 그런 꿈을 꾸고 있습니다.

이재봉 지금 사회민주주의를 얘기를 하셨는데 우리 사회에서 잘못하면 빨갱이가 돼버려요. 사회민주주의가 사회주의 사촌 아니냐, 이러는데 너무 무식한 거죠. 우리가 가장 부러워하는 사회가 어디에요. 북유럽 복지국가들이죠. 가장 잘 사는 나라들, 스웨덴, 노르웨이, 핀란드, 덴마크죠. 이런 나라들에서 취하고 있는 정치·경제 체제가 사회민주주의입니다. 일반적으로 복지국가 체제라고 하죠. 그러한 체제를 우리가 지향해야 되지 않겠느냐는 말씀이었어요. 한 시간 반 정도 시간이 지났네요. 마무리 발언 듣고 오늘 수업 끝내겠습니다.

'개화파'가 아니라 '개벽파'가 중심으로 서야 한다

박맹수 예, 제가 총장이니까 본전 생각이 많이 났어요. 제 공약에서 약속한 글로벌 개벽대학을 만들어야 되잖아요. 그래서 그 방법을 지난 학기 개강호 신문 인터뷰에서 밝혔어요. 총장이 원광대학교를 개벽대학으로 만들 수 있는 일을 하겠다고 약속하면서 우리 1만 6,000명 재학생들에게 개벽대학 만드는 길을 아주 쉽게 제시했습니다. 졸업하기 전까지 100권의 교양서적을 읽고, 교수님이 800명, 직원 선생님이 300명, 1,100명의 스승들이 계시니까 그 분 가운데 100명의 멘토를 만들고, 프레젠테이션 100번 하고, 그리고 그것을 하면서 100번 넘어지면 101번째 일어나기, 이게 여러분이 할 수 있는 개벽대학 만드는 길이라고 강조했어요. 저도 책장사 좀 할게요. 개벽대학을 만드는 데 100권의 책을 읽어야 되는데 『동경대전』(東經大全, 최제우가 한문으로 쓴 동학 경전)부터 읽기 바랍니다. 그동안 『동경대전』은 한 스무 명이 번역했어요. 하지만 판본을 제대로 검토하고 처음부터 끝까지 온전하게 번역한 것은 박맹수뿐이에요. '지식을만드는지식'이라는 출판사에서 나온 박맹수 번역 『동경대전』(지식을만드는지식, 2012)은 대한민국 모든 국민의 필독서가 되어야 한다고 생각합니다. 돈이 문제가 아니에요. 아까 동학을 뭐라 그랬죠? 생명의 원형, 본질을 탐구하는 학문이라 그랬잖아요. 그 사상이 『동경대전』에 모두 들어 있어요. 꼭 보시길 바랍니다.

박맹수 요즘 동학이 지금 일본을 강타하고 있어요. 그래서 일본 교수님 두 분, 이노우에 가쓰오(井上勝生), 나카츠카 아키라(中塚明)라는 분과 공조해서 낸 책이 『동학농민전쟁과 일본』(모시는사람들, 2014)입니다. 아주 쉽게 되어 있고, 현장에 대한 소개도 잘 되어 있고, 사진도 있어요. 『동학농민전쟁과 일본』, 필독으로 좀 읽어주시고요. 마지막 결정타는, 앞에서 개벽파 얘기를 했는데, 한국 학계에서 드디어 '개화파'가 아니라 '개벽파(開闢派)'가 이 땅의 중심으로 서야 한다는 문제의식을 우리 대학 원불교사상연구원에 계시는 조성환 연구교수님이 썼어요. 『한국 근대의 탄생』(모시는사람들, 2018)이라는 책입니다. 이 책이 지금 학계를 강타하고 있어요. 일본에서도 주목을 받아 번역판이 나온답니다. 그리고 거기에 자극을 받아 또 하나의 스타가 등장했습니다. 이병한 박사인데, 『유라시아 견문』(서해문집, 2019)이라는 베스트셀러를 쓴 학자입니다. 조성환 박사하고 이병한 박사가 지난 6개월 동안 프레시안에서 논쟁을 했습니다. 조성환은 철학자고 이병한은 역사학자인데, 두 사람은 왜 개벽이어야 하는가, 개벽으로 새로운 판을 짜려면 우리가 어떻게 해야 하는가를 아주 재미있게 연재했어요. 그 연재를 묶어서 『개벽파선언』(모시는사람들, 2019)이라는 제목으로 책을 냈어요. 따라서 한국 사회를 개벽하고 인류 전체를 개벽하고, 문명 전체를 새로운 생명의 판으로 바꾸는 거대한 흐름이 여러분들의 모교 원광대학교에서 꿈틀거리고 있습니다. 그래서 제 마지막 꿈은 그거에요. 해마다 원광대학에서 경력(스펙) 쌓는 데만 정열을 바치지 말고, 다른 사람 위에 군림하는 리더가 되지 말고, 이 세상을 근본적으로 한 번 바꿔보려고 하는 괴짜들 100명만, 매년 100명씩 10년만 길러내면 나는 역사에 남을 총장이 될 것 같다는 꿈을 꾸고 있어요. 여러분들이 첫 새벽을 여는 주인공이 되어주실 것을 간곡히 당부합니다. 감사합니다.

이재봉 총장님이 동학 운동가가 되라고 선동하셨어요. 그리고 민주화의 죄인과 역사의 죄인, 두 죄인이 앞에서 얘기 나누면서 나중에는 책장사도 했습니다. 명사 초청 통일대담 첫 수업을 마치겠습니다. 고맙습니다.

박맹수(朴孟洙) 1955년 전남 벌교 출생. 1979년 원광대학교 원불교학과, 1996년 한국학중앙연구원 부설 한국학대학원 역사학과 박사 과정, 2001년 일본 북해도대학 대학원 문학연구과 박사 과정을 졸업했다. 현재 원광대학교 원불교학과 부교수를 거쳐 2018년 총장으로 취임했다. 한국사상사학회 부회장, 동학학회 편집위원, 사단법인 한 살림 소속 모심과살림연구소 운영위원장 등을 맡고 있다. '일본의 양심'이라 부르는 나카츠카 아키라(中塚 明) 교수를 비롯해 일본 시민운동가들과 함께 매년 동학농민혁명 전적지를 답사하는 등 활발한 한일 간 풀뿌리 교류를 통해 동아시아와의 평화와 공생의 길을 열어가고 있다. 저서로 『1894년, 경복궁을 점령하라』(번역서, 푸른 역사, 2002), 『한국사상사입문』(공저, 서문문화사, 2006), 『원불교학 워크북』(2006), 『개정판 한국근대사강의』(공저, 한울 아카데미, 2007) 등이 있다. 논문으로는 「해월 최시형의 초기 행적과 사상」(1986), 「동학과 동학농민전쟁 연구 동향과 과제」(1991), 「동학의 교단 조직과 지도 체제의 변천」(1993), 「동학의 척왜양운동(斥倭洋運動)에 관한 사료에 대하여」(1999), 「갑오농민전쟁기 동학농민군의 일본 인식」(2003), 「동학군 유골과 식민지적 실험」(2004), 「한국근대 민중종교의 개벽사상과 원불교의 마음 공부」(2007) 등이 있다.

역사·문학·예술 전문가들이 들려주는 **평화와 통일 이야기**

제2강 | 3.1운동과 건국

8.15는 '건국일' 아닌 '정부수립일'

한완상 3·1운동및대한민국임시정부수립100주년기념사업추진위원장
　　前 통일부총리
　　前 교육부총리

이재봉 오늘은 '3.1운동과 건국 그리고 평화와 통일'을 주제로 아주 특별한 손님을 모셨습니다. 3·1운동및대한민국임시정부수립100주년기념사업추진위원장을 맡은 한완상 선생님입니다. 선생님께서는 어릴 때 질병을 고치는 의사가 아니라 사회의 병폐 또는 고질적이고 구조적인 문제를 고치는 '사회의사'가 되는 게 꿈이었다고 합니다. 이러한 꿈을 갖고 서울대 사회학과로 진학하셨습니다. 미국에 가서 공부 마치고 1970년대에 서울대 사회학 교수가 됐어요. 정치적으로 가장 암울했던 시기입니다. 박정희 군사독재가 18년 동안 지속되었는데, 특히 1970년대는 '유신통치'였던 때라 '세상 살기 어렵다'는 푸념만 해도 감옥에 끌려가던 때입니다. 그때 박정희 군사독재를 비판하며 용감하게 싸우신 분입니다. 그래서 서울대 교수에서 해직됐죠. 1980년 전두환 군사독재가 들어섰을 때 이를 비판하다가 또 한 번 더 해직됐어요. 서울대 교수에서 두 번이나 해직을 당하고 대여섯 번 체포와 구금을 당한 분입니다. 당연히 감옥살이도 좀 하셨겠죠. 그래도 그 뒤에 정부 일을 많이 하시었어요. 김영삼 정부 때는 통일부(통일원) 장관 겸 부총리, 김대중 정부에서는 교육부장관 겸 부총리를 지내셨습니다. 부총리를 두 정부에 걸쳐서 하신 거죠. 노무현 정부 때는 대한적십자 총재를 하셨어요. 장관급이죠. 지금 문재인 정부에서는 3·1운동및대한민국임시정부수립100주년기념사업추진위원장을 맡으셨습니다. 그러니까 네 정부에 걸쳐 장관을 하시는 분이에요. 그뿐만 아니라 대학총장을 세 군데에서 하셨습니다. 방송통신대, 상지대, 그리고 한성대 총장을 지내셨지요. 이렇게 열거하다보면 한이 없을 테니 여기까지만 하고 선생님 모시겠습니다. 제가 선생님 경력을 쭉 소개했는데, 일욕심이라고 할까요, 자리 욕심이 너무 많으신 거 아니에요?

한완상 이재봉 교수께서 질문 한 스무 개 이상 할 것 같은데, 조국 박사가 국회의원이나 기자들 앞에서 질문 받는 것을 보고 딱하다는 생각을 했는데 저는 딱하지 않습니다. 신이 날 것 같습니다. 그리고 너무 많은 일을 하지 않았느냐고 했는데, 많은 일을 한 것은 아니라고 생각해요.

"함석헌 선생처럼 '신이 확 나를 차서, 차여서' 많은 일을 하게 됐다"

존경하는 선배님 가운데, 함석헌 선생님이 계세요 돌아가셨죠. 시대의 예언자, 지식인의 귀감, 실천의 모범이었습니다. 그러니까 우리들이 젊었을 때 우러러 봤던 어른이시고, 그 어른이 우리나라에서 최초로 노벨평화상을 받게 하기 위해서 추진위원회 위원으로 몇 사람이 모였는데 저도 그 중 한 사람이 되어서 선배 어른의 업적을, 평화의 업적을 기리고 싶었거든요. 그런데 함석헌 선배님이 말씀하실 때 이런 말씀 하신 적이 있어요, 그것은 동경고등사범학교, 일제 때 동경고사는 일본 동경제국대학 못지않게 들어가기 힘든 곳이고, 엘리트 중 엘리트가 가는 곳인데, 그 학교 나오면 대개 교사를 하든지 관리로 가고, 높은 자리를 갖게 돼요. 그런데 함석헌 선생님은 한 번도 공적인 자리, 괜찮고 신나는 자리에 가신 적이 없고 평생 인권, 독립, 자유, 정의를 위해서 투쟁하셨거든요. 그런데 어느 모임에서 "선생님, 인권 같은 것을 많이 하셨는데, 어떻게 줄기차게 하실 수 있어요? 욕심이 많아서 그렇습니까?"라고 물었습니다. 함석헌 선생님은 "내가 잘나서 하는 게 아니고 하나님의 발길에 차여서, 하나님이 나를 발로 확 차서, 너는 이런 일을 해라, 그래서 이런 일을 하게 되었다"고 말씀하셨어요. 일을 많이 한다는 물음에 대한 대답은 함석헌 선생님의 말씀을 인용함으로서 갈음하려 합니다. 내가 욕심이 많아서 이런 것을 할 생각도 안했고 하리라고 상상도 못했는데, 살다 보니까 일을 많이 한 것처럼 보입니다. 내가 한 게 아니고, 내가 선택한 게 아니고, 종교적으로 말하면 신이 확 나를 차서, 차여서 하다 보니까 이런 삶을 살았습니다.

이재봉 알겠습니다. 선생님은 아주 독실한 신자입니다. 신학자이기도 하고, 목사는 아닙니다만 목회도 하세요. 참고로 저는 바로 몇 달 전까지 함석헌학회 회장을 지냈습니다. 그런데 2~3년 전 제가 전주에서 선생님과 대담을 하면서 여러 공직을 맡으셨는데 그 중 어떤 일을 통해 가장 큰 보람을 느끼셨는가 여쭈었더니 '적십자 총재'라고 하셨어요. 그 생각은 아직 변함이 없습니까? 왜 적십자 총재가 보람 있었는지 다시 말씀해주시겠어요?

"모든 공직 중 가장 보람 있는 것은 적십자 총재"

한완상 적십자(2004~207) 총재가 부총리 같은 자리보다 더 보람이 있었습니다. 적십자 총재 3년을 했는데 3년 동안 다른 공적인 일을 한 것 못지않은 가치 있고 보람 있는 일을 했기 때문입니다. 몇 가지만 말씀드리면, 이 이야기는 내 자랑 같아서 하고 싶은 마음이 없는데, 지금은 남북 간의 이산가족상봉이 별로 없잖아요. 제가 있을 때는, 김정일 위원장 때인데, 금강산에서 다섯 번 상봉했을 뿐만 아니라 화상상봉까지 했어요. 나이 많은 사람들이 직접 금강산으로 오고가는 게 힘들지 모르니까 화상으로 서로 텔레커뮤니케이션을 하는 식으로 만나는 것이었는데, 네 번을 했으니까 총 아홉 번을 했습니다. 그리고 금강산까지 가는 게 힘들어요. 남쪽에서도 힘든데 북쪽에서는 더 힘들죠. 그래서 상설적으로 이산가족을 만날 수 있는 마당을 만들기 위해서 금강산에 12층짜리 상봉 건물을 준비했죠. 하지만 남북 관계가 악화돼 준공식도 제대로 못했습니다. 무척 아쉽습니다. 지금이라도 손질해서 금강산에 있는 12층, 남북 간의 흩어진 사람들이 만나는 장소, 흩어진 것뿐만 아니라 서로 상처준 사람들이 상처를 치유하는 장소로 활용하는 날이 왔으면 좋겠습니다. 제대로 하지 못한 까닭에 한도 있으면서 보람도 느끼는 일이고요.

한완상 그리고 2004~5년 때인데, 수도권의 큰 교회(샘물교회)에서 청년 23명을 아프간에 단기선교를 보냈어요. 하지만 두 명은 탈레반에 죽고, 21명이 빠져나온 사건(탈레반한국인납치사건)이 있습니다. 적십자 총재로서 그 사건에 개입했는데, 적십자는 국제인권단체인 앰네스티(Amnesty) 같은 인권단체와 달리 활동한 것을 자랑하지 않는 게 전통입니다. 이 이야기는 오늘 처음 밝히는 것입니다. 물론 책을 본 사람들은 알겠지만, 책을 안 읽은 사람들은 오늘 처음 듣는 이야기일 것입니다.

　한완상 어느 일요일 날 오후 3시에 청와대에서 전화가 왔어요. 국정원장이 전화했어요. 지금 샘물교회 청년 23명이 인질로 잡혔어요. 이미 둘이 죽었는데, 정부가 어떻게든지 돌아오게 해야 되는데 UN에 중재를 요청했지만 거절했어요. 왜냐하면 미국 눈치를 보니까요. 미국의 기본 방침은 테러리스트와 절대로 협의하지 않는다는 원칙 때문에 걸렸어요. UN사무총장이 한국 사람(반기문)이었음에도 불구하고 안됐습니다. 그래서 국정원장이 국가안전보장회의(NSC)를 하던 중에 전화해서 적십자에 중재를 요청했습니다. 국제적십자위원회(ICRC)라는 게 있는데, 노벨평화상을 세 번이나 받은 국제기구입니다. 위원장은 스위스 대통령을 하셨던 분인데, 그 분한테 편지를 써서 탈레반하고 협상 좀 해달라고 얘기했는데, 마침 정부(국정원)에서 비상망을 가동해서 몇 년 전 캐나다 젊은 청년이 대한적십자사에 와서 인턴으로 일한 적이 있었는데, 마침 아프가니스탄 현장에서 일하고 있다고 해서 연락했어요. 아주 복잡한 이야기인데, 짧게 한다면 탈레반을 달래서 아프가니스탄 적신월사(赤新月社, Red Crescent Societies, 이슬람권 적십자사를 일컫는 명칭, ICRC와 RCS의 연맹은 IFRC), 그러니까 무슬림 문화에서는 적십자라고 하지 않고 적신월, 반달을 이야기합니다. 적신월사 한 지부의 장소를 탈레반과 우리 정부 간의 협상 장소로 얻어서 어렵게 협상을 했습니다. 긴 이야기는 안 하겠습니다. 저는 매일 잠을 못 잤어요. 요구대로 안하면 죽이겠다는 위기를 거치면서 2명의 여성을 먼저 석방하고 나머지 19명도 모두 나왔습니다. 그 때 제가 느낀 게 '아, 옛날부터 평화를 만드는 의사를 하고 싶었는데, 내가 지금 그것을 하고 있구나!' 하는 보람을 느꼈습니다. 이런 것은 서울대 교수할 때 못 느꼈고, 장관이나 부총리를 할 때도 못 느꼈거든요.

이재봉 그때는 인질 말씀만 하셨어요. 그런데 남북이산가족 만남을 많이 주선하셨고, 화상상봉까지 가능하게 하셨던 분입니다. 이 대목에 박수 한번 보내주셔야죠. 올해 3.1운동및임시정부100주년기념사업추진위원장을 맡으셨어요. 선생님은 역사학자가 아닌 사회학자인데 이 사업을 맡으시게 된 특별한 배경이 있나요?

한완상 이재봉 교수의 질문을 내가 이해하지 못합니다. 왜냐하면 100년 전 3.1운동이 주는 역사적인 감동을 기억하고, 기억만 하면 뭐합니까? 기억이 오늘의 잘못된 여러 가지 현실을 타파하고, 보다 밝은 미래를 여는 일은 학자가 하는 게 아닙니다. 사회학자든 역사학자든 학자가 중요한 게 아니에요. 3.1운동의 감동을 오늘의 잘못된 적폐를 청산하고, 보답하건 말건 평화로운, 자유로운, 정의로운, 통일된 조국을 세우는 일에는 모든 이가 하고 있습니다. 그러니까 이런 3.1운동 100주년 기념이 역사학계의 연장으로 보시는 건 참 잘못 보시는 것 같아요. 그건 아닙니다.

이재봉 좋습니다. 그게 바로 오늘 공부 주제입니다. 3.1운동과 건국정신으로 어떻게 평화와 통일을 지향할 것인가 하는 거죠. 선생님께서 추진하시고자 하는 사업을 10분 정도 말씀해주시겠어요.

한완상 사업보다 더 중요한 것은 100년 전에 일어난 3.1운동이 왜 그렇게 큰 감동을 주는지를 국민들이 모른다는 것입니다. 초등학교에서 대학까지 교과서에서 못 배웠기 때문입니다. 1945년, 이른바 해방과 광복이 된 이후에 왜 못 배웠느냐면, 1945년 2차대전이 끝나고 우리 조국이 분단되면서 남쪽을 이끌었던 지배세력은 3.1운동의 감동을 도무지 감당할 수도 없는 사람들이고, 몹시 불편하게 여겼던 사람들이기 때문에 가급적이면 3.1운동에 대한 사실적이고 감동적인 가르침을 전달하지 않으려고 했습니다. 그래서 오늘 내가 시간이 있다면 이 감동을 몇 가지 전달하고 싶어요.

유관순 누나는 '하나의 민족'이 준 '하나의 아름다운 명예'

한완상 1919년 3월 1일, 우리 한반도 조국 땅에는 어느 지역, 계층, 종교, 나이, 세대에 국한하지 않고, 전 민족과 전 민중이 들고 일어서서 10년 전에 우리나라를 강점했던 일본 제국주의와 맞싸웠습니다. 가열차게 맞싸웠어요. 이 싸움이 참으로 감동인 이유는 비폭력적으로, 평화적으로 했다는 것입니다. 예를 들면, 그때 17살 먹은 소녀, 유관순 소녀가 태극기를 들고 독립선언서를 갖고 고향으로 돌아가 시장바닥에서 3.1운동을 했습니다. 우리 동포들의 3.1운동 평화 시위에 일본 정부가 총, 칼로 무자비하게 다스렸습니다. 무자비하게 총, 칼로 다스리는데도 불구하고 소녀 유관순은 그야말로 평화적으로 만세, 독립만세만 부르면서 맞섰습니다. 이것이 굉장히 감동적인데, 유관순 누나가 지금 살아계시면 118세가 되는데 나는 영원히 우리 민족의 가슴 속에, 여러분의 가슴팍 속에 누나로 살아남을 것입니다. 나 같은 80대 중턱이 돼도 누나입니다. 그것은 '하나의 민족'이 준 '하나의 아름다운 명예'죠. 누나가 죽으면서 한 말은 참 기가 막힙니다. 유관순 누나가 죽을 때 감옥의 의사가 공식적으로 낸 사인이 뭔지, 죽은 이유를 아세요? 죽은 이유를 교과서에서 안 가르치니까 여러분도 모르는 거예요. 그러니 내가 답답한 거예요. 사인이 '방광파괴'예요. 일본 헌병이 소녀를 어떻게 몸을 다뤘기에 방광파괴로 죽었냐는 말이에요. 그런데 죽으면서 유관순 누나가 남긴 말이 감동인데, '내가 죽으면서 안타까운 것은, 내 조국을 위해서 죽을 목숨이 하나밖에 없다는 것이 안타깝다'는 것이었어요. 아니, 이런 마음, 이런 마음을 가지고 비폭력으로 했단 말이에요.

한완상 여러분들, 지금 그런 마음이 전수됩니까? 여러분은 몰라요. 그렇게 안 가르쳤으니까요. 그러니까 가장 잔인한 무장폭력에 대해서 비폭력, 평화적으로 대항하면서 살신성인적인 활동을 한 사람이 유관순 혼자만 아니고, 그때에는 전 민중적이었어요. 뭐 기생도 나오고 백정도 나오고 다 나왔습니다. 그런 분들의 고결한 뜻이 1919년 우리나라에만 감동을 준 게 아니라 옆 나라 중국에도 감동을 줘서 5월 4일 날 북경대 학생들이 깨어나서 일본 제국주의 반대 시위에 나섰습니다. 당시 일본은 중국 대륙을 침탈하려고 이미 대만을 식민지로 삼았고, 한반도를 먹으면(침탈하면) 그것을 다리로 해서 자기(중국)를 침략한다는 것을 알고 있었기 때문입니다. 중국 젊은 사람들이 조선반도에서 들려오는 소식을 듣고 비폭력적으로 엄청나게 참여했어요. 북경 대학생들이 데모를 하면서 남긴 유인물을 보면, '우리는 부끄럽다. 그래서 우리의 부끄러움을 오체투지의 고행으로 했다'는 말이 있습니다. '오체투지'라는 말 아세요? 오체라는 건 온 몸을 모두 써서, 온몸을 땅바닥에 던져서 하는 고행입니다. 이것은 티베트나 불교에서 수행할 때 납작 엎드려서 한 번 절하고 일어서서 또 한 발씩 가는 거예요.

"3.1운동이 왜 큰 감동을 주는지 국민은 잘 모른다"

한완상 3.1운동은 중국 대학생들에게 감동을 줬을 뿐만 아니라 인도로 가서 인도가 영국 제국주의와 싸웠던 간디(Mahatma Gandhi)의 수제자인

네루(Jawaharlal Nehru, 인도의 독립운동가 겸 정치가)에게도 영향을 줬습니다. 네루 역시 영국 제국주의와 싸우다 감옥에 갑니다. 감옥에 가서 자기 딸, 유관순 누나 정도 되는 어린 딸인 인디라(Indira Gandhi, 인도의 초대 총리 자와할랄 네루의 딸이자 인도의 첫 여성 총리)에게, 그 딸은 나중에 인도의 수상이 되는데, 그 딸에게 편지를 썼습니다. 그 편지를 모아서 『세계사 편람』 1·2·3권을 썼는데, 2권에 딸에게 쓴 편지가 있는데, "저 반도에, 조선반도에, 코리아라는 나라가 있다. 거기는 일본의 학정에 견디지 못해서 항거한 적이 있다. 가열차게 항의했다"고 썼습니다. 그런데 편지 마지막 부분에 "반도에서 일어난 반일 제국주의에 싸웠던 사람들 가운데 너처럼 학교를 갓 졸업한 어린 여학생도 있다는 사실을 너도 알면 감동할 것이다"라고 돼 있어요. 네루는 간디의 비폭력 평화운동을 도와줬던 사람이죠. 간디도 저항을 했지만 인도 민중들이 호응을 하지 않으니까 얼마나 외로웠겠어요. 우리 한국에서 들려오는 소식 듣고 부러워한 것이죠.

　한완상 하나만 더 이야기할게요. 1919년, 이제 3.1운동이 일어나기 직전, 3.1운동을 일으키기 위해 힘을 썼던 우리의 선배들 가운데 우사(尤史) 김규식(金奎植) 박사도 있고, 우사 김규식 박사를 파리강화회담(Paris Peace Conference, 1919~1920)에 보내기 위해 모금활동(fund-raising)을 한 사람 가운데에는 그 우사보다도 다섯 살 아래인 몽양(夢陽) 여운형(呂運亨) 선생이 있었어요. 여운형 선생은 파리에 바로 못 갔지만 우사 김규식 선생이 파리에 갔을 때 아시아, 아프리카에서 백인의 제국주의 침탈과 약탈로 고생하던 많은 젊은 지식인들이 강화회담에 와서 자기 민족의 서러움을 호소하고 제국주의를 중단해달라는 호소운동이 있었어요. 중국에서 간 사람들도 있었어요. 파리에서 김규식 박사를 만났던 사람 중에 월남에서 온 청년이 있었어요. 이름이 호치민(Ho Chi Minh, 베트남의 독립운동가, 정치인, 초대 국가 주석)입니다. 호치민은 그 땐 20대 초반이고, 우리 우사는 30대 초반이었습니다. 당시 월남(베트남)은 프랑스 식민지였어요. 이런 게 모두 감동이죠. 이렇게 감동적인, 국제적으로 감동을 준, 전 국민을 동원해서 준 감동이 있었는데도 우리 학교에서 안 가르쳐요. 그래서 그것을 말하고 싶었습니다.

이재봉 고맙습니다. 간디 얘기를 하셨어요. 전 세계적인 비폭력의 상징이죠. 올해가 3.1운동 100주년인데, 간디는 그로부터 50년 전에 태어났어요. 그래서 올해가 150주년이죠. 아마 여러분들도 어제오늘 뉴스를 잘 보셨다면 그 기사 읽었을 텐데, 문재인 대통령이 인도 총리 초청으로 뉴욕에서 열린 간디 탄생 150주년 기념식에 참석하셨어요. 거기서 간디와 우리 3.1운동을 연결해서 말씀하셨습니다. 3.1운동이 비폭력 저항이라는 거죠. 선생님도 알고 계셨죠? 문재인 대통령이 간디와 비폭력 운동을 이야기하면서 3.1운동이 포함된다고 했는데, 한 말씀 해주시겠어요?

한완상 저한테 100주년기념사업추진위원장을 맡기신 분이 문 대통령입니다. 역사학자도 아닌데 왜 나한테 맡겼는가, 이런 생각을 스스로 했죠. 문 대통령의 생각은 이런 것이었습니다. 일제강점 35년 동안에 독립운동을 했던 사람들의 소망을 분단 74년 동안 이룩할 수가 없었다는 것이었습니다. 일제 때는 강점을 했으니까 못했죠. 또 태평양 전쟁이 끝나고 74년 동안 분단된 상황에서는 왜 못했죠? 앞에서 얘기했듯이, 분단된 남쪽 지도자들이 친일, 냉전, 반공세력이었기 때문에 3.1운동의 비폭력 평화 정신을 가르치지 않고, 전달을 못했습니다. 적폐가 누적되었으니까요. 문 대통령의 생각은 이제 감동적인 3.1운동 100주년을 맞으면서 새로운 미래를 만들어달라는 것이었어요. 다른 말로 하면, 이제 주체 세력이 친일적이지 않고, 3.1운동의 평화정신으로 나라다운 나라를 만드는데 위원회가 좀 도와 달라는 것이죠.

그 얘기를 듣고 '큰일 났다'는 생각이 들었어요. 1, 2년 내에 할 수 있는 게 아니잖아요. 그러나 3.1운동이 얼마나 감동적이고, 공공적이고, 변혁적인지, 이처럼 힘 있는 운동이었다는 것만은 알려야겠다고 생각했습니다. 최남선 선생이 만든 3.1선언문은 저 같은 늙은이가 읽어도 무슨 말인지 참 알아듣기 힘든 한문으로 되어 있습니다. 그래서 초등학교 5학년이 읽어도 알아들을 수 있는 말로 바꾸는 일을 위원회에서 했습니다. 한글학자와 관련 학자들의 의견을 들어서 했는데, 금년, 2019년 3월 1일 광화문에서 대통령을 모시고 할 때 대통령이 제일 먼저 독립선언문을 읽고 그 다음에 돌아가면서 쉬운 것을 읽었는데 모두 좋아하더라고요. 이제 친일, 냉전 세력은 가고 새로운 민주평화 세력이 오라는 마음을 담은 것이었죠. 그런데 요즘 보니까 참 힘든 것 같습니다.

 이재봉 좋습니다. 수고하셨습니다. 고맙습니다. 올해는 3.1운동 100주년뿐만 아니라 선생님 직함에도 나오듯 임시정부수립 100주년이기도 합니다. 이와 관련해 우리나라 건국일을 언제로 기준 삼느냐는 논란이 일었습니다. 1919년 3월 건국이냐, 1948년 8월 이승만 정부가 들어서면서 건국됐느냐, 특히 보수 쪽에서 1948년 8월 15일을 건국절로 하자는데, 이에 대해 어떻게 정리할 수 있을까요?

1948년 8월 15일은 건국 아니라 제1공화국 수립한 날

 한완상 그 정리는 별로 어렵지 않습니다. 1919년 3월 1일에 감동적인 3.1운동이 전 국민과 민족을 격동시켜서 비폭력으로 나오게 했고, 세계가 찬사를 했습니다. 이런 상황에서 독립운동가들이 상해에 모여서 임시정부를 1919년 4월 11일 날 만들어서 나라 이름은 대한민국으로 확정했어요. 대한민국은 대한제국과 비교해서 말해야 돼요. 대한제국은 왕권제입니다. 왕이 주인인데, 민국은 백성이 주인이 되는 것이죠. 우리 헌법 제1조에 주권재민 사상이 이미 나타났어요. 두 번째로 이름을 대한민국이라 했을 뿐만 아니라 중요한 게 또 있어요. 1948년 남한 단독 정부를 만들고 1948년 9월 9일 김일성이 북한에 단독 정부를 만들어서 민족이 적대 국가로 나서게 됐습니다. 1948년 8월 15일이 대한민국을 세운 건국절이라고 주장하는 사람들은 나라가 되려면 세 가지 요소가 있어야 한다며 사람(국민)이 있어야 하고, 국토가 있어야 하고, 주권이 있어야 한다고 말합니다. 그런데 상해에서 1919년에 만든 임시정부는 세 가지를 모두 갖추지 않았기 때문에 국가일 수 없으므로 48년 8월 15일 이승만 대통령이 만든 게 대한민국 건국의 날이라고 해요. 그런데, 재미있는 것이 있어요. 이승만 대통령은 그분들이 굉장히 높이 존경하는 분입니다. 그런데 이승만 대통령이 헌법을 만들면서 그 전문에 대한민국 헌법은 3.1운동 정신과 임시정부의 법통을 잇는다는 것을 분명히 박아놓았어요. 그리고 이승만 대통령 자신이 그 날을 건국 29주년이라고 했어요. 그러니깐 이승만 대통령을 맹목적으로 따르는, 소위 건국절을 주장하는 자들이 자기가 모시는 이승만이 건국 29년이라면서 1919년을 건국일이라고 밝힌 것에 대해 이야기하면 그 사람들은 불편하게 생각합니다. 그리고 국민도 없고, 영토도 없고, 주권도 없었다는 세 가지는 일본이 강제로 빼앗아 갔어요. 그러니까 임시정부라 해도 그 법통을 이은 거죠. 그러면 1948년 8월 15일은 뭐냐. 그것은 정부를 수립한 날입니다. 제1대 이승만 대통령이 시행하는 제1공화국의 수립 날이죠. 건국한 날은 아닙니다.

이재봉 알겠습니다. 고맙습니다. 올해 북한과 공동으로 3.1운동기념사업을 하려고 하셨죠? 그러나 무산됐습니다. 예상하셨어요? 왜냐하면 남북 역사 인식이 좀 다르잖아요. 북쪽에서는 주로 김일성 항일무장투쟁을 거의 유일한 독립운동으로 생각하지만 우리는 거의 인정하지 않습니다. 독립운동도 역사 인식에 큰 차이가 있기 때문에 남북 사이의 간격이 커요. 어떻게 이 간격을 좁힐 수가 있을까요?

한완상 예상을 반쯤 했습니다. 북쪽과 이야기할 때 우리 정부가 이야기를 잘못했어요. 통일부가 조금 현명치 않게 얘기했어요. 북한도 3.1운동에 관해서는 거부감을 안 느낍니다. 일본 제국주의를 김일성의 방식과 다르게 비폭력으로 했어도 비폭력이 폭력보다도 감동적이고, 더 수준 높은 것이니 거기에 대해서 시비를 안 겁니다. 유관순의 주검 등에 대해서도 뭐라고 안하는데, 임시정부 문제가 나오면 이재봉 교수 말씀처럼 거부감이 큽니다. 부르주아 민족주의자들이 주동이 돼서 했다고 판단하기 때문에 무장투쟁을 했던 전통과 다르죠. 그래서 기대했던 것은 비록 임시정부를 축하하는 일에는 남북이 공동으로 못한다 하더라도 3.1운동 정신은 가능하기 때문에 우리 정부가 두 개를 뭉쳐서 진행했는데, 그만 저쪽에서 반박이 일어나서 함께 못하게 됐죠. 당국자들의 기민하지 못하고 전체를 파악하는 능력이 부족해서 전술적으로 잘못한 것 같아요. 참 안타깝게 생각했습니다. 임시정부를 분리해서 3.1운동만 하자고 했으면 잘 됐을 텐데, 그렇게 하지 못한 것이 안타깝습니다.

"어느 동맹국도 민족보다 나을게 없다"

이재봉 이제 주제를 바꾸겠습니다. 지금까지 100년 전 역사를 공부하니까 별로 재미없죠? 현대사 공부 좀 합시다. 아까 잠깐 소개했듯 선생님은 1993년 2월 출범한 김영삼 정부, 이 정부는 군사독재 끝나고 문민시대를 맞았다고 문민정부라 했는데, 문민정부에서 1대 통일부장관 겸 부총리를 지내셨어요. 그때 김영삼 대통령 취임사를 선생님께서 쓰신 걸로 알고 있습니다. 그 취임사에 아주 유명한 대목이 있었지요. '어느 동맹국도 민족보다 나을 게 없다'는 것이었는데, 그 말이 오해를 불러일으켰습니다. 저도 그때 미국에서 공부하고 있었는데 오해했고요. 남한의 동맹이라면 미국이잖아요. 그래서 대부분 미국보다 우리와 같은 민족인 북한이 낫다는 뜻이라고 해석했죠. 그래서 '빨갱이 통일부장관'이라는 오해를 많이 받으셨죠. 그런데 선생님 회고록을 보니까 당시 김일성 주석이 그 대목을 몇 번 읽어보고 도대체 어디를 가리키느냐고 했다면서요. 자신도 어느 동맹을 말하는지 헷갈렸다고……. 그 말씀 좀 해주시겠어요. 선생님께서 무슨 취지로 어떠한 동맹도 민족보다 나을 순 없다고 하신 거죠?

한완상 우선 김일성 주석이 헷갈렸다는 이야기는 내가 지금 처음 듣는 이야기입니다. 헷갈린 것 같지는 않고요. 김일성 주석과 가까운 목사님이 있는데, 미국 캘리포니아에 어느 대학 통일문제연구소 책임자였어요. 그 분은 마침 김영삼 대통령께서 다니던 교회, 그 교단, 보수교단의 거물 목사님이세요. 서울 후암교회 담임목사 하신 조동진 목사님(2020년 6월 별세)이라고 계시는데 그 분이 평안도(평북 용천) 사람이니까 김일성 주석하고 잘 아는 분(김일성종합대학교 종교학과 초빙교수, 평양신학원 초빙교수)이에요. 그 분이 나한테 전화를 했어요. 통일원 장관 겸 부총리로 있을 때(1993)인데, 며칠 전 평양에서 김일성 주석과 오찬을 같이 했는데 굉장히 중요한 이야기가 있으니까 보고를 하고 싶다고 해서 집무실로 초청해 이야기를 들었어요. 김일성 주석과 식사를 하면서 식단에다 김일성 주석이 한 이야기를 새카맣게 깨알같이 써서 이야기를 하더군요. 목사님 이야기 중 재미있는 게 있어서 김영삼 대통령에게 전화를 했어요. 요즘은 장관이 대통령하고 직접 전화를 할 수 있는지 잘 모르겠는데 저 때는 그렇게 했습니다. 다음 날 10시에 청와대로 가서 이야기를 했습니다. 어떤 이야기냐 하면, 조 목사님이 쓴 식단에 있는 이야기인데, "김영삼 대통령은 취임사에 '어느 동맹국도 민족보다 나을 수 없다'는 게 들어있는데, 어떻게 남한, 한국 대통령이 그런 말을 할 수 있느냐, 놀라운 일이다, 기가 막히게 옳은 이야기라며 감동했다"는 것입니다. 식사를 하고 나서 둘이 찍은 사진도 보여드리고 조 목사님 아시냐고 물으니 알고 있다며 우리 교단의 원로 목사님이라고 하셨어요. 여하튼 김영삼 대통령이 좋아하시더라고요. 그리고 이 말은 방금 이재봉 교수가 이야기한대로 정치인들에게는 굉장히 고약한 이야기로 들려서 '아, 그래? 우리 동맹인 미국이 북한보다도 못하단 말이냐?'는 이야기가 나왔죠. 저는 국회 나가서 야단을 맞았고, 여러 번 시달렸습니다.

 한완상 하여튼 그런 일이 있었는데 비슷한 이야기를 하나 더 보태지요. 작년(2018) 이때 즈음 평양에, 백두산 꼭대기에 우리 대통령하고 김정은 위원장이 같이 올라갔을 때 저도 같이 올라갔어요. 천지 물이 참 맑고 깨끗해서 먹었어요. 손으로 물을 먹고 얼굴을 들어보니까 4~5m 앞에 김정은 위원장이 있고 그 옆에 우리 대통령이 있더군요. 한 마디를 해야겠다는 생각이 들어서 핵 문제 등 군사적인 문제는 빼고 정신적인 통일과 관련이 있는 이야기를 해야겠다고 생각했어요. 내가 누구라는 말은 하지 않고 김정은 위원장에게 가서 할아버지께서 살아계실 때 남쪽 어느 대통령의 취임사를 보고 굉장히 감동한 적이 있다는 사실을 아느냐고 물으니 모른다고 하더군요. 그래서 그 이야기를 해줬습니다. 당시 대통령이 누구인지는 말하지 않고 '어느 동맹국도 민족보다 나을 수 없다'는 말씀을 해서 많은 사람들에게 감동을 주고, 또 한편으로는 많은 사람들에게 증오심을 불러일으켰는데, 그 선언이 그 대통령 임기 동안에 이뤄지지 않았고 그동안 이뤄지지 않았는데, 오늘 김 위원장과 우리 대통령께서 9.19공동선언을 함으로써 이루어지는 것 같다며 축하한다고 이야기를 했더니 활짝 웃더라고요. 그 이야기를 할 때 뒤에 사람도 없고 카메라도 없는 줄 알았는데, 다음날 아침에 많은 사람들이 김정은 위원장과 이야기한 것을 봤다고 해서 깜짝 놀랐어요. 세상은 정말 숨길 것 없고, 정보화 세상이 무섭다는 것을 실감했어요. (백두산에 다녀온 후) 정관용 씨가 진행하는 『시사자키 정관용입니다』(1990~2020)에 출연했을 때 묻기에 있는 그대로 다 이야기했습니다.

한완상 그리고 안타까운 게 있어요. 2000년 6월 15일에 김대중 대통령과 김정일 위원장이 합의한 6.15선언을 보면 2항에 이른바 국가연합 단계 혹은 느슨한 연방제로 들어가면 우리가 그 상태에서 통일 문제를 서로 논의할 수 있다는 내용이 있습니다. 왜냐면 국가연합과 비슷하니까요. 그런데 작년 이맘 때 그런 논의를 할 수 있을 줄 알았는데, 안타깝게도 지난 1년 동안 별로 진전이 없네요.

이재봉 그런데 멋진 취임사를 내고 또 선생님께서 통일부장관을 하셨는데도 김영삼 정부 때 통일 문제는 전혀 진전이 안됐어요. 오히려 더 꼬여버렸죠. 가슴 아픈 이야기지만, 거기에 대해 말씀해주시겠어요? 당시 3월(1993)에 북쪽에서 그렇게 원하던 비전향장기수(리인모, 종군기자 출신이며 남한에서 34년 동안 비전향장기수로 복역)를 비난을 무릅쓰고 보냈어요. 그런데 왜 더 꼬여버렸지요?

"김영삼 정부 때 통일 문제는 꼬인 게 아니다"

한완상 더 꼬인 게 아닙니다. 그런 게 문제입니다. 최고 지도자의 경륜과 관계되는 것인데, 김영삼 대통령께서는 민주화 투쟁에 앞장서서 좋은 일도 많이 하시고 대통령 하면서 하나회(신군부, 新軍部) 조직도 해체하고 금융실명

제(1993년 8월 12일)를 통해 경제정의도 실천하는 등 좋은 일을 많이 하셨습니다. 안가(安家, 안전가옥)도 해체하고 참 잘하셨는데, 가족사는 불행한 게 있어요. 모친께서 공산주의자에 의해 돌아가신 것에 대한 것인데, 어떤 의미에서는 인간의 근본적인 측면에서 보면 자랄 때 상처가 있었던 것 같아요. 그것을 주변 세력, 소위 냉전 세력이 교묘하게 이용했다고 봅니다. 김영삼 대통령은 리인모 선생을 북한의 집으로, 가족 품으로 보내는 결단을 했음에도 불구하고, 그래서 남북 관계 역사에 남는 괄목할 만한 평화의 진전을 만들고 싶었음에도 불구하고, 그런 것(냉전 세력의 이용) 때문에 제대로 하지 못한 것이 못내 안타깝고 괴롭습니다.

이재봉 그러니까 김영삼 대통령의 개인사, 당신 어머님이 한국전쟁 중에 공산군한테 목숨을 잃었다는 것인데, 사실 그 무렵에는 그와 같은 사례가 꽤 많았습니다. 서광선 목사님 아시죠? 세계YMCA 총재 지내시고, 이화여대에서 신학 교수를 하신 서 목사님도 6.25 때 공산군한테 목사였던 아버님을 잃었잖아요. 그리고 선생님의 아주 가까운 친구이고 저와 선생님을 맺어주신 김동수 교수님, 장로님이죠. 그 분도 아버님(목사)을 한국전쟁 때 총살로 잃었고요. 그리고 김상근 목사님, 군산 출신으로 알고 있는데, 그 분도 아버지(목사)를 잃었고요. 그런 분들이 오히려 예수를 사랑하라는 기독교 가르침에 따라 북쪽과 화해와 협력하는 데에 앞장섰어요. 김영삼 대통령도 장로고, 선생님이 가까이 계셨는데, 신학자로서 같은 마음을 갖고 계셨을 텐데 대통령의 마음을 바꿀 수 없었습니까?

한완상 예, 참 좋은 질문이에요. 부총리 임명을 받은 게 93년 2월 26일인데 3월 1일 저녁에 청와대에서 연락이 왔어요. 다음 날 아침 7시에 대통령께서 부총리와 단독으로 조찬하고 싶다는 연락이었죠. 무슨 일이냐고 물으니 이야기를 하지 않았어요. 알 수가 없으니 좀 주저했어요. 왜냐하면 총리가 있는데, 부총리가 먼저 대통령하고 독대하면 미움을 받습니다. 별로 안 좋아요. 그래서 이게 아닌 것 같다고 생각하고 있는데, 대통령이 저에게 지시를 했습니다. 나를 불렀던 이유는 통일 문제 때문이 아니고 언론이 김영삼 정부 출범을 어떻게 묘사하는가, 그런 문제였어요. 노태우 때가 6공화국, 전두환은 5공화국인데, 이것은 6.5공화국이라고 했어요. 왜냐하면 그 당(민주자유당)으로 들어가서 거기서 됐으니까요. 그래서 김영삼 대통령은 자존심이 굉장히 상한 상태였기 때문에 '문민정부'로 출범하려고 하는 마음을 갖고 있었는데 6.5공화국이라는 이야기 나오니까 자존심이 상해서 저를 불렀던 거죠. 어떻게 하면 좋겠느냐고 해서 숫자를 떼면 된다는 말씀을 드렸어요. 1공화국, 2공화국 숫자 쓸 거 없고 '김영삼 정부'라고 하면 된다고 했어요. 그러니까 이름을 넣으면 건방지다 생각하지 않겠냐고 묻기에 미국을 예로 들어 '케네디 정부', '아이젠하워 정부'라고 하는데, 미국이 우리보다 덜 민주적이어서 숫자가 없는 게 아니지 않느냐고 했습니다. 그때부터 숫자가 떨어져서 오늘까지 이어지고 있습니다.

"보복적 정의에 의한 남북 관계는 종식해야 한다고 설명"

한완상 그런데 그 이야기 때문에 불렀다고 하는 게 좀 섭섭했어요. 이제 숫자도 떨어졌으니까 박정희 정권 때 숫자는 군사독재였으니 이제 군사 통치, 권위주의 통치는 끝내고 문민정부(Civilian Government), 민주정부이니 숫자가 필요하지 않은 만큼 남북 관계도 민주적으로 해야 한다고 말했습니다. 그래서 북한을 악마화하는 일은 그만 두고, 눈 때리면 눈 때리고 입 때리면 입 때리면서 서로 병신만 만드는 것은 그만하는 게 좋다고 했어요. 그리고 한 가지를 덧붙였어요. 여기 원광대학은 종교적인 열정이 강한 대학이니까 이해를 하시리라 생각합니다. 대통령께서도 교회 장로님이시죠. 저도 교회 장로인데요. 예수께서 하신 말이 원수를 사랑하라고 하셨는데, 북한이 원수인 것은 틀림없습니다만, 우리의 주적이니까 사랑하는 마음으로 주적 관계, 원수 관계를 이겨내야 한다고 말했죠. 그랬더니 가만히 계시더라고요. 내가 설명을 잘못했나, 하는 생각도 들었어요. 저는 결혼 주례할 때 이런 말을 합니다. '때문에 사랑'을 하는 사람들은 부부 생활을 오래 못한다는 말입니다. 남자가 돈이 많기 때문에, 인류대학을 나왔기 때문에, 뭐 예쁘기 때문에, 건강하기 때문에 결혼한다면 '때문에'는 곧 없어집니다. 병나면 약해지고, 돈은 생기다가 없어지는 것이죠. 부부가 평생 해로하려면 '불구하고 사랑'이 필요하다고 말합니다. 몸매 말할 때 23, 36, 23, 그런 말을 하지요? 하지만 여자의 몸매는 대부분 결혼하고 애 둘, 셋 낳으면 몸매 없어집니다. 36, 23, 36은 36, 30, 36이 될 수도 있어요. 주례할 때 했던 말을 대통령에게 하면서 부부가 오래 사랑하려면 '불구하고 사랑'을 해야 되는데 남북 간에도 그렇게 해야 한다고 말했죠. 그런데 가만히 계세요. 대통령이 가만히 있으면 안 받아들인다는 얘기가 있잖아요. 그래서 불안했어요. 그래서 우리가 북한보다도 경제적으로 얼마나 잘 사는지 아시냐고 물으니 또 가만히 계세요. 1993년 현재 GDP 기준으로 우리가 14배 잘 살았어요. 지금은 30~40배입니다. 내 동생이나 형이 나보다 24배 못사는데 그들이 조금 도전했다고, 때렸다고 해서 똑같이 때리면 되겠느냐, 진짜 힘이 센 사람은 맞아도 가만히 있다고 말했어요. 눈치를 보니 대통령이 조금 이해하시는 것 같았어요. 그래서 용기를 내서 유도 9단이 길 가다가 부딪혀가지고 시비를 걸면 진짜 유도 9단은 웃고 지나가지 갚지 않는다고 비유했더니 이해하시는 것 같았습니다. 우리가 잘 사니까 북한을 1대 1로, 그러니까 이는 이, 눈은 눈, 함무라비법전에 나오는 보복적 정의에 의한 남북 관계는 종식해야 한다고 설명했습니다.

그러자 대통령께서 어떤 조치를 어떻게 해야 되는지 방안을 찾는 것 같아요. 그래서 리인모 노인을 보냅시다, 그렇게 말했어요. 70세 노인을 가족의 품으로 보내는 것은 인도주의고, 이것은 원수를 사랑하는 실천이라고 하니 이해하신 것 같아요. 그런데 나중에 실천을 하셨는데, 그 당시에는 이해를 하셨지만 웃지는 않더라고요. 이 이야기는 『한반도는 아프다』(한울, 2013) 는 책에서 최초로 밝혔습니다.

이재봉 제가 잠깐 설명을 해야 될 것 같아요. 학생들은 잘 모를 수도 있을 텐데, 비전향장기수라고 있어요. 과거 북쪽에서 남쪽으로 내려온 간첩이죠. 남쪽에서 빨치산투쟁을 했던 분들도 있어요. 이런 분들을 사상범이라는 명목으로 감옥에 가뒀는데, 20~30년 감옥에 가둔 뒤 풀어줄 때 전향을 하라고 했어요. 사회주의 따르지 말고 남쪽의 자유민주주의 체제, 자본주의 체제를 신봉하라, 그러면 풀어주겠다는 거였죠. 그러나 많은 분들이 신념과 양심을 지키겠다며 전향하지 않았어요. 이런 사람들을 비전향, 전향하지 않는 장기수, 오랫동안 감옥에 있었던 사람이라고 불렀습니다. 그 중 상징적인 인물이었던, 30년 동안 감옥에 있었던 리인모 선생을 북한으로 되돌려 보낸 거예요. 선생님 말씀대로 원수이기 때문에 보복하자는 게 아니라 원수임에도 불구하고 우리가 먼저 화해와 협력에 나서야 되지 않겠느냐는 것이죠. 그런데 이게 말썽이 됐다는 말입니다. 아시겠죠? 그런 사연은 책에 다 나와요. 이 책은 오늘 팔지 않습니다. 이미 4~5년 됐기 때문입니다. 책 제목이 『한반도는 아프다』인데, 한반도가 언제부터 왜 어떻게 아픈 겁니까?

"한반도가 아픈 이유, 왜 가르치지도 분노하지도 않나?"

한완상 짧게 얘기하기 힘든 내용인데요. 한반도 역사를 110년 전으로 거슬러 올라가서 1895년 청일전쟁으로부터 보더라도 청일전쟁에서 일본이 대국인 중국을 이겼습니다. 일본은 청일전쟁에서 이긴 후 영국, 프랑스, 독일 등 서구 강대국들은 아시아, 아프리카 유색인종과 후진국 땅을 강점하고 약탈하고 그렇게 하지 않느냐면서 동양 사람들이 힘을 합쳐서 백인들의 패권주의에 맞서자는 논리를 폈어요. 이렇게 말했던 일본이 1895년 청일전쟁에서 이기자마자 취한 첫 조치는 아시아에 있는 대만을 식민지로 차지했어요. 당시 일본이 주장했던 동양평화론, 유색인종인 아시아인이 뭉쳐서 백인 패권주의에 맞서자고 하는 동양평화론이 거짓이라는 것을 깨달았는데, 그 중에는 안중근, 윤치호 선생이 있었어요. 대만이 식민지가 된 후 꼭 10년 후인 1904년 러일전쟁이 일어납니다. 러일전쟁은 섬나라 일본이 러시아 같은 덩치 큰 유럽 나라를 이기리라는 생각을 못했는데 이겼어요. 1905년 러일전쟁이 끝나기 직전에 우리를 아프게 한 게 있었습니다. 미국과 일본이 밀약을 해서 일본의 수상 가츠라(Katsura)와 미국의 필리핀 총책임자(Commissioner), 총독 같은 것인데, 태프트(Taft)가 밀약을 했어요. 일본은 한반도를 식민지로 삼고 미국은 필리핀을 식민지로 삼을 테니 서로 간섭하지 않는다는 밀약입니다.

한완상 이 밀약, 가쓰라-태프트밀약(Katsura-Taft Secret Agreement) 때문에 1905년 을사조약(乙巳條約) 혹은 제2차한일협약(第二次韓日協約)을 맺을 수밖에 없었고, 5년 후에 나라가 감금당했어요. 억울하기 짝이 없죠. 젊은 사람들은 이런 것을 잘 몰라요. 미국의 은근한 동의가 있었다는 사실, 역사적인 사실이에요. 이런 것도 교과서에서는 잘 안 가르쳐요. 그러면 35년 동안 감금당하고 경제적인 수탈, 정치적인 억압, 차별, 언어, 선거(주권)를 뺏겼어요. 또 우리 누나들은 징벌돼서 위안부가 되고, 아재(삼촌)들은 징용돼서 고생하거나 죽고, 우리 형님들은 학교 다니다가 군대로 징용(징병)이 됐어요. 그리고 일본은 1941년 태평양전쟁을 일으켰는데 패전했어요. 국제법으로 패전한 나라는 갖고 있는 식민지를 즉각 식민지로부터 해방시켜요. 우리는 식민지가 아니고 감금당한 나라이지만, 일본이 1945년 8월 15일 패전을 했음에도 불구하고 한반도는 강대국 미국과 소련의 세계 패권 경쟁 전략 과정에서 강대국의 대리전쟁으로 휩쓸려서 오늘까지 전쟁 3년을 포함해 냉전 70년을 보내고 있어요. 이게 얼마나 억울해요. 아파도 그냥 아픈 게 아니에요. 생각할수록 기분 나쁘고 가슴이 아픈 거예요. 한반도는 이렇게 아팠어요. 분단이 우리 때문에 됐나요? 전쟁을 일으킨 일본이 두 쪽이 나든지 네 쪽이 나야지, 왜 그 밑에서 35년 동안 큰 고통을 당한 우리 민족이 두 조각이 나야 해요? 그런데도 왜 억울하게 생각하도록 가르치지 않아요? 그런데도 젊은이들이 관심이 없고 늙은이들도 관심이 없어요. 난 부끄러워요. 그래서 이 한반도는 아프다고 한 거예요.

이재봉 좋습니다. 박수쳐 주세요. 제 학생들은 다 압니다. 관심도 있고요. 그렇죠? 제가 항상 강조하는 게 왜 우리를 식민통치했던 일본은 멀쩡한데 강제로 점령을 당하고 죄도 없는 우리가 분단이 됐느냐, 그것을 잘 공부하자고 말합니다. 책 제목은 『한반도는 아프다』로 잡았지만 부제목은 '적대적 공생의 비극'인데, 남한의 극우와 북한의 극좌가 공생하느냐는 것 같은데, '적대적 공생'이 무슨 말입니까?

북풍공작으로 김대중·김영삼 누르고 노태우 당선

한완상 적대적 공생 문제는 핵 문제를 주제로 삼아야 할 거예요. 아프긴 아픈데 왜 아프냐면, 적대적 공생을 해야 하기 때문입니다. 쉽게 얘기하면, 남북이 긴장하고 싸우고 욕하고 악마화하면 득을 보는 세력이 남북에 모두 있어요. 그런데 그 득을 보는 세력이 이상해요. 그 사람들은 공식적, 공개적으로는 항상 상대방을 악마화합니다. 서로 '북괴'와 '남괴'라고 하면서 악마화하죠. 그런데 공식적으로는, 공개적으로는 서로 악마화하고 미워하면서도, 그래서 미워한다고 말하면서도 결과적으로 '의도치 않게' 서로 도와요. 어떻게 도우냐면 이런 겁니다. 우리가 북한에 대해 강경한 발언을 하면, 북한의 강경 군부나 보수적인 사람을 격동시켜서 강력한 대남 정책을 주장하고, 또 그렇게 나옵니다. 반대로, 북한이 남한에 도전하면 반공 세력들이 정치적 결집을 위해 그렇게 합니다. 예를 들면, KAL 858기가 폭파됐어요. KAL기가 폭파될 때는 6월민주항쟁이 일어나서 김대중 씨가 대통령으로 출마할 수 있는 환경이 조성됐어요. 대통령이 될 수도 있다고 생각했죠. 그때 KAL 사건이 일어납니다. 마유미(김현희)라는 일본 이름을 갖고 있는 북한 공작원이 폭파범으로 잡혀 김포공항에 내리는 순간 찌그러진 얼굴을 국민들에게 보여줍니다. 선거는 끝났고 노태우 후보가 당선되겠다는 것을 알았습니다. 노태우 대통령은 저하고 인간적으로는 가깝습니다. 내 고등학교 3년 선배고요. 여하튼 김대중, 김영삼 후보는 떨어질 것이라고 생각했는데, 실제로 그렇게 됐어요. 그러니까 이게 '북풍공작'입니다. 남쪽의 보수적인 사람들은 북한을 미워하고 이를 가는 사람들이 정치적 이득을 보려면 악화를, 관계를 악화시키는 거예요. 진짜 평화를 사랑하는 민주세력은 그런 것을 원하지 않습니다. 그래서 적대적 공생 관계는 공존이 아니라 공생입니다. 서로 살리니까요. 공존은 아주 정적인 표현이고, 공생은 아주 적극적인 표현입니다. 서로 사는 거예요.

 이재봉 선생님은 책에서도 그렇고 지금도 '의도치 않게'라고 하셨어요. 저는 다르게 생각하는데, 집권 세력들이 '의도적으로' 상대방을 적으로 만들어 더 쉽게 정권을 유지하고 강화하려는 것이라고 봅니다.

한완상 내가 '의도적'이라고 한 말은 정치적인 의도를 위해서는 때때로 그렇게 한다는 말이죠. 그런데 대만의 반공세력 상당수는 그렇게 하는 줄을 모르고 이야기를 해요. 예를 들면, 누구라고 말하지 않습니다만, 굉장히 유명한 반공주의 지식인이 있는데, '한 박사님은 왜 그렇게 친북적입니까?'라고 합니다. 그런데 속으로는 '당신이 진짜 친북이지! 나는 친북이 아니다!'고 이야기합니다. 이유가 뭐냐고요? 나는 반공을 내세우는 사람들이 북한 강경 세력을 도와주기 때문이라고 생각해요. 정확히 말하면 '결과적으로' 도와준 역할을 하기 때문입니다. 그 비극을 깨야 됩니다. 그 비극이 우리를 더 아프게 하는 것입니다.

"어떻게 사자가 여물을 먹습니까?"

이재봉 알겠습니다. 고맙습니다. 그런데 선생님께서 최근에 펴내신 『사자가 소처럼 여물을 먹고』는 제목이 저한테 와 닿지 않습니다. 어떻게 사자가 여물을 먹습니까?

한완상 사자가 여물을 안 먹기 때문에 전쟁이 일어나고, 사자와 소 사이에 늘 긴장이 생깁니다. 여러분 사파리, KBS 프로그램인 『동물의 왕국』을 보면 알 수 있죠. 가뭄이 돼서 물가의 물이 마릅니다. 물이 자꾸 없어지면 모든 동물들이 물을 먹으러 한곳에 모입니다. 모든 초식동물이 모이는 것을 알고 사자, 승냥이, 표범 등 육식동물은 기다리고 있다가 사슴이 오면 잡아먹으려고 합니다. 이게 뭐냐면, 사자가 소를 자기의 음식으로 보는 한 사자와 소의 관계에는 본질적으로 이 교수님이 이야기하듯이 평화가 올 수가 없어요. 이것은 소위 19세기에 팽배했던 사회진화론(社會進化論, Social Darwinism)입니다. 서구 백인 국가들이 유색 약소국을 침탈하고 강점했던 것과 마찬가지입니다. 사회진화론에 의하면 사자는 마땅히 초식동물을 먹고 살아야 되는 거죠. 약육강식이죠. 그 질서를 구약의 예언자 이사야(Isaiah), 그 지식인의 시를 보면 그런 말이 나옵니다. 실제로 육식동물과 초식동물에는 원수 관계가 되어서 서로 가까이 안 해요. 둘이 달아나는 거예요. 그런데 소와 사자 간의 평화는 없어야 하느냐, 그게 구약 테마 중 하나입니다. 예수님이 나중에 추진하려고 했던 하나님 나라 운동도 따지고 보면 강자가 약자를 목덜미를 물어 피 흘려 죽이고 음식으로 먹는 일을 중단시키고 그 두 세력 간에 평화가 오게 하려면 약자가 강자처럼 변하면 더 싸우죠. 강자가 약자의 음식을 먹어야 됩니다. 이론적으로 말하면, 교육학 원리인데, 진짜 평화로 인도하는 소통에는 세 가지 수준이 있습니다. 제1수준인 초기 수준은 머리로 상대방의 입장에 서는 것, 역지사지(易地思之)입니다. 머리로 상대방의 입장에 서서 생각을 하면 소통이 돼서 오해가 풀리지 않습니까? 둘째 단계는 머리에서 얼마 안 떨어진 가슴입니다. 머리와 가슴은 두 뼘 차이지만 사실 만 리 정도의 차이입니다. 가슴으로 상대방의 입장에 서서 상황을 보고 상대방의 아픔을 느끼는 것, 역지감지(易地感之)가 필요한 거죠. 실제로는 굉장히 거리가 멀어요. 제일 높은 수준은 강자가 약자가 먹는 음식을 먹는 것, 즉 주식을 바꿔서 자기 체질을 바꾸는 거예요. 이것은 사회진화론이 없어져야 생기는 것인데, 그러니까 종교가 필요한 거죠. 종교가 거대한 변화를 불러일으키는 방법입니다. 강자가 약자의 주식을 먹는 것, 역지식지(易地食之)인 것이죠.

이재봉 좋습니다. 구약의 이사야 구절을 인용해 역지사지, 역지감지, 역지식지를 이용해 제목을 쓰셨는데 너무나 이상적이지 않아요? 사자가 초식동물로 변하는 게 거의 불가능하잖아요.

한완상 불가능하지만, 어렵지만, 불가능하다고 못을 박을 수는 없어요. 이인모 노인을 북한의 가족 품으로 보낸 후 국회에 가서 시달렸습니다. 대체로 '한 부총리는 대학교수 하다가, 이상주의적인 대학교수 지식인으로 있다가 국무회의 멤버가 되니까 현실에 대한 감각이 너무 부족해서 저런 이야기를 한다'는 것이었죠. 그래서 '맞습니다. 현실과 이상의 격차가 심할 때 격차를 줄이는 방법은 두 가지가 있다'며 설명했습니다. 하나는 이상을 때려죽여서 현실로 내려오는 거예요. 그럼 그건 일치가 되니까 괜찮습니다. 그리고 또 하나는 이상을 가꾸고 노력해서 현실을 이상으로 올리는 길입니다. 저는 대학에서 교수를 했던 지식인이기 때문에 지식인이 선택하는 것은 이상을 죽여서 현실로 내려오게 하는 지식인의 선택이 아니라고 믿고 현실을 이상으로 올릴 수 있는지 없는지만 따지면 끝이 없으니까 '결단'으로 하는 것이라고 대답했습니다.

"슈바이처는 '사자들의 하나님'이 싫어 의사가 됐다"

한완상 내가 대답을 이렇게 하자 그 질문은 다시 안 나왔어요. 그런데 왜 이야기를 할까요? 슈바이처는 1904년 세계적인 신학자요, 사상가요. 세계적인 박학다식한 사람입니다. 오르간 주자로도 잘 살 수 있는 분이었습니다. 그런데 이 양반이 『역사적인 예수』(「역사적 예수에 대한 탐구」(The Quest of the Historical Jesus), 박사 학위 논문)라는, 신학계에서도 탁월한, 저서를 쓰고 나서 허무함에 빠졌어요. '내가 이렇게 써봐야 뭐하나. 예수님의 원수 사랑을 실천하지 못하면 이게 무슨 소용이 있는가', 라고 생각했어요. 그런 다음 세계적인 신학자였던 슈바이처가 갑자기 이과대학 7년제 학생으로 가려고 합니다. 가족, 교회 사람들, 학교 교수들이 모두 반대했어요. 그럼에도 불구하고 30살에 이과대학에 가서 의사가 돼 아프리카로 가서 의사를 했습니다. 그때 그 결심을 한 날, 자기가 목회하고 있는 조그마한 교회 설교에 이런 이야기가 나옵니다. 결단을 한 이유를 밝히고 있는데요. 참 어려운 일이지만 자신이 갖고 있는 이상을 실천하기 위한 것이라고 했지만, 분노 때문이기도 했어요. 당시 아프리카나 아시아에 파견한 기독교 선교사는 대부분 영국, 독일, 프랑스, 미국인데 이들은 '미국의 하나님', '영국의 하나님', '독일의 하나님', '프랑스의 하나님'이라는 게 '제국주의 하나님'이라는 것이었어요. 소를 뜯어먹는 '사자들의 하나님'이라고 봤던 거죠. 성서가 가르치는, 예수가 가르치는 게 아니라고 확신했습니다. 슈바이처는 살았던 곳이 독일일 수도 있고 프랑스일 수도 있는 지역에 살았던 까닭에 자신이 직접 가서 '서구에도 이런 사람이 있다'는 것을 보여주고 와야겠다는 생각을 실천한 것입니다. 감동이죠? 그 감동이 있었기 때문에 슈바이처가 노벨평화상도 받고 학자로서 존경을 받는 거예요.

이재봉 지금 기독교, 성경 이야기를 잠깐 했는데요, 우리 남쪽에는 기독교인이 가장 많습니다. 북쪽에서는 기독교에 대한 부정적 인식이 강하고요. 주체사상을 일종의 종교라고 할 수 있겠죠. 선생님은 1990년대 초부터 북쪽의 주체사상 학자들과 만나셨어요. 그래서 기독교와 주체사상의 공통점, 차이점 같은 것도 토의하셨을 테고요. 저도 글을 쓴 적 있습니다만, 요즘 신학교에서 기독교와 주체사상을 연구하는 사람들이 상당히 많습니다. 북쪽의 주체사상, 가장 큰 종교라고 할 수 있는, 거의 국교라고 할 수 있는 주체사상과 남쪽에서 가장 영향력 있는 기독교가 어떻게 접점을 찾아 통일로 나아갈 수 있을까요?

한완상 간단히 대답할 수 있는 게 아닌데요. 우선 주체사상을 종교로 보는 것보다는 신학적인 단문으로 보면 돼요. 1991년 미국으로 망명을 갔을 때 머물렀던 미국장로교(PCUSA) 소속 스토니포인트선교센터(Stony Point

Center)에서 남북 학자 간 대화가 있었는데, 주제 가운데 하나가 방금 이재봉 교수가 지적한 '주체사상과 기독교의 복음 관계'를 토론했는데 충분히 되지 않았어요. 당시 뉴욕에 있는 중앙일보 특파원이 복직해서 서울대 교수로 있으니까 나하고 박승덕 주체사상연구소장이 최고의 논리와 이론을 가지고 있으니 대담을 하면 좋겠다고 제안해서 스토니포인트에서 2시간 동안 대담을 했습니다. 그런데 대담을 하면서 박승덕 소장을 상당히 곤혹스럽게 했어요. 이를테면, 주체사상에서 인간이 소중하다면 어떻게 현재, 북한의 현재 실정에서 인민과 한 개인이 대접을 받지 못하는 것 아니냐, 그렇게 지적하고 예수님은 전 민중의 발을 씻기고, 그야말로 밑바닥으로부터, 하나님이 '밑바닥 민족'으로 오신 것에 대한 이야기를 해서 기독교의 복음은 북한의 주체사상과 다른 점도 있다는 이야기를 했어요.

"기독교와 주체사상은 지배 프레임 되면 안 된다"

이재봉 주체사상과 기독교가 어떠한 공통점이나 접점을 찾아서 통일로 나아갈 수 있을까요?

한완상 공통점보다도 주체사상이든 기독교 신학이든 그게 정치, 집권 세력에 이데올로기가 되거나 지배 프레임이 되면 안 됩니다. 그러니까 북한에서도 지배 이데올로기가 안 되는, 안 되게 하는 노력이 있어야 될 거예요. 우리도 기독교가 그런 노력을 해야 되는데, 지금 한국의 기독교는, 장로나 목회자의 상당수가 너무 예수와 거리가 멀기 때문에 북한 관계 회복보다 훨씬 더 걱정해야 할 문제에요. 참 부끄러운 일이 많습니다.

이재봉 시간이 없는데, 꼭 짚고 넘어갈 게 있습니다. 오늘 주제가 3.1운동과 임시정부잖아요. 임시정부에 대한 시각은 남북의 차이가 크지만 3.1운동에 대해서는 양쪽 모두 긍정적으로 평가한다고 생각합니다. 물론 남북은 역사 인식에 차이가 좀 있습니다. 그리고 종교 인식도 크게 다르고요. 무엇보다 이념과 사상과 체제가 크게 다릅니다. 이러한 상황에서 어떻게 우리가 통일에 접근할 수 있을까요?

한완상 짧은 시간에 다 말을 못하지만, 이 말은 하고 싶어요. 며칠 전 서울에서 세계여성운동, 평화운동을 하시는 분들이 와서 평화 문제를 논했는데요. 스타이넘(Gloria Marie Steinem)이라는 세계적인 여성운동가도 오고, 국제여성대행진(Women Cross DMZ) 운동을 하는 분들이 왔을 때 식사하면서 이야기를 했어요. 킴푹(Phan Thi Kim Phuc)이라는 월남(베트남) 평화운동가도 왔습니다. 그 여자는 세계적으로 굉장히 유명합니다. 월남 전쟁 때 미국이 떨어뜨린 네이팜 폭탄에 맞아 피부가 상한 상태에서 발가벗은 8살 여자아이가 울면서 뛰어가는 사진이 있습니다. 그 사진의 주인공이에요. 킴푹은 그 사건 후 종교로 귀의해 증오보다는 사랑으로 평화를 만들어야 한다, 그러니까 남북 간에도 증오보다도 서로 사랑을 나눔으로서 이해의 폭을 깊고 넓고 높게 할 수 있다는 것이었어요. 저도 적십자 있을 때나 다른 데에 있을 때 남북 관계 이야기를 해보면 비슷한 것을 많이 느꼈습니다. 선제적 공격(Preemptive Strike)이라는 말이 있죠. 전쟁하는 당사자들은 이기기 위해서 선제적인 폭격을 한다는 의미입니다. 클린턴 같은 사람도 연변 핵시설을 선제적으로 폭격해서 북한을 굴복시키려고 했어요. 그래서 전쟁이 일어난다고 염려한 적이 있습니다. 1994년 봄의 현실입니다. 그런데 전쟁을 하지 않는 방법은 양쪽 모두 선제적 공격에서 선제적 사랑(Preemptive Love)으로 바꿔가는 운동을 해야 합니다. 실제로 제레미 코튼이라는 미국의 평화운동가가 중동에서 그 일을 해서 성과를 냈습니다. 중동은 심장병에 걸리는 아이가 많아요. 풍토 때문에 그런지도 몰라요. 하지만 돈이 없으니까 수술을 못해주잖아요. 그래서 제레미 코튼이 돈을 모아서 외과 의사를 보내서 어른, 아이를 가리지 않고 1,000여 명을 수술해줬어요. 수술해주고 나서 어떤 일이 있어났을까요? 사랑의 맛을 보고 나니까 탈레반이나 극단적인 무장 투쟁을 하는 사람들에게 안 가는 거죠.

　이재봉 선제공격을 하지 말고 선제적 사랑을 하자는 말씀이네요. 선생님은 사회학자라기보다 신학자 그리고 장로님으로서 사랑을 강조하신 거예요. 여러분들도 선제사랑, 아름다운 사랑을 해보시기 바랍니다. 시간이 이제 다 됐지만, 꼭 질문하고 싶은 게 있어요?

　유진웅 역사문화학부 고고미술사학과 2학년 유진웅입니다. 3.1운동및임시정부100주년기념사업추진위원장이신데, 왜 3.1혁명이 아니라 3.1운동으로 했는지요? 3.1운동과 독립운동에 있어서 기독교인들이 했던 지대한 역할이 무엇인지 알 수 있을까요?

　한완상 짧게 대답하겠습니다. 혁명이라는 말은 굉장히 깊고 넓은 변혁을 가져오는 것입니다. 혁명이라는 말 속에 흔히 따라붙는 게 뭐냐면 '유혈혁명'입니다. 프랑스혁명도 민주화 혁명이지만 사람들이 바스티유감옥을 습격하고 나온 후 피를 많이 흘렸어요. 그러면 3.1운동이 왜 중요할까요? 독립을 주장하는 사람들이 자기는 피를 흘려서 죽지만 무장한 상대방 사람들을 피 흘리게 하는 식으로 저항하지는 않았어요. 그게 전부일까요? 당시 젊은 사람 가운데 우리가 날마다 유관순처럼 할 수 있느냐, 우리도 무력 투쟁을 해야 하지 않느냐는 사람도 있었을 것입니다. 심정적으로 그 분들의 입장을 이해합니다. 그러나 영원한 역사적인 감동을 오래 주려고 한다면 무력에 대해, 잔인한 무력에 대해서 선제적 사랑을 하는 쪽이 더 감동이 크다는 이야기죠. 그리고 기독교인 영향에 대해 물었는데요. 기독교 영향은 별로 없고 예수의 영향은 있었어요. 저는 기독교와 예수를 분리하고 싶어요. 그런데 3.1

운동 당시는 기독교가 한국에 들어온 지 30년 정도밖에 안됐기 때문에, 어린아이였죠. 하지만 어린 나이의 한국 기독교인은 하나님의 사랑이 추상적인 이야기인데, 구체적으로 어떻게 드러낼 것인가를 알고 있었어요. 그게 바로 국권을 빼앗긴 나라의 주권을 회복하고 독립하는 일, 애국(愛國)과 애신(愛神)이었습니다. 하나님의 사랑과 나라 사랑을 분리하지 않았어요.

이재봉 선생님께 박수 보내며 오늘 대담을 마치겠습니다. 고맙습니다.

한완상(韓完相) 서울대학교 사회학과를 졸업하고 미국 에모리대학교에서 사회학 석사, 박사 학위를 받았다. 해직 교수 시절에는 미국 유니온신학교(뉴욕)에서 신학을 공부했다. 서울대학교 문리대학 및 사회학과 교수, 한국사회학회 회장, 부총리(18대·43대), 통일원(통일부)·교육인적자원부 장관, 방송통신대·상지대·한성대 총장, 경제정의실천시민연합 통일협회 이사장, 대한적십자사 총재, 대통령직속 3·1운동및대한민국임시정부수립100주년기념사업추진위원장 등을 지냈다. 교수 시절과 공직생활 15년 동안 일기를 써오면서 현대정치사를 꼼꼼히 기록해 왔다. 주요 저서로 『지식인과 허위의식』(1977), 『민중과 지식인』(1978), 『민중사회학』(1984), 『인간과 사회구조』(1986), 『한국 현실 한국 사회학』(1992), 『다시 한국의 지식인에게』(2000), 『예수 없는 예수 교회』(2008), 『우아한 패배』(2009), 『바보 예수』(2012), 『한반도는 아프다 : 적대적 공생의 비극』(20113), 『사자가 소처럼 여물을 먹고』(2017) 등이 있다.

역사·문학·예술 전문가들이 들려주는 **평화와 통일 이야기**

제3강 | 항일독립운동과 해방

대한민국 건국은 '1919년'

이만열 숙명여자대학교 역사학 명예교수
前 한국독립운동사편찬위원장

이재봉 오늘 모시는 선생님은 원로 역사학자 이만열 선생님입니다. 숙명여대에서 역사학 강의하시다가 오래 전 정년퇴임하셨습니다. 사회적으로 많은 활동을 하셨는데 대표적인 두 가지만 소개하죠. 국사편찬위원회 위원장을 맡으셨습니다. 최근에는 한국독립운동사편찬위원회 위원장을 맡으셨고요. 그리고 강원도 원주 상지대학교 학교법인인 상지학원 이사장을 맡고 계십니다. 오늘 주제가 '항일독립운동과 평화통일'이라 역사학자로 모셨습니다.

"한국에서 가장 시급하게 필요한 것은 평화학과 통일학"

이만열 예, 우선 초청해주셔서 대단히 고맙습니다. 이재봉 교수께서 소개하실 때 중요한 게 하나 빠졌습니다. 이 교수께서 제3대 회장을 하신 함석헌학회가 있습니다. 함석헌(咸錫憲) 선생은 한국의 사상가로서 군부 독재 시절에 '광야의 소리'로서 예언자적인 사명을 감당해서 한국의 지성인들에게 큰 귀감이 되는 어른이셨습니다. 제가 함석헌학회 1대 회장이었고, 이 교수님이 3대 회장입니다. 그러니까 동격으로 봐주시면 좋겠습니다. 원광대학교에는 갑오농민혁명 연구로 이름이 높은 학자님들이 많이 계십니다. 박맹수 총장님을 비롯해서 원광대학교는 갑오동학농민전쟁 연구를 많이 했습니다. 그리고 우리나라에서 가장 시급하게 필요한 것이 평화학이고 통일학입니다. 우리나라에서 가장 대가로 손꼽는 이재봉 교수님께서 계시기 때문에 원광대학에 대해서는 대단히 자랑스럽게 생각합니다.

이재봉 고맙습니다. 선생님은 서울대에서 역사학을 공부하셨는데, 그것 말고 신학자 못지않게 신학을 깊고 넓게 공부하셨습니다. 신학을 실제로 실천하고 계시고요. 가장 보수적인 개신교단으로 알려져 있는 고신교단에 몸 담고 계세요. 그래서 대한예수교장로회 고신교단에 이만열 선생 같은 분도 계신다는 얘기를 더러 듣는데, 상당히 보수적인 교단에서 사회 발전을 위한 진보적인 목소리를 많이 내고 계십니다. 지난 (2019년) 9월 27일 '기독교계의 시국선언, 자기개혁부터'(한겨레)라는 글을 제가 아주 감동 깊게 읽었거든요. 우리나라에서 가장 큰 종교 가운데 하나가 개신교인데, 요즘 보면 극우 반동에 가까운 움직임이 많이 일어나고 있죠. 광화문 태극기 집회에서 가장 큰 목소리를 내는 사람도 목사인데, 이런 집회에 대해 신학자로서 또 종교인으로서 어떻게 생각하시는지 한 말씀 부탁드립니다.

"기독교, 더 낮고 더 섬기는 길로 가야"

이만열 신학을 공부하기는 했습니다만 신학자라고 하기에는 아주 미흡합니다. 과거에 보면 한국의 기독교는 한말 반봉건운동과 국권 수호에 앞장을 섰으며, 또 3.1운동에도 큰 역할을 했습니다. 대한민국임시정부 수립과 경영에 힘을 많이 보냈고 무장독립투쟁에도 일정하게 기여했습니다. 김상옥, 강우규, 편강열 같은 이가 기독교인이고 청산리승전(1920)에서는 기독교인으로 조직한 부대가 큰 역할을 했습니다. 또 일제신사참배 반대투쟁에도 기독교가 가장 크게 공헌했습니다. 과거의 기독교는 역사에 공헌한 면이 많이 있습니다. 기독교가 과거에 애국민족운동도 열심히 하고 사회개혁운동도 열심히 했지만, 오늘날에 와서는 우리 사회에 가장 큰 암 덩어리가 되어 가고 있다는 느낌을 받습니다. 기독교가 성장하고 사회에 공헌하면 할수록 더 낮아지는 길로 가야 되고, 더 섬기는 길로 가야 합니다. 한국 교회는 성장에 따라 겸손해지기는커녕 자기만족의 기회로 삼고 오히려 사회에 대해서 자기가 리더가 될 수 있다는 잘못된 확신을 갖게 되었습니다. 이것은 착각입니다. 기독교는 자기를 낮추고 섬기는 데에 신앙적 미덕이 있는 것인데 그렇게 하지 못했습니다. 지금에 와서 기독교가 이룩한 어떤 과실, 그것을 가지고 자랑으로 여기고 우리 사회에 군림하려는 태도까지 보이고 있습니다. 우리 교수님께서 광화문 집회와 그리고 서초동 집회에 대한 말씀을 해달라고 그랬는데, 제가 어느 것이 옳다, 그르다는 얘기는 하지 않겠습니다. 저는 지난 토요일까지 두 번 서초동 집회에 참석했습니다. 그 전에는 조금씩 모일 때는 제가 잘 몰랐고, 지난 토요일과 그 앞 토요일에는 서초동 집회에 가서 마음으로나마 응원을 하려고 했습니다. 거기에서 갖고 있는 것이 검찰개혁이라든지 우리 사회 전반에 대한 개혁에 초점이 모아져 있기 때문에 광화문에 모인 많은 기독교인과는 다른 생각을 갖고 있습니다. 이 정도로 하지요.

이재봉 선생님 철학이 '신앙은 보수, 행동은 진보'라고 알려져 있어요. 이제 오늘 주제로 들어가죠. 우리가 1910년부터 45년까지 35년 동안 일본 식민통치를 받았어요. 선생님은 그동안 '독립운동사'를 편찬해오셨는데, 한국의 독립운동에 관해 학생들이 이해하기 쉽도록 말씀해 주시겠어요?

"3.1독립운동 이전에 '복벽운동', '대동단결선언' 있었다"

이만열 독립운동은 말 그대로 외세로부터 간섭을 받지 않고 자기 스스로 나라를 이끌어가는 것을 독립이라고 하고, 외세의 지배하에 들어갔을 때는 외세의 지배를 벗어나서 스스로 서서 스스로 다스리는, 자기 문제를 해결하려는 것을 독립이라고 하지요. 우리나라 독립운동은 일제가 한국에 대해 침략을 개시할 그때부터 시작되었습니다. 1910년까지의 독립운동은 주로 의병운동 형태로 많이 나타났습니다. 의병운동은 호남지역에서 굉장히 많이 일어났습니다. 1910년 이후의 역사를 말할 때, 1919년 3.1운동 이전에는 마치 독립운동이 없었던 것처럼 생각하기 쉽지만, 그렇지 않습니다. 많이 있었습니다. 그런데 그 독립운동의 성격을 한 마디로 규정하면 '복벽운동(復辟運動)'이라고 했습니다. 다시 말하면 나라가 망하고 난 뒤에 나라를 회복하자는 운동이라는 뜻입니다. 복(復)은 '회복한다'는 뜻이고, 벽(辟)은 '임금 벽'자에요. 그러니까 '복벽운동'은 그 전의 왕조 또는 왕권을 회복하자는 의미의 독립운동이라는 뜻이지요. 그런 독립운동이 호남지역의 임병찬(林炳瓚)을 비롯해서 대구·경북 지역에서는 박상진(朴尙鎭)을 중심으로 일어났습니다. 이들 운동의 기본적 성격은 복벽운동, 왕조를 회복하자, 옛 임금을 회복하자는 것이었습니다.

 이만열 그러다가 1917년 상해에 있는 독립운동가를 중심으로 '대동단결선언(大同團結宣言)'이 나옵니다. 대동단결선언은 1910년 8월 29일, 우리나라가 망한 것을 두고 대단히 중요한 해석을 하고 있습니다. 그때 순종(純宗) 황제가 주권을 일본에 양도하는 형식으로 나라가 망했는데, 대동단결선언은 주권은 이민족에게 양여할 수 있는 것이 아니라는 전제 위에서 새로운 해석을 하고 있습니다. 8월 29일에 있었던 주권 포기는 순종 황제가 자리에서 내려오면서 자기가 갖고 있던 주권을 인민(백성)에게 넘겨준 것이라고 정리한 것입니다. 때문에 백성(인민)이 그때부터 주권을 양여받은 것이라는 겁니다. 그러니까 그 말은 백성(그 당시 용어로는 인민)이 황제로부터 주권을 양여받았다는 겁니다. 그래서 양여받은 이 주권을 제대로 행사해서 인민에 의한 나라가 되도록 해보자, 국내에서는 일제 치하에서 이걸 제대로 행사하지 못하니까 국외에 있는 사람들이라도 이 주권 행사를 제대로 해보자, 그것은 곧 독립운동을 통해서 인민에 의한 주권 행사를 제대로 해보자고 한 것입니다. 다시 정리하면, 1917년 대동단결선언은 과거 황제가 가졌던 주권을 이제는 모든 인민이 갖게 되었다는, 말하자면 인민주권설, 국민주권설을 주장하게 되었다는 것입니다. 이런 국민주권설의 바탕 위에서 행동으로 보여준 것이 1919년에 나타난 여러 독립선언들입니다. 1919년 2월 1일 '대한독립선언(大韓獨立宣言)'이라고 하는 것입니다. 이는 연해주와 북한도 지역을 중심으로 독립운동을 하던 독립운동가들이 연합해서 선언한 것입니다. 이걸 '무오독립선언(戊午獨立宣言)'이라고도 합니다. 선언한 그 날이 음력으로는 무오년(戊午年)이기 때문에 그렇게도 부릅니다.

"오등은 이에 조선의 독립국임과 조선민의 자주민임을 선언하노라"

이만열 이어서 1919년 2월 8일에 일본 동경에서 유학생들에 의해서 '2·8독립선언'이 나타납니다. 그 뒤에 나타나는 것이 1919년 3월 1일의 '3·1독립선언'인데, 이렇게 1919년에 해외와 국내를 망라해서 독립선언이 이뤄지고 독립운동이 전 민족을 중심으로 일어나게 되었습니다. 이런 선언들은 '대동단결선언'에서 '인민주권설(국민주권설)'을 주장한 지 2년이 채 되지 않아서 거족적(巨族的)으로 나타난 것입니다. 이것은 뒤에 다시 설명할 것입니다만, 우리가 이것을 '3.1혁명'으로 부르는 것도 국민주권설과 관련이 있기 때문입니다. 이게 왜 중요하냐면, '3.1독립선언' 첫 문장을 보면 "오등(우리)은 이에 조선의 독립국임과 조선민의 자주민임을 선언하노라"고 돼 있습니다. 우리나라는 자주국가요 그리고 우리 인민들은 자유민이라는 것을 강조한 것입니다. 그러면서 그 선언 속에 넣은 것은 이제 자주국이니까 자주하는 나라를 세워야 한다, 일본의 지배에서 벗어난 독립된 나라를 세워야 한다는 것입니다. 어떤 나라를 세울 것이냐, 그것은 인민(백성)이 주인이 되는 나라입니다. 앞서 '대동단결선언'에서도 이미 주권은 국민에게 있다는 것이 분명해졌으니까, 백성이 주인인 나라를 세운다는 것이 목표였습니다. 당시 33인이 재판을 받았는데, 일본인 재판관들이 묻습니다, '너희들이 독립을 선언했으니 그럼 나라를 세우겠다는 것 아니냐, 그럼 무슨 나라를 세우려고 하느냐'고 물었을 때, 남강 이승훈(李昇薰) 선생을 비롯해 몇 분이 답변에서 "우리는 백성이 주인이 되는 나라를 세우려고 한다"고 분명하게 의사를 표명했습니다. 독립을 선언했으니까 이제 나라를 세워야 하고, 그 나라를 운영하기 위해서 정부를 세워야 했습니다. 그래서 연해주, 서울, 상해에서 각각 정부를 세우게 됩니다.

"임시정부운동과 함께 나타난 것은 무장독립투쟁"

이만열 우선 독립운동을 통한 자주적 정부수립운동은 연해주에서 정부, 즉 '대한국민의회(大韓國民議會)'를 세우는 데서 시작했습니다. 서울에서도 두 차례 모임을 통해 '한성정부(漢城政府)'를 세웁니다. 당시 우리나라 사람이 서울을 한성이라고 불렀으니까 '한성'에서 세웠다고 해서 '한성정부'라고 했습니다. 그리고 평안북도 지역에서 정부를 세웠다는 것이 보이고 전단을 기준으로 보면 몇 개의 임시정부가 더 있습니다. 그러나 실제 구체화되는 것은 아까 말씀드린 연해주 지역에 세운 '대한국민의회', 서울의 '한성정부' 그리고 상해를 중심으로 한 '대한민국임시정부(大韓民國臨時政府)'입니다. 임시정부를 세우는 운동이야말로 독립운동을 하는 가장 구체적인 독립운동이라고 할 수 있습니다. 3.1운동과 임시정부에 관해서는 제가 다음에 다시 설명하겠습니다.

이만열 독립운동 중 임시정부운동과 함께 나타나는 것이 무장독립투쟁입니다. 그러니까 독립운동으로서 '정부수립운동'만 한 것이 아니고 무장력을 가지고 일본군대와 직접 싸우는 운동이 있었다는 것입니다. 그 장소는 주로 북만주 지역입니다. 아까 말씀 드릴 적에 한말 의병투쟁이 있었는데 그 의병투쟁은 나중에 일본 군대와 싸우면서 두만강, 압록강을 넘어 북만주 쪽으로 나가게 됩니다. 여러분들이 잘 아는 안중근 의사 의거도 1909년 10월 26일에 이뤄지게 되는데, 이건 나라가 망하기 전이죠. 안중근 의사도 처음에 의병운동을 했습니다. 연해주의 크라스키노(Kraskino, 연추, 煙秋) 지역은 우리나라와 거의 접경지역입니다. 안중근은 크라스키노를 중심으로 활동하다가 나중에 신문을 통해 이토오히로부미(伊藤博文)가 만주 쪽으로 온다는 소식을 듣고 블라디보스토크(Vladivostok)에서 열차 편으로 하바롭스크(Khabarovsk)를 거쳐 하얼빈으로 가서 거사를 했습니다. 그러니까 일제가 한국을 강점한 후 만주와 연해주 지역을 중심으로 무장투쟁이 일어나게 되는 것은 바로 한말 항일의병운동의 연속선상에서 이뤄졌다고 말할 수 있습니다. 무장투쟁의 직접적인 성과가 나타나는 것은 1919년 3.1운동을 통해 축적한 민족적 에너지가 1920년 '봉오동(鳳梧洞)'이라는 곳에서 승전한 '봉오동전투(鳳梧洞戰鬪)'로 먼저 나타납니다. 거기에서 우리는 홍범도(洪範圖) 장군의 영웅적인 승리를 보게 됩니다. 이어서 '청산리대첩(靑山里大捷)'이라고 하는 '청산리전투(靑山里戰鬪)'에서도 크게 승리했습니다. 그러니까 '3.1독립운동'에서 나타난 거대한 민족적 에너지가 1920년에 가서는 봉오동전투와 청산리전투의 대첩으로 나타납니다. 이 두 곳에서 패배한 일본은 그들의 군대를 국경 지역으로 옮겨 만주 지역에 있는 조선족 마을을 불사르고 학살합니다. 이 해가 경신년(庚申年)에 이뤄졌다고 해서 ('간도참변(間島慘變)'이라고 부르는) '경신참변(庚申慘變)'이라고 합니다. 이 때 많은 독립 단원들이 일제의 만행에 더 견디지 못하고 북쪽으로 올라가서 흑룡강 너머 러시아령의 '자유시'(스보보드니(Svobodny), 원래 명칭은 알렉세예프스크(Alexeyevsk))라는 곳으로 갑니다. 그곳에서 재정비를 하려고 했는데, 그때 러시아 쪽에서는 오히려 우리 독립군을 많이 사살했습니다. 이게 자유시에서 일어났다고 해서 '자유시참변(自由市慘變)' 혹은 '흑하사변(黑河事變)'이라고 합니다. 이게 1921년 6월 28일에 일어난 일입니다. 독립군들은 그곳에서 더 견디지 못하고 다시 북만주 쪽으로 이동합니다. 북만주 지역에서 자리를 잡으면서 '신민부(新民府)' 또는 '정의부(正義府)' 등으로 부르는, 무장력을 겸한 독립 단체를 만들어 투쟁하기 시작했습니다. 한 때 많을 때에는 만주 지역에서 독립운동을 하는 무장 단체가 약 50개 정도였습니다. 이 정도로 무장독립운동이 활발했다는 것을 알 수 있습니다.

중국 관내와 신민부·정의부·조선의용대·한국광복군 설립

이만열 그러다가 1931년 9월 28일 일본 군대가 '만주사변(滿洲事變)'을 일으킵니다. 뒤이어 만주를 중국 영토에서 분리시켜 괴뢰국인 '만주국'을 세우고 '관동군(關東軍)'이라는 일본 군대가 지배합니다. 그와 동시에 만주 지역의 치안을 경찰이 아니라 관동군이 지배하게 됩니다. 이렇게 되니까 독립운동을 하는 분들이 굉장히 어렵게 되어 많은 무장독립운동가들이 1931년 만주사변을 계기로 중국 관내로 옮기게 됩니다. '관내(關內)'라고 하는 말은 만리장성의 끝인 '산해관(山海關) 안쪽'이라는 말입니다. '관내'라는 것은 중국의 화북, 화중, 화남 지역을 말하는데 이쪽으로 많이 옮기게 됩니다. 사람들이 옮긴 후 중국에서는 무장 단체를 다시 합법적으로 만들게 됩니다. 그게 1938년에 약산(若山) 김원봉(金元鳳) 선생을 중심으로 해서 '조선의용대'를 만듭니다. 그리고 1940년에는 중경(重慶)에서 김구(金九) 선생과 지청천(池靑天) 장군을 중심으로 1940년 9월 27일 '한국광복군(韓國光復軍)'을 만들었습니다. 그러니까 전에 만주 쪽에서 활동하던 무장 세력이 중국 관내로 옮겨 독립운동을 위한 무장 단체를 만들었다는 것입니다.

이만열 참고로 한국광복군은 그 뒤 몇 개의 지대를 두고 활동을 합니다. 또 그들의 활동 가운데서는 나중에 버마(미얀마) 지역에서 항일전쟁을 수행하는 영국군과 손을 잡기도 하고, 서안(西安) 지역에서는 미국 부대인 OSS(뒤에 미국 중앙정보국(CIA)으로 발전)와 힘을 합쳐 한반도에 침투할 수 있도록 아주 힘한 훈련을 받기도 했습니다. 다시 말하면 훈련받은 사람들이 선박 또는 비행기로 한반도에 상륙해 일제 총독부가 지배하는 한국 안에서 교란 작전을 펴도록 아주 고통스런 훈련을 받았습니다. 백범 김구 선생의 『백범일지』(白凡逸志)를 읽어보면, 중경에 있던 김구 선생이 1945년 8월 10일 경 중국의 고도(古都)였던 서안(西安)으로 왔습니다. 참고로 서안은 중국의 13개 왕조가 수도로 정했던 곳이기도 한데, 거기에 가면 진시황릉(秦始皇陵)이 있고, 당(唐) 나라 현종이 양귀비(楊貴妃)와 로맨스를 즐기던 지역이기도 한데, 서안 일부가 당(唐)나라 수도였던 장안(長安)입니다. 이 서안에서 한국광복군이 OSS 부대 훈련을 받았는데, 그때 김구 선생이 서안으로 가서 광복군 훈련 광경을 보았습니다. 산에서 줄을 타고 내려오고 기어 올라가는 것을 보면서 정말 감격스러워했습니다. 그 날 저녁 화북(華北) 성장(省長)의 초청을 받아 만찬에 임하는데, 성장이 중경에서 온 전화를 받고 기쁜 소식이라면서 '일본이 곧 항복한다'는 소식을 전했습니다. 일본 천왕이 정식으로 일본 국민을 상대로 해서 일종의 항복 선언을 하는 것은 8월 15일이고, 그 전에 연합국을 향해 '카이로선언'과 '포츠담선언'을 받아들이겠다는, 일종의 항복 선언을 내밀하게 미국과 연합국에 하게 된 것인데, 성장이 이 소식을 중국 정부를 통해 듣고 그 날 저녁 만찬에 참석하고 있는 김구 선생에게 전했습니다. 『백범일지』에 보면 성장이 전한 일본 항복 소식은 오히려 김구 선생을 실망시켰습니다. 김구 선생은 일본 항복 소식에 왜 실망했을까요? 국내 광복군인 정진대(挺進隊)를 파견하기 위해 그 동안 애써 훈련을 쌓았는데 써먹지 못하게 되었고, 이는 결국 해방 후에 우리가 싸운 대가를 요구하기가 좀 힘들지 않겠느냐는 우려를 했던 것이었습니다. 그래서 백범 선생은 일본 항복 소식을 즐거워하지 않았던 것이지요. 여기까지 간단하게 광복군 이야기를 한 셈입니다.

남한과 북한, 팔로군·조선의용군·연안파·남로당·소련파

이만열 앞에서 언급한 조선의용대는 1938년 광복군보다는 2년 먼저 무한(武漢)에서 조직했습니다. 민족주의 계열도 있었지만 사회주의적 성격도 갖고 있었어요. 조선의용대도 일본이 무한 지역을 침략하니까 계림(桂林) 지역으로 옮기지요. 계림은 장가계(張家界)와 함께 경치 좋은 곳으로 알려져 있지요. 계림으로 옮겼다가 약산 김원봉이 이끄는 본부 사람들은 중경으로 와서 한국광복군과 합치게 되고 더 많은 수의 의용대원들은 하북성 태항산(太行山) 쪽으로 가게 되는데 그곳은 중공군 모체인 팔로군(八路軍)이 항일전쟁을 전개하던 곳입니다. 이곳으로 옮긴 조선의용대는 '조선의용군(朝鮮義勇軍)'으로 재편되고, 소위 '연안파(延安派)'의 무장 세력이 되었습니다. 참고로 초기 북한 정권을 형성하는 중요한 주체는 4개가 있는데, 이건 이재봉 교수님께서 더 잘 아실 텐데, 또 내 설명이 맞는 것인지는 모르겠습니다만, 그 하나는 김일성을 중심으로 한 빨치산 계통이 있고, 또 하나 큰 세력은 연안파입니다. 연안파는 김두봉(金枓奉), 무정(武亭), 최창익(崔昌益) 등이 중심이 되었습니다. 뒷날 6.25 때 황해도와 경기도 서북쪽으로 밀려 내려온 부대가 연안파 계통의 무장 세력인데, 2개 사단이 넘었습니다. 또 북한 정권을 형성한 세력이 국내 남로당(南勞黨) 계통인데요. 박헌영, 이승엽 등이 있습니다. 이들은 국내에서 활동하다가 해방 후 북한으로 가서 북한 정권을 수립하지요. 또 한 세력은 '소련파'가 있는데, 일찍부터 소련으로 갔던 사람들 혹은 그 후예들이 해방 후 북한으로 와서 통역도 하면서 정치적 세력으로 성장했습니다. 초기 북한 정권을 형성한 세력 중 하나가 연안파입니다. 그 연안파의 모체라 할 조선의용대는 1938년에 조직됐는데, 김원봉과 일부는 중경으로 가서 한국광복군과 합치게 되었고, 태항산 쪽으로 간 세력이 연안파이고 뒷날 북한으로 들어갔습니다.

이만열 앞에서 언급한 것을 다시 정리하면, 1931년까지 만주에서 무장 활동을 하던 사람들의 다수가 중국 관내로 이동해 조선의용대와 한국광복군을 형성했다고 할 수 있습니다. 그러면 1931년 이후에는 만주에 조선독립운동을 하던 무장 세력이 없었는가? 그렇지 않습니다. 만주에서 독자적인 세력을 형성하기 어려운 조선독립운동 무장 세력이 이제는 만주에 있는 중국 공산주의자와 제휴해서 항일운동을 전개합니다. 그 과정은 생략하고요. 그들은 일본을 상대로 한 '동북항일연군(東北抗日聯軍)'을 조직합니다. 중국에서 '동북'이라는 말은 만주 지역을 말합니다. 만주 지역 세 성을 '동북삼성(東北三省)'이라고 하지요. 중국인들은 '만주(滿洲)'라는 말을 아주 싫어합니다. 1931년 일본 관동군이 '9.28사변'을 일으켜 청나라의 어린 황제 부의(溥儀)를 데려다 황제로 삼고 '만주국'을 부활했습니다. 그때 이름이 만주국이기 때문에 중국인들은 '만주'라는 말을 아주 싫어합니다. 그래서 '동북삼성', '동북'이라고 부릅니다. 동북항일연군은 '일본에 항거하는 연합군'이라는 뜻이지요. 이 연합군은 중국 공산주의자와 조선 공산주의자의 연합군이에요. 바로 동북항일연군에서 김일성(金日成)과 김책(金策) 등 김일성과 뜻을 같이하는 사람들이 활동하게 됩니다. 동북항일연군이 뚜렷한 성과를 거둔 대표적인 것은 1937년 5월에 혜산진에서 치른 '보천보전투(普天堡戰鬪)'라고 할 수 있습니다. 보천보전투가 매우 중요합니다. 제가 2003년 북한에 가서 혁명박물관을 보게 되었는데, 거기에는 김일성의 선대 김응우·김보현·김형직과 당대에 이르기까지의 '혁명 활동'을 진열해 놓았더군요. 그 맨 끝에 가니까 '보천보전투'를 아주 큰 홀에 축소해서 진열해 놓았어요. 실제 폭탄을 던질 수도 있는 공간도 있고 벽화도 그려놨는데 교육용으로 굉장하게 활용하는 것 같았어요. 실제로 폭탄이 터지는 장면 등을 묘사해 놓았습니다. 그 그림을 보면 사람이 죽어도 몇 십, 몇 백 명은 죽었을 것 같은 느낌을 주었어요. 북한 주민들에게 교육용으로 만든 것 같았어요. 이 보천보전투에 대해서는 일제 치하였지만 동아일보에 기사가 나왔습니다. 그래서 동아일보 사장이 뒷날 북한을 방문할 때 그 사진을 구리동판으로 만들어 기증한 적이 있다고 하더군요. 동아일보에도 나온 이 사건을 통해 김일성의 존재를 알게 됩니다. 이런 것을 보면 '가짜 김일성설'은 잘못된 것입니다. 김일성이 벌인 소소한 전투를 많이 벌이다가 그 뒤 1940년 즈음에 두만강에 붙어 있는 화룡현(和龍縣) 홍기하(紅旗河)라는 곳에서도 전투를 크게 벌였습니다. 그러다가 일본군이 동북항일연군에 대해 집중적인 공격을 강화하니까 동북항일연군에 참여한 중공군이나 김일성부대도 1940년 경 소련 하바롭스크 지역으로 물러나 88여단을 형성하고 있다가 해방 후 김일성이 거느린 부대가 블라디보스토크를 거쳐 원산으로 들어오게 되었습니다. 최근 어느 연구를 보니 김일성은 처음에 흑룡강성 목단강(牡丹江)을 거쳐 들어오려 했으나 실패해서 다시 소련으로 들어가서 블라디보스토크를 거쳐 원산으로 들어온 것입니다.

독립운동은 무장투쟁·의열투쟁·외교투쟁·실력양성운동 등 다양

이만열 무장투쟁에 대해서 조금만 더 언급하겠습니다. 지금까지 무장투쟁의 주력에 대해서 말했습니다만, 무력투쟁과 결을 같이 한 게 있는데, '의열투쟁'이라는 것이 있습니다. 의열투쟁은 독립군이 대규모 부대를 형성하기 힘들었기 때문에 사단, 군단 단위의 막강한 일본 군대를 직접 상대하기 어려웠습니다. 그래서 소수 인원으로 폭탄 같은 것을 이용해 중요 요소를 때리거나 요인을 척살하는 운동을 합니다. 예를 들면, 이봉창 의사나 윤봉길(尹奉吉) 의사의 활동 같은 것을 의열투쟁이라고 합니다. 이 투쟁에서 괄목할 만한 것으로 약산 김원봉이 조직한 '조선의열단(朝鮮義烈團)'을 들 수 있습니다. 무장투쟁이나 의열투쟁 외에 여러 독립운동이 있습니다. 1918년 파리강화회의에 참석하여 전개했고 1943년 카이로선언을 이끌어낸 '외교투쟁'을 들 수 있습니다. 그 밖에도 국내를 중심으로 전개한 '실력양성운동'을 들 수 있습니다. 꼭 투쟁이라고까지는 할 순 없지만, 실력양성운동은 실력을 키워서 나라의 독립을 기하자는 것으로, 이 또한 독립운동 범주에 넣어야 하지 않는가 하는 정도로 말하겠습니다.

이재봉 고맙습니다. 아주 자세히 말씀해주셨습니다. 독립운동을 크게 세 가지로 분류해주셨어요. 비폭력만세운동, 무장투쟁, 그리고 의열투쟁입니다. 말씀 중에 인상 깊었던 것은 1910년 일본에게 강점된 뒤 3.1운동이 일어나기 전까지 약 10년 동안 '복벽운동(復辟運動)'이라고 하신 겁니다. 과거 왕조 또는 황제 정권을 그대로 복원하자는 것이죠. 그 뒤로는 국민운동, 국민정부를 수립하자는 운동이었고. 이게 우리 국호에도 나타나지 않습니까? 과거 '대한제국'에서 '대한민국'으로 표현하니까요. 제국은 황제의 나라인데, 민국은 백성의 나라, 국민의 나라니까요. 이 부분은 선생님께서 올해 다시 펴내신 책 『역사, 중심은 나다』(나녹, 2019, 13주년 기념 개정판) 1장과 2장에 자세한 설명을 해놓으셨습니다. 마침 2019년 올해는 3.1운동 및 임시정부 수립 100주년인데, 3.1운동은 우리가 공부 좀 했으니까 임시정부 수립에 대해 어떠한 의미가 있는지 핵심적 내용만 좀 간단히 말씀해주시겠어요?

이만열 아, 그래요. 좀 간단히 하라는 거죠. 아까 말씀드린 대로 3.1운동이 있었다는 것, 3.1운동 규모 등을 얘기했습니다. 3.1운동에서 선언한 것이 자주국인데, 그러면 나라를 세워야 되는 문제가 나옵니다. 그래서 나라를 세우는 것과 관련해서 대한민국 임시정부, 처음에는 임시정부 3개가 있다고 했는데, 우선 상해임시정부가 이끌어가는 역할을 했으니까 그 과정을 조금만 얘기하겠습니다. 기독교 계통과 천도교, 불교 지도자들이 1919년 2월 15일을 기해 독립운동을 위한 연합을 시도합니다. 그 중에서 기독교 계통에서는 남강(南崗) 이승훈(李昇薰) 선생과 함태영(咸台永) 선생, 그리고 현순(玄楯)이 일을 같이 했습니다. 현순은 영어를 아주 잘하는 분이에요. 1902년 하와이로 이민을 시작할 때에 통역으로 갔던 사람이고, 그 뒤에 신학 공부를 해서 목사가 된 분입니다. 그 뒤 이승훈 선생, 함태영 선생과 함께 3.1운동에 깊이 관여합니다.

임시의정원에서 12시간 토론 후 '대한민국' 결정

이만열 이승훈 선생이 현순 선생에게 해외에 나가서 우리 독립운동을 널리 홍보하고, 선언서도 발표하라고 당부합니다. 그는 2월 24일 돈을 좀 넉넉히 받아 출발해서 3월 1일 상해에 도착합니다. 도착 후에 이광수, 조소앙 등을 만나 나라를 세우는 문제를 논의합니다. 그때 북경과 간도 지역, 연해주 지역에 있는 독립운동가들이 많이 모입니다. 우여곡절 끝에 4월 10일 각 도(道)를 대표할 수 있는 29명 인사들이 모입니다. 그 날 저녁 10시부터 회의를 시작하는데, 이 회의의 이름을 뭐라고 할지 논의하다가 '대한민국임시의정원(大韓民國臨時議政院)'으로 정하는데 지금 말로는 '임시국회'라는 뜻이겠지요. 이게 우리 국회의 출발이 됩니다. 그 날 저녁 10시부터 시작해서 그 이튿날 오전 10시까지 12시간 동안 토론을 전개해 결론을 냈습니다. 국호를 '대한민국(大韓民國)'으로 정하고 그 다음에 대한민국 임시헌장 10개조를 만듭니다. 임시헌장은 곧 임시헌법입니다. 1945년까지 다섯 번을 고쳐 헌장을 만듭니다. 처음에는 10개조였는데, 1944년 다섯 번째로 만든 헌법은 57개조가 되었습니다. 처음에 만든 임시헌장 제1조는 '대한민국은 민주공화제임', 이렇게 정했습니다. 그게 계속되어 1948년 7월 12일에 제정하고, 7월 17일에 공포한 제헌헌법 제1조인 '대한민국은 민주공화국이다'로 계승해 지금까지 제1조를 그대로 계승하고 있습니다.

　이만열 그러니까 1919년 4월 11일 임시의정원에서 국호를 대한민국으로 정하고, 이어서 임시헌장을 만들었고, 이어서 '정부조직'을 만들었습니다. 이는 나라를 이끌어가기 위한 기구로 정부 조직을 서둘렀던 것입니다. 해외에 있으니까 정식 정부는 안 되고, 임시정부라고 불렀고, 정부 형태는 국무총리제를 했습니다. 임시의정원인 국회가 있고, 행정부에는 국무총리를 우두머리로 하는 여섯 개 부서를 총장제로 만들었습니다. 총장 가운데 내무총장을 하신 분이 도산(島山) 안창호(安昌浩) 선생인데, 그는 당시 미국에 있었습니다. 자신이 내무총장 부름을 받았다는 소식을 듣고, 교민들로부터 독립자금을 거둬 5월 23일 상해에 도착합니다. 그는 이름뿐인 임시정부를 실제적으로 꾸리기 시작했습니다. 외부에 있는 총장들과 국무총리 이승만(李承晩)도 상해로 들어오도록 했습니다. 임시정부를 꾸리면서 부닥친 난관은, 앞서 언급한 것처럼, 임시정부가 세 개라는 것입니다. 블라디보스토크와 한성에도 있었지요. 그래서 그는 세 정부를 하나로 만드는 작업을 했습니다. 이 때 도산 선생이 애를 많이 썼습니다. 국내와 블라디보스토크에 연락해 하나의 정부를 이룩하는 데에 혼신의 힘을 기울였습니다. 이 때 좀 안됐습니다만, 이승만은 하와이에 있으면서 자기가 상해 임시정부에는 국무총리고, 한성정부에는 집정관 총재라는 것을 이용했습니다. 이승만은 영문 명함을 만들었는데, '리퍼브릭 오브 코리아 프레지던트 승만 리'라고 해서 돌렸습니다. 이런 문제들로 세 개의 정부를 합치는 데는 어려움이 있었습니다. 이승만은 안창호 선생을 보고 대통령제를 만들지 않으면 자신은 참여하지 않겠다고 했습니다. 도산 선생은 다른 의원들을 설득해 개헌을 진행해 대통령제를 만들어 이승만을 대통령에 앉히게 되었습니다. 그러나 이승만은 뒷날 탄핵을 당하고 말죠.

한인애국단 타격 대상은 천황·조선총독·관동군사령부·일본군

이만열 임시정부 이야기를 조금 더 하겠습니다. 임시정부가 세 개 정부를 합쳐 동일한 임시정부로 재출발한 게 1919년 9월입니다. 9월에 세 정부를 합쳐 하나의 통합임시정부로 출발했습니다. 임시정부가 제 기능을 발휘하지 못하니까 1923년에는 국민대표회의(國民代表會議)가 모여 임시정부 개조 문제를 다루었지만 창조파와 개조파로 나눠 싸우다가 결국 개혁을 하지 못했습니다. 그 뒤 1932년 윤봉길 의사의 의거가 있을 때까지는 임시정부가 힘을 쓰지 못했습니다. 윤봉길 의거에 앞서 백범 김구 선생은 '한인애국단(韓人愛國團)'을 만들어 정부의 이름으로 할 수 없는 일을 시작합니다. 그것은 바로 의열투쟁이었습니다. 1932년 1월에는 동경에서 이봉창(李奉昌) 의사가 일본 천황을 향해 폭탄을 던졌으나 실패했고, 같은 해 4월 29일에는 상해 홍커우공원에서 윤봉길 의사가 던졌습니다. 이 밖에 이덕주(李德柱), 유진식(兪鎭植) 등이 조선총독을 살해하려다가 실패했고, 최흥식(崔興植), 유상근(柳相根)은 일본 관동군사령부를 공격하려다가 잡히고 말았습니다. 여기서 유의할 것은 한인애국단이 목표로 한 것은 천황이 있는 동경, 조선총독이 있는 서울, 관동군 사령부가 있는 여순, 그리고 일본의 최일선 침략군이 있는 상해를 타격 대상으로 조준했다는 것입니다. 임시정부에 대해서도 조금 더 언급하겠습니다. 윤봉길 의거 이후 임시정부는 더 이상 상해에 있을 수가 없었습니다. 윤봉길 사건 이후에는 13년 동안 떠돌이 생활을 시작했습니다. 처음에 항저우(杭州)로 갔다가 난징(南京)으로 가고, 다시 장사(長沙)로 갔다가 광동(廣東)·유저우(柳州)를 거쳐 치창(綦江)으로 갔다가, 마지막으로 1940년에 충칭(重慶)으로 가게 됩니다. 충칭에는 장개석(蔣介石)의 국민당 정부도 피난을 왔던 상황이었습니다. 그곳에 자리를 잡고 1945년 귀국할 때까지 각처의 독립군들과 연락해가며 독립운동의 중심적인 역할을 해왔다고 할 수 있습니다.

  이재봉 좋습니다. 선생님께서 3.1운동이 일어나고 임시정부가 세 군데 설치됐는데, 1919년 9월 통합 임시정부가 출범했다고 말씀하셨어요. 그로부터 30년 후 1948년 8월 대한민국 정부가 들어섰습니다. 그러면 대한민국 건국은 1919년입니까 아니면 1948년입니까? 요즘 우리 사회에서 큰 논란이 되고 있는데요.

미군정의 '임시정부' 입국 불허는 남북 간 '분단·통일 문제' 원인

  이만열 사실 '건국'이란 이름을 다시 붙여야 되느냐 안 붙여야 되느냐, 이건 우리가 좀 생각을 해봐야 돼요. 지난 10월 3일, 개천절인 이날은 '파운데이션'(Foundation), 그러니까 '내셔널 파운데이션 데이'(National Foundation Day) 아닙니까? 그게 '건국'이란 말이에요. 그럼 또 무슨 조선건국, 고려건국, 그 다음에 신라건국, 이런 것을 모두 넣어야 되느냐, 우선 그런 게 문제가 되는데요. 연관 관계를 말씀드리겠습니다. 1945년 해방이 되고, 임시정부가 임시정부의 이름을 걸고 들어오려고 합니다. 그러나 미군정(美軍政, 재조선미국육군사령부군정청, 在朝鮮美國陸軍司令部軍政廳)에서 임시정부 자격으로 입국하는 것을 허락하지 않았습니다. 개인 자격으로 들어오면 허락하겠다는 것이지요. 그때 '임시정부 자격'으로 들어와서 활동을 해줬다면, 또 그랬어야만 남북통일 같은 민족 문제도 해결을 할 수 있었는데, 그러지 못했습니다. 미국이 실수를 한 정도가 아니라 매우 무식하게 한국을 대했다는 것을 알 수가 있습니다. 여하튼 임시정부가 들어와서 활동을 하게 됩니다. 그러다가 1948년에 UN에 의해 선거가 가능한 지역에서만 선거를 해서 그 다음에 나라를 '재건'하는 것으로 됐습니다. 1948년 5월 10일, 선거를 했습니다. 대한민국제헌국회의원선거(5.10總選擧)지요. 그 해 5월 31일 날 제헌국회가 열렸습니다. 의장으로 이승만(李承晩)이 선출되고 의장의 개원연설이 있었습니다. 개원연설에서 아주 중요한 두 가지를 얘기합니다. 하나는 '지금 우리가 세우려고 하는 정부는 대한민국 임시정부의 후신이다'고 합니다. 그때 그는 임시정부를 얘기하면서 한성정부를 들먹입니다. 한성정부는 이승만 자신이 집정관 총재로 추대되었기 때문에 세 임시정부 중 가장 선호했습니다. 그러나 1919년 9월에 통합임시정부로 재출발했기 때문에 '한성정부'라는 말이 없어졌는데도 이승만은 그것을 강조합니다. 강조한 이유는 자기가 집정관 총재였고, 그 근거로 '프레지던트'라는 명함도 갖고 있어서 임시정부 중에서도 한성정부의 전통을 잇는다는 식의 얘기를 했습니다. 하여튼 첫째는 임시정부의 전통을 잇는다는 것을 언급하고, 두 번째는 새로 세우는 정부의 연호(年號)와 존속 기간을 임시정부의 것을 그대로 계승하겠다고 했습니다. 그러니까 1948년이 '대한민국 1년'이 아니라 '대한민국 30년'이라고 했습니다. 그 말은 뭐냐면 1919년 대한민국 임시정부가 세워진 그 해가 '대한민국 1년'이라는 것입니다. 1919년이 대한민국 1년이니까 1948년은

'대한민국 30년'이 되었던 것입니다. 대한민국 정부는 그렇게 출발했습니다.

이만열 1948년 8월 15일, 지금은 없어진, 당시에는 정부 청사(과거 일제 총독부 청사)에서 대한민국 정부 출범을 축하하는 기념식을 갖습니다. 그 기념식 뒷면에 축하 현수막을 붙였습니다. '대한민국 정부 수립 국민 축하식', 한문이기는 했지만 그렇게 써서 붙였습니다. 기분 같아서는 '대한민국 건국 국민 축하식'이라고 하면 아마도 기분이 더욱 좋았겠지요. 그러나 '건국'이라 하지 않고 '정부 수립'이라고 했습니다. 대한민국 '정부 수립'이라고 한 것은 그 전에는 대한민국이 '임시정부'에 의해 통치되다가 이제는 '정부' 즉 정식 정부에 의해서 통치가 된다는 것입니다. 1948년 9월 1일에는 8월 15일에 출범한 정부가 관보(官報) 1호를 냅니다. 관보는 정부 안의 신문입니다. 관보 1호를 내면서 거기에 쓴 간기(刊記)를 '대한민국 30년 9월 1일'이라고 했습니다. 대한민국이 1948년에 출발했다면 으레 간기를 '대한민국 1년 9월 1일'이라고 써야 했겠지요. 그게 아니고 '대한민국 30년 90월 1일'이라고 분명히 박아 놓았어요. 당시 대통령 이승만이나 국무총리 이범석(李範奭), 각부 장관들이 문서에 서명한 것이 '정부기록보존소'(현 국가기록원) 등에 남아 있습니다. 과거 문서들이 많이 없어졌지만, 지금 남아있는 결재서류 중에는 서명 일자를 '대한민국 30년 00월 00일'로 기록한 게 지금도 있습니다. 그때는 연대 표시를 '대한민국 기년(紀年)'과 '단군기원', 즉 '단기'(檀紀)를 같이 썼습니다. 같이 쓰니까 국민 생활에 혼란이 있었습니다. 국회에서 하나로 통일하기로 하고 '단기'로 결정합니다. 그때 이승만이 굉장히 반대합니다. '단기 가지고는 안 된다', '대한민국 연호를 사용해야 한다'고 강조합니다. 그러나 국회의 결정대로 '단기'를 사용하기로 했습니다. 이승만은 그 이듬해 (1950)에 가서도 지금이라도 단군기원(단기) 대신 대한민국 기년을 사용해야 한다고 주장했지만, 결국 자기 뜻대로 되지는 않았습니다. 이승만은 이 정도로 대한민국이 1919년에 설립되었음을 강조했던 것입니다.

대한민국 건국은 관보, 결재서류, 이승만 등 기록 볼 때 '1919년'

이만열 한 가지만 더 얘기하겠습니다. 제헌헌법 전문(前文)을 보면, '유구한 역사와 전통에 빛나는 우리들 대한국민은 기미삼일운동으로 대한민국을 건립하여 세계에 선포한 위대한 독립정신을 계승하여 이제 민주독립국가를 재건함에 있어서'라고 되어 있습니다. 이 문장에 '유구한 역사와 전통에 빛나는 우리들 대한국민은 기미삼일운동으로 대한민국을 건립하고'라는 말이 나옵니다. 현행 헌법 전문에는 '유구한 역사와 전통에 빛나는 우리 대한국민은 3·1운동으로 건립된 대한민국임시정부의 법통과 불의에 항거한 4·19 민주 이념을 계승하고'라고 되어 있습니다. 대한민국 임시정부의 법통을 계승한다고 명시했습니다. 대한민국 헌법은 전문(前文)이 보이는데 다른 나라 헌법에는 별로 보이지 않습니다. 전문(前文) 없이 곧바로 총칙에서 시작해서 제1조, 제2조, 이렇게 나가는데 우리는 전문(前文)이 있습니다. 제헌국회에서 이승만이 이 전문(前文)을 만들면서 굉장히 고심했어요. 이승만은 아마 대한민국이 1919년에 세워졌고 지금 그것을 계승한다는 것을 알고 있었지만, 그러나 앞으로 후손들도 우리들처럼 알 수 있도록 전문에 분명히 밝혀놓자는 생각을 했던 것 같습니다. 처음에 헌법 초안이 왔는데 자기가 원하는 대로 전문(前文)이 되지 않았습니다. 그러자 이승만이 의장석에서 사회를 보다가 단하(壇下)에 있는 자기 의원석 자리로 내려갑니다. 내려가서 발언권을 얻어 자기 생각을 말했습니다. 이승만의 고집에 의해서 전문의 내용은 더욱 분명하게 되었습니다. '기미 3.1운동으로 대한민국을 건립했다'는 문구가 들어갔습니다. 요새 이승만을 신격화하려고 추켜올리는 이들이 있는데, 최소한 이런 이승만의 역사의식은 본받아야 된다고 봅니다. 답이 됐습니까?

이재봉 알겠습니다. 제가 아주 시원하게 공부했습니다. 박근혜 정부 때, 그리고 요즘도 논란이 많이 일고 있는 문제인데 확실하게 정리해주셨습니다. 하나 더 여쭙고 싶은 것은 '3.1운동'이라는 명칭입니다. 우리 사회에서는 날짜를 국경일로 삼는 게 상당히 많아요. 3.1절, 4.19혁명, 5.16쿠데타, 6.25전쟁 식으로요. 그런데 5.16쿠데타처럼 하루에 시작해서 다 끝나버린 것은 괜찮은데, 3.1운동만 해도 2월에 시작됐고, 선생님이 책에서 소개하셨듯이 4월에 가장 큰 규모로 운동이 전개됐잖아요. 대략 한 달 내지 두 달 정도 지속된 운동인데, 3월 1일 하나를 골라서 3.1운동이라고 명칭을 붙이는 게 바람직한 것인지 오래 전부터 생각을 했어요. 어떻게 생각하십니까?

"3.1독립운동은 '3.1혁명'으로 명명하는 것이 더 적합하다"

이만열 질문이 다른 포인트로 나올 것으로 생각했는데, 우선 준비한 것부터 대답하겠습니다. 항간에는 '3.1운동'이냐, '3.1혁명'이냐는 논의가 있는데, 그에 대한 답을 준비해왔습니다. 그 문제에 관해서는 1930년대부터 독립운동을 하는 분들이 '3.1운동'이라 하지 않고 '3.1혁명'으로 부르자고 했습니다. 나중에는 '3.1대혁명'이라는 말까지 했습니다. 그리고 임시정부에서 헌법을 여러 번 고쳤다고 했는데, 44년에 나온 헌법 전문에도 '3.1대혁명'이라고 했습니다. 1930년대에 독립운동을 하신 분들은 그런 말을 했습니다. 우리나라 3.1혁명이 미국의 '독립운동', 그리고 프랑스의 '프랑스대혁명'에 못지않은 '중요한 사건'이라고 강조했습니다. 해방 후 김구 선생도 '3.1대혁명'이라고 했습니다. 자주 그렇게 말했습니다. 이승만도 그 말을 자주 했습니다. 아까 말한

헌법 전문 '최종 초안'을 만들었을 때 '3.1운동'이 아니라 '3.1혁명'으로 되어 있었습니다. 그러니까 '유구한 역사와 전통에 빛나는 우리들 대한국민은 기미 3.1혁명으로 대한민국을 건립하고'로 되어 있었습니다. 국회에서 헌법을 논의하는 과정에서 '3.1혁명'이 '3.1운동'으로 바뀐 것입니다. 이승만은 평소 '3.1대혁명'이라고 했지만 논의 과정에서 양보한 것 같다는 생각을 합니다. '3.1혁명'으로 해도 좋고 '3.1운동'이라 해도 틀린 것은 아니지만, 100주년을 맞아서 '3.1혁명'으로 명명하는 것이 더 적합하다는 생각이 듭니다.

이재봉 질문 취지와 조금 다른데요. 사건 명칭에 날짜 하나를 집어넣는 게 과연 바람직한가에 대한 것이었습니다. 어떻게 생각하세요?

이만열 우리나라엔 전통적으로 꼭 날짜가 아니라도 그 해에 일어났을 적에 사건 이름을 많이 붙였습니다. '임진왜란'이라든지, '정유재란'이라든지 하는 것도 그렇지요. 그것도 따지고 보면 날짜로 하는 겁니다. 저는 3.1운동에 대해서는 '3.1혁명'이라고만 고치면 문제될 건 없다고 생각합니다. 오늘 주제와 관련하여 '3월혁명'. '3.1혁명'에서 보이는 '혁명'이라는 용어가 '3.1운동'에서 보이는 '운동'이라는 용어보다 역사적 성격을 더 잘 나타낸다고 생각합니다. 숫자에 따라 역사적 사건을 명명하는 문제는 역사학계의 과제로 남겨주는 것이 좋을 듯합니다.

"친일파 문제 꼬인 것은 미군정의 임시정부 입국 거부가 원인"

이재봉 알겠습니다. 선생님께서 우리 독립운동에 대해 쭉 얘기해주셨어요. 그런데 30~40년대에 목숨을 내놓고 독립운동을 하신 어르신들이 많은데, 그 반대편에는 독립운동을 탄압하고 일제에 부역한 사람도 적지 않습니다. 더욱 더 불행한 것은 과거 독립운동을 한 사람들은 아직 배고픈 신세에

3대가 망한다는 얘기가 들리고, 독립운동을 탄압하면서 일제에 부역한 사람들은 여전히 권력과 부를 가지고 있다는 것입니다. 독립운동가들은 우리 사회에서 왜 아직도 제대로 대접받지 못하고, 친일파들이 권력을 잡고 부를 차지하고 있을까요? 가슴이 아픈 이야기지만 그 과정이나 배경 좀 간단하게 말씀해주시겠어요?

이만열 친일파 문제가 꼬이기 시작한 것은, 아까도 말씀드렸습니다만, 해방 후 미군정(美軍政)이 들어서면서 독립운동의 상징인 임시정부를 임시정부 자격으로 들어오지 못하도록 한 데서부터라고 생각합니다. 8월 15일 일본이 항복하자 그 이튿날인 16일에 임시정부 정진대(挺進隊)가 먼저 여의도에 내렸어요. 일본의 통치권을 접수하겠다는 거죠. 총독부를 향해서 우리가 인수하기 위해 선발대로 먼저 왔다고 하니 총독부는 자기들은 아는 바가 없다고 해서 돌려보내버렸습니다. 장준하, 김준엽, 노능서 선생 등이 왔습니다만 되돌아가지 않을 수 없었습니다. 8월 25일부터 상륙하기 시작한 미군은 9월 6일 건준(建準, 건국준비위원회, 建國準備委員會)이 조선인민공화국을 수립하자 9월 7일 남한에 군정(軍政)을 선포했습니다. 미군정은 임시정부의 입국을 허락하지 않고 개인 자격으로 들어오도록 했습니다. 8월 15일, 해방이 됐지만 그 동안 해외에서 독립운동을 하던 임시정부는 11월 23일 개인 자격으로 입국합니다. 그러니까 해방된 지 몇 달입니까, 벌써 3개월 이상 지났지요. 점령군으로 들어온 미군은 당시 한국에 대해 제대로 인식하지 못했습니다. 그러면서 군정을 하겠다는 거예요. 자기들이 군정에 필요한 준비가 되어 있지 않으니까 포고령을 내려 일제 때 관료와 경찰들을 불러냅니다. 해방이 되자 '이제는 죽었구나' 하고 기가 죽어있던 일제 치하의 관료, 군인, 경찰들이 미군정 하에서 그들의 수족이 되었습니다. 살판이 난거죠. 미군정 하에서 해방된 사회는 오히려 친일 세력이 지배하는 사회로 바뀌고 말았습니다. 그게 제일 큰 이유라고 할 수 있습니다.

친일파는 반공투사로 변신해 '과거 친일 행적 세탁 작업' 몰두

이만열 1948년 대한민국 정부가 서고 난 뒤, 나이 드신 분들은 잘 알겠습니다만, 해방되던 해에 초등학교 1학년이었던 저만 하더라도 '좌우갈등'을 목격하게 되었습니다. 우리 시골만 하더라도 밤에 자고 나면 어느 동네 누가 죽창에 찔려 죽었다는 등 좌우대결, 좌우싸움이 굉장히 심했습니다. 좌우대결로 사회가 혼란스럽게 되니까 과거 친일했던 사람들이 반공투사로 변신해서 활동하게 되었습니다. 반공투사로 변신함으로써 자기의 과거 친일 행적을 세탁하는 작업을 하게 됩니다. 해방 당시 유명한 사람 가운데 대동신문(大東新聞)을 만든 이종형(李鍾馨, 본명 이종영(李鍾榮))이라는 사람이 있는데 일제 때 친일에 앞장섰던 사람인데, 이 사람이 이제는 반공투사인양 등장합니다. 대동신문을 만들어 반공투사로 등장하는 것이죠. 1948년 국회에서 반민법(反民法, 반민족행위처벌법)을 제정하고 이종형도 잡혀갔습니다. 잡혀갈 적에 사람들이 뭐라고 하냐면 '저런 애국자를 왜 잡아가느냐'고 했습니다. 일제 때 반민족행위를 한 것은 잊어버리고 그가 대동신문을 통해 반공을 외치니까 사람들이 그의 과거를 잊어버리고 그런 말을 한 거죠.

이만열 1948년 11월에 방금 언급한 반민법을 만들었습니다. 이 법은 제헌헌법 부칙에 반민족 행위를 한 사람을 처벌할 수 있는 법을 만들 수 있다고 규정했기 때문에 반민법을 제정할 수 있었습니다. 그러나 반민법을 만들었지만 효과를 제대로 보지 못했습니다. 프랑스나 네덜란드 같은 나라에서는 2차대전 때 나치에게 불과 3, 4년밖에 지배를 받았지만, 나치에 부역했다고 해서 수천 명이 죽임을 당했습니다. 또 수만 명이 공민권(참정권)을 행사하지 못하도록 했습니다. 그러나 우리는 35년 동안 일제 지배하에 있었지만 반민법을 적용해 사형한 사람이 단 한 사람도 없었습니다. 몇 달 동안 옥에 있다가 6.25사변이 일어나자 그것으로 끝나버리고 말았습니다. 그러니까 반민법에 의해서도 제대로 친일을 청산할 수 없었던 것이죠. 1948년 8월 15일을 대한민국 건국으로 봐야 된다는 인사들 중 1945년 8월 15일부터 1948년 8월 14일까지 반공 활동 등을 통해 대한민국 건국에 공헌한 사람들이 있는데, 이들을 건국 세력으로 보고, 이들 건국 세력에게 '건국훈장'(建國勳章)을 줘야 한다면서 법안을 낸 국회의원이 있었습니다. 1948년 8월 15일 이전에 독립운동을 한 사람들에게 건국훈장을 주자는 게 아니고 1945년 8월 15일부터 1948년 8월 14일까지 만 3년 동안 반공 활동을 하면서 '대한민국 건국'에 이바지한 사람들에게 '건국공로'를 인정해 건국훈장을 수여해야 한다는 것이었습니다. 실제로 법안이 나왔습니다. 그게 몇 년 동안 묵혀 있다가 '1948년 건국설'이 공격을 받으면서 법안도 무산됐습니다. 역사의식이 이 정도로 무딘 사람(들)이 국회의원으로 있었다는 것은 매우 슬픈 일이지요.

"역사의식 무딘 국회의원이 있었다는 것은 매우 슬픈 일"

이만열 또 하나 지적하고 싶은 것은 10여 년 전 노무현 정권 때에 만든 '친일반민족행위자재산환수법(친일반민족행위자 재산의 국가귀속에 관한 특별법)'이 있는데, 이 법으로도 친일파의 재산을 제대로 환수하지 못했습니다. 그 법은 친일파의 재산을 환수해 독립유공자 후손에게 도움을 주려는 의도가 있었습니다. 그런 취지의 법이었는데, 지금도 재판하는 사람들, 법관들이 친일 후손들의 땅을 빼앗지 않고 오히려 돌려주는 판결을 많이 하고 있습니다. 참 안타까운 짓입니다. 이혜승이라는 이씨 왕족 후예(조선 철종의 생부 전계대원군의 5대 손)가 있습니다. 왕족의 후손이 불광동 어딘가에 큰 호텔을 갖고 있다고 해요. 그런데 법관들은 일제에 작위를 받았다든지 일제에 부역했다는 대가로 얻은 돈으로 샀다는 것이 입증이 되지 않으면 토지나 재산을 환수하지 않도록 하는 판결을 했다고 그래요. 처음에는 친일파의 재산을 환수한다고 했으나 자유한국당 쪽에서 작위 또는 친일의 대가로 샀다는 증거가 없으면 환수할 수 없다는 단서를 집어넣었어요. 그렇게 되다 보니 환수 대상에 포함되는 재화가 친일의 대가로 구입했다는 것을 입증하지 못하면 환수하기가 어렵게 된 것이지요. 그러다보니 환수 대상에 있는 재화가 친일 대가라는 것을 입증하지 못하는 한 환수할 수 없게 되었습니다. 이런 내용을 전문으로 하는 변호사들이 이 법의 대의(大義)를 생각하지 않으면 결국 이 법의 취지와는 다른 판결이 나올 수밖에 없었던 것이지요. 그러다보니 환수법에 의해 오히려 환수 대상 재화가 친일파 후손에게 돌아가는 상황이 많이 전개되고 있습니다. 이렇게 우리 사회에서 친일을 청산한다는 것은 참 어렵습니다. 역사교육은 이 대목에서도 많이 필요하다고 생각됩니다.

이재봉 알겠습니다. 요즘 한일 간 갈등이 불거지면서, 우리 모두 동참하고 있으리라 생각하는데, 유행하는 구호가 있지요. '과거 독립운동은 못했어도, 불매운동은 한다'는 구호인데. 어떻게 평가하시는지, 그리고 앞으로 한일관계를 어떻게 진전시켜 나가는 게 바람직한지 간단하게 부탁합니다. 시간이 부족해서요.

이만열 그 문제는 지금 단답(單答)으로 말하기가 힘들어 문장으로 적어왔는데, 제가 읽겠습니다. 미안합니다. 오늘 오전에 서울의 언론회관에서 '동아시아 평화 진전을 위해서 아베 일본 정권의 한반도 정책 전환이 필요하다'는 성명 발표가 있어서 저를 포함해 여러 사람을 오라 했는데 저는 여기 오는 것 때문에 못 갔습니다. 준비한 내용을 답변 대신 주요 내용을 읽도록 하겠습니다.

'전쟁의 시대'와 '일본의 식민의 시대'를 종식시키는 과정의 시작'

이만열 작년(2018)에 한국에서 일어난 두 가지 사건은 전환의 시대를 상징합니다. 하나는 '한반도 평화·비핵화 선언'이며, 다른 하나는 '한국 대법원의 강제 동원 배상 판결'입니다. 전자가 '전쟁의 시대를 종식시키는 과정의 시작'이라고 한다면 후자는 식민의 시대를, '일본의 식민의 시대를 종식시키는 과정의 시작'을 알리는 것입니다. 두 사건이 만나는 지점이, 지정학과 역사의 교차점이며, 우리는 지금 바로 그 교차점에 서서 새로운 시대, 새로운 질서로 나아가고자 합니다. 1965년 조약과 협정에서 식민지 지배의 불법성을 확인하지 못했고 그 뒤 50여 년의 역사가 축척되는 과정에서도 이를 확인하지 못했습니다. 다만 5억 달러에 3억 달라 유상 지원으로 일본은 식민지 문제를 해결한 것으로 간주하려고 했습니다. 2010년 5월, 지금부터 9년 전입니다. 한일지식인공동성명, 아마 이 교수님도 서명했고 저도 서명했습니다. 그 성명서에서 '병합의 역사에 관하여 지금까지 밝혀진 사실과 왜곡 없는 인식에 입각하여 뒤돌아보면 이미 일본 측의 해석을 유지할 수 없게 되었다'고 확인했습니다. 무슨 말이냐면, 일본은 조약에서 영어로 'null and void'라는 말을 '원천적으로 소멸했다'는 말로 이해했습니다. 그런데 '언제부터'라는 점에서 해석이 달라요. 'null and void'를 우리는 1910년, 일제가 한국을 강점하는 그때부터 'null and void'가 된다고 봤고, 일본은 한국이 '건국한' 1948년 8월 15일부터 'null and void'를 하게 되었다고 본 것이지요. 그게 절충이 되지 않아서 'null and void' 시점을 정하지 못하고 그대로 두고 말았습니다. 그래서 일본은 1948년 8월 15일로, 우리는 1910년 8월 29

일부터 무효라고 주장해왔습니다. 그런데 2010년 한일지식인성명에서 종래 일본 측이 주장하는 해석을 유지할 수 없게 되었다고 확인한 것입니다. 즉 "병합조약 등은 원래 불의부당한 것"이고 "그런 의미에서 당초부터 'null and void'였다는 한국 측의 해석을 공통 견해로 받아들여야 할 것"이라고 한일지식인성명에서 천명했던 것입니다. 이러한 인식을 수용해 2010년 8월 10일 일본이 각의(閣議) 결정을 거쳐 발표한 간 나오토(菅直人) 총리의 '한일병합 100년 총리 담화'(일한병합 100년에 즈음한 총리 담화)는 식민지 지배가 "정치적, 군사적 배경 아래 한국 사람들의 뜻에 반해 이루어진 것"을 일본 측이 스스로 선언하게 되었습니다. 그러니까 '나오토담화'는 1993년 고노담화(위안부 관계 조사결과 발표에 관한 고노 내각관방장관 담화), 1995년 무라야마담화(전후 50주년의 종전기념일을 맞아), 1998년 김대중·오부치게이조공동선언(21세기 새로운 한·일 파트너십 공동선언)이 있었기 때문에 나올 수 있었습니다.

이만열 65년 체제의 한계를 극복하기 위해 노력한 역사가 있다는 것도 사실입니다. 가령 2002년 한일 공동 월드컵을 성공적으로 개최한 것, 2011년 3월 11일 동일본대지진 직후 한국 국민이 일본 국민에게 성원을 보낸 것, 해방 70주년인 2015년에는 한국의 각계 원로가 일본 평화헌법 9조를 2015년 노벨평화상에 추천하는 서명운동에 나선 것 등이 있습니다. 우리가 일본을 위해서 해준 것도 있다는 얘기입니다. 그러나 아베 정부는 2015년에 체결한 불가역적 종군위안부 문제 해결 부분에서 한국이 피해자의 의사를 전혀 반영한 것이 아니라는 것, 강제징용자 임금을 지불해야 한다는 한국 대법원 판결을 이유로 한국에 대해 '국제법 위반'이라고 비난하고, 올해(2019)에는 경제적 보복을 가하려고 하고 있습니다.

이만열 그래서 우리는 아베 정권에게 이런 요구를 하고 있습니다. 오늘 아침에 발표한 성명에도 들어 있습니다. 첫째, 아베 정권이 그간의 한반도 적대시 정책을 전환해야 된다. 부당한 무역규제 등을 철폐해야 된다. 둘째, '1965년 체제'의 불안정성을 인정하고 그 시정에 양국이 나서야 된다. 셋째, 아베 정권은 일본이 핵무기에 의한 최초, 최대의 피해자였다는 엄숙한 사실에 입각해 평화헌법체제를 지켜나가야 한다. 한국인도 일본인에 이어 핵무기의 제2의 피해자였다는 사실도 우리는 상기시키고자 한다. 넷째, 일본이 한국과 함께 북한의 비핵화를 함께 견인하고 나아가 동아시아를 비핵무기지대로 만들어나가는 길에서 한국의 성실한 동반자가 되어주기를 기대한다. 다섯째, 북한과 오랜 비정상 관계를 최종적으로 청산하고 한반도와 일본이 새로운 100년을 함께 열어나갈 것을 기대한다. 이런 식으로 오늘 아침 다섯 가지를 요구하는 성명을 발표했습니다. 그것으로 대신하도록 하겠습니다.

이재봉 좋습니다. 고맙습니다. 시간이 다 됐는데 가장 중요한 게 하나 남았네요. 선생님께서 '1965년 체제'라고 말씀하셨는데, 1965년에 미국의 주선과 압력으로 한국과 일본이 국교를 정상화했어요. 흔히 '한일수교'라고 하죠. 선생님 말씀처럼 유상, 무상 모두 합쳐 8억 달러를 받았는데, 한국과 일본의 명목이 달라요. 우리는 식민통치에 대한 보상이나 배상으로 받았고, 일본은 독립 축하 또는 경제협력자금으로 준 거에요. 이 때문에 한일협정에 대해 엇갈린 해석이 나오고 있으니까 참고하세요. 이제 마지막으로 남북 간 역사 인식이 많이 다릅니다. 삼국통일, 3.1운동, 독립운동, 그리고 김일성의 항일독립운동 등에서 남북 간 인식 차이가 너무 큰데, 역사 인식의 차이를 좁혀서 어떻게 남북이 화해와 협력을 바탕으로 평화와 통일로 나아갈 수 있을까요?

"김일성 독립운동·항일운동 논란은 20년 전부터 허물어졌다"

이만열 김일성의 독립운동과 항일운동을 인정하지 않고 있고, 가짜라고 한 것도 사실입니다. 그러나 그것은 이미 15~20년 전부터 허물어지기 시작했고, 지금 우리 독립운동사 연구자들도 앞에서 언급한 동북항일연군을 비롯해 북한을 세운 연안파 등에 대한 연구도 많이 합니다. 연구서들도 많이 나왔어요. 저는 북한도 우리가 북한 역사 속 독립운동, 항일운동 역사를 연구한 만큼 우리 것도 연구해 주면 좋겠다고 생각합니다. 북한은 아직 거기까지는 전혀 가지 않으려고 합니다. 3.1운동도 제대로 인정하지 않습니다. 지금은 임시정부에 대한 얘기를 거론하는지 안 하는지 모르겠습니다만, 제가 조선혁명박물관(朝鮮革命博物館)을 관람했을 때에는 전혀 하지 않고 있었습니다. 우리는 지금 김일성에 관해서 거의 알고 있고 책과 논문으로도 많이 읽고 있습니다. 이 점을 우선 말씀드리고요. 그 다음 역사 인식과 관련해서 제가 요새 맡은 직책 중 하나가 '남북역사문화교류협회' 이사장입니다. 협회는 재작년에 논의를 시작해 2018년 1월 발족했어요. 그런데 아직 한 번도 저쪽(북한)과 교류를 못했습니다. 방금 이 교수님께서 질문하신 그 문제를 역사 인식의 확대로 진전시키고 그래서 역사 인식을 공유하고자 노력하는 셈인데, 그게 정치적인 문제가 해결되지 않으니까 더 이상 진전되지 않고 있습니다. 우선 만나야 하는데 그게 되지 않습니다. 제가 국사편찬위원장으로 있을 때 저쪽 사람들을 몇 번 만났습니다. 우선 당역사연구소(黨歷史研究所)와는 흑룡강성 사회과학원을 통해서 세 번 이상 만났습니다. 그리고 정기적으로 만나도록 정례화했습니다. 지금도 하고 있다고 들었는데 활발하지는 않는 것 같습니다. 북한은 사회과학원 산하에 역사연구소가 있습니다. 거기하고는 잘 되지 않았습니다. 당역사연구소는 상위기관이라서 그런지 사람들은 만날 수 있었습니다. 역사연구소는 자기들이 요구한 고고학적 발굴 보고서 등을 제공한 적은 있습니다.

"신라 삼국통일은 국제 관계, 남북축·동서축 등을 살펴 생각해야"

이만열 삼국통일과 관련해서도 인식이 다르다는 점, 그것은 정통성 문제와 관계가 있습니다. 북한은 그러니까 단군으로부터 시작해서 고구려, 고려를 통해서 그 정통이 지금 북한에까지 온다는 얘기를 하려니 신라가 삼국통일을 했다는 얘기는 하지 않지요. 그러나 신라에 의한 삼국통일 대신 자기들이 내세우는 것은 고려 때에 삼국이 통일이 되었다고 정리합니다. 그래서 고려를 굉장히 중요시합니다. 그러면 고구려, 고려, 그 다음에 북한, 자기들이 그렇게 역사를 연결할 수 있기 때문입니다. 그런데 우리가 신라의 삼국통일을 무시할 수 없는 것은 두 가지입니다. 하나는 삼국통일이 동북아시아의 국제적인 관계 속에서 진행되고 있었다는 점입니다. 다른 하나는 세력 싸움입니다. 당시 동아시아는 돌궐, 고구려, 백제와 왜(일본)를 연결하는 '남북축'이 있었고, 거기에 대항하는 세력인 신라와 당을 연결하는 '동서축'이 있었습니다. 그러니까 동북아시아에서 동서축과 남북축이 충돌하는 과정에서 백제(660)와 고구려(668)가 망하고 신라가 한반도를 차지했습니다. 그 후 당나라는 한반도를 식민지로 만들려고 했습니다. 668년 고구려가 망할 때부터 676년까지 약 10년 동안 신라가 당시 당나라를 상대해서 싸웠습니다. 오늘날 한국과 중국이 싸우는 그런 형편이라고 할 수 있습니다. 신라는 당나라 군대가 한반도에 들어올 적에 군량미 등 군수물자를 제공했습니다. 당나라가 신라마저 그들의 식민지로 만들려고 하자 8년 이상 투쟁을 전개했습니다. 668년부터 676년까지입니다. 신라는 이 대당(大唐)투쟁에서 승리, 당나라가 한반도에서 물러가도록 했습니다.

이만열 그때 중요한 싸움들이 많이 있었습니다. 그 중 하나가 675년에 의정부 근처에 있는 매소성(買肖城, 매소성(買蘇城) 혹은 매초성)에서 신라가 대승한 것입니다. 이근행(李謹行)이라는 당나라 장군이 20만 군대를 거느리고 와서 신라 군대와 접전했습니다. 김유신(金庾信)의 아들 김원술(金元述)도 그 전쟁에 나갑니다. 결과는 당나라 군마 3만 3,000여 필을 획득했습니다. 그 뒤에는 큰 싸움이 없어요. 그렇게 보면 당군 20만도 거의 몰사했다고 봐야 할 것입니다. 그 전투를 계기로 신라는 당나라를 물리치고 자주성을 확보하게 되었습니다. 그러니까 신라의 삼국통일에는 두 가지 점, 하나는 당시의 국제적인 질서인 동북아 질서와 남북축·동서축의 각축을 이해해야 한다는 것이지요. 그 뒤 당나라가 신라를 정복하려고 했을 때 신라가 결사항전(決死抗戰)해서 외세를 물리쳤다는 것이지요. 신라가 나당(羅唐) 간의 8년 전쟁에서 승리한 데에 화랑도의 공헌이 컸다는 것도 지적할 수 있습니다. 신라의 삼국통일과 관련해서 신채호 선생 같은 이는 '삼국통일'이라 하지 않고 '김유신의 음모'라고까지 비판했습니다. 신채호 선생도 삼국과 신라가 처한 상황을 고려한다면 그렇게까지 비판할 수 있을까 하는 의문을 갖지 않을 수 없습니다.

이재봉 선생님께서 신채호에 관해 박사 논문을 쓰셨기 때문에 여쭤본 것입니다. 이제 시간 때문에 질문 하나만 받겠습니다.

유지웅 오늘 강연 잘 들었습니다. 역사문화학부 고고미술사학과 2학년 유지웅입니다. 제목을 '항일독립운동과 해방에서 평화와 통일'로 했는데, 해방이라는 게 '풀 해자'에다 '놓을 방자'라서 너희는 식민지에서 벗어났다, 우리가 놓아줬다, 이런 의미를 함축한 단어인 것 같은데, 그것 말고 좀 더 좋은 의미를 담을 수 있는 단어가 있을지 여쭤보고 싶습니다.

이만열 우리는 '해방'이라는 단어 가지고 '만족'까지는 아니지만 그런대로 지내왔는데 젊은 사람들은 역시 그런 단어 가지고는 안 되겠다고 생각하시는 모양입니다. 젊은이들이 진취적으로 더 좋은 의미의 술어를 만들어보시지요. 지금부터 만들어서 사용하세요. 그러면 몇 십 년 후에는 학생이 만든 그 단어가 훨씬 좋으면, 그 단어를 사용하게 될 것입니다.

질문 이만열 위원장님께 짧게 질문을 드리려고 하는데요. 아까 훈장(勳章) 얘기가 잠깐 나왔어요. 과거에 해방을 위해 항일운동과 독립운동을 하신 선조 분들이 많은데, 북한에 편입되거나 공산주의자로 구분하는 분들에게는 공로나 노력을 인정하거나 훈장 수여가 이뤄지지 않고 있거든요. 그래서 지난 8월 달에 문재인 대통령께서도 약산 김원봉 선생님이 '국군 창설의 뿌리'라고 하셨다가 정치권이 시끄럽기도 했었습니다. 또 몽양 여운형 선생님도 노무현 정부가 들어선 후 2008년에 공로훈장을 수여하고 인정했어요. 그런데 과거 독립운동에 대한 어떠한 노력이나 공로를 자유민주주의와 공산주의라는 어떤 이념 아래서 인정해야 한다 또는 않아야 한다고 말하는데, 현재 상황에 대해 선생님께서는 어떻게 인식하시는지 궁금했습니다.

이만열 예, 거기에 대해서 제가 한겨레에 글도 한 번 쓰고 그랬거든요. 특히 사회주의자 중에서 북한에서도 남한에서도 표창을 받지 못한 독립운동가가 너무 많습니다. 그 사람들 해결해줘야 될 것 아니냐는 얘기에요. 그래서 얼마 전에 조선의열단 관련 모임에서도 한 마디 해달라면서 발표를 요청했습니다. 그때 발표한 적이 있습니다. 현재 우리의 법이나 규정으로는 표창을 하기 어렵습니다. 그 이유는 이렇습니다. 대한민국 정부에서 대한민국 이름으로 표창을 하는데 북한 정권을 도운 사람들을 표창하는 것은 좀 곤란하지 않느냐는 것입니다. 아무리 독립운동가라 할지라도 어렵다는 것이지요.

이재봉 좋습니다. 이 부분은 선생님이 한겨레에 쓴 글(독립유공자 서훈과 분단체제, 한겨레, 2019.05.30)을 검색해서 읽어보시면 좋겠습니다. 좋은 말씀해주셔서 고맙습니다. 오늘 수업, 박수로 끝내겠습니다.

이만열 1938년 5월 8일 경상남도 함안군 출생. 역사학자이며 교회사학자다. 마산고등학교, 서울대 사학과를 졸업하고 서울대에서 사학으로 석사와 박사, 합동신학대학원대학교에서 신학 석사 학위를 받았다. 한국국가기록연구재단 이사(1997), 숙명여자대학교 문과대학 인문학부 한국사학과 교수(1998~2003), 한국기독학생회총연맹(KSCF) 이사장(1999~2001), 제8대 국사편찬위원회 위원장(2003.06~2006.08), 한국사학회 회장(2003.06), 문화재청 국보지정분과 문화재위원(2005.04), 노근리평화상심사위원회 위원장, 한국독립운동사편찬위원회 위원장, 숙명여자대학교 명예교수, 문화재청 근대문화재분과 문화재위원을 지냈으며, 학교법인 상지학원(尙志學園) 이사장(2018)을 맡았다. 단재상(1992), 황조근정훈장(2003), 상허대상(제15회, 2004), 독립기념관 학술상(제4회, 2008), 용재학술상(석좌교수상, 2008)을 받았다. 저서로는 『역사, 중심은 나다』(나녹, 2019; 현암사, 2007), 『한국기독교와 민족의식』(지식산업사, 2014년), 『우리 역사 5천년을 어떻게 볼 것인가』(바다출판사, 2000), 『한 시골뜨기가 눈떠가는 이야기』(두레시대, 1991) 등이 있다. 한국 근현대사와 기독교사 연구자로서 한국 지식인 사회와 기독교계에 대해 비판적 지성인이라는 평가를 받고 있다.

역사·문학·예술 전문가들이 들려주는 **평화와 통일 이야기**

제4강 | 민주화운동

현대사는 끝나지 않은 역사 공부

한홍구 성공회대학교 역사학 교수
반헌법행위자열전편찬위원회 책임편집인

이재봉 여러분 반갑습니다. 오늘은 통일대담 네 번째 시간이네요. 지난 세 번 공부하면서 동학혁명, 3.1운동을 비롯한 독립운동까지 주로 과거사를 다뤘죠. 오늘은 해방 이후 지금까지 민주화운동을 살펴볼 거예요. 민주화운동을 평화통일운동으로 어떻게 연결할까요. 오늘은 '걸어 다니는 한국현대사', '걸어 다니는 백과사전'이라는 별명을 갖고 있는 한홍구 교수님을 모시겠습니다. 성공회대학교에서 역사학을 가르치고 계시고, 과거에는 국가의 잘못을 파헤쳐 보는 진상조사 민간위원으로 활동하셨어요. 요즘은 헌법을 파괴한 사람들을 추적해 책으로 만드는 작업을 하고 계십니다. 우리나라 역사학계에서 가장 공부하기 힘든 분야가 현대사라고 해요. 왜 그러는지는 잘 모르겠습니다만, 현대사의 가장 대표적인 학자라고 할 수 있지요. 선생님, 평화박물관건립추진위원회 상임이사는 아직 맡고 계신가요? 반헌법행위자열전편찬위원회 편집인도 계속 하고 계시죠? 위원회를 소개해주시겠어요?

'역사의 법정'에 세우고 싶다

한홍구 상임이사는 그만 뒀습니다. 반헌법행위자열전편찬위원회는 책임편집위원으로 일을 총괄하고 있습니다. 선생님도 말씀해주셨는데 학생들도 친일인명사전에 대해서 들어보셨을 거예요. 1948년까지 우리 민족이나 민중을 배반하고 나쁜 짓을 저지른 사람들을 정리했는데, 1945년, 대한민국 정부 수립 이후에 헌법을 파괴한 사람들은 한 번도 정리한 적이 없습니다. 그러다 보니까 전두환 같은 사람이 나와서 아직도 으스대고 다니고, 5.18에 대해서 망언이 나오는 게 모두 과거를 정리하지 못했기 때문이라고 생각해요. 그래서 그런 사람을 모두 1차 조사 대상으로 골랐어요. 대상은 400명인데, 처음에는 300명을 하려고 했어요. 100명은 너무 적고 500명이나

1,000명은 너무 많아보여서 300명을 하려고 했습니다. 주요 사건별로 관계된 사람들을 조사하니 조사하신 분들이 꼭 들어가야 한다는 의견이 있어서 타협해서 고른 대상이 400명 정도입니다. 400명이면 많다고 생각할지 모르겠습니다. 여기 익산에서도 한국전쟁 때 미군이 폭격으로 민간인을 학살한 것을 비롯해 전국에서 수많은 학살이 있었습니다. 민간인 학살로 죽은 사람 숫자가 보통 많이 잡는 사람은 100만 명이라고 얘기하고요. 적게 잡는 사람도 아무리 적게 잡아도 최소 30만 명을 얘기합니다. 그래서 민간인 학살 분야에서 반헌법행위자로 60명을 선정했습니다. 5,000명 당 한 명인 셈이에요. 동네 뒷산에 한 100명, 200명 끌고 가서 죽인 사람은 축에도 못 들어가는 거죠. 우리 사회에서 아직까지 나쁜 짓을 한 사람들을 한 번도 정리한 적이 없는데, 그 사람들은 현실에 감옥에 보내지 못했습니다. 실제 법정에 불러내지 못했는데, 그냥 둘 순 없잖아요. 그래서 '역사의 법정'에 세워야겠다, 이런 취지에 따라 역사의 법정에 불러내는 공소장을 쓰는 작업이 『반헌법행위자열전』인데, 여러분들이 아직 학생이지만 그 작업에 적극적으로 동참할 수 있는 길을 찾았으면 좋겠고, 또 이재봉 선생님께 뵙게 된 김에 부탁도 드리려고 겸사겸사 들렀습니다.

이재봉 지난주에는 공동대표인 이만열 선생을 모셨어요. 그분은 과거 『친일인명사전』 편찬할 때 역할을 하셨잖아요. 그러니까 친일파사전 작업하는 데 큰 어려움은 없었을 것 같아요. 다들 죽었으니까요. 그런데 지금 선생님이 하시는 작업엔 생존자가 더 많잖아요.

한홍구 예, 아무래도 친일파가 활동하던 일제강점기 이후, 대한민국 정부 수립 이후 최근까지의 반헌법행위자를 조사하는 작업이니 살아있는 자들이 꽤 됩니다.

이재봉 힘 좀 쓰는 사람들 아니에요. 권력과 부를 가지고 있던 사람들이니까 상당히 어려울 텐데, 위협이나 공갈협박도 많이 받으셨을 것 같습니다.

한홍구 친일인명사전도 쉽진 않았습니다. 거기도 숱한 명예훼손에 시달렸어요. 그런데 『친일인명사전』은 4,500명을 수록했는데 2009년 발간할 때 보니 두 명 살아 있었고, 그들도 오래 가지 않아 죽었어요. 그럼에도 불구하고 친일인명사전이 만들어진 다음에 그걸 배포한다, 교육청에서 사서 학교에 주겠다고 하는데도 국회에서 난리가 나고 시끌벅적했어요. 왜냐하면 나쁜 짓을 한 사람들이 나쁜 짓을 해놓고도 기록으로 남는 것에 대해 펄쩍 뛰었기 때문입니다. 기록하고 기억하는 작업이 얼마나 대단하고 중요한 것인지 알 수가 있게 해주는 것이죠. 친일인명사전처럼 반헌법행위자열전 작업을 기획한 게 2015년 박근혜 정권 때였고, 명단 400명을 발표한 게 2017년 2월 박근혜 대통령 때였습니다. 황교안이 국무총리 할 때고, 양승태가 대법원장 할 때인데, 이 사람들과 '왕실장'이라 부르던 김기춘도 들어갔어요. 400명을 잡았는데 얼추 따져보니 대략 절반인 190명이 살아있었습니다. 2년 사이에 한 20~30명 세상을 떠났지만, 여전히 절반 가까이 살아있었습니다. 그 사람들이 대한민국에서 힘 좀 쓰고 높은 자리에 있고 실제로 권력을 장악했던 사람들이 거의 들어갔어요. 그래서 상당히 어려움이 있지만 아직까지는 별 탈 없이 진행하고 있습니다. 그 이유는 작업을 시작한 팀도 있었고, 해야 한다는 팀도 있었지만 아직 성과를 낸 팀이 없습니다. 성과가 없지만, 또 처음에 계획한 것보다는 조금 더디긴 하지만, 큰 문제없이 꾸준히 한 덕분에 2021년 1차로 다섯 내지 여섯 권이 나올 것 같습니다. 원래 계획한 분량은 스물다섯 권 정도였습니다. 1차는 5.16군사반란 60주년인 2021년으로 미뤄서 출간하는 것입니다. 1차 출간을 한 후에는 정신없이 공격이 들어올 것 같습니다.

이재봉 '역사의 법정'이라고 말씀하셨는데, 실제 재판관이 아닐 뿐 역사학자로서 '역사 법정 재판관' 아닌가요?

"심판은 역사의 주인인 시민들이 해야"

한홍구 아니요. 재판관을 맡으려는 게 아니라 요즘 문제가 되고 있는 검찰처럼 기소를 하는, 조사해서 기소하는 역할을 하려 합니다. 심판은 역사의 주인인 시민들이 해야지요.

이재봉 한 가지 재미있는 게 있더군요. 멀리 3대, 4대까지 올라갈 건 없고 바로 할아버지까지 올라가면 선생님 할아버지는 아주 유명한 독립운동가고, 외가 쪽 할아버지는 우리나라 '헌법의 아버지'로 부르는 분이고, 아버님은 큰 출판사를 운영하신 분입니다. 학력도 아버지부터 형제, 사촌까지 전부 서울대 출신이에요. 그야말로 우리나라에서 금수저가 아니라 다이아몬드수저 아니에요? 그런데 기득권 집안에서 진보적인 활동을 하고 계십니다. '강남좌파'라는 말이 유행했었는데, 선생님은 잘난 집안에서 왜 이런 일을 하고 계시는 거예요?

한홍구 집안에서는 '돌연변이'라고 말합니다. 가까운 친척들 중 이런 계통의 일을 하고 있는 사람은 저밖에 없는데, 친할아버지나 외할아버지가 젊었을 때 진보적인 운동을 하셨어요. 친할아버지는 독립유공자, 외할아버지는 헌법학자, 소설가로 이름이 높지만, 친일인명사전은 물론 '친일파 100명'을 꼽을 때도 들어가는 대표적인 '지식인 친일파'로 부릅니다. 그래서 친일과 독립운동의 사이가 하늘과 땅처럼 멀다는 생각도 합니다. 뭐라고 딱 꼬집어 설명하기는 힘듭니다. 형들도 비슷한 시기에 저보다 조금 앞서서 학교를 다녔었지만, 형들은 그런 길로 빠지지 않았죠. 저는 70년대와 80년대에 느낀 사회적인 분위기에서 이런 쪽 일을 안 하는 게 오히려 비정상이라는 생각을 갖고 있었습니다. 집은 돈이 많지 않았지만 '문화 자원'만큼은 누구 못잖게 누리고 자랐죠. 어렸을 때 읽고 싶은 책이 다 있었으니까요. 책 내용을 모두 보지 않았지만 껍데기(표지)가 어떻게 생겼고 목차나 머리말을 읽어봤어요. 그게 굉장히 큰 자산이 됐다는 것은 분명합니다. 여하튼 친구들이나 아는 사람들에게 20~30년 전부터 듣던 말은 '너는 아직도 그러고 있냐'는 것입니다. 영화 『살인의 추억』에 '밥은 먹고 다니냐'는 대사가 화제가 됐었죠. 하지만 '아직도'가 아니고 '앞으로도' 계속 해야 하는 일이죠.

"모든 문제에는 역사적 뿌리가 있다"

이재봉 그래서 그렇게 빵빵한 집안에서 사회운동에 뛰어드셨단 말이군요. 그 중에서도 역사학을 택하셔서 걸어 다니는 현대사가 됐는데, 현대사를 전공한 계기는 무엇인가요?

한홍구 사실 모든 역사는 현대사입니다. 물론 동료, 동학들 중에는 고대사 전공도 있지만, 어려서부터 고대사는 참 재미가 없었어요. 왜냐하면 나하고 무슨 상관이냐, 하는 생각이 계속 들었죠. 그러니까 지금 내가 살고 있는 이 세상을 설명해야 하는데, 고구려, 고려, 조선시대 등은 어렴풋이 연결할 수 있는데, 고대사는 약했어요. 일제 때나 현대사는 직결되죠. 우리가 부딪히는 여러 사회적 문제는 모두 뿌리가 있어요. 여러분들이 세상에 나가려고 보니까 세상이 만만치 않죠. '헬조선'에 '흙수저'로 첫발을 내딛어야 할 형편입니다. 그런데, 헬조선은 어떻게 형성됐을까요. 하늘에서 뚝 떨어졌을까요. 그렇지 않단 말이에요. 여러분 노무현 대통령, 올해 10주기였습니다만, 노무현 대통령이 한 연설이 인터넷에 많이 있는데 몇 개 들어보세요. 특히 대통령 선거 직전에 했었던 연설을 보면, '우리 젊은이들이 정의를 이야기할 수 있는 세상을 만들어보자'는 말이 나옵니다. 기억을 더듬어 보세요. 스무 살까지 사는 동안에 '정직하게 살라'는 얘기는 수두룩하게 들었을 텐데 '정의롭게 살라'를 얘기를 들어본 적 있어요? 정의를 말하면 어디 가서 쥐어터지는 것 아니냐, 밤길 조심해야 하지 않느냐, 이런 게 대한민국 현실이었습니다. 그런데 노무현이라는 사람이 나오더니 젊은 사람들 가슴에 불을 질렀죠. 방화범이에요. 부모님이 늘 하는 얘기는 '나서지 마라', '모난 돌이 정 맞는다', '바람 부는 대로, 물결치는 대로 그냥 흘러가라', '네가 그런다고 세상이 바뀌냐'는 말씀입니다. 그런데 노무현은 '세상 한 번 바꿔 보자'고 얘기했어요. 바꿔야 할 세상은 뭐에요? 부자 아버지를 만나지 않아도 열심히 공부하면 시장도 되고 장관도 되고 국회의원도 되고, 대통령도 되고, 그러니까 자기가 하고 싶은 것을 해볼 수 있는 세상을 만들자, 부모의 지위, 학벌, 재산이 출발선에 선 젊은이들의 발목을 잡지 않는 세상을 만들어야 한다는 것이었어요. 그러려면 정권을 잡아야 하고, 그래야만 세상을 바꿀 수 있다고 해서 정권을 바꿨잖아요. 그런데 어떻게 됐어요. 세상 못 바꿨습니다. 세상을 못 바꾸고 노무현 대통령은 돌아가셨어요. 바로 '헬조선'이라는 것, 바로 노무현의 꿈인데, 노무현 개인의 꿈이 아니라 노무현과 같이 꿈을 꿨던 사람들이 맞이한 실패의 현장이 바로 헬조선이 된 것이죠.

한홍구 우리가 살아가면서 부딪히는 모든 문제에는 모두 역사적인 뿌리가 있습니다. 여러분 부모님도 또 여러분들도 마찬가지겠지만, 걱정하는 게 주거 문제일 것이고, 일자리, 교육 걱정일 것입니다. 이 세 가지 문제에서 자유로운 대한민국 국민 있나요? 다 얽혀 있죠. 그런데 이런 문제들이 언제 생겼을 것 같아요. 주거 문제요? 지금 강남이 땅값이 뛰기 시작한 거요? 딱 50년 전에 강남의 집, 삼성동 제일 비싼 땅 한 평 값이 자장면 한 그릇 값이었습니다. 딱 50년 걸렸어요. 그리고 30~40년 전에 전두환이 집권하고 난 후 졸업정원제를 시행하면서 대학 가는 게 많이 쉬워졌고, 또 386세대는 과외를 없앴습니다. 과외를 없애는 바람에 잠시, 대략 10년 정도, 사교육에서 해방이 됐어요. 지금 젊은이들이 비판하는 386세대들은, 이들은 민중의 자식들인데, 좋은 대학에 많이 갔어요. 입시지옥이 지배한 한국에서도 잠시 숨 쉴 공간이 있었죠. 386이 그런 혜택을 누렸는데, 자기들이 사회를 이끌 때에는 '헬조선'을 만들어놓았으니 비판을 받는 거죠. 일자리 문제는 어때요. 30년 전인 1987년 무렵, 우리 사회에 비정규직이 있었나요. 신문에서 한 번 검색해보세요. 있기는 있었어요. 그런데 비정규직이 오히려 급여가 더 높았어요. 왜냐하면 기술이 있고, 어디 매이기 싫은 사람들이 비정규직으로 있었기 때문에 오히려 일당이나 시간당 임금은 더 높았습니다. 그러니까 우리가 지금 쩔쩔매는 세 가지 문제는 짧으면 30년, 길어야 50년 사이에 지금처럼 된 것입니다. 현대사라는 게 그런 것이라고 봅니다. 결국 현실에 참여하고 현실을 바꿔야 하는 이유도 마찬가지라고 봐요. 지금 벌어지고 있는 이런 문제가 여러분의 남은 인생뿐만 아니라 여러분의 자식들, 그 자식들, 또 그 자식들의 인생까지 결정하는 중대한 전환기에 서있습니다. 이게 지금 한국의 현실입니다. 현대사는 이렇게 보면 날마다 전환기고, 해마다 위기고, 달마다 대란이 일어나고 있습니다. 매순간 매순간이 아주 중요한 시간이었습니다.

이재봉 세대별로 현대사 기준이 다를 텐데요. 지금 현재를 기준으로 할 때 현대사는 언제부터라고 봐야 할까요?

"자신만의 현대사와 역사의 주인공으로 참여하는 것도 필요"

한홍구 역사는 계속 새로 쓰기 때문에 학계에서는 1945년 해방 이후를, 일제를 벗어난 이후를 현대사라고 봅니다. 여러분을 기준으로 보면 1987년 또는 1997년을 기준으로 합니다. 외환위기 시작 시점인 1997년, 아니면 조금 더 거슬러 올라가서 6월항쟁이 벌어진 1987년 정도가 아마 여러분의 현대사가 되지 않을까 싶어요. 역사는 매번 다시 쓰는 것이니 그 정도를 현대의 기점으로 삼으면 될 것 같습니다. 세상이 정말 많이 달라졌기 때문입니다. 역사 강연을 다니는데 5.18을 주제로 강연할 때 1979년부터 얘기를 시작해요. 당시 대학 다닐 때인데, 2학년 때 박정희가 죽었고 3학년 때 5.18이 일어났어요. 생생하게 체험을 했던 시기여서 강연할 때 자세하게 설명했습니다. 하지만 몇 년 전부터는 5.18 강연을 그렇게 안합니다. 5.18은 15분 정도만 해요. 왜 그렇게 됐느냐면, 내 인생에서는 제일 중요한 사건이었어요. 하지만 5.18이 나를 역사학자로 이끌었을 만큼 중요한 역사적 사건이었지만, 여러분한테 나와 똑같이 중요한 것은 아니잖아요. 오늘은 유신(1972년 10월 17일) 47주년이고, 그리고 어제가 부마항쟁(1979년 10월 16일) 40주년이고, 내년이 광주항쟁 40주년이에요. 여러분은 아직 20년밖에 안 살았잖아요. 그러니까 40년이란 세월이 얼마나 길어요. 40년이라는 세월이 어느 정도 흐른 것이냐면, 예를 들어, 해방이 되었는데 젊은이를 모아놓고 '새 나라를 어떻게 세워야 할 것인가'. 이런 얘기를 주로 해야지 대한제국 때 의병하던 얘기만 할 수는 없잖아요. 현대사를 새롭게 시작하면서 나에게는 광주가 중요한 역사적인 사건이지만 여러분 인생에서는 1997년 외환위기가 훨씬 더 중요한 사건으로 작용할 수 있기 때문에 여러분이 생각하는 현대사의 기점은 외환위기라고 할 수 있지 않을까요? 현대사는 자신이 주인공이 되어 체험하고 있는 문제, 그리고 그 문제가 어디서부터 비롯됐는가를 중요시해야 합니다. 그러니까 현대사의 기점은 역사학을 연구하는 사람이나 학자가 구분하는 현대사의 시대 구분도 있겠지만, 여러분은 여러분의 현대사를 갖고 여러분이 역사의 주인으로서 참여해주기를 부탁드립니다.

한홍구 서양에서는 역사(History)라고 하면, 근대와 현대를 엄격하게 구분하지 않아요. 그런데 우리는 근대와 현대를 굉장히 구분하는데, 서양에서는 '현시대(Contemporary History)'라고 해서 '당대사', 내가 살고 있는 당대의 역사를 이야기합니다. 이미 광주는 우리 세대에게는 당대사일지 모르지만 여러분 세대에게는 '지난 역사'라고 생각합니다. 우리 세대는 민주화가, 민주정권이 들어서면 세상이 정말로 좋아질 것이라고 믿고 청춘을 바쳤습니다. 그러나 여러분의 세대에서 민주화가 되고, 민주정권이 들어섰는데, 세상은 좋아지지 않았어요.

이재봉 당대사 또는 현대사는 나와 직접 관련이 있으니 관심이 많아서 공부하는 것이라는 말인데, 잘못 알고 있는지 모르겠지만, 역사학계에서는 가장 공부하기 어렵고, 이 때문에 공부하는 사람도 적은 분야가 현대사라고 들었어요. 왜 그럴까요?

한홍구 공부를 시작했을 때 좀 재밌는 일이 하나 있었습니다. 아버지께서 하시던 출판사는 역사학 전문 출판사인 일조각(一潮閣, 1953년 설립)입니다. 웬만한 역사책은 일조각에서 나왔어요. 국사학과 선생님들도 거의 일조각 저자죠. 아버지와 비슷한 연배도 많이 계십니다. 아버지하고 친구 사이셨던 분들도 계셨고요. 그런데 군대에 끌려갔다 돌아온 다음에 대학원에 들어와서 전공을 현대사로 하겠다고 하니까 아버지 친한 친구 한 분이 몸을 앞으로 숙이면서 한참 보시다가 "어떻게 하려고 그러냐, 너 다친다"고 말씀을 하셨어요. 새로운 분야를 연구하겠다고 말하면 열심히 하라고 이야기하는 게 보통이죠. 그런데 그 선생님이 진짜로 어떡하려고 그러냐고 말씀하셨어요. 그 분은 한국전쟁, 분단, 학살, 그런 것을 겪으셨던 고대사 선생님이셨는데, 한국 사회에서, 분단이라는 정치적 환경 속에서 현대사를 한다는 게 얼마나 어렵고 또 다칠 수 있다는 우려를 진짜로 갖고 계셨어요. 또 하나는 현대사는 누구를 평가한다는 게 쉽지 않죠. 그리고 최근 두어 달 동안 조국이라는 인물에 대해서 여러 가지가 있었죠. 그것처럼 한 사람을 평가하는 것도 쉽지 않아요.

시대가 요구하는 질문에 역사적으로 답하는 것

한홍구 누구를 예로 들어볼까요. 요새 반일종족주의로 유명한 이영훈 교수가 있군요. 진보 입장에서 보면 황당하고 뒷목 잡고 넘어갈 만한 처지가 됐습니다. 이영훈 교수는 저보다 7~8년 위고, 이재봉 선생님보다도 조금 위죠. 그런데 이영훈이 여러분 나이 때는 어땠을까요. 전태일이 분신했다는 소식을 듣고 두 시간만에 달려간 서울대생이 2명이 있었습니다. 그 중 한 명이 이영훈이에요. 믿어져요? 그러면서 이영훈은 민중과 함께 살겠다고 했어요. 또 이명박은 어땠을까요. 이명박은 대학생 때 감옥에 갔다 왔습니다. 공소장을 보면 이명박이 외쳤던 구호가 있어요. '배고파 못살겠다. 악덕재벌 잡아먹자'입니다. 지금 재벌 앞잡이로 비판받는 이명박이 청년 시절에 외쳤던 구호입니다. 그러니까 정치적인 위험도 있지만, 현대사 공부는 끝나지 않은 역사를 공부하는 것입니다. 저를 걱정해주신 선생님은 또 한 사람에 대해서 평가하려면 관 뚜껑에 못질한 후 30년은 지나야 평가를 할 수 있는데 지금 열심히 쫓아다녀도 금방 뒤집혀질 수 있는데, 학문적으로도 너무 위태롭다는 입장에서 걱정을 해주셨어요. 그런데 역사학에서 가장 핵심적인 주제는 시대가 요구하는 질문에 역사적으로 답하는 것이라고 생각해요. 신채호 선생은 역사가 중 제일 위대하고 존경받고 제일 사랑받죠. 그런데 신채호 선생이 쓴 글이나 신채호 선생이 고증해놓은 것 중에 지금도 학계가 인정하고 있는 것, 살아남은 역사적 사실은 아무 것도 없어요. 실증적으로는 다 깨졌죠. 그렇지만 신채호는 여전히 위대한 역사학자입니다. 시대가 요구했던 질문에 시대의 수준에서 가장 정직하고 가장 치열하게 끝까지 싸웠던 분이니까요. 그래서 현대사 공부가 그런 점에서 어렵지만, 그러나 역사학에서 가장 중심이 되고 가장 뜨거운 분야라고 생각합니다.

이재봉 용기가 필요한 학문이군요.

한홍구 여러 면에서 불의에 맞서는, 정권에 맞서는 용기뿐만 아니라 학자로서, 그러니까 용기라기보다는 욕심을 좀 더 내는, 역사에 길이 남을 역사학자가 되겠다는 욕심을 던지고 지금 상황이 요구하는 문제에 지식이나 재주를 조금이라도 기여하겠다는 마음가짐이 중요하겠죠.

이재봉 우리 세대의 현대사를, 학생들한테는 근대사가 돼버리지만, 해방 이후로 잡으셨는데, 1948년 정부 수립하고 나서 이승만 독재 12년, 박정희 독재 18년, 전두환 독재 7년이었어요. 노태우는 선거로 뽑았지만 군부독재 연장이라고 할 수 있는데, 그게 5년입니다. 모두 30~40년이죠. 독재를 겪은 것 중에서 가장 암울했던 시기가 유신 아니겠어요? 선생님하고 저하고 조금 차이가 있을지 모르겠는데, 하여튼 저는 1970년대 유신시대가 정치적으로 가장 암울했던 시기라고 생각해요. 그런데 오늘이 1972년 10월 17일, 유신을 시작한 날 아니에요. 헌법을 멋대로 뜯어고치고, 국회를 해산하고, 정치인을 감금하고, 탄압하고, 정치 활동을 금지했어요. 공교롭게도 어제 10월 16일에는 정부가 부마항쟁 기념식을 처음으로 주관했어요. 문재인 대통령이 참석했죠. 10월 26일 박정희가 사망하면서 부마항쟁은 일단락되죠. 유신에 대해 설명 좀 해주시겠어요? 40년 전이니까 학생들한테는 그게 오래전 과거가 될 수 있어요. 유신이라는 말 자체는 좋지만 왜 목숨을 내걸고 투쟁하고, 박정희의 죽음으로 이어졌는지 조금 쉽게 얘기해주세요.

시민혁명이 처음으로 일어난 곳은 분단과 학살의 땅

한홍구 유신을 이해하기 위해선 먼저 현대사를 해방 이후, 한국 전쟁 이후 등으로 짧게 정리해서 72년 유신까지 훑어보도록 하죠. 1945년에 해방이 됐어요. 프라이팬을 벗어났더니 불속으로 떨어진다는 얘기 들어봤죠? 우리가 딱 그 꼴이 됐습니다. 일본 밑에서 고생을 하다가 새로운 나라를 만들려고 했는데 나라가 없어서 나라를 되찾기 위해서 노력했는데, 나라가 두 개가 돼버렸어요. 그 반쪽을 어떻게든 합쳐야 한다는 생각을 갖고 엎치락뒤치락 하다가 결국 전쟁으로 터졌고, 전쟁이 일어나면서 다 죽어버렸습니다. 한국 전쟁 때 수십만 명이, 그러니까 전체로 치면 민간인 학살로 대한민국 정부 군경에 의해 수백만 명이 죽었어요. 그러니까 대한민국 국민이 죽은 것만 해도 백만 명에 육박한 수십만 명이 넘는 상황이 됐어요. 어떤 사람들이 죽었을까요. 이런 강연 찾아다니는 사람은 다 죽었다고 보면 돼요. 실제로 그랬습니다. 그러니까 진보적인 사람은 다 죽은 거예요. 죽거나 아니면 북으로 가버렸죠. 살아남은 사람들이 더러 있겠죠. 더러 있는 사람들은 납작 엎드려서 그냥 죽은 듯이 지냈어요. 전쟁이 끝났습니다. 전쟁이 언제 끝났죠. 53년 7월입니다. 여러분, 4월혁명은 몇 년도에 일어났어요. 1960년 4월이죠. 사람들은 53년 7월에 전쟁이 끝났고, 60년 4월에 4월혁명이 일어났다는 것을 다 알고 있어요. 그런데 그 둘을 같이 놓고 한 번 봐보세요. 그렇게 다 죽고 여기 있는 사람들 중 전쟁이 끝나니 1/3 정도밖에 살아남지 못했다, 다 끌려가서 다 죽었다, 이런 사회 분위기를 생각해보세요. 다 죽고 전쟁이 끝났는데 만 7년이 안 돼 혁명이 일어났어요. 2차대전 이후 독립한 나라는 약 150개입니다.

한홍구 그런데 150개 나라 중에서 시민혁명이 처음으로 일어난 곳이 바로 분단과 학살의 땅에서 일어났단 말이죠. 이게 말이 되나요? 다 죽고 엎어진 데서 혁명이 일어났어요. 누가 혁명의 주역이 됐을까요. 학생들이에요. 4월 혁명을 '대학생혁명'이라고, 대학생이 주역이 됐다고 말하지만 사실은 2.8의 거부터 4.19혁명까지 끌어온 것은 고등학생입니다. 중고생이에요. 대학생이 조직적으로 나온 것은 4월 18일이었어요. 그 전에 상황을 이끈 것은 중고생이었습니다. 4.19 때 중고생의 나이를 따져보면 몇 년생이겠어요. 40~45년생 정도겠죠. 그러니까 학교를 언제 들어갔냐 하면 해방 후 들어간 거예요. 그러니까 일본 군국주의 교육과 식민지 노예교육을 받지 않은 첫 세대, 미국식 민주주의 교육을 받은 첫 세대, 한글로 교육을 받은 첫 세대가 엄청난 사고를 친 거죠. 굉장히 어마어마한 사고를 쳤습니다. 4.19혁명, 60년 됐죠. 그런데 왜 한국의 민주주의는 이 정도밖에 나가지 못했을까요? 누구한테 물어보면 돼요? 4.19 세대에게 물어보는 게 제일 빠르겠죠. 4.19 세대는 어디로 가면 만날 수 있어요. 박근혜 탄핵 받은 후 태극기집회에 나오는 사람들이 4.19 세대에요. 여러분, 이런 사실은 그냥 웃고 넘어갈 일이 아닙니다. 촛불의 미래가 어떻게 될 것인지는 별로 복잡하지 않아요. 30년 후, 50년 후 지금 촛불을 들었던 사람들이 어디에 있느냐, 그게 촛불의 미래가 될 거에요. 4.19 세대가 엄청난 일을 일으켰지만 한국전쟁의 상처가 워낙 컸고, 서로가 서로를 지탱하면서 나가지 못하다 보니까 그렇게 됐습니다.

전반기의 박정희와 후반기의 박정희는 다르다

한홍구 그런 과정이 이제 몇 십 년이 흘러서 그렇게 됐는데 그래도 4.19 세대가 나오면서 부글부글 살아나오는 데 그것을 짓누른 게 박정희의 5.16군사반란입니다. 그러나 짓눌렀지만 또 다시 민중들이 부글부글 끓어오른 거예요. 우리나라 민중은 권력자들 입장에서 보면 정말 다스리기 힘든 민중이죠. 다시 끓어오르니까 탱크 몰고 나와서 짓밟아버린 게 유신입니다. 박정희가 18년 집권했다고 하지만 전반기의 박정희와 후반기의 박정희는 정말 많이 달라요. 전반기에는 대중들 눈치도 보고 상황도 살펴가면서 맞춰가는 모습이 있었는데, 장기집권을 하다 보니까 누가 뭐라고 하는 게 듣기 싫은 거예요. 천황폐하처럼 굴려고 그랬어요. 선거 같은 것도 귀찮게 생각했어요. 학교에서 반장도 투표를 하는데, 대통령 투표를 못하게 만들어놓고 체육관에서 뽑았어요. 몇 프로로 당선이 됐습니까? 체육관에서 한 3,000~4,000명 모아놓고 투표를 하니까 99.9% 나왔어요. 그럼 0.01%는 반대를 했을까요? 아니죠. 지금은 후보 이름을 인쇄한 곳에 도장을 찍죠. 그런데 그때는 도장을 찍은 백지에 후보자 이름을 직접 써넣는 것이었어요. 그런데 3,000명 중 두세 명이, 한자로 쓴 사람들은 다 맞게 썼는데, 한글로 쓴 사람이 '박정히'라고 쓴 게 무효표가 돼서 99.9%가 나온 겁니다. 그런 시대를 만들어놨어요. 유신헌법을 고치자고 제기하면 영장 없이 체포해서 군법회의에서 징역 15년을 판결했어요. 긴급조치를 내렸는데도 학생들이 저항하니까 긴급조치 4호를 다시 내립니다. 4호 문안을 보면 '사형'과 '폐교'가 있어요. 문안을 잘못 써서 수업에 빠지면 사형까지 가능해요. 학교는 폐교도 가능해요. 실제 수업 빼먹었다고 사형당하고 폐교당한 그런 일은 없습니다만, 그런 황당한 시대를 만들어버렸습니다.

한홍구 모든 비난을 침묵으로 만든 시대, 그래서 오직 한 사람만을 위한 시대를 만들었는데, 그 시대의 구체적인 내용은 무엇일까요. 제가 박정희를 왜 친일파라고 했느냐면 45년 이전까지의 박정희를 구체적인 행위로만 본다면 친일파라고 말하기 어려워요. 친일파가 아니라는 뜻은 아닙니다. 친일을 했어요. 그런데 '대표 친일파'가 되기에는 행동을 한 게 적어요. 왜냐하면 박정희는 친일파가 되기 위한 준비운동만 열심히 한 셈이죠. 준비운동을 하고 친일파가 돼서 출세하려고 하는데 해방이 돼버렸어요. 친일할 기회를 놓쳐버린 불행한 친일파에요. 그런데 제가 왜 박정희를 '특A급친일파'라고 생각하느냐면, 집권 후 모습, 그러니까 해방 후 20~30년 이후 한국 사회를 어떤 모양으로 만들었느냐를 봐야 해요. 내가 박사 논문 쓸 때 1930년대 만주 상황을 연구하기 위해 만주 자료를 많이 봤어요. 그런데 만주의 국민학교(초등학교) 생활을 묘사한 것을 보고 기절할 뻔 했어요. 내가 66년도에 국민학교에 들어갔고 유신은 중학교 1학년 되던 해에 났는데, 내가 겪은 국민학교 생활, 특히 고학년 때 겪은 일들이 1930대 말부터 40년대 초 만주국의 학교 모습과 너무 똑같았어요. 그래서 만주국을 재현한 것이라는 생각을 했어요. 친일파가 만들려고 했었던 나름의 어떤 사회가 있었을 것입니다. 그 사회를 해방을 맞은 조국에 들이밀었던 것이죠. 바로 그 점에서 박정희가 '특급친일파'였고, 일본인에게 교육을 받은 게 굉장히 무섭다는 생각을 했습니다.

박정희는 '특A급친일파'

한홍구 그런데 청년들이 왜 박정희를 반대했을까요? '청년문화'라는 게 있었어요. 대표적으로 윤형주, 조영남, 송창식 등이 있는데요. '쎄시봉'이라는 술집이 청년문화의 산실이었어요. 그런데 그 사람들이 왜 박정희를 반대했을까요? 꼭 정치적으로 의식화가 돼있어서 박정희를 반대했던 건 아니에요. 1970년대가 되니까 한국사회도 많이 바뀌었어요. 그러나 박정희 정신세계는 30년대 일본 군국주의에 맞춰져 있어요. 노래도「나의 조국」,「새마을 노래」,「학도호국단가」,「좋아졌네」같은 곡이죠. 또 그런 노래를 부르라고 그래요. 그런데 젊은이들은 미국 팝송 듣고 자란 세대에요. 미적 감각과 취향이 완전히 달라요. 정치적 취지로 좋아하는 사람, 지지하는 사람들도 강제하는 것 자체는 싫어하죠. 김세환의 「길가에 앉아서」는 '지나가는 사람들 우릴 쳐다보고 웃네'라는 가사를 문제로 삼았어요. 유신 과업을 수행하려면 일에 매진해야 할 때인데 길가에 앉아서 노닥거리고 있다며 문제로 삼았죠. 윤형주의 「조개껍질 묶어」는 '암만 생각해도 집에는 가얄 텐데 바다가 좋고 그녀가 있는데 어쩔 수가 없네', 그리고 양희은 노래 「아름다운 것들」은 '꽃잎 끝에 달려있는 작은 이슬방울들 빗줄기 이들을 찾아와서 음 어디로 데려갈까 엄마 잃고 다리도 없는 가엾은 작은 새는 바람이 거세게 불어오면 음 어디로 가야 할까'의 경우 유신 과업을 달성하야 할 때에 총화단결을 해야지 왜 그따위 걱정을 하고 있냐고 문제를 삼았어요.

   한홍구 1970년대는 박정희가 젊은이들에게 그런 것을 강요했었던 시대입니다. 재미있는 것은 그때 박정희를 싫어했던 젊은이들이 지금은 박정희를 찬양하고 앉아있는 거죠. 박정희의 유신은 시대착오에요. 1930년대 일본군국주의에 의해 만들어진 황군 장교나 군국 소년들이 어른이 되어 권력을 잡고, 자기들이 받은 교육과 생활을 30~40년 뒤의 젊은이에게 적용해 끌고 가려고 한 것이죠. 다시 말해서 1930년대를 가장 모범이라고 생각했던 사람이 그 시대의 분위기로 매진해서 국가가 제시하는 과업을 완수하기 위해 '나를 따르라'고 했는데 젊은이들은 나를 따르라가 아니었어요. 바캉스도 가고, 놀고 싶고, 자유롭게 살고 싶었죠. 그런데 숨 막히게 조이는 것이 싫었죠. 대통령 선거도 못하게 하고 사소한 정치적 비판도 못하게 하는 숨 막히는 현실이 싫은 거예요. 그랬더니 어떻게 했어요? 젊은이들 좋아하는 노래들 전부 퇴폐적이다, 시대 상황에 맞지 않는다, 건전하지 않다 등 말도 안 되는 이유로 모두 '금지곡'으로 만들었어요. 그래서 나온 노래가 송창식이 부른 「고래사냥」 같은 노래입니다. 가사에 '술 마시고 노래하고' 하다가 '자 떠나자 동해바다로 예쁜 고래 한 마리 잡으러'라는 게 들어 있는데, 금지곡이 됐어요. 양희은이 부른 「아침이슬」은 '태양은 묘지 위에 붉게 타오르고'라는 가사에 나오는 '태양'을 '김일성 장군'으로, '묘지'는 '박정희 체제의 남조선'이라고 해석해서 '죽음의 시대'를 표시한 것으로 봤고, '붉게 타오르고'는 '적화통일'로 봤어요. 이게 당시 중앙정보부 검열관의 상상력이었죠. 한대수의 「행복의 나라」는 '행복의 나라로 갈 테야'를 '월북을 기도하는 노래'라고 해서 금지했어요. 김민기, 양희은 등이 부른 「금관의 예수」는 '오, 주여 이제는 여기에, 여기에 우리와 함께 하소서'라는 가사가 있는데, 고통 받는 사람들이 주의 강림을 바라는 노래였는데도 가사를 바꾸는 조건으로 금지곡을 면했습니다. 뿐만 아니라 그런 노래를 불렀던 사람은 모두 대마초를 피웠다고 잡아들이고 노래는 금지곡으로 만들었죠. 그 정도로 숨 막히는 시대가 유신시대였습니다. 그 유신에 대해서 저항을 했었고, 그 저항의 끝자락이 부마항쟁이었던 것이죠.

이재봉 선생님은 현대사를 전공하시면서 북한에 관해 공부 참 많이 하셨어요. 박사 학위 논문이 김일성에 관한 겁니다. 우리가 김일성에 대해 좀 잘 알아야 돼요. 선생님이나 제가 학교 다닐 때는 김일성이 가짜였어요. 김일성이 실제 독립운동은 하지 않았고, 독립운동을 했던 김일성 장군 이름을 도용한 사람이라면서 가짜라고 했죠. 소련군 앞잡이였다는 뜻이었어요. 서울대에서 역사학으로 석사를, 박사는 미국에서 받으셨는데, 박사 학위 논문 주제가 김일성과 독립운동입니다. 북한은 김일성을 빼놓고 생각할 수 없기 때문에 김일성을 제대로 공부해야 되겠죠. 어릴 때부터 책을 많이 봤기 때문에 김일성의 실체에 대해서도 좀 빨리 알았으리라 생각하는데, 김일성이 가짜가 아니라는 것을 언제 아셨고, 김일성을 주제로 박사 논문을 쓴 계기가 뭘까요?

어렸을 때부터 김일성은 가짜가 아님을 알았다

한홍구 김일성이 가짜가 아니라는 것은 어려서부터 안 것 같아요. 책이 아니라 집안어른들 말씀을 옆에서 주워듣다가 안 거죠. 나중에 어른이 되어 조사해보니, 교과서에는 김일성이 가짜라는 얘기는 안 나와요. 그렇지만, 김일성이 가짜라는 반공동화책은 즐비했고, 학교에서는 선생님과 아이들도 모두 가짜라고 얘기했죠. 그런데 집안에서 어른들 얘기하는 걸 들어보니까 김일성이라고 생각했어요. 그리고 1937년에 '보천보전투'라는 게 있는데, 그 전투를 했던 김일성이 바로 북한의 김일성이라고 알게 된 셈이죠. 그러다 80년대 들어와서 이른바 '주사파'를 접합니다. 주사파는 비하해서 부르기도 하지만 주사파 탄생은 나름 중요한 역사가 있습니다. 북한을 이해하는 과정과 김일성 항일무장투쟁을 어떻게 볼 것인가를 생각하면서 문제의식이 나오게 됐어요. 나이에 따라 차이가 조금 있는데, 저는 김일성을 높이 평가하지 않았어요. 북한에서는 김일성만 얘기하잖아요. 그런데 북으로 간 수많은 독립투사들이 사라져버렸다는 의문이 들었습니다. 예컨대 10월에 약산김원봉장군기념사업회를 발족하려고 준비하고 있는데, 김원봉도 북에서 사라져버렸고 연안파도 사라져 버렸고 다른 독립운동가들도 다 사라져버리고 오로지 김일성만 남았기 때문에 문제가 있지 않느냐는 생각이 들었어요. 김일성이 자신을 우상화하기 위해서 숙청한 게 아닌가, 이런 식으로 생각했죠.

한홍구 1988년에 석사 논문으로 연안파 조직인 독립동맹에 대해 썼어요. 연안파, 즉 중국 공산당과 깊은 관련을 맺고 조선의용군과 독립동맹이 세력을 형성해서 활동했죠. 그 쪽 집단의 규모가 해방될 때 2,000명 정도였다고 합니다. 김일성파는 소련에서 들어올 때 김일성 직계라고 할 수 있는 사람이 50명 수준 내지 100명이 안 되는 숫자였어요. 규모로만 보면 독립동맹이 훨씬 더 크고 중요했던 것 같습니다. 석사 논문을 쓰면서 김일성 빨치산 집단과 연안파 세력을 비교하는 작업을 하다가 생각이 완전히 바뀌었어요. 독립동맹 규모가 더 컸다고 해도 대중에게 미친 영향 면에서는 비교가 안 되는 것이라고 판단했기 때문이죠. 무엇보다 당시 대중들에게 누가 알려져 있었는가를 봐야죠. 왜 '전설적 명장 김일성'이라는 이름이 나왔을까요. 사실 전설이나 신화는 실체와 다르기 마련이죠. 다를 수밖에 없어요. 김일성은 신화화돼 있는 인물이라는 것은 사실입니다. 그래서 많은 사람들이 역사를 연구할 때 김일성의 실상과 신화를 비교한 후 김일성은 과장됐다고 말합니다.

한홍구 저는 조금 다르게 생각하는 게 있어요. 신화, 그 자체는 역사가 아니에요. 그런데 신화의 탄생은 역사적 사실입니다. 김일성이 무엇을 했기에 신화가 생겼냐는 것이 중요합니다. 독립운동, 가령 김일성을 비판할 때 진짜라고 얘기하면서 비판할 때 김일성이 보천보전투에서 일본 군인이나 경찰은 한 명도 죽지 않았고 겨우 민간인 두 명이 죽었고 당시 광복군과 조선의용군의 규모와 성과를 감안하면 크게 평가할 수 없다는 게 가능합니다. 그런데 생각해봐야 할 것은 김일성보다 더 큰 규모의 독립군 부대를 이끈 장수들이 많았는데도 왜 '전설적 명장 OOO 장군'이라고 부른 김일성밖에 없었을까요. 김좌진, 홍범도, 전봉준은 어때요? 당시 승리하면 장수에게 날개를 달아주는 전설이 있었습니다. 하늘이 내린 장수, 날개 달린 장수라고 했고, 그런 설화는 동네마다 있어요. 그런데 현실은 어떻게 돼요? 그 장수가 다음 전투에서 일본한테 잡혀 죽임을 당한단 말이에요. 그럼 어떻게 되죠? 장군만 죽는 게 아니에요. 장군에게 걸었던 대중의 희망도 같이 죽는 거예요. 그런데 김일성은 보천보를 쳐서 이겼어요. 보천보전투 때 상황은 우리 민족이 가장 암울했던 시기에요. 가장 어두웠던 시기죠. 조선어 사용도 안 되고 창씨개명도 강요하던 때였어요. 또 그 무렵은 일제가 중국을 침략해서 상당부분을 점령하고 전시총동원령을 내리니 독립운동에 나섰던 수많은 사람들이 독립운동을 포기하던 때였고, 존경을 받던 인물들이 친일을 하기 시작하던 상황이었어요. 가장 암울했던 시기에요. 그리고 1차대전 이후 1929년에 대공황이 있었잖아요. 전 세계 자본주의가 흔들흔들 했는데 제일 먼저 대공황을 탈출한 게 일본이에요. 일본이 대공황에서 일어서더니 만주를 침략해 들어갔어요. 만주를 침략하니까 세계연맹에서 침략하지 말라고 했는데 일본은 무슨 상관이냐며 국제연맹을 탈퇴했어요. 그런데도 일본을 제지하지 못했고 일본은 승승장구했어요. 중국 본토까지 넘보는 상황이었죠. 일본 앞에 거칠 게 없었어요.

한홍구 일본이 승승장구하는 모습을 보면서 수많은 사람들이 독립운동을 포기하는 상황일 때, 어디선가 혜성같이 김일성이 나타난 거예요. 김좌진, 홍범도는 1930년대가 아니라 20년대 얘기에요. 3.1운동 직후의 얘기였고 대중들은 그 분들의 종적을 그 이후에는 알 수가 없어요. 30년대 초반에는 윤봉길, 이봉창 의사가 폭탄을 던진 것 빼면 없어요. 그런 상황에서 김일성이 갑자기 나타나서 '조선은 죽지 않았다, 조선은 살아있다, 일본이 아무리 강한 것 같지만 우리가 싸우면 능히 싸워서 이길 수 있다', 이런 희망을 준 게 보천보전투입니다. 더구나 김일성은 수많은 전투를 치르면서도 잡히지 않았어요. 왜 안 잡혔을까요. 김일성을 '필승불패의 명장', '백전불패의 명장'이라고 합니다. 저는 전적으로 동의해요. 정규군은 따로 병력과 장비를 보충하면서 싸우지만 유격대는 지면 끝입니다. 그렇기 때문에 백전불패의 명장이 된다는 뜻은 싸움을 해도 되는지 하면 안 되는지 판단을 잘 해야 하고 상황이 불리하면 도망치는 거예요. 정규군은 도망치는 게 흠이지만 유격대는 도망치는 게 흠이 아닙니다. 잘 도망치는 게 유격대장의 중요한 자질이에요. 그렇게 도망을 잘 치고 이길 수 있는 싸움만 해서 백전불패의 명장이 돼서 살아남았다가 소련으로 가게 됩니다. 그 상황은 복잡한데요.

"김일성 유격대와 조선의용군·독립운동은 차이가 있다"

한홍구 40년대에는 김일성이 활동을 못해요. 소련이 못하게 했습니다. 만주에서 조선과 중국의 항일 빨치산 활동을 전체적으로 소련이 못하게 했기 때문에 김일성도 활동을 할 수 없었던 것이죠. 그러면 김일성이 활동을 못하니까 오히려 신화가 줄어들어야 할 거 아니에요. 그런데 상황이 거꾸로 바뀌어요. 1940년대에 들어서면서 일제의 탄압이 심해져요. 무슨 탄압이냐면 대중들을 전쟁에 강제동원을 합니다. 동구 밖까지 왔던 일본 제국주의가 전쟁이 시작되면서 대문을 넘어 안방과 부엌까지 온 것이죠. 집안의 가장을 강제징용, 노동판으로 끌고 가는 상황이 벌어진 것입니다. 강제징용 사람 중에는 도망친 사람이 있고 이들은 천황의 전쟁동원 명령을 어긴 것이기 때문에 일제가 망해야만 살 길이 생깁니다. 이전까지는 조선의 독립을 바랄 뿐 독립운동에 직접 참여하지는 않았죠. 그래서 1940년대 김일성 신화가 나오는 시기는 너나 할 것 없이 독립운동과 관계가 있는 시기가 됩니다. 30년대 독립운동은 특별한 사람들, 소위 '선수'들이 하는 것이었다면 40년대는 강제로 끌려간 노동자들이 죽을 상황에 직면했기 때문에 결정적인 순간에는 지서나 사무소라도 폭파해야 한다는 생각을 하는 사람이 부지기수였어요. 사람들이 이런 얘기를 할 때 늘 등장하는 게 김일성이라는 이름이에요. 김일성은 소련에서 아무 활동도 하지 못하고 있었지만 대중들은 김일성이 있기 때문에 조선이 독립할 수 있다 또는 김일성 장군이 조국으로 개선할 때 일본에 있는 노동자들도 뭔가 해야 한다는 분위기가 만들어집니다. 이런 신화가 나온 것은 실제 김일성이 조선 사람들의 마음을 건드렸기 때문이죠. 김일성은 보천보전투를 치를 때 언론 플레이를 합니다. 요즘 조선일보, 동아일보를 비판하는 사람들 중에는 항일 빨치산이 학살, 방화, 살인을 했다고 보도한 조선일보, 동아일보는 친일이라고 비판해요. 그 점만 놓고 보면, 저는 좀 생각이 달라요. 보천보전투 살인, 방화, 약탈을 제일 크게 보도한 기자가 동아일보 양일천(梁一泉) 특파원입니다. 그런데 그 사람이 김일성파 조직원이에요. 놀라운 언론플레이를 한 거죠. 개떡같이 썼죠. 그렇지만 개떡같이 말해도 대중들은 찰떡같이 다 알아 들었어요. 그런 것을 바탕으로 김일성 신화가 퍼져나갔어요. 신화가 탄생하는 데는 근거가 있어요. 가령 김일성이 둔갑술을 썼다, 축지법을 썼다, 포위당했는데 빠져나갔다는 말을 합니다. 그런데 유격대는 일제가 깊은 산에 만들어놓은 신작로를 이용해 빠져나갔어요. '길 닦아 놓으니까 거지가 먼저 지나간다'는 말이 있듯이 일본 입장에서는 환장할 노릇이죠. 그런 점에서 조선의용대나 독립동맹과 비교가 안 되죠. 그래서 우리 독립운동사에서 독특하고 특별한 위치를 점하게 된 것이죠. 석사 논문을 쓰면서 깨닫게 된 것입니다.

이재봉 우리 사회에서 김일성 찬양하면 감옥에 가요. 여러분들은 좀 조심하셔야 돼요. 선생님은 학자니까…….

한홍구 전부 사실(fact)이 있으니까요. 사실을 얘기하는 것이죠. 학벌 자랑하면 촌스럽지만, 김일성 관련 학위는 미국에서 받은 박사입니다. 한국학으로 가장 유명하고 가장 까다로운 미국 학교에서 박사를 받았다는 것을 내세웁니다. 미국은 학위 주는 게 굉장히 까다롭고, 특히 사학은 어떤 자료를 어떻게 사용했느냐를 아주 꼼꼼히 심사합니다. 그런 것을 모두 통과했다는 것으로 버티고 있는 거죠. (웃음)

이재봉 미국 워싱턴대학교 박사님이에요. 김일성에 관한 논문이죠. 요즘 '팩트 체크'라는 말을 많이 쓰죠. 사실을 바탕으로 김일성이 독립운동을 한 게 널리 잘 알려졌는데, 우리는 교육과 언론을 통해 어떻게 김일성 가짜설을 퍼뜨릴 수 있었을까요. 왜 김일성은 가짜라는 말을 퍼뜨린 거예요?

박정희 콤플렉스가 '김일성 가짜설' 낳았다

한홍구 예컨대 이런 상황을 생각해 보세요. 분단이 되고 38선에서 남북이 대치해요. 북쪽은 일선 사단장으로 김일성 부하가, 빨치산을 했던 사람이 와요. 그러면 누군지 궁금해 알아보겠죠. 그런데 남쪽 사단장 이름을 듣고 누군지 알아봅니다. 대부분 간도 출신들이니까요. 간도 출신이 유격대와 토벌대에서 활동했으니 한 치 건너면 알 수 있는 거죠. 그런 분위기가 됐어요. 이승만 대통령은 독립운동사에서 중요한 인물입니다. 이승만은 김일성한테 밀릴 게 없지만 일선부대 사단장이나 장군들은 김일성과 비슷하거나 김일성보다 어립니다. 하지만 김일성이 15년 동안 항일무장투쟁을 하고 있을 때 이들은 소위 '천황폐하의 똘마니'였어요. 박정희가 집권한 후에는 더 심해지죠. 김일성은 박정희보다 5살 많아요. 5살 차이밖에 안 나는데 한 명은 조선 사람들 속에서 신화를 남긴 사람이 됐고, 박정희는, 만주군관학교 교장의 말을 들어보면, 다카키 마사오(박정희)를 본받으라며 모범 청년으로 제시할 정도로 살았어요. 그런데 박정희와 김일성은 남과 북의 지도자가 됐어요. 박정희는 어떤 입장이었을까요? 김일성, 그리고 남쪽에 있는 장준하 선생 같은 분을 봤을 때 어떤 느낌이었을까요? 광복군 출신이었던 장준하와 박정희는 나이도 거의 같아요. 박정희가 한 살 많죠. 그런데 장준하는 목숨을 걸고 독립운동을 했어요. 김일성은 좌익, 장준하는 우익 쪽에 섰다는 것만 다르죠. 반면 박정희는 천황에게 충성을 바치고 혈서를 썼던 사람 입장입니다. 실제 목숨을 걸고 독립운동을 했던 동년배를 바라봤을 때 박정희는 어떤 느낌일까요. 남북대치 상황 속에서 독립운동 경력을 갖지 못한, 사실 갖지 못한 정도가 아니라 천황에게 혈서를 써서 충성을 바쳤던 사람이었기에 극단적인 콤플렉스가 나올 수밖에 없죠. 그게 김일성 가짜설로 나오게 됐습니다.

한홍구 여러분, 한국 사회는 20세기 후반에 급격한 개발이 이뤄졌어요. 그러다 보니 판잣집 강제 철거가 많았어요. 집이 철거된다고 생각해보세요. 철거반하고도 싸우게 되잖아요. 철거반하고 싸울 때 이놈, 저놈 하면서 서로 욕을 하며 싸웁니다. 그러다 '김일성보다 나쁜 놈아'라며 싸웠더니 공무집행방해로 잡혀갑니다. 또는 철거반을 때려서 폭행죄로 잡혀갑니다. 참 불쌍하지만, 그럴 수 있다고 합시다. 그런데 거기에 반공법을 적용합니다. 반공법이 적용되는 경우는 '김일성보다 나쁜 놈아'입니다. 이게 왜 반공법 위반일까요. 여러분 『성문종합영어』에 보면 'Worse than the worst, better than the best'라는 게 나옵니다. 비교급과 최상급을 같이 쓸 수 없다는 것이죠. 김일성은 세상에서 제일 나쁜 놈인데, 김일성보다 더 나쁜 놈이라고 함으로써 김일성을 2등으로 만들었는데도 김일성을 고무·찬양했다고 합니다. 그 공소장은 서울 법대 나온 검사가 작성한 것입니다. 사실입니다. 그리고 서울 법대 나온 판사가 유죄라고 판결했어요.

한홍구 우리가 그런 시대를 살았습니다. 그런데 왜 김일성으로 박사 논문을 썼냐고요? 88년이 됐어요. 그러니까 87년 6월항쟁을 거치고 난 후 '현대사 붐'이 불었습니다. 서른 전에 '현대사 연구가'라는 타이틀을 갖고 여러 곳으로 강연을 다녔습니다. 시민단체, 노조를 비롯해 대학가, 특히 대학가는 매일 강연을 다닐 정도였습니다. 그런데 통일이든 학생운동이든 어떤 주제로 강연을 가든지 첫째 또는 둘째 질문으로 나오는 게 김일성 진짜냐는 것이었어요. 그 시절은 그랬습니다. 그래서 이 문제는 어떻게든 답을 해야겠다고 생각했어요. 그래서 한국 현대사에서 가장 핵심적인 문제는, 더구나 김일성이 살아있던 그 당시에는, 김일성 항일무장투쟁 평가가 한국현대사의 핵심 문제라서 주제로 잡게 됐습니다.

이재봉 그런데 이제 우리 사회에서도 김일성에 대한 인식이 조금 변했어요. 처음에는 김일성이 독립운동을 한 적이 없는 가짜라고 했다가 독립운동을 하기는 했지만 소규모로 했다며 별 볼일 없는 걸로 바뀌었어요. 반면에 북한은 김일성 말고 다른 사람들의 독립운동은 거의 알리지 않고 있어요. 사실상 유일한 독립운동이었다는 입장입니다. 또 김일성을 '민족의 시조'라며 신격화하고 있죠. 앞으로 남북이 화해, 협력, 평화통일을 지향하면서 이 같은 역사적 간극을 좁혀야 할 텐데, 어떻게 하면 좋을까요?

한홍구 저도 대단히 어려운 입장이죠. 선생님께서 김일성을 노골적으로 찬양한다고 하셨는데요. 저를 북쪽에 갖다 놓으면 김일성을 엄청나게 비하하는 게 돼요. 북한에서 그만큼 많이 나갔기 때문인데요. 저 같은 사람도 감당하기 힘들 정도에요. 남쪽에서는 아마도 제가 김일성에 대해서 제일 적극적으로 평가하고 우호적인 평가를 매기는 사람일 텐데, 그래도 감당이 안 될 정도로 나갔습니다. 물론 그렇게 나가게 된 사정을 이해하지 못하는 바도 아니지만, 올바른 태도는 아니죠. 북한은 국내외 정세 속에서 항일무장투쟁 경험을 바탕으로 주체사상을 정립합니다. 배경이 좀 복잡하지만, 국제공산주의운동(International Communist Movement)부터 해보도록 하지요. 러시아혁명이 성공하고, 우리나라에서 3.1운동이 일어나던 무렵, 소련이 중심이 돼서 한 나라에는 공산당이 하나밖에 없다는 '일국일당(一國一黨)' 원칙을 모든 공산당에 줍니다. 쉽게 얘기해서 '프랜차이즈'를 준 거예요. 중국공산당, 소련공산당, 일본공산당, 조선공산당, 미국공산당, 이런 식으로 나라 이름에 공산당을 붙였습니다. 그리고 당 이름을 쓰려면 국제공산당의 허락을 받도록 했어요. 그래서 '국제공산당 지부'라는 승인을 받아야만 나라 이름에 공산당을 붙여 프랑스공산당, 영국공산당이라고 쓸 수 있게 해놨어요. 또 외국에 있는 당에서 활동하는 공산주의자는 살고 있는 나라의 공산당에 가입하도록 정했습니다.

김일성과 '조선혁명의 독자성' 문제

한홍구 이 상황은 복잡했는데, 특히 중국 만주 상황이 제일 복잡했습니다. 1949년 중국공산당이 혁명을 일으켰는데, 세계적으로 대성공을 거뒀습니다. 그러나 이상하게도 만주에서는 죽을 쒔어요. 만주에는 중국공산당원이 거의 없었어요. 일본이 만주를 침략했기 때문에 만주 지역 중국공산당이 항일의 주체가 되어야 하잖아요. 그래서 만주 공산주의자는 인종, 국적을 따지지 않고 중국공산당으로 모아 중국공산당만주성위원회(1927)를 조직했습니다. 당원이 1,000명이면 940~950명이 조선 사람이에요. 조선 사람 입장에서는 공산주의자지만 중국의 공산혁명보다는 조선의 혁명을 더 원했겠죠. 조선 공산주의자 중 일부는 일국일당 원칙을 밀어붙였어요. 왜냐면 중국혁명이 조선혁명이라고 생각했기 때문입니다. 국제공산당에서 팽두이숙(烹頭耳熟)이라고 했기 때문인데요. 삶을 팽, 머리 두, 귀 이, 익을 숙, 이런 뜻입니다. 돼지머리를 삶을 때 귀가 익을지 안 익을지는 걱정할 필요가 없다는 얘기죠. 이 말을 어떤 비유로 쓴 것이냐면, 어차피 일본 제국주의를 상대로 싸우는 것이니까 중국혁명이 성공하면 조선혁명은 자연스럽게 된다는 것이죠. 그러니 조선혁명은 따로 할 필요가 없고 중국혁명만 열심히 하면 된다는 논리입니다.

한홍구 그런데 여러분, 이렇게 했을 때 어떻겠어요. 당시 김일성 나이가 여러분 정도였어요. 여러분 중에서 제일 어린 대학교 1학년 정도죠. 어차피 일본과 싸우는 것이니 중국혁명이나 열심히 하자고 하겠어요? 당연히 아니겠죠? 그래서 '조선혁명의 독자성' 문제가 나옵니다. 조선혁명이 독자적인 혁명이라는 정체성을 가져야 하는데 힘도 약하고 복잡한 사정이 있었죠. 김일성도 중국공산당 안에서 같이 싸웠습니다. 그러나 싸움의 역사를 정리해야죠. 김일성은 북한의 지도자가 됐지만, 중국공산당에서 활동을 시작할 때는 중하급 간부였고, 유격대에서도 중대장이나 대대장으로 시작했으니까 북한 입장에서는 그런 사실을 지우고 김일성이 처음부터 독자적인 조선혁명의 수령이었다고 쓰고 싶었던 거예요. 중국이 치고 들어오고 소련이 치고 들어오기 때문에 우리는 독자적인 혁명을 했다는 얘기를 하고 싶었고, 당시에는 그런 이야기를 꼭 해야만 했었죠.

한홍구 역사와 정치는 기준이 다릅니다. 역사로 치면 아주 나쁜 역사죠. 그러나 정치로 치면, 적어도 결과만 놓고 본다면, 좋은 정치였다고 생각합니다. 김일성을 비판하다가도 비판할 수 없는 대목이 있는데, 우리 같은 사람이 맡았으면 제대로 했느냐의 문제입니다. 제대로 하지 못했다면, 북한이라는 정권은 지금 지도상에 남아있지 않았을 것입니다. 물론 '그 방법밖에는 없었을까' 하는 아쉬움이 남지만 또 그쪽은 그쪽 나름대로 필요성이 있었을 것이라는 생각도 합니다.

이재봉 오늘 주제가 남한에서의 민주화운동입니다. 북쪽에서도 민주화운동이 일어날까요?

북한 사람도 우리와 똑같은 사람이다

한홍구 북한 사람도 우리와 똑같은 사람이라는 점을 지적하고 싶어요. 우리랑 똑같은 형제였단 말이에요. 나는 북쪽 사람들의 의사를 존중하고 그 선택을 믿어야 한다고 생각합니다. 70년대, 80년대에 탄압이 무서워서 우리가 민주화운동을 못한 게 아닙니다. 특히 광주를 겪고 난 다음에는 죽음을 불사하고 치열하게 싸웠죠. 북에 있는 동포도 우리랑 똑같아요. 안 일어났을 뿐이죠. 이것을 꼭 탄압이라고만 생각할까요. 박정희와 전두환의 독재가 김일성 독재보다 탄압이 덜해서 우리가 민주화운동을 할 수 있었을까요? 남쪽 사회는 반쪽이 돼 있지만, 북쪽은 그렇지 않고 하나로 뭉쳐진 것 같아요. 나중에 역사학자들은 민주나 인권의 관점을 놓고 김일성·김정일 정권을 좋게 평가할 리가 없을 겁니다. 그러나 통일이란 관점에서 본다면 대단히 높게 평가할 수도 있을 거예요. 며칠 전 대한민국에서 제일 강하게 통일운동을 하는 사람들이 모인 자리에서 강연하면서 그랬어요. 김정은이 남한에 올 경우 북쪽에서 김대중·노무현·문재인 대통령이 북한을 방문했을 때처럼 환영할 수 있겠느냐고 물었어요. 여러분이 보시기에 한복 곱게 차려입고, 머리에 꽃 꽂고, 길바닥에서 펄쩍펄쩍 뛰는 게 연기 같았어요? 누가 시킨 것 같았어요? 아니죠. 그럼 그 자발성은 어디서 왔을까요?

한홍구 북쪽에서는, 지도부나 민중은 모두 '통일만이 살길이다'는 것에 대해서는 이유여하를 막론하고 확실한 공감대를 갖고 있어요. 북한의 경제발전을 보면, 예컨대 공장이 들어설 경우, 우리는 입지를 따질 때 노동력, 원료, 물류, 교통 등 환경을 따집니다. 그런데 북한은 가장 먼저 미국의 폭격을 견딜 수 있는지 따집니다. 기준이 달라요. 우리가 남북 교류할 때 우리는 문화나 체육처럼 쉽게 할 수 있는 것부터 먼저 하자고 합니다. 하지만 북한은, 엊그제 남북 축구 경기도 이상하게 되었지만, 엄혹한 시기에 축구나 하고 있을 상황이 아니라는 입장입니다. 우리는 축구는 축구대로 하고 문화는 문화대로 하자는 생각을 하는데, 북한은 축구를 하더라도 등에 대포와 폭탄을 지고 있는데 축구를 제대로 할 수 없다는 것이죠. 노래도 하고 춤도 추려면 폭탄을 내려놓고, 대포도 내려놔야 춤추고 노래할 수 있다는 입장이라고 생각합니다.

북한은 지금 전환기에 있다

한홍구 그리고 북쪽에서는 민주화운동이라고 할 만한 게 없었죠. 1956년에 8월종파사건(八月宗派事件, 8월숙청사건)이 있었고, 45년에 신의주반공학생사건(新義州反共學生事件)이 있었고, 그 이후에는 이렇다 할 게 없어요. 몇 가지 이유가 있을 겁니다. '누가 정권을 잡아도 감당을 할 수 없다'는 지점이 있을 것이고, 김일성에 대한 주민들의 신뢰 때문에 감히 도전할 수 없는 부분도 있었을 것이에요. 저는 우리나라 사람이 참 대단한 민족이라고 생각해요. 아니다 싶으면 참지 못해요. 갑오농민전쟁(甲午農民戰爭) 때 20만 명이 죽었는데 이듬해에 을미의병(乙未義兵)이 또 일어난 나라입니다. 남쪽을 보세요. 한국전쟁 때 그렇게 죽었는데 7년 만에 4월혁명이 일어났고, 그 다음에 부마항쟁, 광주항쟁, 6월항쟁에 이어 촛불시위까지 일어났습니다. 우리가 일본에게 뒤쳐졌다가 지금은 일본을 거의 따라잡고 있어서 위기감을 느낀 아베가 이상한 행동을 하고 있어요. 일본에는 없지만 우리에게는 넘치는 게 민주화운동과 민중항쟁입니다. 똑같은 민족인데 북쪽은 왜 조용할까요. 민중항쟁을 해야 할 여러 가지 요건들이 없고, 또 오히려 바깥에 있는 적, 미제국주의와 대결하는 것, 그리고 통일을 이루는 게 중요하다는 생각을 했기 때문이라고 봅니다.

한홍구 그리고 중요한 것은 북한은 지금 전환기라는 점입니다. 여러분, 북쪽에서 90년대 고난의 행군 시기에 20만 명 가까이 굶어죽었어요. 우리는 어때요. 지지율 조금 떨어지니까 정권이 난리죠. 한 20, 20만 명이 아니라 20명만 굶어죽어도 대한민국 어떻게 되겠어요. 북쪽은 20만 명이 죽었는데 3대 세습에 아무런 지장이 없었어요. 어떤 차이가 있을까요. 우리 같았으면 난리가 났을 텐데, 북한은 왜 굶어죽었을까요. 1번 김정일·김정은 부자가 정치를 잘못해서, 2번 미제의 침략과 봉쇄 때문에……. 북한 사람들은 당연히 2번이 답이에요. 북한은 그런 나라에요. 모든 잘못은 정권의 책임이 아니라 미제의 책임으로 가는 나라에요. 그런데 지금 미국과 친구를 맺겠다고 합니다. 무슨 얘기죠? 앞으로는 잘못을 미국한테 돌릴 수가 없는 상황이 된다는 것입니다. 미국과 수교하면, 외부의 위협이 어느 정도 줄어들어서 그때는 민생에 대한 불만이나 여러 정치 문제에 대한 불만이 터져서 민주화운동으로 나갈지도 모르겠습니다. 하지만 지금처럼 핵전쟁이라는 대치 상황 속에서는 민주화운동이 일어날 가능성은 전무하다고 생각합니다.

　이재봉 선생님은 어려운 것을 엄청 많이 알면서 글을 아주 쉽게 쓰는데다가 재미있게 쓰세요. 어떻게 하면 글을 쉽고 재미있게 쓸 수 있는지 말씀해주시겠어요? 그 다음에 질문을 받겠습니다.

　한홍구 글 쓰는 비법이 따로 있다고 생각하지 않습니다. 무슨 얘기를 할 것인가 분명해야 합니다. 메시지가 분명해야 하고 아는 만큼, 그리고 아는 범위 내에서 확실한 근거를 갖고 글을 쓰면 글에 끌려가지 않고 내가 글을 장악할 수 있죠. 그래야 재미있는 부분도 건드릴 수 있죠. 글 쓰는 게 쉬운 일은 아니지만, 여러분도 글을 쓸 때 욕심 부리지 말고 겉멋 내려고 하지 말고 여러분이 아는 만큼만 솔직하게 담으면 남들을 움직일 수 있는 글, 또는 남들이 같이 보면서 웃거나 분노하거나 감동하는 글을 쓸 수 있다고 생각해요. 여러분이 아는 범위 내에서, 남의 것 가져다가 억지로 쓰려고 하지 말고 여러분의 얘기를 써야 합니다.

백계민 수학정보통계학과 4학년 백계민입니다. 북한과 한국 독재정권의 차이점은 무엇일까요?

추연중 역사문화학부 1학년 추연중입니다. 북한 정권에서 민주화운동이 일어나지 않는 것은 하나로 뭉쳤기 때문이라고 하셨는데, 통일이 되려면 북한의 응집성 또는 김정은 정권에 대한 숭배성을 어떤 식으로 풀어야 할까요?

박진수 건축공학과 3학년 박진수입니다. 친일파에 대해 강의하실 때 친일파가 되는 과정에서 '이익의 신념화' 또는 '신념의 이익화'로 친일파가 된다고 하셨는데, 그 당시는 일제 때니까 백 번 양보해 그렇다 치더라도 지금은 굳이 친일을 할 필요가 없는데 많이 연구하셨던 교수님들이 왜 친일적인 책을 쓰시는지 궁금합니다.

김성현 경찰행정학과 3학년 김성현입니다. '헬조선'이라고 얘기하셨는데 최근 몇 년 사이에 청년정책처럼 '청년OOO'이라는 말이 많습니다. 어떻게 바라보시는지요? 또 청년들이 가져야 할 마음가짐과 어떤 미래를 꿈꿔야 하며 어떤 준비를 해야 하는지요? 그리고 현대사를 공부하시면서 '아름다운 역사'라고 느낀 때는 언제이고 그렇게 만들려면 어떻게 해야 하는지요?

이지예 역사문화학부 이지예입니다. 북한과 교류나 협력을 하려면 북한에 대한 인식을 어떻게 바꿔야 되고, 학생들에게 어떻게 교육해야 될까요?

질문 질문이 세 가지입니다. 첫째는 한국 공산주의와 관련 있는 번역 책을 본 적 있는데요. 관련 책이 또 있는지 궁금합니다. 둘째는 교수님 집안 내력을 보면 독립운동가와 친일한 집안이 결합했는데 이런 사례가 또 있는지요? 셋째는 똑같은 실수를 반복하지 않으려고 역사를 공부한다는 말도 있는데, 어떻게 생각하시는지 궁금합니다.

이재봉 오늘도 시간 조절에 실패했어요. 답변은 5분 정도만 듣도록 합시다.

한홍구 질문이 많아서 5분 안에 할 수 있을지 모르겠네요. 북한과 한국 독재정권의 차이는 앞에서 얘기했었지만, 저항운동이 일어났느냐 여부인데, 해석에 따라서는 북한은 저항도 못할 만큼 주민을 밟았다고 할 수도 있겠죠. 이런 말 들어봤어요? 지렁이가 왜 꿈틀거려요. 그런데 덜 밟아서 그렇다는 거죠. 꿈틀대지도 못하게 확 밟아버려야 한다는 거죠. 그런데 저항은 없어서 일어나는 게 아니라 불평등할 때 일어나기 마련이죠. 공자님도 부족한 게 아니라 고르게 나눠지지 못한 게 진짜 걱정거리라고 하셨고요. 민주화운동이라는 게 독재에 대해 민중들이 저항하는 거잖아요. 북한에서 한창 굶어죽을 때 김일성 일가는 배부르고 살찌고 있다고 했지요. 한국도 97년 외환위기 때 누가 벼랑 끝에 몰렸던가요? 마찬가지로 북한에서 굶어죽을 때 누가 굶어죽었을 것 같아요? 북한에서는 공무원과 교사가 굶어죽었습니다. 진짜로 먹을 게 없었던 것이죠. 그런 분위기를 알았기 때문에 그게 저항으로 가지 않는 거죠. 가난한 사람들을 위한 정권도 큰 틀에서 보면 김일성 일가 등 극상층, 0.01%가 잘 먹고 잘 살 수 있겠죠. 우리 사회가 20:80 사회라면 기득권은 약 20%잖아요. 북한에는 그런 게 없다는 것이고요.

한홍구 남북 차이와 북에 대해서 어떻게 인식을 바꿔야 될 것인가. 둘째와 다섯째 질문을 같이 얘기하면, 그냥 있는 그대로 봐주세요. 그리고 북쪽이 어떻게 바뀌어야 한다? 사실 우리가 민주화운동을 할 때 북에서 응원한다면서 성명을 내는데, 그러면 남쪽의 민주화운동에 찬물을 끼얹은 거였어요. 우리는 북쪽에 있는 우리 형제들을 믿읍시다. 우리가 민주화운동을 했고 경제발전을 한 것처럼 북쪽도 기회가 주어졌을 때 능히 해낼 수 있는데 분단 상황에서 우리가 개입하면 안 된다고 생각해요. 너무 오래 우리가 갈라져 있었고, 지금 상황은 여의치 않아요. 그러니 북쪽을 믿어야죠. 어차피 조미수교가 이뤄지면 우리가 뭐라고 안 해도 민주화운동 같은 비슷한 게 일어날 겁니다. 그러니까 그 부분에 대해서 남쪽이 괜히 개입하려고 하면 안돼요. 그게 실제로 아무 득도 안 되는데 남쪽에서 잘 먹고 잘 살기 위해서 북한 팔아먹는 사람이 너무 많거든요. 북한 인권, 북한 민주화 팔아먹는 사람들은 보편적인 인권, 보편적인 민주화에 침묵하는 사람들이에요. 60~70년대에 인권을 짓밟고 민주주의를 짓밟고 있을 때에는 입도 벙긋 하지 못했던 사람들이 북한 인권, 북한 민주화 얘기를 하니까 그 사람들을 믿지 못하고 가짜라고 생각하는 거죠.

한홍구 그 다음 친일파들이 왜 지금 또 친일을 하느냐고 물었죠. 기득권 유지죠. 자기들이 친일을 통해서 한국 사회에서 지배층이 되었으니까요. 그리고 친일과 친미가 연결돼 있잖아요. 그 기득권이 지금 한국 사회에서 민주화를 통해서 심각하게 도전을 받고 있는 상황이 됐기 때문에 기득권 유지를 위해서 몸부림치는 것입니다. 그리고 제일 아름다웠던 때는 촛불을 든 순간이라고 생각합니다. 아름답지 않았어요? 그리고 6월항쟁, 4월혁명, 부마항쟁……. 많이 모이는 게 좋았다고 봅니다.

한홍구 그리고 친일파 가문과 독립운동 가문의 결합, 그런 것은 얼마든지 나올 수 있다고 생각해요. 세월이 많이 흐르면서 이제는 개인과 개인의 결합으로 가고 있잖아요. 그리고 여러분 세대는 이미 그렇게 되지 않았습니까? 공산주의 운동사는 개별 논문은 좋은 것이 많지만, 안타깝게도 통사(痛史)로 정리한 좋은 책이 많지 않습니다. 현대사의 전망은 복잡하지 않아요. 여러분이 어떻게 하느냐에 달렸죠. 이제는 우리나 이재봉 선생님의 시대는 가고 여러분이 주인인 시대가 옵니다. 여러분이 역사의 주인입니다. 역사는 배우는 게 아니라 여러분이 만들어가는 거예요. 여러분이 원하는 방향으로 역사를 만드는 주인이 되시기를 부탁드리겠습니다.

이재봉 고맙습니다. 오늘 한홍구 교수님 초청 대담을 마치겠습니다.

한홍구(韓洪九) 1959년 7월 16일 출생. 역사학자, 대학 교수, 사회운동가다. 독립운동가 한기악의 손자이자 일조각 창업주인 언론인 한만년의 4남이며, 교육자 유진오의 외손이다. 서울대학교 국사학과를 거쳐 서울대학교 대학원을 졸업하고, 미국 워싱턴대학교 대학원에서 '김일성을 중심으로 한 항일독립투쟁사'(Hong-koo Han, Wounded Nationalism : The Minseangdan Incident and Kim Il-Sung in Eastern Manchuria, PhD Diss., University of Washington, 1999)로 박사 학위를 받았다. 미국에서 돌아와 1999년부터 베트남전쟁 당시 한국군의 베트남 민간인 학살 진실 규명 운동, 양심에 따른 병역거부권 실현과 대체복무제도 개선을 위한 활동을 했고, 2014년에는 '노동자 파업에 대한 보복성 손해배상 청구와 가압류' 문제를 해결하기 위한 법·제도 개선을 주도하는 '손잡고'(손배·가압류를 잡자! 손에 손을 잡고!) 캠페인을 벌였다. 2004년부터 3년 동안 국가정보원과거사건진실규명을통한발전위원회(NISDC) 민간 위원을 지냈다. 최근 한국현대사를 왜곡하고 헌법 정신을 훼손했던 사람을 기록한 『반헌법행위자열전』 편찬 작업에도 앞장서고 있다. 현재는 성공회대 교양학부 교수, 성공회대 민주자료관 관장, 평화박물관 이사로 일하고 있다. 논문으로 「상처받은 민족주의」 등이 있으며, 한겨레21에 「역사 이야기」를 연재했다. 지은 책으로 『대한민국사』(1~4권), 『한홍구의 현대사 다시읽기』, 『어둠은 빛을 이길 수 없습니다』(공저), 『하나의 대한민국, 두 개의 현실』(공저), 『지금 이 순간의 역사』, 『특강』, 『총을 들지 않는 사람들』(공저), 『직설』(공저), 『유신』 등이 있다.

역사·문학·예술 전문가들이 들려주는 **평화와 통일 이야기**

제5강 | 남북한 역사 인식

북한은 쉬지 않고 변하고 있다

정창현 평화경제연구소 소장
전 월간 『민족21』 대표

이재봉 이번 학기 우리 특강 주제가 역사와 문학예술을 통해 보는 평화통일입니다. 전반부는 역사 전문가를 모시고, 후반부는 문학과 예술 전문가들을 모시게 되는데, 오늘이 전반부 마지막 시간입니다. 오늘 모신 분은 역사학자이며 북한 문제 전문가입니다. 북한으로 취재를 많이 다녀오셨어요. 오래 전부터 북한과 공동으로 잡지를 만들기도 하면서 누구보다 평양을 많이 드나들고 북한 사람들과 오랫동안 교류한 분입니다. 정창현 선생님입니다. 중앙일보 현대사연구소(현 통일문화연구소, 기존 통일문제연구소와 현대사연구소 통합)에 계시면서 북한·통일 문제를 다루는 전문기자로 일하셨지요. 또 『민족21』이라는 남북이 공동으로 만든 월간지 편집장과 대표를 맡으셨습니다. 지금은 평화경제연구소 소장을 맡고 계십니다.

　　정창현 반갑습니다. 오랜만에 대학 강의실에 왔습니다. 2015년도에 국민대학교 교양과정부 강의가 마지막이었으니 4년 만에 대학에 왔네요. 국민대학교에서 '북한 역사'와 '북한의 사회'를 15년 동안 강의했어요. 학부 강의니까 깊이 들어가기보다는 주로 북에 가서 경험했던 이야기들, 만났던 사람들의 이야기 속에서 북쪽의 역사와 사회생활을 이야기했습니다. 북에는 지금까지 한 서른 번 갔나요? 제일 기억에 남는 것은 두 번입니다. 한 번은 150명을 모시고 김포공항에서 전세기를 띄어서 평양공항까지 다녀왔습니다. 북쪽에 가려면 방북교육을 해야 하는데 그때는 비행기 안에서 방북교육을 했습니다. 또 한 번은 2004년 2월에 고구려 벽화무덤인 강서대묘(江西大墓)에 들어갔을 때입니다. 무덤에 들어가서 사신도를 직접 봤어요. 무덤 벽도 직접 만져봤어요. 만지면 안 되는 거죠. 귀중한 국보 유적을 훼손하면 안 되니까요. 강서대묘를 보고 나와 북쪽 학자에게 "훼손되니 열지 마시라. 지금부터 방습, 방재 조치한 후 닫고 국보 보존을 잘 해야 한다"고 말했습니다. 지금은 북도 다 문을 닫고 공개를 안 하고 있습니다. 그때 고구려 무덤 중에 4개 무덤을 들어가 봤습니다.

"남북 대학생, 10년 후 대화 달라졌다"

정창현 하나 더 이야기하자면, 금강사(金剛寺)에서 여러분과 같은 남북 대학생이 합동모임을 할 때 지도교수로 간 적이 있습니다. 북쪽 100명, 남쪽 100명의 대학생이 1박 2일 동안 금강산에서 저녁도 먹고 같이 산책도 하는 행사였습니다. 1996년도인가, 남북 대학생들이 중국에서 처음 만났을 때는 서로 굉장히 적대적이었습니다. 북쪽에서 온 대학생들은 남쪽 대학생들 보고 '남쪽의 이런 사람 아느냐', '여기 온 학생들은 왜 학생운동을 안 하냐' 등 정치나 통일운동 이야기를 주로 했어요. 그런데 남쪽에서 갔던 학생들은 대체로 그냥 평범한 대학생들이었거든요. 그러니까 그런 이야기에 별로 끼어들지 못했어요. 그러자 그날 밤에 남쪽 대학생들이 호텔에 모여 협의를 해서 다음 날 대화 때는 주로 생활적인 얘기를 했습니다. '너네, 피자 먹어봤냐', '우린 전화하면 통닭, 치킨을 배달 해주는데 너네도 그런 문화가 있느냐' 등등. 그러자 이번에는 북쪽 학생들이 거의 얘기를 못했어요. 그런데 10년 후에 금강산에서 만났을 때는 대화 내용과 주제 자체가 서로 공감대를 형성했어요. '너네는 수강신청을 어떻게 하느냐', '교수하고 학생들 사이는 어떠냐', '너넨 학점 어떻게 주냐' 등 함께 이야기할 수 있는 관심사로 대화를 나눴죠. 정치적인 것을 가급적 자제하고, 생활 관련 이야기를 하면서 가까워져서 1박 2일 지내니 헤어질 때는 눈물을 흘렸습니다. 그렇게 시대가 변하고 세대가 변하면서, 그리고 만남이 많아지면서 가까워졌다는 생각이 들었습니다. 사실, 남북의 역사 인식도 서로 만나서 얘기하다보면, 서로 만나서 술 한 잔 하면서 어떤 역사적 인물에 대해서 평가를 하다 보면, 조금씩 접점을 마련

할 수 있다는 생각이 듭니다.

이재봉 벽화무덤이 있는 강서대묘를 열지 말라고 했다고 하셨죠. 그런데 지금 여기에도 고고미술 공부하는 학생들이 있는데 앞으로 평양에 가서도 거기 못 들어간다면 정 선생이 막은 것이나 다름없죠. 자신은 보고 남은 못 보게 만든 건데…….

정창현 그런 책임이 있나요? 그 뒤에 남쪽에서 습도를 조절하는 기구들을 지원했습니다. 그 뒤에 보존을 위해 다 폐쇄했어요. 그런데 꼭 고구려 벽화무덤을 들어가야겠다면 가기 전에 연락하세요. 평양에 전화해서 고구려 고분벽화를 하나를 열어드리겠습니다. 북쪽에 가면 동명왕릉 뒤쪽에 '온달장군과 평강공주의 묘'가 있어요. 그 묘 앞에 마리묘(북한의 보존급 1705호 묘)라고 부르는 게 있는데, 주몽과 함께 고구려를 건국한 장군의 묘입니다. 마리묘를 공개해서 보여드리도록 하겠습니다. 농담입니다. 북에서는 고구려 벽화무덤 내부 모습을 보여주기 위해 마리묘를 특별히 공개하고 있어서 평양에 가게 되면 직접 볼 수 있어요.

이재봉 좋습니다. 과거 150명 동원해서 전세기로, 돌아가지 않고 김포에서 바로 평양으로 날아갔다 했는데, 남북 교류가 조금 진전되면 정 선생님 역할이 커지겠죠. 원광대 학생 150명 모을 테니까 방북교육도 시키시고, 안내원 역할도 하시고, 고구려 벽화 문도 열게 하시고……. 그날이 빨리 오게 되길 바라면서 박수 한 번 칠까요? 그런데 정 선생님은 왜 현대사를 전공하셨어요?

정창현 초등학교 때부터 위인전이나 역사책을 굉장히 많이 봤습니다. 이미 초등학교 졸업하기 전에 『삼국지』를 한 다섯 번 정도 봤습니다. 당시는 세로로 조판한 책이죠. 혹시 송건호 선생이 쓴 『해방전후사의 인식』(한길사, 2007)이라는 책을 아는지 모르겠어요. 그 책을 고등학교 때 봤습니다. 제주

4.3사건을 처음으로 다룬 소설도 봤어요. 현기영 선생이 쓴 『순이삼촌』(창작과비평, 2006, 2015)인데, 고등학교 때 봤습니다. 어렸을 때는 집안 분위기 때문에 장래희망 써서 내라고 하면 판사, 검사라고 대답해서 사실은 법대에 가는 생각을 했는데, 막상 대학에 갈 때는 부모님 뜻을 거스르고 법대가 아닌 국사학과에 소신껏 지원했죠.

이재봉 참 조숙하셨네요. 초등학교 때 『삼국지』를 대여섯 번 읽고, 고등학교 때 『해방전후사의 인식』을 읽고, 『순이삼촌』이라는 소설을 통해 제주 4.3이 알려지기 시작했는데, 그런 걸 전부 고등학교 때 읽으셨다고요. 나는 대학원 졸업하고 그런 책 읽었으니 그만큼 둘이 차이가 크군요. 그러면 현대사 가운데서도, 특히 북한 현대사를 공부하게 된 배경은 뭔가요?

북한 정보·전문가 만나 '북한 전문가' 됐다

정창현 대학교 다니던 80년대에 처음으로 북한이 문을 열어서 미국에 있는 한국계 대학교수들이 평양에 가기 시작했습니다. 그분들이 갔다 오셔서 북한 기행문을 냈지요. 그게 처음 소개된 게 대학생 때이고, 그것을 보면서 과연 사실일까 생각했어요. 막연히 생각하고 있는 북한과 그 분들이 갔다 와서 쓴 기행문 속의 북한은 굉장히 달랐기 때문이죠. 특히 루이제 린저(Luise Rinser)라는 소설가 아시죠? 그 소설가가 평양 갔다 와서 쓴 북한 이야기가 출간됐어요. 그런데 미국 교수들이 쓴 책하고는 전혀 다른 내용을 담고 있어요. 아마도 그런 경험들이 현대사에 관심을 가지면서 북한 현대사까지 이어지지 않았나 생각이 들어요. 그리고 우연히 중앙일보 현대사연구소 전문기자로 들어가게 되면서 본격적으로 북한의 역사와 사회를 접하게 됐다고 할 수 있습니다. 북한에 취재를 갈 기회가 많이 생겼죠.

정창현 그리고 그 시기에는 대학에서 현대사를 가르치는 교수, 선배가 없었어요. 그래서 누구한테 현대사를 배웠냐면, 지난주 강의하신 한홍구 선생님도 마찬가지인 데, 김남식(金南植) 선생님에게 배웠습니다. 학계가 아닌 재야에 계신 분을 모시고 공부한 거죠. 김남식 선생님은 남쪽 출신이신데 전쟁 때 북에 가셨다가 1960년대 초반에 남쪽에, 이른바 간첩으로 내려오셨어요. 내려오셨다가 1월 달에 체포가 돼서 전향하신 후에 여기서 연구 생활을 하셨어요. 굉장히 독특한 이력을 갖고 계신 거죠. 그런데 이 분은 직접 자기가 북쪽에서 살아보고, 지방에서도 살아 봤기 때문에, 정말 경험에서 우러나오는 실생활 얘기를, 아무도 못하는 이야기들을 굉장히 많이 알고 계시고 많은 부분을 들려주셨어요, 또 한 분은 신문사에 들어가서 뵀는데, 이 분은 북에서 차관급으로 계시다가 80년대에 서울에 오셨어요. 이 분을 일주일에 한 번 씩 만나서 그 분이 살아오신 이야기, 북측의 살아가는 실제 모습, 이런 부분들을 굉장히 균형 잡힌 이야기를 들으면서 북쪽의 정치나 역사, 생활 등을 좀 더 깊숙이 알 수 있는 경험을 했지요. 그 다음에는 직접 북쪽을 방문할 기회가 되니까 학문적인 부분과 실제적인 부분들을 연관시켜서 같이 볼 수 있게 된 거죠. 그래서 진보적인 생각을 갖고 있으신 분들한테 제가 북쪽 강의를 하면 굉장히 싫어하시는 경우도 있어요. 왜냐하면 조금은 비판적인 얘기도 많이 하거든요.

이재봉 북한에 관한 부정적인 측면, 그런 것이겠군요.

정창현 그렇죠. 직접 가보면 북쪽은 당연히 좋은 것만 보여주려고 하는데 미리 공부하고 가서 보면 안 좋은 측면도 다 보이거든요, 예를 들면, 여기 여학생들 많은데 북쪽 남자들은 굉장히 딱딱해요. 가부장적입니다. 남녀평등이 이뤄졌다고 하는데, 법적으로 평등할 뿐 실제 생활은 그렇지 않은 부분이 많은 거죠. 반면에 굉장히 부정적으로 보도하는 것은 일반적인 생활 얘기입니다. 북쪽 사람들이 살아가는 데 실질적인 운영이 어떻게 되는지, 평범한 사람들이 살아가는 이야기를 하는 것이죠. 왜냐면 '뉴스'라는 게 새로운 거잖아요. 언론에 계신 분, 저도 언론 쪽에 있지만, 북쪽에 가면, 평양에 가면 새로운 것을 써야 돼요. 그러다 보면 충격적이고 자극적인 것을 써야 되는 거죠. 일반적이고 평범한 사람들이 살아가는 모습은 뉴스가 아닌 거예요. 예를 들어 북쪽 100명의 여성 중에 한 명이 성형 수술을 했어요. 예뻐지기 위해서 성형수술을 했을 수도 있고, 눈이 자꾸 찔려서 성형수술 했을 수도 있고, 눈 수술을 했을 수도 있어요. 그런데 언론 입장에서 가서 보면 그 100명 중 한 명, 얼굴을 고친 그 여성을 집중적으로 사진 찍게 되고, 주목하게 되죠. 그러면 그 뉴스를 접한 여러분은 '북쪽 여성들도 상당수가 성형수술을 한다'고 생각할 수 있습니다. 그런데 일반적으론 그렇지 않다는 거죠.

북한은 '연구'와 '현장 경험' 결합한 양수겸장 필수

정창현 어느 대학에 가서 강의를 했더니, "선생님 북쪽에도 나이트클럽이 있나요, 부킹이라는 것이 있습니까?", 이런 질문을 해요. 어떨 것 같아요? 평양에 그런 게 있을까요? 조금 다르지만 평양에도 무도회가 있어요. 청년들이 가는, 토요일 오후에 가는 곳이 있습니다. 일반적으로 외국인들은 그런 데 못가죠. 그러니까 제가 이야기하는 북쪽은 그냥 피상적으로 본 곳만 아니고 실제로 많이 가보고 또 그 전에 역사적으로 문헌적으로 북쪽에 대해서 실제로 많이 알고 가기 때문에 더 많이 보이죠. 양수겸장(兩手兼將)이라고 할 수 있겠죠. 그런 부분이 기존에 북한을 연구하거나 다양한 목적으로 북쪽을 자주 오고가시는 분들하고 조금 다른 겁니다. 이제는 연구와 현장

경험, 이 두 가지를 결합해야만 북한이라고 하는 사회, 평범한 사람들이 살아가는 모습을 제대로 볼 수 있다는 거죠. 탈북민은 살다왔기 때문에 본인이 살았던 영역에서는 잘 알죠. 그런데 우리가 통상적으로 알고 있는것이지만 북쪽 사람들은 거주 이전이나 여행을 하는 것이 굉장히 제한되어 있습니다. 그리고 대부분 자기 직장 근처에 집이 있어요. 그러다 보니까 행동반경이 제한되어 있습니다. 그 분들 중에는 평양에 한 번도 못가고 여기 오신 분들도 많아요. 그런데 얘기를 할 때는 평양을 굉장히 잘 아시는 것처럼 이야기를 하는 경우도 있죠. 이런 점을 두루 감안해서 우리가 북한 사회를 들여다봐야 하는 겁니다.

이재봉 좋습니다. 재밌습니다. 오늘 주제가 역사 인식이에요. 어떠한 역사적 사건을 놓고 북쪽에서 바라보는 것과 남쪽에서 바라보는 게 다르잖아요. 예를 들면, 독립운동에 대해 남쪽에선 가장 먼저 나오는 게 3.1운동이고 김구, 윤봉길, 이봉창 등 독립운동가입니다. 그런데 북쪽에서는 김일성 주석의 항일투쟁이 중심이지요. 그런 식으로 똑같은 한반도 역사를 두고 왜 인식의 차이가 큰가. 남과 북에서 동시에 또는 같이 존중하는 역사적 사건도 있을 테고 판이하게 인식이 다른 사건도 있을 텐데 현대사 중심으로 설명해주시겠어요?

정창현 좀 다릅니다. 단군, 세종대왕, 이순신, 유관순, 안중근……. 북에서도 이런 인물에 대해 가르칩니다. 왜냐하면 남과 북의 역사 인식의 뿌리가 되는 역사적 사실, 기본 역사는 같습니다. 우리가 분단돼서 이렇게 살게 됐지만 분단되기 전에는 같은 역사를 공유했잖아요. 그런 역사를 기록한 책은 뭐가 있습니까? 대표적으로 『삼국사기』, 『삼국유사』, 『조선왕조실록』 등이 있어요. 북쪽도 똑같이 역사를 씁니다. 그러기 때문에 우리가 알고 있는 역사적 인물이 북한의 역사서에도 거의 나옵니다. 얼마 전에 조인성이 주연한 영화 『안시성』 보셨어요? 거기에 보면 조인성이 양만춘 장군으로 나오잖아요. 그런데 우리나라의 역사 기록에 안시성은 나오는데 안시성 성주(城主) 양만춘은 나오지 않습니다. 양만춘은 가공인물이에요. 설화, 옛 이야기에 전해오는 인물입니다. 그런데 북한은 안시성 성주 양만춘을 역사적 사실로 가르칩니다. 무슨 얘기냐 하면, 기본적으로 역사를 서술하고 역사를 만들어 가는 사람들의 이야기는 남과 북이 거의 같거나 거의 유사합니다. 유관순, 안중근, 의병전쟁을 이끌었던 의병부대, 이런 것들은 같아요. 심지어 여러분이 아는 일제강점기의 음악가가 한 명 있어요. 홍난파 선생입니다. 문학가로는 누구를 알고 있습니까? 우리나라 근대문학의 효시, 근대소설의 효시 이광수죠. 남쪽에서는 홍난파나 이광수 모두 친일파로 취급하죠. 나중에 전향해서 친일 음악이나 친일 문학을 했으니까요. 그런데 북의 역사서에는 이광수와 홍난파를 다 가르칩니다. 이광수는 근대소설의 아버지로서, 홍난파는 『봉선화』 등 20~30년대 일제강점기에 우리 민중들의 정서를 반영한 노래를 지었다고 평가합니다. 조금은 의외죠. 남쪽에서는 여러 평가가 있지만 북한에서는 그렇게 한다는 거죠. 역사적 인물에 대한 평가는 다를 수 있잖아요. 거기에서 좀 차이가 납니다. 예를 들면, 안중근 의사 평가입니다. 북한에서도 안중근 의사의 의거에 대해서는 굉장히 높이 평가합니다. 다만 조직적으로 독립투쟁을 하지 못한 한계를 지적하죠. 그렇게 한계를 달아놓기는 하지만 그 외에는 기본적으로 같아요. 큰 틀에서는 같으면서 구체적 평가로 들어가면 우리와 다르다는 것을 생각하면 될 것 같습니다.

이재봉 제가 얘기하는 건 고대사로부터 온다면, 예를 들어 삼국통일과 관련해 우리나라 위인전을 보면 삼국통일의 주역 김유신, 김춘추가 영웅이잖아요. 하지만 북한 역사책을 보면 천하의 역적들입니다. 그런 식으로 우리 남쪽에서는 삼국통일을 긍정적으로 평가하면서 김유신, 김춘추를 위인으로 떠받들고 있는데, 북쪽에서는 삼국통일을 부정적으로 평가하면서 김유신, 김춘추를 천하역적이라고 한단 말이에요. 그런 게 얼마나 되느냐는 거죠.

"남북한 역사 인식은 구조에 차이가 있다"

정창현 그 질문은 답변에 앞서 두 가지, 해석의 다양성과 주체성 문제를 먼저 알아야 될 것 같습니다. 첫째, 우리는 역사를 굉장히 다양하게 해석할 수 있습니다. 여기 있는 학생들한테 '김유신에 대해서 어떻게 평가를 하냐'고 했을 때 대부분 교과서에서 배운대로 얘기하는 경우가 주류겠지만, 그래도 다를 수 있다고 봅니다. 예를 들면 신라 중심의 삼국통일에 대해서 남쪽의 학계나 또는 일반인 중에서도 '왜 외세인 당나라를 끌어들여 통일을 해서 영토가 줄어들었느냐'고 외세 의존적인 형태에 대해서 비판적으로 글을 쓰고 이야기하시는 분들이 있습니다. 물론 다르게 보는 분들도 있죠. 그런데 북쪽에서는 하나의 목소리밖에 안 나옵니다. 여러분, 공청회나 토론회에 가보신 적 있죠? 발표와 토론이 끝나고 통상 마지막에 사회자가 뭐라고 합니까. '이번 토론회에서 여러 각도에서 좋은 의견이 나왔고, 오늘 발표한 것을 통해서 이견이 하나로 합쳐지는 토대가 됐으면 좋겠습니다'는 결론으로 토론회가 끝납니다. 우리나라 토론회, 공청회가 대체로 그렇게 끝나요. 거기서 결론을 내는 게 아닙니다. 북은 어떤 주제나 어떤 쟁점들을 연구하고, 어느 정도 연구가 되면 토론회가 열립니다. 관계 전문가나 역사학자들이 나오죠. 예를 들어 삼국통일이라고 하면, '삼국통일에 대해서 어떻게 볼 것인가', '김유신의 활동에 대해선 어떻게 평가할 것인가'에 대해 전반적으로 토론을 해서 잠정적인 결론을 냅니다. '김유신은 나쁜 인물이다, 왜 나쁘냐, 외세하고 연합을 해서 그렇다'고 결론이 나면 교과서에 반영이 되고, 하나의 교과서로서, 하나의 역사 인식으로서 교육이 되는 겁니다. 그런데 우리는 그렇지 않습니다. 우리도 교과서 만들 때는 토론을 해서 편찬 기준을 만들고 그것에 기초해 서술한 역사 교과서를 만들지만, 북한은 교과서뿐만 아니라 역사 인식 자체가 토론을 통해서 하나의 잠정적인 결론을 내리고, 그에 기초해 교양이 되고 하나의 역사 인식으로 통일이 되죠. 이런 부분에서 볼 때 북한은 역사 인식이 만들어지는 구조 자체가 우리와는 다르다고 볼 수 있죠. 자, 그런데 그렇게 결정한 게 잘못됐을 수도 있겠죠. 한 번 결정한 것에 대해서는 반대 의견이나 논문을 공개적으로 내면 안 됩니다. 꾸준한 자료 축적과 조사를 해서 '결정적으로 뒤집을 수 있다'는 정도가 돼야 새롭게 문제를 제기해서 다시 토론회를 통해 통설을 뒤집어야 합니다. 그렇게 한 대표적인 게 고조선이죠. 과거에 북한은 고조선이 만주에서 세워져 나중에 평양으로 수도를 옮겼다고 결론을 내리고 그렇게 가르쳤습니다. 그런데 지금은 안 그렇습니다. 1990년대에 들어와 원래부터 고조선은 평양에서 건국했고, 만주로 진출해간 것으로 바뀝니다. 완전히 거꾸로 뒤집어졌죠. 이게 북에서 80년대 후반부터 90년대까지 고구려, 그다음에 고조선, 신석기와 청동기시대의 많은 유물들을 발굴하면서 그것에 기초해서 뒤집은 겁니다. 또 하나는 북쪽은 역사를 해석할 때 주체적이고, 자주적인 측면을 강조합니다. 그러다보니 남쪽의 공감대를 얻지 못하는 경우도 많습니다. 예를 들어, 우리가 세계사를 배울 때 '5대문명'에 대해서 배우지 않습니까. 그런데 최근 북에서는 '6대문명'이라고 하죠.

이재봉 우리는 4대문명(이집트·메소포타미아·인더스·황하)이라고 배웠는데, 북쪽에서는 대동강문명을 포함해 5대문명이라고 하지 않아요?

북한은 '대동강문명' 포함 6대문명 주장

정창현 중국에서는 과거 '황하문명'(黃河文明)을 이야기했죠. 그런데 최근에는 이것과 함께 내몽골과 요하 유역에서 발굴된 문화를 '홍산문화'(紅山文化)라고 부릅니다. 그러니까 중국 전체로 보면 황하문명만 있는 게 아니라 두 개의 문명이 과거에 존재했다고 얘기하고 있습니다. 그런데 북한은 거기에 하나를 더 얹어서 '대동강문명', '대동강문화'라고 말하죠. 평양을 중심으로 독자적인 문화가 존재했다라고 주장합니다. 그것을 연 최초의 고대국가가 고조선이이라는 것이죠. 북은 완전히 역사를 다른 방식으로 서술을 하고 있습니다. 요약하자면, 역사 인식을 생성하는 방식이 우리와 다르다는 전제에서 과도하게 나간 역사 해석이나 왜곡에 대해서는 어떻게 할 것인지를 고민해야 하는 것이지 북이 주장했다고 해서 역사를 왜곡하고 잘못 해석한 것이라고 보는 것은 올바른 관점은 아니라고 봅니다.

이재봉 그러니까 두 가지로 정리해 볼 수 있겠네요. 남쪽은 다양성을 존중하고, 북쪽은 약간 획일성으로 빠지지 않아요? 그리고 남쪽에서는 다양한 시각을 통일하지 않거나 못하기 때문에, 예를 들어 박근혜 정부 때 역사 교과서 새로 쓴다고 했다가 문재인 정부 때는 바뀌는 등 혼란이 빚어지는데, 북쪽에서는 그런 다양한 시각이 표출되더라도 그것을 통일된 결론으로 낸다는 거 아니에요?

정창현 네, 잠정적 결론으로요. 북에서는 모든 의사결정 구조가 잠정으로 결론이 나야 합니다. 그렇기 때문에 우리 남쪽에서는 다양한 시각이 존재하고, 북쪽에서는 통일된 시각이 잠정적으로 존재한다고 보면 됩니다.

이재봉 우리가 삼국시대 얘기했고, 좀 전에 고조선 얘기했는데, 단군 시기도 달라지잖아요. 우리는 기원전 2333년이라 하는데, 북쪽에선 단군릉 발굴하면서 그것보다 한 500년 정도 앞선다는 말이 있어요.

정창현 아니오. 그 시기는 같습니다. 평양 인근에 과거부터 단군의 무덤이라고 이야기하는, 전설처럼 내려오는 무덤이 있었습니다. 하루는 학자들이 정말 단군의 무덤이냐, 아니냐를 과거 문헌 등을 통해 갑론을박을 했습니다. 그러다가 김일성 주석이 회의를 주재하다 '발굴해보면 되지 않겠냐'라고 해서 옛날부터 단군릉이라고 전해오는 그 무덤을 발굴한 겁니다. 발굴했더니 남녀유골 두 구가 나온 거죠. 그래서 북한은 '옛날부터 단군릉이라고 전해져왔고, 제사도 지냈고 유골 두 구가 나왔다면 단군 부부의 묘다', 이렇게 얘기를 하고 있죠. 그리고 측정을 해보니 대충 이게 서기 전 2333년 시점이고, 그러면 단군의 유골일 수밖에 없다는 것이죠.

이재봉 저도 단군릉에 두어 번 가보고 그 이야기 들었어요. 그런데 조작은 아닐까요? 저는 고고학적 안목이 전혀 없는데, 전자광명장치인가 MRI 같은 것으로 촬영해보니까 기원전 2300년 내지 2400년 무렵에 살았던 사람의 뼈라고 나왔다는 것 아닌가요?

단군, 주몽 등 일부 역사는 입장 다르다

정창현 사실 『삼국사기』에도 '선인왕검(仙人王儉)이 평양에 도읍했다'는 정도로 나오지 단군이 몇 년에 죽었다는 기록은 정사에는 없습니다. 더구나 '단군'이라고 하는 게 고유명사가 아니거든요. 그런데 단군 할아버지 묘, 무덤을 찾았다고 하는 게 남쪽 학계에서 보면 새로운 다른 해석이 아니라 역사 왜곡이라고 받아들일 수 있죠. 그리고 무덤 양식도 고구려 양식이고요. 북쪽 학계에서는 원래 단군시대에 쌓은 무덤인데 나중에 고구려 시대 때 고조선을 계승했기 때문에 그 무덤을 새로 개축한 것이라고 합니다. 반면에 남쪽 학자들은 대체로 평양에 가게 되면 유연하게 전해온다고 해서 '전'(傳)을 붙여서 '전단군릉'으로 부르자고 하죠. 예를 들어 고구려를 세운 주몽, 동명성왕이라고 하는데, 동명왕의 묘가 평양에 있습니다. 그런데 남쪽 학자들은 평양에 갔을 때 '전(傳)동명왕릉'이라고 해서 '전해지는 동명왕의 무덤'이라고 하자고 이야기합니다. 왜 그러냐면, 여러분 다 아시겠지만, 고구려가 어디서 만들어졌습니까? 주몽이 만주에서 세웠잖아요. 현재 환인 지역이죠. 그리고 장수왕 때 평양으로 천도하지 않습니까. 그런데 어떻게 동명왕의 무덤이 평양에 있죠? 북쪽에서는 동명왕의 무덤이 시조묘(始祖墓)이기 때문에 시조묘를 천도하면서 이장을 했다고 주장합니다. 그럴듯하긴 한데 근거가 없어요. 그러기 때문에 남쪽에서는 일단 유보하고, 전(傳)자를 붙이자는 것이고, 동명왕릉이라고 부르는 것은 해석의 문제가 아니라 역사왜곡이라고 보는 것이죠. 더구나 현대사로 오면 사실 여부부터 최고지도자에 대한 서술 부분까지 굉장히 많은 논란이 벌어지고 있습니다.

이재봉 그게 오히려 더 정확한 것 같아요. 단정적으로 주몽의 무덤이라고 하지 않고 주몽의 무덤이라고 전해진다는 게 정확한 표현 아닌가요?

정창현 남쪽 학계에서는 그렇게 얘기하는데, 북쪽에선 동명성왕의 무덤이라고 단정하는 게 문제죠.

이재봉 좋습니다. 그 다음에 한글도 마찬가지예요. 우리는 세종대왕이 한글을 만들었다고 하잖아요. 북쪽에서는 세종 시대에 집현전 학자들이 만들었다는 식으로 하고요. 그래서 역사 서술의 차이도 있어요. 아무튼 서술이든 인식이든 남북 사이에 차이가 많이 나는데 앞으로 우리가 평화통일이나 남북 교류협력을 지향하면서 이러한 차이를 어떻게 좁혀나갈 수 있을까요?

"북한 역사 교과서, 남한 교과서 편집체계 등 참조했다"

정창현 여러분, 북쪽 고등학생이 배우는 조선 역사책 못 보셨죠? 제가 보여드리려고 프린트를 하려고 보니까 이 자료집이 복사금지가 돼서 복사가 안돼서 못 들고 왔어요. 이 역사 교과서가, 북쪽의 중학교, 고등학교 역사책이 2015년, 지금으로부터 4년 전에 나온 신판인데, 보고 깜짝 놀랐습니다. 첫째는 역사책을 새로 편집하면서 '우리 역사 교과서를 많이 참고한 것 같다'는 생각이 들었습니다. 우리 역사 교과서를 보면 각 장절이 끝나면 뒤에 탐구생활이나 심화학습이 나옵니다. 그런데 이게 똑같아졌습니다. 북의 역사 교과서도 뒷부분에 탐구생활과 비슷한 것이 들어갔고, 연습문제들을 넣었어요. 그래서 간접적으로 북쪽 사람 의견을 들어봤어요. 그랬더니 "교과서를 새로 만들라는 지시가 2012년도 있어서 전 세계 교과서를 수집해서 분석했더니 남쪽의 교과서가 제일 훌륭하더라, 그래서 편집 체계 등을 많이 참고했다"고 하는 겁니다. 그래서 여러분이 북쪽에 고등학교 역사 교과서를 읽어보면 전근대 시기는 크게 부담을 느끼거나 이질감을 느끼지 않을 거라고 봅니다.

이재봉 그 얘기는 지금 처음 들어요. 북쪽에서 남한 역사책을 참고하면서 슬쩍 지나치지 않고 선생님한테 직접 그 얘기를 했다는 거잖아요.

정창현 중국 쪽 학자를 통해 간접적으로 들었습니다.

이재봉 그러니까 남한 교과서가 참 좋더라, 본받을 건 본받자는 것인데, 북한 사람들이 웬만하면 이러지 않잖아요. 우리보다 훨씬 닫힌 체제고, 그런데 우리는 북쪽 것을 보고 좋은 점 받아들이자면 친북이 되고, 종북이 돼버린단 말이에요. 이런 점에서는 북한이 더 개방적일 수도 있겠군요.

정창현 예전에는 우리가 북쪽 역사책을 많이 봤습니다. 그때는 몰래 볼 때죠. 1950~60대는 우리보다 북쪽 역사 연구가 앞서 있었습니다. 북쪽의 역사학을 만든 사람들은 대부분 월북한 서울대 교수 출신들입니다. 김석형, 박시형 이런 분들인데 이분들이 북한의 고대사를 50년대, 60년대에 완성하고, 조선사를 체계화하신 분들입니다. 대학원에 다닐 때 한 원로교수께서 수업시간에 "광복 후에 동문수학하던 친구가 북으로 올라가서 50년대에 책을 냈는데, 아주 대작이야. 나는 그때서야 고대사 공부를 시작했을 때인데…"라는 얘기를 하실 정도로 남과 북의 역사 연구 수준은 차이가 있었어요. 그 때 우리가 북쪽의 연구 성과들을 알게 모르게 많이 수용했는데, 지금은 우리가 높은 수준이기 때문에 북쪽 학자들이, 드러내지는 않지만, 굉장히 많이 참고를 한다고 봅니다.

"남북한 역사학자와 인문학자는 모두 찬밥 신세"

정창현 하나 더 이야기하자면, 북쪽 역사학계가 좋아진 점이 뭐냐 하면 남쪽 역사학자의 실명을 거론하면서 비판을 하고 있다는 겁니다. 예를 들면, 여기 교수님이 어떤 통일 관련된 저술을 내셨다고 했을 때 그것을 직접 언급하며 비판하고, 자신들의 주장을 펼치는 것이지요. 북쪽에서는 '30년대에 만주의 항일무장투쟁을 강조하면서 남쪽의 독립운동 연구, 광복군 중심으로 서술하는 것에 대해 만주지역에서 치열하게 10년 이상 반일운동을 했던 것에 대해서는 일언반구도 안하는 게 무슨 역사학자인가', 라는 식의 비판을 실명을 거론하면서 하기 시작했어요. 이러한 흐름은 앞으로 북한 역사학계가 발전하는데 굉장히 좋은 방향이라고 생각합니다. 그리고 북쪽이 그런 방향으로 가는 이유는 김정은 시대에 들어와서 북의 기본적인 슬로건과 관련이 있다고 봅니다. 북의 기본 정책 방향이 세계적인 추세를 따라간다는 겁니다. 그래서 북한 학자들도 세계적인 국제 학술지에 기고를 하면 더 높은 평가를 받습니다. 다만 북쪽도 인문학은 홀대를 받고 있어요. 예산 배정이 잘 안됩니다. 과학기술중시정책을 펴면서 과학기술 분야에 중점 투자를 하죠. 과학기술 분야 교수들은 아예 아파트를 새로 지어 입주시켰어요. 북쪽의 역사학자들을 만났을 때 "남이나 북이나 역사 하는 사람들, 인문학 하는 사람들은 찬밥이다. 이건 남이나 북이나 똑같다"고 했더니 북쪽 학자들도 "맞습니다. 지금 북에서도 이과대학 쪽에서는 30대 박사가 나오고 있습니다. 역사학계에서 박사 받으려면 50대, 60대, 머리가 희어져야 박사 학위가 나오는데, 이과 계통에서 지금 30대 박사들이 나오고 있고, 국가적인 예산이 과학기술 쪽으로 가고 있다"고 하더군요. 그런데 이게 세계적인 추세다, 북쪽에서도 그렇게 봅니다.

정창현 이러한 경향들이 역사 인식이나 교과서를 편찬하는 데서 변화를 주고 있다는 것입니다. 단적인 예가 콜라입니다. 처음 평양에 갔을 때는 북쪽 사람들이 '젊은 사람들한테 어떻게 미제 침략의 첨병 음료인 코카콜라를 마시게 하느냐, 코카콜라를 마시게 해서는 안 된다, 우리가 생산한 우리 음료를 먹어야 된다'고 했습니다. 그래서 탄산이 안 들어가는 북한식 콜라를 별도로 만들었습니다. 그냥 콜라 색깔이 나는 단물이에요. 하지만 지금은 '코카콜라는 세계적인 음료이고, 세계적인 기호식품이다. 이걸 굳이 우리 젊은 세대들만 못 먹게 할 이유가 없다'는 식으로 바뀌었어요. 비틀즈라든지, 아바라든지 유럽의 유명한 팝송도 과거에는 못 불렀지만 지금은 '세계적인 명곡'이라며 대학생들이 못 들을 이유가 있느냐고 해요. 평양 외국어대 학생들은 영어 공부할 때 『타이타닉』을 텍스트로 외우기도 합니다. 과거와 사고가 바뀐 거죠. 그러다 보니까 역사 서술에서도 과거보다 남과 북이 공통으로 공유하는 역사, 인물들도 많이 나오는 겁니다. 근현대 쪽에 오면, 예를 들면 벽해(碧海) 양세봉(梁世奉) 장군의 경우 남한의 현충원에 가묘가 있고 평양에도 묘가 있어요. 역사책에도 동시에 나옵니다. 그러니까 이런 분들은 앞으로 발굴하고 같이 토론하다 보면 차이가 나는 것도 좁힐 수가 있는 거죠. 만나서 다투고 토론하다 보면 정이 들고, 서로 간에 이해도가 높아지겠지요. '왜 북은 이렇게 서술하고 있는가, 아, 그래서 이렇게 평가하고 있구나'라는 이해, 공감대가 형성이 되고 그 공감대에 기초해서 논쟁을 하다 보면 의견 접점이 이르고, '이것은 해석의 차이로 남겨두자'는 공존의 길로 갈 수 있는 여러 가지 다양한 방법이 나올 수 있다는 것입니다.

"고려 왕릉, 귀족릉 훼손은 너무 안타깝다"

정창현 고려의 2대왕은 누구죠? 태조 왕건 아들, 혜종이죠. 북에서 몇 년 전에 혜종릉을 발굴했습니다. 개성에 가서 정말 안타까웠던 게 뭐냐면, 고려시대 왕릉, 고려시대 귀족 무덤이 굉장히 많이 남아 있는데, 이게 비만 오면 봉분이 다 쓸려 내려옵니다. 대부분 나지막한 구릉에 있거든요. 그러니까 올해처럼 폭우가 쏟아지면 무덤들이 훼손되는 것이죠. 또 고려 왕릉 일부가 지금은 유네스코 세계문화유산으로 등록이 되어 관리가 이뤄지고 있는데, 전반적으로 관리에 문제가 있습니다. 여러분이 잘 아는 강서대묘만 하더라도 강서대묘, 중묘, 소묘가 나란히 있는데, 그 주변은 다 논밭이에요. 삼묘리 협동농장 가운데 무덤만 덩그러니 있는 거예요. 고려 왕릉은 더 심각해요. 2003년 처음 개성 가서 깜짝 놀랐어요. 개성이 북한에서 세 번째로 큰 도시거든요. 그래서 어떤 생각을 했냐면, 북이 우리하고 마주보고 있는 개성을 선전 목적을 위해서라도 굉장히 투자를 많이 해서 상당히 발전돼 있을 것이라는 생각을 가지고 갔습니다. 2003년도에 평양에서 개성고속도로를 타고 2시간을 달려 개성에 갔어요. 처음 놀란 게 뭐냐면, 너무나 낙후되어 있다는 겁니다, 그래서 북쪽 사람한테 물어봤습니다. 개성이 3대 도시인데 왜 이렇게 낙후되어 있냐고 물었더니 군사도시라고 했어요. 군사도시이기 때문에 건물을 새로 짓고 개발하는 부분들이 제대로 안 되는 거예요. 그러다 보니까 역사 유적들이 논에, 밭에 그냥 방치되어 있어요. 우리 같으면 말이 안 되잖아요. 지금 경주에 가면, 경주도 평지나 시내에 유물들이 많이 남아있지 않습니까. 그런데 우리는 어쨌든 구획해서 보관을 잘 하잖아요. 북쪽은 그런 게 제대로 안 되어 있는 거예요. 북이 개성과 고구려 벽화 무덤을 유네스코 지정 세계문화유산으로 등재한 것을 굉장히 잘 한 거라고 생각합니다. 우리가 앞으로 언제 거기 가서 같이 발굴하고, 함께 조사할 수 있을지는 모르겠지만 지원도 받고 또 의무적으로 보호를 하게 되면 유적을 보존하는 좋은 환경이 되겠지요. 그런 부분은 문화유산을 지키는 측면에서 볼 때 굉장히 잘한 선택이라고 생각합니다.

이재봉 좋습니다. 이제 좀 더 재미있는 얘기를 해봅시다. 선생님이 아주 쉽고 재미있게 얘기해주시지만 그래도 역사 문제는 딱딱해요. 아까 잠깐 얘기했듯이 어떠한 학자나 언론인보다도 북쪽에 많이 다녀오신 분이에요. 학자이기도 하고 언론인이기도 하지요. 저도 평양이나 금강산, 개성 다 포함하면 열 번 정도 다녀왔는데 사실 우리가 북한에 가더라도 일반 시민을 만나기는 어렵잖아요. 일반 주민들은 통일에 대해 어떠한 생각을 가지고 있을까요?

"북한 주민은 통일을 매우 당연하다고 생각"

정창현 지금 질문의 핵심은 '일반 사람'입니다. 당국자가 아닌 일반 사람들은 교육을 통해서 또 많은 행사를 통해서 통일을 굉장히 당위적으로, 당연히 빨리 해야 되고, 아무런 격의 없이 한민족이기 때문에 만나야 된다는 교육을 받고 있고, 또 그렇게 생각하고 있습니다. 체험적으로 통일이라는 말만 나와도 눈물을 흘리거나 벌써 눈물을 흐를 준비가 되어 있어요. 일반 사람들 이야기입니다. 「우리의 소원」이라는 노래 있죠? 북쪽에서도 「우리의 소원은 통일」이라는 제목으로 광범위하게 불립니다. 그래서 남북이 만났을 때, 청년들이 만났을 때 노래를 부르면 여러분은 감정이 어떨 것 같아요? 어떻게 보면 우리는 그냥 '우리의 소원은 통일이지' 정도일지 모르는데, 북쪽 학생들은 당연하게 눈물을 흘릴 겁니다. 통일의식이 굉장히 체화돼 있다고 그럴까요. 그게 내면화되어 있어요. 그리고 그게 감정으로도 표출됩니다. 그런데 지금 여러분처럼 젊은 세대들은 "통일을 왜 해? 돈 들어가면 안 하는 게 나아. 우리한테 도움이 돼야지"라고 생각하는 학생들이 많지 않습니까? '굳이 도움이 안 되면 안 합쳐도 된다', '서로 폐 끼치지 말고 따로 따로 살아도 된다'는 생각들이 나오잖아요. 그런데 시간이 흐를수록 북측의 젊은 세대도 비슷합니다. 우리보다 광범위하지는 않지만, 북쪽도 젊은 세대로 가면 갈수록 '굳이 이렇게 생각이 다른 데 합쳐야 되나', 라는 생각을 하기 시작했다고 봅니다. 참 무서운 얘기죠. 우리는 이 자리에서도 여러분한테 왜 통일이 필요한가, 통일로 가기 위해 어떠한 과정이 필요한가 등에 대해서 여러분의 이해와 관심을 확산시키기 위해서 강좌를 만들기도 합니다. 북쪽은 직장에서도 교육받고, 학교에 가서도 교육을 받기 때문에 우리보다 통일의식이 굉장히 강합니다. 그런데 세대의 변화는 어쩔 수 없어요. 왜냐하면 이전 세대, 여러분의 아버지, 할아버지 세대는 이산가족이기 때문에 북에 부모나 형제, 친척들이 있고, 분단 전에 함께 학교에 다녔던 친구들이 있었어요. '관계'가 있잖아요. 이제는 이산가족상봉을 하더라도 아버지와 자식처럼 직접적인 관계, 인척 관계에 있는 사람들은 거의 드물어졌어요. 더군다나 이제 여러분들

세대로 오게 되면 북쪽, 뭐 별로 관심이 없잖아요. 북쪽의 젊은이들도 이제는 세계적인 추세가 국가적인 슬로건이 됐다고 했잖아요. 세계적인 추세를 따라하려고 하니 '미국 사람들 어떻게 살고 있지?', '중국은 지금 어느 정도 발전하고 있지?', 이런 것에 대한 관심이 높아졌지요. 오히려 남북의 통일은 먼 이야기라는 쪽으로 가고 있습니다.

정창현 두 번째로는 북쪽을 움직이는 당국자들은 이제 통일이 쉽지 않다고 봅니다. 또 통일이 되더라도 시간이 굉장히 많이 걸릴 것이라고 생각합니다. 그것을 보여주는 대화가 2000년 6월에 있었던 첫 번째 남북정상회담입니다. 김정일 위원장이 김대중 대통령께 "대통령께서는 오랫동안 통일 문제나 이런 것들을 고민을 많이 해오셨는데 통일이 앞으로 어느 정도 시간이 지나면 된다고 생각하십니까?"라고 물어봅니다. 우리 대통령께서 뭐라고 했겠습니까. 몇 년이면 통일이 된다고 했겠습니까. 10년이라고 했습니다. 김대중 대통령께서 "10년 정도면 우리가 통일이 되지 않겠느냐"라고 그랬더니 김정일 위원장이 웃으면서 "10년이요? 그렇게 빨리 되겠습니까. 빨라야 40년, 50년은 지나야 되지 않겠습니까?"라고 얘기합니다. 무슨 얘기냐, 우리가 70년을 떨어져 살았는데 70년 떨어져 사는 동안에 생활도 변하고 가치관도 변하고, 많은 부분들이 달라졌는데, 그것을 일정하게 간격을 보면서 혼란 없이 통일이 되기 위해서는 곱하기 2는 필요하다, 서서히 가는 게 필요하다는 생각을 북쪽에서 하는 것 같아요. 남쪽도 와보고, 국제경기에도 가보고 하면서……

이재봉 문재인 대통령이 그 영향을 받지 않았을까요. 지난 8월 15일 광복절 기념사를 통해 우리가 1945년에 분단됐는데 그 100주년이 되는 2045년까지는 통일돼야 하지 않겠냐고요. 앞으로 대략 25년 후에요. 그럼 북쪽 인식하고 비슷하잖아요. 만약에 북쪽이 남쪽의 영향을 받았든 남쪽이 북쪽의 영향을 받았든 통일에 대한 인식도 다른 거 아니에요? 우리가 생각하는 통일은 어떠한 모습이고, 북한이 생각하는 통일은 어떠한 모습인가. 또 어떠한 상태를 통일이라고 하는가. 비교해주시겠어요.

북한이 생각하는 통일은 '세계적 추세' 반영한 '만들어진 사회주의'

정창현 우리는 통일이라고 하면, 동서독 통일처럼 당연히 시장경제, 자본주의 방식으로 통일을 하는 거잖아요. 그런데 북측은 어떻게 생각할까요. 통일로 가는 중간 단계가 있어야 하지만 결국 궁극적으로 북쪽은 아직도 사회주의가 필요하다고 생각하는 거예요. 그러니까 통일의 모습을 아직도 북쪽은 사회주의 시스템으로 가야 된다는 것이죠. 단, 그 사회주의 시스템은 과거의 사회주의가 아니라 지금 세계적인 추세에 맞게 '새로 만든 사회주의'라는 생각을 하고 있는 거죠. 그런데 거기까지 가려면, 남쪽 방식의 자본주의 방식이든 북쪽의 사회주의 방식이든 통일이 되기까지는 굉장히 오랜 시간이 걸린다는 것입니다. 그 과정에 서로 동의를 해야 싸우지 않고 평화적으로 되는 거죠. 동독과 서독은 흡수통일이죠. 서독이 20년, 30년 동안 동방정책을 통해서 동독 주민들의 마음을 얻었기 때문에 장벽을 허물 때 동독 국민들이 마음을 열고, '서독 사람들하고 한 번 살아보자'고 수용하는 인식이 깔려 있었기 때문에 통일이 가능했다고 봅니다. 물론 여러 가지 국제적인 측면도 있었지만……. 남과 북이 정말로 비용도 덜 들고, 혼란 없이 통일하기 위해서는 남이든 북이든 상대방의 국민, 인민의 마음을 얻는 과정이 필요하고, 그 과정을 좀 단계적으로 하자, 이게 우리가 얘기하는 남북연합 단계를, 북이 얘기하는 과도적인 연방제를 설정하자는 것이지요. 지금 홍콩에서 시위를 하고 있지만 중국과 홍콩이 서로 다른 정치적인 시스템들을 과도적으로 운영을 하고 있는 것처럼 일정한 시간을 떨어져 살다가 그 다음에 '우리 떨어져 살지 말고 한 방으로 합치자'는 것입니다. 연합 또는 연방 단계는 뭐죠? 남과 북이 따로 살지 말고 같은 아파트에서 살아보자는 것입니다. 아파트 이름이 연합제든, 연방제든 같은 아파트에서 살다가 마음이 통하게 되면 합치자는 겁니다. 같은 아파트에 살면서 주먹다짐도 하고, 대화도 하면서……. 서로 노력을 해야 혼란 없이 남과 북이 통일할 수 있지 않겠느냐는 겁니다.

이재봉 그러한 통일 과정에서 남북 간 교류가 더 활발해지고, 우리 원광대학교 학생들이 조금 더 자유롭게 100명씩 200명씩 선생님 안내 받으면서 평양도 가보고 개성도 가보고 해야 되는데, 그게 지금 안 되고 오히려 작년보다 남북 관계가 크게 후퇴하고 있어요. 특히 어제 아주 충격적 뉴스가 나왔습니다. 금강산 관광은 남북교류협력의 상징이라고 할 수 있는데 북쪽 당국이 남쪽에서 지은 시설을 모두 들어내겠다고 했다는데 어떻게 생각하세요?

정창현 일단 금강산에 건물이 별로 없습니다. 상징적으로만 조성돼 있지요. 개성공단도 문 닫고, 금강산관광도 문 닫았는데, 역설적으로 개성공단이 하나 또는 두 개 정도 더 있었다면, 남이나 북이나 개성공단 문을 닫지 못했을 것이라고 생각합니다. 개성공단에 근무하는 북측 노동자가 4만 명 내지 5만 명 수준이었는데 이게 두 개가 있어서 10만 명이 넘어가면 당연히 북쪽에서도 실업 문제가 심각해집니다. 우리 측 기업이 받는 피해도 엄청나기 때문에 심사숙고를 해야 되죠. 금강산관광 문제도 사실 우리가 호텔도 짓고 골프장도 지었지만 관광객들이 대규모로 가서 관광하기에 필요한 투자가 많지 않고, 또 오래됐어요. 2008년 이후에 안됐기 때문에 더 이상 이뤄지지 않은 것이죠. 또 금강산관광뿐만 아니라 백두산관광까지 확대했다면 앞으로 정치적인 영향 받지 않고 관광이나 답사, 이런 부분은 길이 열릴 것이라고 생각합니다. 특히 관광은 여러분이 생각하는 것보다 훨씬 빨리 열릴 것으로 생각합니다. 그러니 그때를 대비해서 적금 부으세요. 처음에는 비행기로 갈 수밖에 없어요. 원산에 비행기로 가서 금강산이나 백두산을 보고 오는 형태죠. 그 단계가 지나면 이제 버스로 개성이나 평양을 가는 관광이 가능해지는 단계가 됩니다. 그리고 철도를 복원하면, 철도를 완전히 복원하는 데는 2년에서 3년 정도로 보는데, 철도를 연결하면 이제 수학여행이나 답사는 대규모가 되겠지요. 철도라는 수단을 통해서 저렴한 비용으로 쉽게 갈 수 있는 그런 시대가 올 겁니다.

평양 등 대도시에 '옥류', '만물상' 등 온라인쇼핑 가능

정창현 통일을 위해 남북의 역사 인식에서 같이 공통점을 찾고, 찾아가는 노력은 굉장히 시간이 많이 걸리지만, 북쪽 사람을 만나서, 또 여기 있는 대학생들이 북쪽의 김일성종합대학이나 김형직사범대학, 김책공업종합대학 학생들을 만나서 같이 이야기하고, 토론하는 것은 굉장히 빨리 올 것이라고 생각합니다. 그런 의미에서라도 여러분은 북측에 대해서 사전지식 정도는 평소에 많이 가지고 있어야 됩니다. 아까 말씀드린 것처럼, 북측 학생들 만났는데, 먹고 마시는 것만 얘기할 수는 없잖아요. 그러려면 북측의 변화에 대해 알아야 해요. 20년 전에 치킨 배달 이야기를 꺼내면 북쪽 학생들이 외면하거나 답변을 못했습니다. 그런데 지금은 뭐라 그럴까요? '우리도 휴대폰으로 전화하면 치킨이 오토바이로 배달해준다'고 말하지 않을까요. 평양에도 그런 게 생겼으니까요. 평양도 휴대폰이 많이 보급되었고, '옥류', '만물상' 같은 온라인쇼핑몰도 생겼어요. 옥류 사이트에 접속해서 상품 보고 주문하면 배달이 돼요. 아직은 대도시에서 가능하죠. 북쪽에도 지금 피자점이나 패스트푸드점이 늘고 있어요. 슈퍼마켓, 편의점도 생기고 있어요. 처음 외국기업이 평양에 패스트푸드점을 낸다고 했을 때 주변 사람들이 미친 사람이라고 그랬다고 해요. 반드시 망한다고 생각했지만, 지금 자꾸 늘어나고 있어요. 그만큼 대성황이에요. 이게 뭐와 관계가 있을까요? 평양의 문을 열어서 이제 세계적인 흐름과 젊은 세대들이 거기에 맞게 호흡하면서 가야 되는 거예요. 그러려면 뭘 해야 됩니까. 그동안 우리가 북쪽에 대해서 어떻게 알고 있죠? 굉장히 폐쇄적이고 억압적이라고 했잖아요. 그러니까 북이 밖으로 나오려면 어떻게 해야 됩니까. 예방주사를 먼저 맞혀야 되는 거죠. 그렇게 서서히 문을 여는 겁니다. 2012년 7월에 모란봉악단이 처음 시범공연을 했을 때 미국 음악을 불렀다, 짧은 치마 입고 나왔다, 파격이다 해서 여러 평가가 나왔지만 북 내부에는 그것보다 더 파격적인 복장과 노래가 이미 있습니다. 젊은 세대의 그런 흐름을 그나마 조금 정제된 형태로 한 게 모란봉악단의 공연이라고 보면 됩니다. 북쪽 젊은 세대들의 이런 흐름들을, 북을 움직이는 사람들의 사고를 이제 알아야 되는 거죠. 북쪽의 젊은 세대들이 중국에 유학을 많이 갑니다. 북쪽 노동자들이 중국, 러시아, 중동 지역에 파견을 많이 가고 있어요. 그런데 중국이나 외국에 나가보면 교육받던 것과 전혀 다른 딴 세상이 있는 거예요. 그럼 어떻게 됩니까. 충격을 받아서 '내가 지금까지 받은 교육과 이런 것들이 다 엉터리'라고 생각하지 않겠어요? 그러면 이런 것을 없애주기 위해서는 결국 문을 서서히 열면서 세계가 어떻게 돌아가고 있는지를 알게끔 해줘야죠. 북한은 지금 그런 단계에 있기 때문에 '세계적인 추세에 따라 우리가 수용할 것은 따라가야 된다'는 인식과 모토를 강조하고 있는 것입니다.

이재봉 좋습니다. 우리는 북한이 전혀 변하지 않는다고 생각하는데 상당히 빠른 속도로 변하고 있네요. 이제 질문을 받겠습니다.

질문 저는 청강생입니다. 영등동에 살고 있는 시민인데요, 두 가지를 질문하고 싶습니다. 하나는 중국에서 멀리 내다보고 '동북공정'이라는 것으로 역사를 왜곡하고 있는데, 남측과 북측에 대한 해석의 차이점은 무엇인가요? 그리고 강단사학과 재야사학에 대한 이야기가 있는데 정창현 선생님은 어느 쪽인지, 또 우리가 강단사학과 재야사학을 어떻게 받아들여야 할까요?

추현중 역사문화학부 1학년 추현중입니다. 남북한 공동 연구로 이제 통일적인 역사관이 만들어진다고 하셨는데, 그런 과정을 거쳐서 만든 역사관을 일반인들이 받아들이는 것은 다른 내용이라 생각합니다. 그러기 때문에 북한 주민들은 전문적으로 배우지 않았고, 그 오랜 기간 동안 김일성의 신화적인 내용을 들으면서 자랐고 공부했을 텐데, 그런 사람들에게 어떻게 새로운 역사관과 새로운 내용을 받아들이게 해야 하는지 또는 우리 남한 사람들이 북한 사람, 북한에 대한 새로운 내용을 받아들일 때 거부감을 가질 수 있는데, 이런 것은 어떻게 고쳐나가야 하는지 궁금합니다.

김기훈 역사문화학부 1학년 김기훈입니다. 최근 북한이 세계적인 것을 인정하고 세계 흐름에 맞춰나가는 슬로건을 내걸고 있다고 하셨는데 며칠 전 남북한 축구경기를 관중 없이 문자로 중계하는 식으로 했다가 축구 결승전을 평양 대신 상하이로 옮긴 것으로 알고 있습니다. 이런 것을 보면 북한은 아직 외부 세계에 폐쇄적인 것을 갖고 있지 않나 하는 생각이 드는데, 어떻게 생각하시는지요?

유준형 역사문화학부 고고미술사학과 2학년 유준형입니다. 현대사를 공부하신 분이 계신 곳은 평화경제연구소인데 이유가 궁금하고요. 북한 논문을 볼 수 있는지요? 일반인들이 어떻게 하면 볼 수 있는지 궁금합니다. 그리고 독립운동사와 관련해 북한은 김일성 중심으로 가르치는데 김일성 등장이전의 독립운동사는 어떻게 가르치는지 궁금합니다.

이지혜 역사문화학부 1학년 이지혜라고 합니다. 단군릉에 대해서 어떻게 생각하시는지 궁금합니다. 남한에서는 허구에 가까운 이야기로 생각하는데 북쪽은 고조선, 고구려 흐름 때문에 많이 숭상한다고 하는데 이에 대한 생각이 궁금합니다.

동북공정은 조선족 역사를 중국 역사로 편입하려는 것

정창현 2002년부터 2004년까지 남북 역사학자들이 평양에서 만나서 동북공정(東北工程, 동북변강역사여현상계열연구공정 東北邊疆歷史與現狀系列研究工程)에 관한 이야기, 그 다음에 일본의 역사 왜곡에 대해서 어떻게 대처할 것인가 등의 주제를 가지고 몇 차례 토론을 했습니다. 중국에 여러 민족이 있다는 것은 알고 계시죠. 소수민족이 많죠. 중국은 여러 다민족 국가들이 모였기 때문에 앞으로 21세기에 중국이 커나가기 위해서는 소수민족의 분열이 안 나오게 하는 게 굉장히 큰 문제입니다. 그렇기 때문에 역사적인 작업으로 소수민족들의 과거 역사들을 중국의 역사로 만드는 작업을 하고 있습니다. 그러면 어떻게 되나요? 우리 조선의 역사, 한국인의 역사인 고조선, 고구려, 발해 이런 게 전부 조선족의 역사가 되는 거죠. '조선족의 역사', 중국 '소수민족의 역사'가 모두 '중화인민공화국의 역사'라는 논리를 90년대 후반부터 시작해서 2000년대 후반까지 집중적으로 만든 겁니다. 그래서 지금 만주지역의 고구려, 발해 유적지에 가보면 중국의 역사로 서술되고 있죠. 고구려도 그렇게 서술하다가 우리와 북측의 대응에 의해서 '고조선과 고구려는 한국, 조선의 역사'라는 부분을 일부 인정하고 있습니다. 다만, 중국 현장에 가서 보면 아직도 민감한 부분들이 굉장히 많이 남아 있는 것을 알 수 있습니다. 여러분 다 아시는 윤동주 시인. 윤동주 시인은 누굽니까? 한국 사람입니까? 중국 사람입니까? 중국의 논리로 따지면 윤동주 시인은 중국 사람입니다. 왜냐하면 윤동주는 만주에서 태어난 조선족이고, 성장도 거기서 했고, 학교도 거기서 다녔고, 그리고 중국의, 중국 국민인 조선족이 제일 좋아하는 시인이라는 게 이유입니다. 곧 중국의 역사라는 것이죠. 이게 동북공정의 핵심입니다. 그러나 우리가 감정적으로 받아들일 게 아닙니다. 과거에 중국과 한국이 공유했던 역사들이 존재합니다. 어쩔 수 없는 영역이 있는 거죠. 우리가 조선족의 역사로서 함께 공유해야 할 부분이 있고, 그런 만큼 일종의 역사를 공유해가는 노력이 필요하다고 생각합니다. 북쪽도 동북공정에 대해서 당과 당의 차원에서 비공개로 논의를 많이 했다고 들었어요. 그래서 2004년 즈음 중국의 선전 담당 정치국원이 북측에게 "고구려의 역사는 한국의 역사로서 우리가 인정한다. 그러나 발해는 아니다. 발해는 중국의 역사, 즉 말갈족의 역사다"는 이야기를 비공식적으로 했다고 합니다. 여전히 발해의 역사는 논란을 하고 있는 거죠. 북쪽 학자들은 남쪽 학자들을 만났을 때 "우리는 중국에 대해서 학자들이 공식적으로 너희가 잘못했다. 공식적으로 잘못했다는 이야기를 하기가 어렵다. 그러니 남조선의 근현대사 연구하는 분들이 좀 더 적극적으로 동북공정을 비판하고 중국에 대해 우리가 할 수 없는 몫까지 많이 해줬으면 좋겠다"는 이야기를 2000년 초반에 하곤 했습니다.

정창현 재야사학에 대해 어떻게 생각하냐는 질문이 있었는데, 이 문제에 대해선 조금 말씀드리기 곤란한 점도 있지만, 저는 강단사학과 재야사학도 아닌 그 중간 정도에 있습니다. 재야사학에서 하는 이야기 중에 맞는 문제제기도 있고, 강단사학에서 계속 고정화된 틀 속에 있다 보니까 고대사에서 조금 열린 사고를 하는 부분들이 부족한 것도 있다고 생각합니다. 다만 재야사학은 논리적인 부분에서 실증적으로 문제가 있다는 것은 분명합니다. 또 특정대학을 나왔다고 해서 친일파 누구의 제자고, 그래서 식민사학에서 벗어나지 못한다고 비판하는 것은 현재 학계의 사정과는 너무 거리가 먼 것이라고 봅니다. 고조선 분야가 특히 논쟁거리인데, 이게 일제강점기 식민사학의 주장이라고 일방적으로 몰아붙이는데, 사실 고려시대나 조선시대에도 같은 논쟁이 있었어요. 예를 들어 고려시대나 조선시대의 주요 학자들도 고조선이 지금의 평양에 있었다고 주장한 경우가 많아요. 고조선의 중심지나 한사군이 한반도에 있었다고 주장한다고 해서 식민사학의 영향이라고 일방적으로 보기는 어렵죠. 논쟁은 정치적인 게 아니라 학문적 논쟁으로 이뤄져야 합니다. 단군릉 문제와 관련해서는 잘 모르겠습니다. 단군릉에 직접 들어가서 발견된 유골을 본 적이 있습니다만, 적어도 고려 때부터 단군릉이라고 전해오고 있기 때문에 전(傳)자를 붙여서 '전단군릉'이라고 하고 앞으로 남북이 교류하며 논의를 진전시켜 나갔으면 합니다. 아직은 잠정적이라고 봅니다.

정창현 평화경제연구소는 평화와 경제라는 두 개의 키워드가 있습니다. 그래서 평화적인 문제를 탐구하다보면 비핵화, 한반도 평화체제 문제 등을 하게 되고, 경제를 하게 되면 어떻게 남북의 경협이나 협력을 통해서 서로 이득이 될 수 있게 하는 방법들이 무엇인지 종합적으로 기획하고, 연구하고 또는 직접 북측과 만나서 사업에 대해 논의하는 것을 지향합니다. 그런 측면에서 평화와 경제는 역사 전공자인 저하고 무관하지 않다고 봅니다.

박문희 고고미술사학과 4학년 박문희입니다. 북한 사람들이 종교를 가지고 있는지 아니면 믿고 있는 종교가 따로 있는지 궁금합니다.

지민석 영어영문학과 16학번 지민석입니다. 북한 사람들은 이동에 제한이 있다고 들었는데, 그럼에도 불구하고 북한 사람들이 갈 수 있는 관광지 같은 곳이 있는지, 있다면 어디가 있는지 궁금합니다.

백혜민 수학정보통계학부 4학년 백혜민입니다. 태극기는 고종황제부터 썼다고 알고 있는데, 현재 한국의 국기로 쓰고 있는데 북한도 독립운동을 했으니 태극기의 존재에 대해서 알고 있을 것 같은데, 태극기에 대해 교육을 받는지요? 그리고 북한은 잠정적 결론을 내린다고 했는데, 고종황제와 명성황후시해 같은 사건은 어떻게 결론은 내렸는지요? 한국은 이제 위치나 문화가 세계적인 수준인데, 북한 학생들이 이런 사실을 접할 수 있는 비율은 어느 정도인지 궁금합니다.

박성아 빅데이터금융통계학부 2학년 박성아입니다. 북한 젊은 사람들도 더 이상 통일을 필수적이지 않다는 생각이 늘고 있다고 하셨는데, 한류가 북한 주민들 사이에 퍼져 있다고 알고 있습니다. 그러면 탈북이라는 위험한 길보다는 통일이라는 길을 선택할 것 같은데, 어떤 의견인지 여쭤보고 싶습니다.

이동원 경영학부 2학년 이동원입니다. 통일을 몇 년 안에 할 수 있다고 생각하시는지 궁금합니다.

김성혜 경찰행정학과 3학년 김성혜입니다. 북한도 세계적인 슬로건을 따르는 추세로 바뀌었다고 얘기하셨는데, 아직도 닫힌 학문 또는 분야가 있는지 궁금합니다. 또 북한의 주민들은 중국을 어떻게 바라보고 있나요?

"남북 젊은 세대는 디지털 문화로 빠르게 공감대 형성"

정창현 북한에는 종교가 유포될 수 있는 경제적, 문화적 근거가 존재하지 않습니다. 필요성도 못 느끼고요. 그리고 과거에, 자기 아버지, 할아버지가 기독교 신자였다는 것 때문에 정치적인 불이익을 받았던 트라우마가 있기 때문에, 더구나 북쪽의 젊은 세대들 사이에서는 종교에 대한 이해나 또 종교를 가져야 된다는 필요성, 이런 게 없다고 봅니다. 북한이 얘기하는 주체세상 자체가 사실은 가치관적으로 보면 종교적인, 우리 남쪽에서 얘기하는 종교적인 기능까지도 일정 부분 수용한다고 볼 수도 있습니다.

정창현 북쪽에 이동제한이 있다는 것은 통상적이지만 북쪽에도 이동의 자유가 있습니다. 예를 들면 함흥에 사는데 청진에 가야 한하면 자기 직장이나 관련 기관에 가서 출장허가를 받으면 됩니다. 더구나 지금은 북 전역에 시장 활동이 활발해서 도시 간 이동이 상당히 자유로워지고 있어요. 그리고 북쪽은 우리처럼 돈이 있다고 해서 아무데나 집을 살 수 있는 사회가 아닙니다. 대부분 직장 근처에서 삽니다. 이주를 하려면 직장 변동이나 유학 등 합당한 이유가 있어야 합니다.

정창현 북에서도 관광은 점차 늘고 있습니다. 가족 단위로 휴양을 가거나 관광을 가는 경우도 늘었어요. 과거에는 학교, 직장 단위로 관광을 가는 경우가 일반적이었죠. 하지만 집단주의가 약해지고, 개인의 자율적 공간이 확대되면서 개인을 중시하고, 개별 기업이나 협동농장의 수익 증대를 중시하는 흐름이 형성되고 있습니다. 협동농장의 경우에는 가족 단위로 농사를 짓는 것도 허용되고 있고요.

정창현 북한에서도 1948년 초까지는 태극기를 공식적으로 사용했어요. 그러다가 분단이 되면서 지금의 '조선민주주의인민공화국기'를 새로 만들어서 사용하게 됩니다. 북측에서는 고종이 나라가 기울었는데도 황제가 국제 정세를 제대로 파악하지 못하고 인민들의 지향을 수용하지 않아 자주권을 지키지 못했다는 원칙적인 비판과 평가를 하고 있어요. 명성황후 시해에 대해서는 북쪽에서도 일제 만행에 대해 굉장히 속된 단어까지 써가면서 만행을 규탄하죠. 북쪽에 한류가 굉장히 퍼지고 있다고 하는데, 제한적이라고 봅니다. 남쪽 문화나 노래가 많이 들어가고 있는 것은 맞아요. 제가 하루는 평양 시내를 걷고 있는데 앞에 지나가는 사람이 최진희의 「사랑의 미로」를 흥얼거리면서 가는 거예요. 그래서 안내원한테 "남쪽 노래 부르면 어떻게 하냐, 문제 있는 것 아니냐"고 했더니 "남쪽 노래 아닙니다. 연변 가요입니다"라고 하더군요. 최진희 등 남쪽 가수들의 노래가 연변에서 나오고 연변을 통해 북쪽에 들어갔기 때문에 연변가요라고 하는 것이죠. 물론 남쪽 노래라는 것을 알죠. 그래도 그렇게 해야 문제가 안 되겠죠.

정창현 2000년대에 남쪽의 유명가수들이 평양에 가서 공연을 여러 차례 했어요. 2018년에도 레드벨벳 등 아이돌이 가서 공연을 했지요. 저는 이런 현상을 예방주사로 봅니다. 지금 남과 북의 통일문화를 형성할 때도 남과 북의 이질성을 얘기하면서 동질성을 찾자고 하는데, 이때 남북의 동질성이 무엇인가 하는 것이 문제가 됩니다. 여러분이 찾아야 될 동질성은 이제 새로 생각해야 되는 거예요. 남과 북이 모여 제기 차고, 연 날리기 하면 동질성이 회복되는 겁니까? 아니죠. 여러분 세대의 동질성은 같은 게임을 하고, 사이버 공간에서 같은 활동을 하는 것 등이 동질감이 돼야 하겠죠. 그런 부분에서 보면 북측의 젊은 세대들도 여러분보다 조금 버전이 낮은 똑같은 게임을 하고 있고, 아침에 일어나서 학교에 가면서 로동신문을 핸드폰으로 보고, 화상통화를 하고, 휴대폰에 '길동무'라는 앱을 깔아서 사용하고, 인공지능을 활용하고, 이른바 4차혁명 시기에 맞는 문화적 소통을 통해 이뤄질 겁니다. 북측도 젊은 세대들은 그런 추세로 가고 있어요. 그래서 통일은 언제 되느냐, 굉장히 시간이 많이 걸릴 것이라고 생각하잖아요. 그런데 남과 북의 젊은 세대 사이에 컴퓨터, 디지털 문화로 공감대를 빠르게 형성하고 있다고 봅니다. 이렇게 만나고, 철도로 여행하고 같이 토론을 하다 보면 통일의 중간 단계를 연합으로 할지 연방으로 할지, 이런 것들은 굉장히 가까운 시기에 우리 가시권에 들어올 수 있다고 봅니다.

이재봉 여기까지 합시다. 질문 추가로 할 사람들이 많은데, 시간이 없군요. 정창현 선생님께 뜨거운 박수 보내며 마치겠습니다.

정창현 서울대학교 국사학과를 졸업하고, 대학원 박사 과정을 수료했다. 한신대학교, 상명대학교 등에서 강의했고, 1994년 중앙일보 현대사연구소 전문기자로 입사해 10년 동안 활동한 후 월간 『민족21』 편집국장과 대표를 거쳐 현재 머니투데이미디어 산하 평화경제연구소 소장으로 재직하고 있다. 국민대학교, 북한대학원대학교에서 겸임교수를 지냈으며, 민족화해협력범국민협의회 정책위원, 조계종 민족공동체추진본부 정책기획위원, (사)평화의길 이사 등으로 활동하고 있다. 저서로 『곁에서 본 김정일』(수정개정판), 『인물로 본 북한현대사』, 『북한사회 깊이읽기』, 『북녘의 사회와 생활』, 『남북현대사의 쟁점과 시각』, 『평양의 일상-사진으로 북녘 생활을 엿보다』, 『키워드로 본 김정은 시대의 북한』, 『정치사상은 민족을 초월할 수 없다 : 최능진 평전』 등이 있다.

역사·문학·예술 전문가들이 들려주는 평화와 통일 이야기

제2부

문학과 예술로 보는 평화와 통일

제6강 문학 | 황석영 소설가
제7강 필화사건과 저항문학 | 임헌영 문학평론가
제8강 미술 | 신학철 화가
제9강 음악 | 백자 가수
제10강 연극과 영화 | 권병길 연극·영화배우
제11강 남북한 언어와 문학예술 | 김재용 원광대학교 교수

역사·문학·예술 전문가들이 들려주는 **평화와 통일 이야기**

제6강 | 문학

기억·진실·용서·상생이 통일

황석영 소설가

이재봉 지난주까지는 역사를 통해 평화와 통일을 생각해봤어요. 오늘부터는 문학과 예술을 통한 평화와 통일을 공부합니다. 후반부 대담에서 가장 먼저 모신 분은 한 마디로 소개해드릴게요. 한국 최고의 소설가 황석영 선생님입니다. 박수로 맞아주세요. 작년부터인가요? 익산에 정착하고 계시다는 말을 들었습니다.

황석영 정착은 아니고 얹혀 있습니다.

이재봉 집필 때문에 익산에 계시는 것으로 알고 있는데, 비밀이 아니라면 무슨 작품을 어떻게 쓰고 계시기에 익산에 머물고 계시는지 소개 좀 해주시겠어요?

황석영 글쎄요. 2017년에 『수인』(문학동네)이라는 자서전을 끝마쳤는데, 그게 원고지 6,000장입니다. 10개국에 이미 번역 계약이 돼서 외국에서도 쏟아져 나올 텐데, 쓰고 나서 후회했어요. 너무 일찍 했나, 죽기 전에 쓸걸……. 말하자면 정리를 해버리니까 일생을 정리해버린 것처럼, 마치 간이나 쓸개나 위장이나 이런 게 어디로 빠져 사라진 것 같더라고요. 그래서 원로가 된다는 게 뭐냐, 원로작가라는 게 뭐냐에 대해 가만히 생각했어요. 자기 문학을 어느 정도 이루고, 요새는 살아있는 사람들이, 동료 작가들이 거대한 문학관도 세우고 있는데, 뒤집어놓고 얘기하면 원로작가라는 건 매너리즘의 벽에 딱 부딪혀있는 거죠. 지금 어떤 세계를 이뤘던 간에 거기서 이제 더 이상 나갈 데가 없는 거죠.

황석영 그런데 저 같은 경우에는 철이 덜 들어서 그런지 한 발 좀 더 나가자고 생각했어요. 그래서, 잘 아시죠? 사이드(Edward W. Said)가 미완성 원고로 남긴 『만년의 예술』(On Late Style: Music and Literature Against the Grain, 2007)을 보면 만년(滿年)에 늙은 노예술가가 자기완성을 하는 게 아니고 거기서 한 걸음 더 나아가려면 어떻게 하느냐, 그러면 청년 시절에 처음 시도했던 그 정신, 그렇게 도전하고 새로운 형식을 실험해보기도 하고, 그런 데로 돌아간다고 했어요. 그러니까 베토벤이 나인 심포니(9번 교향곡)을 쓰고 끝나는 게 아니라 젊은 시절에 했던 그런 실험정신으로 돌아가서 현악4중주로 자기 마지막을 정리했듯이, 또 괴테가 여러 작품을 쓰고도 청년기에 메모해 두었던 자그마한 노트에서 『파우스트』를 써서 가장 괴테적이지 않고, 가장 전이적(轉移的) 작품으로 자기 인생을 마감하는 것처럼 좀 해보자, 그런 생각을 했습니다.

"올해 77살인데, 앞으로 10년 더 쓰고 싶다"

황석영 작가들의 경우에는 그럴 때 위기가 옵니다. 그 위기는 매너리즘의 위기라고 하는 것인데, 노벨상 받은 뒤에 자살하는 사람 많잖아요. 헤밍웨이, 가와바타 야스나리(川端康成) 등……. 이 사람들은 그 이상 안 나가니까 (자살할 때) 권총을 사용하기도 하고 엽총을 사용하기도 하는데 세상이 허무해서가 아니라 백척간두에 서서 더 나아가려고 하는 거죠. 그래서 저도, 올해 77살인데, 앞으로 10년 정도 더 쓰겠다는 생각을 하고 있어요. 톨스토이는 가출한지 사흘 만에 감기 들어서, 서울로 치면 한 안양역쯤 되는 데서 죽었어요. 부인이 소피아(Sophia)라고 하는데, 사실 후세 사람들은 그분(소피아)을 참 억울하다고 생각할 거예요. 소크라테스 부인처럼 '악처'라고 얘기하는데, 남편의 집필을 지원하고 보장해주고 보살피기 위해서 애를 많이 썼는데 늙은 톨스토이가 도망갔어요. 그리고 도망간 지 사흘 만에 감기에 걸려서 죽었어요. 하여튼 제가 집에서 보따리를 싸갖고 나온 게 작년(2018) 5월 28일, 여기 유스호스텔이라고 있죠. 몇 군데 거처가 있었는데, 거기에 바로 들어갈 수 있어서 왔어요. 그런데 1989년 방북할 때부터 내가 생각을 했으니까 지금 30년이 넘었나? 제가 영등포에서 유년 시절을 보내면서 '철도원 3대' 이야기를 들었어요. 영등포에 철도 공작창이 있는데 그 철도 공작창 출신 기관사를 평양 방문했을 때 만났어요. 그 얘기는 너무 길어지니까 생략하고, 3대, 그러니까 할아버지, 그 자신, 그리고 아들 3대 이야기를 소설로 쓰겠다고 했어요. 왜냐하면 한국문학은 근대적 노동자 부분이 빠져있어요. 전부 농민이죠. 이건 뭐 일제 때부터 지금까지, 최근대(最近代)까지 전부 농민 얘기만 쓰고 근대적 노동자 얘기가 빠져 있어요. 왜냐하면 빨갱이로 봤기 때문에, 노동자의 노동운동을 빨갱이로 봤기 때문에 그 부분이 빠져 있어요. 그래서 그 부분을 내가 채우려고 합니다. 과거 리얼리즘 수법이 아닌 민담 같은 방식으로 노동자 할아버지, 본인, 아들 3대의 이야기를 지금 쓰고 있는데 아마 내년 1월말 2월초면 끝날 것 같아요.

※ 3대 이야기를 다룬 작품은 『철도원 삼대』라는 제목으로 2020년 6월 창비(창작과비평)에서 출간했다.

이재봉 좋습니다. 익산에서 훌륭한 작품을 발표하시기를 바랍니다. 제가 알기로 선생님은 1970년에 등단하셨어요. 거의 50년이 됐죠?

황석영 내가 62년에 『사상계』 신인문학상을 받고 나왔는데, 작품 두세 개 발표하고 관뒀다가 군대 갔다 오고 나서 전국을 떠돌아다니다가 정확히 70년대에 다시 시작한 거죠. 그러니까 정확하게는 62년 등단입니다.

이재봉 그럼 거의 60년이네요.

황석영 그렇죠. 50주년 기념을 2012년에 했어요.

이재봉 방금 빨갱이라고 말씀하셨는데요. 그러니까 선생님이 빨갱이가 돼서 감옥에 오래 계셨어요. 그러한 생활에도 불구하고 지금 한 20~30년 동안 최소한 30~40편 소설을 써내신 걸로 알고 있습니다.

황석영 빨갱이라는 말은 유럽에서 사회주의운동을 할 때에 기득권층에서 진보적인 노동자나 지식인들을 '레즈'(Reds)라고 했던 표현입니다. 1998년, 긴 노정을 끝내고, 광주항쟁이 80년이니까 대략 18년 동안 전 세계를 떠돌다가 돌아와서 98년 이후 집필을 해서 지금까지 한 30권 썼죠.

이재봉 하여튼 수많은 작품을 쓰셨는데, 작가 입장에서 본다면 단편이든 장편이든, 옛날 것이든 요즘 것이든, 전부 자기 새끼처럼 아깝겠지만, 수많은 작품 중 가장 아끼는, 황석영 작품에서 이것만은 빼놓을 수 없다는 작품을 하나만 뽑는다면 어떤 것인가요?

"가장 아끼는 작품은 신작, 지나간 작품은 세상의 것"

황석영 책을 팔기 위해서가 아닌데, 신작(新作)이 제일 맘에 들어요. 그러니까 지금 쓰고 있는 작품은 『마터 2-10』(YES24 '채널예스' 단독 연재, 총 95화)입니다. 여러분, 좀 찾아봐요. 핸드폰 앱을 누르면 떠요. 핸드폰에서 내 소설을 볼 수 있어요.

이재봉 저도 그 작품은 아직 읽지 못했습니다.

황석영 소문이 많이 나야 되는데, 내가 가만히 있으니까……. 하여튼 신작이 늘 제일 좋고 지나간 건 잊어버립니다. 제 것이 아니기 때문이죠. 지나간 작품은 세상의 것이고 여러분 것이죠.

이재봉 선생님과 이메일 주고받다 보니 선생님 아이디에 '길산'이 들어 있더군요. 대표작은 『장길산』이라고 생각했는데요.

황석영 그게 오해를 받는데요. 물론 『장길산』(현암사, 1984; 창작과비평, 1995, 2020)을 아끼지 않는다는 얘기가 아니라, 솔직히 얘기하면 우연인데, 98년에 석방되고 나와 보니 세상이 달라졌어요. 이메일을 그때 시작했어요. 이메일 사용하는 방법을 내가 모르잖아요. 원고를 보낼 수 있게 출판사 직원이 와서 깔아줬어요 그 전에는, 매킨토시 때부터, 286 컴퓨터 때부터 썼으니까 컴퓨터로 새로운 것을 하는 게 좋았거든요 그 전에는 전동타자기를 썼죠.『장길산』은 손으로 썼어요. 대략 원고지 6만 장 분량입니다.

이재봉 그렇겠죠. 열 권짜리니까요.

황석영 파지(破紙)까지 그 정도 분량이었어요. 그래서 손이 아주 병신이 됐어요. 손이, 손가락이 휘어지고, 그럴 정도로 손이 안 좋았어요. 손으로 쓰는 게 너무 지겨워가지고 보니까 전동타자기라는 게 있었어요. 그게 제일 처음이었죠. 그 다음에 일 년 즈음 있었더니 워드프로세서가 나왔어요. '르모 원', '르모 투'라고 대우에서 만든 휴대용 워드프로세서가 나왔고, 방북했다가 베를린에 갔더니 거기서는 전부 매킨토시를 쓰고 있더군요. 그래서 거기다가 제일 처음 나온 아래아한글을 깔아서 썼어요. 그게 1989년이니까 굉장히 오래 전 얘기죠. 그랬는데 출판사 직원이 한글을 깔아주면서 닉네임을 써줬어요. '장길산'이라고 쓰려고 했더니 어떤 사람이 등록을 해버려서 황 씨니까 '황길산', 그래서 'h길산'으로 되어 있습니다.

이재봉 선생님은 신작이 역시 마음에 남는다, 우리 부모들이 막내 애기한테 정을 갖듯이……. 그렇지만 독자 입장에서는 황석영 하면 떠오르는 게 『장길산』입니다. 오래 전에 발표했기 때문에 젊은 친구들은 잘 모를 거예요. 대표작이니까『장길산』이 어떤 내용인가 간단하게 소개해주시겠어요?

"30대에 쓴『장길산』, 60대가 쓴 것으로 생각한 사람 많았다"

황석영 32살에 시작해서 42살에 끝냈어요. 그런데 60살 넘은 사람이 쓴 줄 알았다는 사람이 많았어요.『장길산』은 '조선시대 도둑' 이야기에요 성호(星湖) 이익(李瀷)이라는 실학자가 있죠. 이익이라는 양반이 여러 가지 풍속, 습관, 지리 등을 보고 쓴 잡서(雜書), 『성호사설』이라고 있어요. 거기 보면 조선의 삼대 도적 이야기가 나옵니다. 첫째는 홍길동. 홍길동이 허균의 소설에 나오는 가상의 인물로 알고 있는데 충청도 도적입니다. 실제 존재했습니다. 홍길동은 당상관 복장을 하고 다니면서 귀한 몸 행사를 했어요. 세곡도 뺏고 부하들 데리고 관원처럼 하고 다녔어요. 『성호사설』을 보면, 시장 아이들이 홍길동 이름을 빌어서 의리를 있지 말자고 그랬던 모양입니다. 그런데 홍길동이 왜 그렇게 재주꾼으로 알려지고 유명했냐면 팔도에 있는 홍길동 부하들이 이름을 홍길동이라고 하면서 활동했어요. 주로 충청도에서 내륙 쪽으로 걸치는 지역에서 활동했는데 나중에 잡혀서 전옥서(典獄署), 그러니까 형무소에 갇혔어요. 전옥서는 지금 동아일보사 있는 서린동 거리인데 옛날에 전옥서가 있던 자리입니다. 그런데 홍길동이 전옥서 지붕을 뚫고 탈출했어요. 그래서 유명해졌어요. 둘째는 임꺽정입니다. 임꺽정은 황해도 구월산에 있던 도적인데, 잔당이었던 서림(徐林)이라는 사람의 배신 때문에 잡혀서 토벌당해 죽습니다. 셋째는 장길산입니다. 장길산은 황해도에서 광대로 태어났어요. 광대라는 건 뭐예요? 재주꾼이죠. 광대탈 쓰고 춤도 추고 땅재주도 넘는 광대로 태어나 광대 활동을 하며 살다가 나중에 일당을 모아 산에 들어가서 산적 노릇을 했고, 거의 30여 년 활동하는 동안 잡히지 않아요. 숙종 때인데 숙종이 '이놈이 잡혀야 내가 두 발을 뻗고 자겠다'고 말할 정도였어요. 그런데 한양에 있는 선비들과 결탁해 왕조를 뒤집는 사건에 연루돼요. 그러니까 광대에서 도적으로, 도적에서 상단을 만들어요. 부하들은 전국 각지에서 마상 노릇을 했죠. 그러니까 상업자본하고 결탁이 되어 있는 것 같아요. 나중에는 혁명가로 역사 속에서 완전히 사라져버렸어요. 그래서 이 이야기를 써야겠다고 생각했어요. 다른 데는 자료가 없는데, 4.19 이후에 한국 역사를 하던 소장학자들이 왕조 중심 또는 식민사관을 극복하기 위해서 민중 중심의 사료들을 뒤졌어요. 그러다가 서울대학교 규장각에 산더미처럼 쌓여 있는, 정리가 안 되어 있는 여러 가지 자료를 봤어요. 거기 보면 의금부, 지금으로 말하자면 중앙정보부 같은 곳인데, 의금부 조서 같은 게 있었어요. 그 안에서 장길산 자료를 발견했어요. 책으로 한 권 반 정도 되는 분량인데 굉장히 자료가 많습니다. 실록(숙종현의광륜예성영렬장문헌무경명원효대왕실록, 肅宗顯義光倫睿聖英烈章文憲武敬明元孝大王實錄)에도 나오지만 특히 그 자료가 굉장히 중요한 자료였어요.

이재봉 그러니까 과거 역사 자료 한 권 분량을 열 권짜리 소설로 만드신 거네요.

황석영 사실은 『성호사설』이나 실록에 나오는 것은 서너 줄 정도입니다. 그러니까 '뻥튀기' 정도가 아니라 완전히 '프라이'를 한 거죠. 그래서 지금 이 나이 되도록 우리 후배들이 나 안 듣는 데서는 '황구라'라고 한다고 합니다. 그러고 보면 '김구라'는 표절입니다. 왜 그러냐면 그 때는 '구라'라는 말이 '거짓말'이라는 소리가 아니라 '얘기를 잘한다'는 뜻이었어요. 하지만 우리 때는 '구라'라고 하지 않고 '라지오'(Radio)가 좋다고 해서 '황석영은 라지오를 잘한다, 라지오를 잘 푼다', 이렇게 했는데 요새는 '구라'라고, '황구라'라고 그럽니다. 얘기가 끝나지 않고 10년 동안 신문에 매일 끊임없이 나오니까 기자들이 붙인 별명입니다.

이재봉 여러분, 책 한 권 분량이면 보통 장편소설이라고 해요. 장편 중에서도 열 권짜리라 대하소설이라고 합니다. 『장길산』은 우리나라 대하소설의 가장 대표적 작품이죠.

100년을 30년으로 압축한 '대하소설의 시대' 겪었다

황석영 우리는 근대화를 압축적으로, 30년 만에 진행을 했잖아요. 서양만

해도 르네상스 이후 이행기를 거쳐서 한 100년 걸렸고, 일본 메이지유신이 100년, 그런데 우리는 겨우 30년에 해치웠어요. 박정희 군사독재, 소위 말하는 개발독재를 이어받은 신군부 개발독재가 30년 동안에 했습니다. 문학사도 이 기간 동안 한꺼번에 했다고 봐야죠. 서구가 19세기부터 해왔던 것을 한꺼번에 붙여서 해버렸어요. 사실은 대하소설도 세계문학의 유례가 없는 19세기 양식입니다. 그러니까 우리가 그 시대, 대하소설의 시대를 겪었어요.

이재봉 지금 박정희, 전두환 시대를 얘기하셨어요. 그런데 선생님은 소설가뿐만 아니라 사회운동가 직함도 있는데, 또 소설만 쓴 게 아니라 보고서 또는 르포르타주도 쓰셨고요. 선생님 보고문학 중에 가장 대표적인 게 광주항쟁을 그린 『죽음을 넘어 시대의 어둠을 넘어』(창작과비평, 2017; 풀빛, 1985)일 텐데, 저는 미국에서 봤어요. 그래서 광주항쟁의 참상을 알게 됐는데, 쓰게 된 동기가 광주학살 진실과 참상을 빨리 알려야 되겠다는 것이잖아요. 그런데 학생들한테는 광주항쟁도 먼 과거입니다. 대부분 학생들이 1990년대 후반 출생이니까요. 광주항쟁이 어떤 것이고 왜 소설이 아니라 보고서를 쓰셨어요?

황석영 『차이나는 클라스』(JTBC 교양 프로그램)라고 있어요. 그것을 보는 게 제일 빠릅니다. 우리는 분단되어 있잖아요. 한 민족이지만 국기도 다르고 국가도 다르고 UN에도 동시 가입돼서 다른 나라로 가입되어 있는 조선민주주의인민공화국이 있죠. 분단된 대한민국입니다. 일본으로부터 독립했지만, 사회과학 용어로 포스트콜로니얼리즘(post-colonialism, 脫식민주의)이라고 하는 것 같은데, 후기 식민지 노릇을 해 온 것이죠. 요번에 일본하고 으르렁거리면서 보니까 그것이 확실해졌어요. '아직도 우리가 후기 식민지 사회에 살고 있구나', '이것을 극복하는 게 이제 시작이로구나', 하는 생각을 했어요. 그러니까 말하자면, 강대국들이 후기 식민지 상태에서 냉전 관리를 해야 되니까요. 우리나라뿐만 아니라 라틴아메리카라든가 동남아에서도 우리 같은 단계를 거쳤습니다. 그래서 1980년이 됐을 때, 오랫동안 독재를 해오던 독재자 박정희가 죽으니까 드디어 민주화를 기대했는데 또다시 신군부가 독재를 하니까 부딪친 거죠. 민주화항쟁이 부딪쳐서 피를 흘렸지만 그 결과로 87년 6월항쟁을 통해 형식적 민주주의를 갖추게 되었죠. 그래서 현재 여러분들이 누리고 있는 형식적 민주화 사회 제도가 그때 생긴 겁니다. 그 피 덕분에 우리가 민주주의를 쟁취했습니다. 결론적으로 얘기하면, 2차대전 이후 전 세계에서 식민지가 됐던 나라에서 근대적인 산업화와 이 정도의 선진적 민주주의를 쟁취한 나라는 지구상에 우리밖에 없어요. 이게 대단한 일이죠. 이 정도만 얘기하면 될까요.

이재봉 고맙습니다. 그런데 광주항쟁과 관련해 보고서만 내신 게 아니고 유명한 노랫말도 하나 쓰셨어요. 그러니까 작사도 하신 건데, 올해부터 5.18 기념식에서, 정부에서 공식적으로 부르기로 했습니다만 과거 이명박, 박근혜 정부 때는 이 노래 제창 여부를 놓고 상당한 논란이 있었어요. 여러분 「임을 위한 행진곡」 들어보셨어요? 그 노래 가사를 붙인 분이 선생님입니다.

황석영 사실은 제작할 때 여러 사람이 다 참여해야 하니까 우리 집에서 후배들 모아놓고 했어요. 사건이 생겨도 여러 사람이 책임을 나눠서 분담하면 좋잖아요. 그래서 김준태, 문병란 등 주변에 있는 시인들 시집을 다 갖다놓고 했어요. 그런데 백기완 선생이, 그 분이 호랑이 같은 사람이라 체력도 좋은 양반인데, 그때 아마 YWCA위장결혼식사건 때 잡혀가지고 고문을 당해서 몸이 망가졌어요. 그래서 살아나려고 강원도 산속에 들어가서 요양을 했는데, 겨울에 바람이 불면 전나무나 사철나무가 바람에 윙 하고 울잖아요. 전부 죽은 옛날 동지들이 자기를 부르는 것 같더래요. 그래서 그걸 쓴 게 「산

자여 나를 따르라」입니다. 내가 먼저 갔지만, 산 자여 나를 잊지 마라는 시가 있어요. 그 시가 두세 줄 될 겁니다. 나중에 백 선생이 노래가 나온 뒤에 다시 시를 비슷하게 쓰셨어요. 하여튼 곡을 만들어 녹음을 했는데 「임을 위한 행진곡」은 몇 가지 종류가 있는데 사실은 '아시아의 인터내셔널'입니다. 옛날 20세기 초반에는 사회주의 운동을 하는 노동자들이라든가 세계 지식인들, 이런 사람들이 현장에서 또는 전쟁터에서도 부른 「인터내셔널」(The Internationale, 노동자 해방과 사회적 평등을 담은 민중가요)이라는 유명한 노래가 있죠. 내용은 '만국의 노동자여 단결하라, 단결해서 자본가의 사상을 끊고 우리의 해방된 세상을 맞이하자'는 것입니다. 「임을 위한 행진곡」은 민주주의의 상징이 됐어요. 최근에는 홍콩 시위 현장에서도 불렀다고 했잖아요. 이 곡은 제가 한 게 아니라 광주에서, 말하자면 피를 흘리고 고귀하게 희생한 분들의 정신이 아시아에 알려져서 '21세기 인터내셔널'이라고 말합니다.

이재봉 저는 사회과학을 공부합니다만, 선생님 소설을 통해 사회 현실을 많이 공부했습니다.

'문학을 하는 사회과학, 사회과학을 하는 문학' 필요

황석영 아까 와서 이재봉 교수와 차를 한 잔 했는데 깜짝 놀랐어요. 나한테 보낸 것을 보니까 문학평론가 같아요. 좀 거칠긴 해요. 그런데 사회과학을 하는 사람이 문학을 잘 알기는 쉽지 않거든요. 그래서 농담을 했어요. 사회과학자가 문학을 어떻게 잘 아시냐고 그랬더니, 선생님도 사회과학을 많이 아시지 않냐고 했어요. 사실 문학하는 사람은 사회과학 책을 많이 읽어야 합니다. 문예창작과를 한 번 공격했다가 혼난 적이 있어요. 정말 마냥 문학 책만 들여다봐요. 사회과학 책 좀 보란 말이죠. 또 사회과학 하는 사람들은 문학 책을 안 봐요. 전공이 아니라면서요. 문학을 하는 사회과학, 사회과학을 하는 문학, 이래야 무슨 얘기가 되잖아요. 외국에서는 당연한 일인데 우리는 아직도 옛날 80년대에 맞춰져 있어요. 80년대생이 진보적 정부에 많이 들어가 있잖아요. 이 자들의 약점을 보면 '프로젝트주의자'가 많아요. 인생으로 살아낸 게 아니고 사회과학 책을 너무 봐서 프로젝트는 잘 아는데 현실적 바닥을 몰라요. 80년대 운동권 학생 출신에게 요즘 한국소설 좀 읽어봤느냐고 물어보면 아주 당당하고 떳떳하게 소설책 읽을 시간이 어디 있냐고 합니다. 말도 안 되는 얘기죠. 아니, 소설책을 읽어야 이 땅의 민중들이 어떻게 사는지, 그들이 무슨 생각을 하는지, 어떤 상태에 있는지 알지요. 그런 것을 알지 못하면 무엇을 위해서 운동하는 거냐고 야단쳤던 기억이 납니다.

이재봉 선생님은 '빨갱이 문학인'이라서 그런 말씀을 하시는 거예요.

황석영 이 교수는 말하는 것도 이렇게 거칠어요. 저는 약간의 진보입니다. 서양에 갖다 놓으면 '전형적인 자유주의자'입니다. 조직 싫어하고 혼자 다니기 좋아합니다. 그런데 우리가 분단이 돼서 한 절반 정도를 왼쪽에 뺏겼어요. 운신의 폭이 좁아요. 왼손잡이에게 복닥거려서요. 제일 진보적이라는 정의당, 민노총은 '빨갱이'라고 말하는데, 서유럽에서 보면 그냥 '저항주의자' 수준밖에 안돼요. 민주당은 보수죠. 유럽에서는 보수당으로 칩니다. 그리고 자한당(자유한국당)은 그냥 파시스트입니다. 그러니까 왼쪽이 많이 점거했기 때문에 그 안에서 복닥거려야 하니까 운신의 폭이 굉장히 좁은 거예요. 거기다 국가보안법까지 있잖아요.

이재봉 그러게요. 그런데 베트남전쟁을 다룬 선생님 소설을 통해 새로운 면이 있다는 것을 배웠어요. 80년대에 나온 『무기의 그늘』(형성사, 1988; 창작과비평, 2006, 2013)입니다. 두 권짜리인데, 연재하시면서도 중단이 되는 등 수난을 좀 당하셨어요. 한국전쟁도 아니고 베트남전쟁과 관련해 미국의 실상을 폭로한 건데, 우리나라에서 연재 중지, 판매 금지가 됐었죠. 그리고 선생님은 베트남에 직접 참전하셨어요. 1970년에 단편 「탑」(단편집 『객지』, 1971; 문학동네, 2020)을 발표하셨고요. 이것도 미국과 관련된 것이죠. 이런 소설을 쓰게 된 배경, 그리고 우리가 베트남전쟁에 대해 오해나 왜곡해서 알고 있는 것에 대해 말씀해주시겠어요?

"베트남전쟁은 냉전시대 패권 확보 전쟁"

황석영 연재 중지, 판매 중지 등 수난은 세 번 당했지요. 책을 쓴 이유, 간단해요. 내가 미국에 망명하고 있을 때 LA에 있는 어느 외국인 교수가 번역하겠다고 해서 왜 그러냐고 물었더니 '베트남전쟁은 한국전쟁이다, 한국전쟁은 베트남 전쟁이다', 이렇게 딱 한 마디로 간단하게 얘기했어요. 말 그대로 베트남전쟁은 한국전쟁이고 한국전쟁은 베트남전쟁인 거죠. 베트남전쟁을 보면 한국전쟁의 원인과 결과와 방향이 그대로 나와요. 베트남전쟁은 아시아에서 팍스아메리카나(Pax Americana, American Peace, 20세기 후반 평화 관련 서양 세계의 역사적 개념)라는 냉전시대의 자기 패권을 확보하기 위해 벌인 전쟁이죠. 그런데 이게 말이죠. 최근에도 영화를 하겠다고 그러는데, 벌써 오래 전에 팔았어요. 왕가위(王家衛) 감독이 텔레비전 드라마를 만들어 헐리우드에 팔겠다고 하더군요. 그래서 같이 합작을 해서 진행했는데, 그러다가 이명박 때인지 박근혜 때인지 중단됐어요. 돈은 받았으니까 영화가 안됐어도 별로 섭섭할 건 없죠. 하여튼 지금도 고엽제니 뭐니 해서 난리를 치잖아요. 베트남에서 양민을 학살했다고요.

황석영 그런데 우리가 일본에게 징용이나 위안부를 이유로 비판하고 증오하는 것처럼 우리 자신이 베트남에 가서 저지른 짓들에 대해서 반성하고 사과해야 합니다. 『BBC』에서 다큐멘터리를 만든다고 왔어요. 베트남전쟁을 당신처럼 아시아인으로서 정확하게 지적하고 표현한 사람이 없다면서 다큐멘터리에 나와서 베트남전쟁의 본질을 얘기했으면 좋겠다고 했어요. 서울에 올라가면 인터뷰를 할 모양입니다. 한 번은 『가디언즈』 기자가 나한테 메일을 보냈어요. 메일을 보니 사진과 베트남 이름이 나와요. 자기 엄마가 북베트남 신문기자, 종군기자였는데 북베트남군을 따라서 종군을 하다 한국군 포로로 잡혔고, 거기서 가혹행위를 하고 포로 전원을 학살하고 어머니를 끌고 돌아다녔다고 해요. 별짓을 다 했겠죠. 그런 다음 죽였어요. 그 기자는 어머니 시신을 어디에서 어떻게 했는지 몰라서 찾고 싶다는 것이었어요. 당시 자신은 갓난아기였고, 전쟁이 끝난 후 영국에 갔고 현재 『가디언즈』 기자를 하고 있는데, 당신이 몇 년 몇 월 며칠에 작전을 했던 부대를 안다면, 그리고 누군가 커밍아웃을 해서 어머니의 최후를 알았으면 좋겠다는 내용이었습니다.

한국은 베트남전쟁에 대해 진심으로 사죄해야 한다

황석영 편지와 함께 보낸 사진을 보고 얼마나 당황했는지 몰라요. 그게 박근혜 정부 때입니다. 그래서 몇 군데 물어봤어요. 전부 쉬쉬 하고만 있어요. 국방부에서도 학살을 당했던 베트남 촌민을 몇 명 불러서 행사를 하려 했는데 취소됐어요. 아마 한베평화재단인가 무슨 '베트남 미안해요'라는 단체(『미안해요! 베트남 : 한국군의 베트남 민간인 학살의 현장을 가다』, 이규봉, 푸른역사, 2011)하고 행사를 하려고 사람을 불렀는데 전부 보이콧해서 하지 못했어요. 내 또래 늙은 놈들이 군복을 입고 돌아다니면서 지랄을 해서요. 피해를 입혔으면 당연히 반성하고 가서 사과하고 그래야 될 거 아닙니까? 지금도 한국전쟁 또는 4.3항쟁 또는 광주항쟁 그리고 베트남전쟁, 이런 얘기를 진실에 접근해서 말해야 해요. 굉장히 불편한 것도 알아야 해요. 베트남전쟁에서 학살하고 그런 전쟁 경험을 가진 장교와 하사관들이 광주에 와서 나쁜 짓을 벌인 거예요. 그런 사실은 그 당시에 있었던 하사관들이 진술한 것에도 나와요. '내가 베트남에서 어떤 일을 하고 왔는데 말이야, 이 새끼들이 말이야, 아무것도 아닌 놈들이 겁도 없이 까분다', 뭐 이런 증언이 나와요. 그러니까 이게 모두 우리가 우리 안에서 우리가 저지른 일이고 우리가 해결해야 하고 역사 속에서 해결해야 할 문제죠.

이재봉 선생님은 이미 30~40년 전에 베트남전쟁은 한국전쟁이고 한국전쟁은 베트남전쟁이라고 했는데 저는 기껏해야 10년 전에 논문 쓰면서 '베트남전쟁은 제2의 한국전쟁'이라는 표현을 썼어요. 학생들을 위해 한 마디 덧붙이자면, 미국에서 반전운동이 거세게 일어난 게 1960년대 중반입니다. 베트남전쟁 때문이죠. 베트남전쟁은 명분이 없다면서 징병을 거부한 사람이 나중에 대통령이 됐어요. 바로 클린턴입니다. 그만큼 명분이 없었고 온 세계가 비난하는 전쟁이었습니다. 그런데 우리 한국은 줄기차게 파병했어요. 인구 비례로 따지면 미국 군인보다 우리나라 군인이 더 많이 갔습니다. 가서 양민학살도 많이 저질렀고요. 그런데 우리는 아직까지 인정하지 않아요. 우리가 일본에 대해서는 역사 왜곡한다, 침략 부정한다고 비난하고 있는데, 우리는 베트남에서 저지른 죄악을 아직 사과하지 않고 있다는 것을 참고하시기 바랍니다.

황석영 그 내용에 덧붙이면, 근대화와 관련된 것입니다. 헐값에 소위 '독립축하금' 3억 달러를 받았잖아요. 그게 지금 문제가 되고 있고요. 그리고 베트남전쟁에 참여하면서 병사들이 받은 생명수당은 몇 백 달러나 되는데 국가가 떼먹었어요. 병사들에겐 40달러만 줬어요. 아마 100~150달러일 텐데 병사들은 40달러만 받았어요. 우리가 늘 얘기하는 것인데요. 아침에 일어나서 밤늦게까지 헤매고 뛰어다니고 폭탄을 피해 다니면서 살아야 하는데, 하루 목숨 값은 1달라 20센트입니다. 그러니까 우리 근대화는 독일에 광부와 간호원을 보낸 것과 마찬가지로 베트남전쟁에 젊은이들을 용병으로 보내서 국가가 목숨 값을 챙겼습니다. 근대화하는 비용에 썼죠. 그런데 일본은 참 간교하죠. 한국전쟁에서 우리는 300만 명이 죽고, 전 국토가 폐허가 되고, 북한의 산업시설이 전부 파괴됐어요. 맥아더사령부 보고서에 보면 당시 북한은 '더 이상 표적이 없다'(No more target)고 할 정도로 완전히 부쉈어요. 일본은 그 기간 동안 전후 복구('전쟁특수'(戰爭特需)라고 부르는 개념)를 진행합니다. 이것을 '요나자기 경제', 즉 '한국전쟁 특수'라고 하는데, (요나자기는) 일본 도깨비 이름입니다. 우리나라 말로 하면 '황금도깨비'라고 하겠죠. 요나자기 경제 다음에 '세이부 경제'라는 게 있는데 이것도 도깨비 이름입니다. '베트남전쟁 특수'를 말하죠. 일본은 한국전쟁과 베트남전쟁을 통해 선진국으로 올라섭니다. 그것을 방조하고 밀어준 게 미국이죠. 그것만 얘기하겠습니다.

　이재봉 하여튼 베트남전쟁을 제2의 한국전쟁이라고 하는 이유가 남베트남 또는 미국을 가장 많이 적극적으로 도운 나라가 우리 남한이고 북베트남을 가장 적극적으로 도운 나라가 북한이에요. 남한과 북한이 베트남에서 또 싸운 겁니다. 오늘 공부 주제가 통일문학입니다. 선생님 가슴 아픈 부분을 건드리는 것이겠지만, 1989년에 정부 허락을 받지 않고 북한을 방문하셨어요. 흔히 우리가 불법방북 또는 밀입북이라고 하는데, 감옥에도 다녀오셨고 망명생활도 하셨어요. 왜 북한에 가셨고 무슨 일을 하셨어요?

E. H. 카와 피카소 금지할 만큼 암울한 시대

　황석영 꼭 무슨 안기부(현 국가정보원)에서 묻는 것 같아요. 하하하. 여러분, 『차이나는 클라스』를 봐요. 아마 1,500원인가 1,200인가 결제하면 상·하편을 볼 수 있을 겁니다. 핸드폰에 다 떠요. 하여튼 80년 광주 이후에 우리 사회가 변합니다. 냉전 상태로는 도저히 민주화가 한계라는 것을 알게 됐죠. 그리고 민주화를 억누르고 있는 게 국가보안법이라고 봤습니다. 그렇지만 민주화 요구가 차오르면 꼭 반공사건이나 북한 간첩사건 같은 것을 만들어서 조작해요. 그것으로 쳐내버리는 것이죠. 그러니까 이것을 일상화하지 않으면, 정면으로 대결하지 않으면 냉전의식을 깨는 것도 민주화를 쟁취하는 것도 못한다는 것이었죠. 심지어 자기 국민까지도 군대를 시켜서 죽이고 있지 않느냐, 길거리에서 저렇게 죽으니 어떻게 해서든지 정면 돌파를 해야 되지 않냐, 그러면서 북한바로알기운동 같은 게 올라오기 시작한 것이죠. 그 시기는 내가 광주항쟁 기록을 쓴 후인데, 사정 당국이 체포해서 재판하면 문제가 더 커질 것 같으니까 추방합니다.

　황석영 그 무렵 독일에서 열린 제3세계문화제에 초청을 받았어요. 나간 김에 1년 동안 돌아다니면서 광주항쟁을 알리는 작업을 하게 되는데, 그때 알았어요. 그 당시는 여권도 맘대로 낼 수 없었죠. 해외로 나갈 때는 중앙정보부 교육관에 가서 소양교육을 받았어요. 소양교육은 반공교육이에요. 밖에 나가 북한 사람들 보면 어떻게 하라, 북한 출판물을 보면 어떻게 하라, 이런 식이죠. 지식인도 예외 없이 교육을 받고 나갔는데, 바보가 된 기분이죠. 유럽 사회는 무슨 책이든 다 있으니까 교육을 하는 겁니다. 예를 들어 E. H. 카(Edward Hallett Ted Carr), 이 사람은 자유주의자인데, 그가 쓴 『역사란 무엇인가』가 금서입니다. 영화 『변호인』(양우석, 2013)에 나오잖아요. 그 사람이 러시아 대사도 하고 영국의 주권을 위해서 일을 했던 우익 편향 사람인데도 빨갱이가 썼다는 이유에서 금지한 것이죠. 심지어 피카소(Pablo Ruiz Picasso)가 젊은 시절에 프랑스공산당에 입당한 적이 있다고 피카소 그림도 금지했을 뿐만 아니라 어느 회사가 '피카소 물감'이라는 이름으로 어린이용 수채화 도구로 만들었는데 잡혀갔어요. 그래서 '피카소 물감'이라는 말도 쓰지 못했어요. 그런 사회에서 유럽 사회의 자유분방함, 지식이 열려 있는 곳에 가서 느끼는 모멸감은 이루 말할 수가 없어요. 그리고 청중들이 질문을 합니다. 북한에 대해 아는 게 뭐냐고요. 하지만 아는 게 없어요. 작가인데도 알 수가 없어요. 말할 수 없는 모멸감이 들어요. 그래서 세계와 만난다는 것은 북한이라는 장애물을 통과하지 않으면 안 되겠다, 북한을 넘어서야 세계시민 속에 동참할 수 있겠다는 생각을 했고, 정면 돌파를 해야겠다고 결심했지요.

황석영 작가는 무당과 똑같아요. 트로이전쟁을 다룬 『오디세이』(Odyssey)에 보면 카산드라(Cassandra)가 나오잖아요. 트로이가 망한다고 예언했죠. 작가는 카산드라 같은 존재입니다. 그래서 금기(禁忌)라고 하는, 터부(Taboo)가 있거나 금지 상황 같은 게 있으면 깨뜨려서 사회화하고 일상화해서 아무렇지도 않게 만드는 게 작가에요. 다른 사람이 할 수는 없어요. 종교를 갖고 있는 종교인들도 그런 의미가 있죠. 그래서 억눌리거나 또는 제한받고 있거나 자유스럽지 않은 동시대 사람들을 풀어줄 임무가 있는 거죠. 이 이야기는 한참 해야 되니 이 정도만 합니다.

이재봉 북쪽 최고 지도자 김정은 위원장도 마찬가지지만 선생님 방북 당시 김일성 수령, 신 같은 사람이라서 웬만한 국가 지도자도 만나지 못하는데, 선생님은 가서 두세 번 만나셨다고 들었어요.

『장길산』은 북한에서 출판한 최초이자 유일한 한국문학

황석영 김일성은 두세 번 아니라 스물두 번 만났어요. 셰익스피어(William Shakespeare)가 쓴 『리어왕』(King Lear)이나 『템페스트』(The Tempest)를 연극으로 만든 작품을 보면 옆에 광대가 있잖아요. 왕의 심심함과 긴장을 풀어주는 역할인데, 참 자유스러워요. 풍자도 하고요. 외국 드라마에는 그런 일이 많이 벌어지는데 내가 보니까 김일성이 굉장히 심심하더군요. 독재자니까 아들(김정일)이 다 하고 자기는 외교사절 오면 사진이나 찍는 상징적 존재죠. 그러니까 심심하죠. 언젠가 만나러 들어가는데 호위총국에서 단답형으로 '네, 아니요', 이렇게 단답형으로만 대답하라고 주의를 줬어요. 또 좋은 얘기만 하고, 말 끼어들지 말고, 중간에 다 듣고 나서 끝에서 간단히 줄여서 얘기하라는 등 주의사항이 많았어요. 그런데 우리는 자유주의자라서 들어가는 순간 다 까먹어요. 그 자리에 내 또래의 이춘구(李春久)라는 북한 시나리오 작가가 있었어요. 노력영웅인지 인민영웅인지, 그런 상을 받았어요. 그 친구하고 나하고 앉아 있는데 그 사람에게도 얘기를 시켜야 하잖아요. 김일성이 '이 작가는 애가 몇이냐'고 물어보니 이 친구가 벌떡 일어나더니 '네, 셋입니다', 라고 했어요. 그러니까 김일성은 그런 존재죠. 하지만 나는 '주석님, 아닙니다'라는 말도 하고, 말 중간에 끼어들기도 하고, 자르기도 하니까 그게 재미있었나 봐요. 그래서 심심하니까 일본에서 나온 홈드라마를 보고 있다고 해요. 『장길산』도 열심히 읽었다고 해요. 『장길산』은 노인들이 좋아하잖아요. 옛날 얘기이고, 또 도둑놈 얘기니까요. 사실 도둑놈 잡으러 다니는 얘기가 제일 재미있잖아요. 『장길산』은 여러 배로 키워가지고 봤다고 해요. 그러다가 눈이 아파서 남녀 성우를 동원해서 입체적으로 낭독을 했다고 합니다. 오디오북을 스스로 생각해서 다 봤답니다. 그러다 날 만나니까 재미가 있었던 것 같아요. 『장길산』은 김일성 자신이 직접 지시해서 북한에서도 출판했습니다. 『장길산』은 북한에서 출판한 최초이자 유일한 한국문학인 셈이죠. 박경리의 『토지』도 한두 권 출판한 것으로 알고 있는데…….

이재봉 그러게요. '구라'를 얼마나 재미있게 쳤으면 '위대한 수령 김일성 동지'가 스무 번이나 만나자고 했겠어요.

황석영 내가 얘기하려고 것은 시스템은 달라도 사람은 똑같다는 것입니다. 다 똑같고 별 것 아니에요. 북한이 무섭고 그런 게 아닙니다. 사람 사는 곳이죠. 똑같아요. 북한도 문인들끼리 만나면 저녁에 대동강변에 있는 수산시장에 모여요. 거기는 생선 종류가 좀 달라요. 명태를 여기 홍어처럼 생태로 썰어갖고 무친 것, 그게 술안주로 아주 좋아요. 소주 먹으면서 노래도 하고 음담패설도 하면서 재미있게 보냅니다. 어디나 똑같아요.

이재봉 그렇지만 돌아와서 고초를 겪으셨어요. 망명생활에 감옥생활까지 하셨죠. 그 대신 옥동자를 내셨어요. 나와서 쓰신 책이 '방북기'라고 할 수 있는데, 북한도 가보니까 똑같다는 내용이죠. 『사람이 살고 있었네』(시와사회, 1993)죠. 그 전에는 뿔 달린 이상한 사람들이 사는 곳으로 알려졌는데, 선생님은 북한도 우리와 똑같은 사람이 살고 있다는 얘기를 해주신 거죠.

북한을 두 마디로 표현하면 '절망'과 '감동'

황석영 그런데 그게 80년대까지 일이지요. 그 이후의 북한은, 말하자면 사회주의권이 붕괴된 다음에 빈곤국으로 급전직하(急轉直下)해서 이전 생활로 돌아가지 못했어요. 70년대에는 북이 우리보다 훨씬 잘 살았으니까요. 세계적 통계, UN에서도 인정하고 있는 것인데, 자급자족으로 살았죠. 앞에서 얘기한 것처럼 '더 이상 파괴할 목표가 없다'라고 할 만큼 폐허 속에서 이루었죠. 자급자족경제를 이루었으니까 대단한 것입니다. 우리 동포가 대단한 기질과 재간을 갖고 있는 거죠. 그래서 북한을 두 마디로 표현하면 '절망'과 '감동'입니다. 감동은 인민들의 엄청난 생활력에 감동을 받는 것이고, 절망은 분단돼서 세계 최강의 제국주의로부터 봉쇄당한 채 압박을 받으니까 통제사회가 됐어요. 이 사회를 와다 하루끼(和田春樹) 같은 일본 정치학자는 '빨치산시스템'이라고 하는데 저는 '농성체제'라고 합니다. 스트라이크 체제죠. 그러니까 미국 봉쇄에 견디면서 '나가라, 물러가라'고 해야 되고, 여기에다가 띠 두르고 농성할 때 누군가 화장실에 가려 하면 '앉아있어, 꼼짝하지 마'라고 하는 것처럼 그런 통제가 굉장히 절망적입니다. 그래서 감동과 절망을 동시에 느꼈습니다.

황석영 북한에 대한 인상은 그렇고요. 또 하나는 국가보안법 고무찬양죄입니다. 나는 지금도 꼴보기 싫어요. 한 60% 이상은 프로파간다라는 마음이 들어 있기 마련인데, 내 속에 편향이 있어요. 왜냐하면 80년대와 똑같다고 생각하기 때문이죠. 여러분 버스를 타고 갈 때 오른쪽으로 핸들을 확 돌리면 승객들 몸이 어떻게 되죠? 왼쪽으로 싹 쏠리잖아요. 왜 그래요? 균형을 잡으려는 거죠. 군부독재 때 그렇게 하니까 좌편향이 생겼어요. 모든 움직이는 것, 살아있는 것은 균형을 지향해요. 그래서 국가보안법이 가장 너절한 것입니다. 지금도 마찬가지지만, 고무찬양죄라는 게 있어요. 고무찬양죄는 최소 3년 반에서 5년 사는 징역입니다. 북한을 조금이라도 좋다고 하면 고무찬양죄에 걸려요. 이게 말이 되요? 아니 나쁜 것은 나쁘다, 좋은 것은 좋다는 말을 할 수 있어야죠. 무조건 나쁘다고만 얘기해야 되는 거예요? 그래서 기행문 『사람이 살고 있었네』는 좋은 얘기만 썼어요. 국가보안법 고무찬양죄를 모두 위반해버린 거죠. 친북적으로 쓴 게 아니라 북한의 좋은 점을 쓰려고 노력했어요. 여하튼 저는 그런 편향이 있습니다.

이재봉 긍정적 측면을 많이 묘사하셨단 말이네요. 바로 뒤에 내놓은 작품이 『손님』(창작과비평, 2001)인데, 이 때문에 곤욕을 치르셨을 것 같습니다.

황석영 남쪽은 물론 북한에서도 당이 항의했어요. 미군이 학살한 사건을 왜 다르게 얘기하느냐는 것이었죠. 여하튼 양쪽 모두에게 비판을 받았는데, 영어로 '내셔널리스트'(Nationalist)라는 비판을 받은 것이죠. 내셔널리스트에는 '민족주의'라는 의미도 있지만 서양 사람들은 '국가주의'도 똑같이 써요. 나는 '국가주의자'라고 얘기하고 싶어요. 남북의 국가주의자로부터 공격을 받았어요. 『손님』(기독교 우파와 좌파간의 사상 대립과 대결이 폭력으로 악화돼 일어난 사건으로 해석)에서 다룬 게 신천사건(한국 전쟁이 벌어진 1950년 10월, 황해도 신천군에서 3만5,000여 명이 학살된 사건이며, '신천학살', '신천10·13반공의거'라고 불렸으며, 북한은 '신천대학살'이라고 부름)입니다. 이게 뭐냐면 신천에서 엊그제까지 서로 잘 살아오던 동네 사람들이 서로 죽였어요. 6만 명 즈음 되는데 3만 명이 죽었어요. 북한은 미군이 와서 죽였다고 말해요. 그래서 그곳에 미제학살박물관이 있어요. 북쪽은 북쪽대로 남쪽은 남쪽대로 난리가 났어요. 그래서 나는 '휴전선이다, DMZ에 가서 서 있겠다, 통일을 하기 위해서라도 DMZ를 고수하겠다'고 항의했던 적이 있습니다.

이재봉 배경 설명을 좀 해야겠네요, 여러분, 인터넷에서 황석영의 『손님』을 찾아보세요. 한 권짜리 장편소설인데, 한국전쟁 중 황해북도 신천학살에 관한 거예요. 90년대 말 신천박물관에 찾아가봤는데 북한 주민들의 반미 교양 장소입니다. 한국전쟁 중 미군이 이 지역을 점령했는데 일주일 정도 머무르면서 신천 주민 1/4 정도인 3~4만 명을 학살했다는 내용으로 꾸민 박물관이지요. 나도 방북 기록에서 소개했습니다. 피카소는 「코리아에서의 학살」이라는 제목으로 그림을 그리기도 했고요. 뉴욕에서 『손님』의 주인공인 유태영 목사를 만나 얘기도 들어봤어요. 그런데 북쪽에서 탈출해 남쪽으로 온 사람들은 신천학살을 공산당원들이 민주화운동을 탄압한 것이라 하고 선생님은 기독교 세력을 언급하셨어요.

증언, 정경모 자료 보면 신천사건 원인은 '내부 갈등'

황석영 거기서부터는 내가 얘기할 게요. 목사 얘기도 했는데, 사실은 내가 목격자뿐만 아니라 여러 자료를 보면, 전쟁 중이나 직후에도 북한을 드나들면서 게릴라 활동을 하던 남쪽 북파공작대 중에는 문인 출신도 있어요. 이제는 나이가 많은 사람인데, 그 사람의 경험에 의하면 '우리끼리 했다'고 해요. 또 내 동창 중 경복고등학교 동창이 있는데 그 어머니가 황해도 분인데 어머니의 증언에도 '우리끼리 그랬다'고 했고, 유태영 목사도 자기 형이 '기독교인으로서 살해를 했다'고 했어요. 그 자료를 일본에 있는 정경모(鄭敬謨) 선생이 찾았어요. 그래서 일본 쪽 연구자들이 여러 근거를 대서 얘기를 했어요.

황석영 사건 진행은 이렇게 된 겁니다. 말하자면 황해도가 전라도보다 더 평야지대니까 거기에 먹을 게 많잖아요. 궁방전(宮房田, 조선시대 궁방이 소유 또는 수조하던 토지)은 대부분 황해도에 있었습니다. 황해도 계층을 어떻게 분석하느냐가 중요합니다. 황해도는 대지주가 없어요. 대지주는 궁(宮)입니다. 그러니까 왕의 삼촌이나 왕의 후궁이 소유한 궁방전이 많았어요. 중간 계급은 중농(中農)으로 올라서게 되죠. 그래서 다산 정약용 선생도 곡산군수(谷山郡守)를 했을 때 깜짝 놀랐어요. 전라도 강진에 가서 회상을 합니다. 전라도도 심했지만 황해도 수탈도 굉장히 심했어요. 왜냐면 황해도는 민란과 도둑이 많아 수탈이 심했어요. 또 곡물이랑 과일이 제일 맛있어서 궁이 납품을 받았어요. 황해도 계급은 그렇게 형성됐어요. 황해도는 전통 양반, 그러니까 토착 양반을 해서 대지주가 된 게 아니라 중간계층이 올라선 겁니다. 그러니까 김구, 안중근 같은 사람들, 특히 안중근이 천도교에 빠져서 동학 토벌에 앞장서고 그랬어요.

서북청년단 시초는 '영낙교회 청년부'

황석영 황해도는 또 기독교가 처음 시작된 곳인데, 백령도를 거쳐서 들어옵니다. 왜냐하면 황해도는 과거에 계급적인 제약이나 전통에 얽매일 필요가 없는 곳이라서 개화사상을 다 받아들였어요. 그래서 기독교 뿌리가 컸어요. 김구도 중간계층입니다. 황해도가 그런 계급 구조를 갖고 있었는데, 해방이 되고 북한은 토지개혁을 합니다. 중국이나 베트남 같은 경우에는 농민에게 맡겼어요. 그 대신 활동가가 가서 같이 농사짓고 일을 해주면서 의식화한 후 제안을 합니다. 거기서 계급투쟁을 벌여서 지주의 땅을 나누는 과정을 거칩니다. 착근(着近, 친근하게 착 달라붙음)이라고 하죠. 그런데 우리는 그럴 시간이 어디 있어요. 남한에 미군정(美軍政)이 생기고 북한은 소군정(蘇軍政, 소련 군대)이 와서 신탁통치를 하겠다, 말겠다고 하고 있으니 조선 노동당은 굉장히 급했지요. 그러니까 시골에서 머슴 데려다가, 교육도 못 받고 아무것도 없는 애들을 데려다가 평양에서 3개월 교육시킨 후 현지로 돌려보냈어요. 그들이 토지개혁을 한 거죠. 그러니까 어제까지 '삼돌이, 개똥이'로 불렀던 머슴이 왔던 거죠. 그리고 중간층이라는 게 전부 기독교인이에요. 계급구조로 볼 때는 부르주아입니다. 땅도 많이 있고 중농이었죠. 그래서 서로 부딪혔어요. 황해도 쪽에 청년들이 많이 내려와 영낙교회에 모여서 서북청년회(西北靑年會 또는 서북청년단(西北靑年團, 약칭 서청), 그 반공청년단이 전국에 생기면서 학살을 일삼았죠. 서북청년단 시초가 영낙교회 청년부입니다. 기독교가 어떻게 해서 반공 이데올로기로 변하는지 볼 수 있는 대목이죠. 미군이 인천상륙작전으로 올라가고 있을 때 38선 지경(地境)에서 기다리라고 했어요. 북한을 또 넘어가면 북한이 넘어온(침공한) 것처럼 UN 규정에 어긋나기 때문이죠. 하지만 이승만은 국군을 밀고 미군보다 먼저 올라가 버렸어요. 미군은 할 수 없이 따라오는 입장이 됐죠. 문제는 이 기간 동안 청년단이 황해도 지역으로 들어갔다는 것입니다. 그래서 미군이 오기 전에 봉기를 일으켰어요. 그래서 더 심했지요. 처음에는 몇 명이 죽었어요. 또 미처 점령하지 못한 데서는 우익이 좀 죽었어요. 그것을 핑계 삼아서 48일 동안 죽입니다. 우익 청년들이 죽여요.

황석영 그런데 최근 브루스 커밍스((Bruce Cumings)하고 같이 찾아낸 미군 하사관 보고서가 있어요. 그곳에 미군 중사가 있었어요. 그 중사가, 그러니까 미군이 청년들한테 무기를 주고 실탄을 줬어요. 미군 사단은 평양을 빨리 점령해야 되니까 철도를 따라 올라가서 중대 병력 정도가 사리원에 있었고, 신천은 사리원에서 수백 리 떨어진 곳이라서 미군이 가지도 않았어요. 하사관 중사가 청년단들하고 같이 있으면서 학살을 목격하고 쓴 보고서가 있어요. 미군이 이미 알고 있었다는 말이죠. 그런 면에서 본다면 점령군으로서 책임은 있으되 신천학살은 우리끼리 한 것이라는 거죠. 그런데 왜 북한이 흥분할까요? 북한은 한국전쟁의 기본이 무엇이냐고 질문했을 때 '민족해방전쟁'이라고 합니다. 여러분, 이 점을 잘 알고 있어야 돼요. 굉장히 중요한 사회과학적 관점이기 때문입니다. 민족해방전쟁이라고 주장하는 것은 한국전쟁을 '내전'으로 인정하고 싶지 않겠다는 뜻입니다. 내전이라고 인정하면 남한의 존재를 인정해야 하기 때문이죠. 북미 협상, 한국전쟁 협상하는 과정에서도 마찬가지입니다. 남한은 존재하지 않는 거예요. 민족을 대표하는 세력은 제국주의와 싸우고 있는 민족해방전쟁이지 내전이 아니라고 보는 거죠. 그런데 신천학살이 우리끼리 죽였다고 하면 그것은 곧 내전이 되는 거죠. 그래서 싫어하는 것입니다.

이재봉 좋습니다. 민족해방이라는 뜻은 남쪽이 미 제국주의 아래서 신음하고 있으니까 남조선을 해방시킨다는 말이에요. 아무튼 선생님은 북한 주장을 뒤집는 소설을 써서 북한 당국은 물론 남쪽의 많은 사람들을 곤혹스럽게 만들었습니다.

"한국전쟁은 '민족해방전쟁'이면서 '내전'이라고 말해야"

황석영 그래서 나는 한국전쟁은 민족해방전쟁이면서 동시에 내전이라고 해야 된다고 봅니다. 그리고 또 한 가지 중요한 게 있어요. 바로 그 조건이 남한의 동서 분열을 계속 온존시키고 있어요. 이것은 우리 내부의 문제예요. 북한하고 아무 상관이 없어요. 이것을 남한은 알고 있어야 돼요. 무속은 원래 우리 민족이 갖고 있는 심성입니다. 『손님』이라는 작품은 한 편의 거대한 굿입니다. 무당이 굿 하듯이 열두 마당을 형식적으로 적용해서 소설로 썼어요. 굿을 하듯이 학살 받은 피해자와 가해자를 동시에 등장시켜서 죽은 귀신과 살아있는 사람이 더불어 서사를 끌고 나가요. 그러니까 이 소설 자체가 한 편의 굿입니다. 우리 무속에서는 기억의 끝까지 마구 밀어붙여요. 예수는 왼쪽 뺨을 때리면 오른 뺨을 내밀라고 하고 부처님은 기억하는 것은 집착이니 버리라고 하는데, 무속은 안 그래요. 저 기억의 끝까지 밀어붙여요. 결국 끝까지 가서 불러내요. 죽은 자, 산 자를 모두 불어내서 말을 시킵니다. 말을 시켜서, 굿을 통해서 진실을 밝혀요. 진실을 밝히고 나서는 어떻게 해요? 해원(解冤), 원한을 풀어줘요. 원한을 풀어주고 용서합니다. 그런 다음 끝에 가면 상생(相生)을 하죠.' 같이 산다는 말입니다. 만나자, 기억하자, 진실을 밝히자, 원한을 풀자, 용서하자, 그리고 같이 살자는 것이죠. 이게 '통일'이에요. 이게 말 그대로 '통일의 과정'입니다. 오늘 이 자리에 원불교 교무님들도 앉아계시는데요. 그게 바로 '개벽의 과정'입니다. 기억하고 진실을 밝혀서 용서하고 같이 사는 것, 이게 통일이에요.

이재봉 그런 차원인지 몰라도 북한을 더 곤혹스럽게 하는 소설을 바로 써내셨어요. 『바리데기』입니다. 탈북민 이야기인데, 북한이 가장 꺼리는 주제이지 않아요?

황석영 소설 『바리데기』(창작과비평, 2007)를 자세히 보면 뭘 얘기하려는 것인지 알 수 있어요. 미국이 계속 북한의 인권을 문제로 삼고 있는데 자기모순입니다. 여러분, 1990년에 전 세계 사회주의권이 모두 무너진 뒤에 사회주의로 남아 있는 게 쿠바하고 북한입니다. 쿠바는 날씨가 좋아서 티셔츠 두 장으로 일 년을 살 수 있어요. 바나나도 따먹을 수 있죠. 그러나 북한은 오목하고, 먹을 것도 없어요. 여러분, 북한은 90년대에 10년 동안 고난의 행군을 거치는 동안 300만 명이 굶어죽었어요. 아프리카 쪽 기아가 아닙니다. UN 연감을 보면 알 수 있는데, 대부분 영양실조입니다. 하루에 한 끼, 그것도 죽한 그릇 먹으면서 견뎌요. 그러면 40대 이후, 특히 노인과 어린이 사망률이 급격히 늘어나요. 그러면 감기만 걸려도 죽어요. 그게 300만입니다. 그런데 우리는 퍼진다고(살찐다고) 지랄을 했지요. 우리는 그 기간 동안 어떤 세월을 겪었죠? 90년대 음식물쓰레기는 연 5조 원이었어요. 10년 뒤에는 8조원, 지금은 15조 원을 넘었습니다. 1년 동안 버리는 음식물을 옥수수나 밀가루 같은 대체 식량을 사서 북한을 도우면 2천만 인민을 5년 동안 먹여 살릴 수 있어요. 우리 지척해서 300만이 굶어죽는 동안 뭐했어요? 그렇게 했는데 통일되면 우리 국토라고 말할 수 있어요? 어림도 없는 소리 하지도 말라고 그래요. 뭘 기여했는데 우리 국토야? 우리 국토 절대 안 됩니다. 현재 상태에서는 중국이 들어가서 점령하는 거예요. 중국이 늘 그러잖아요. 청천강 분계선 얘기하면서 역사적으로 거기까지가 자기네 땅이라고 하잖아요. 그리고 미군은 작전권 갖고 있죠. UN 산하의 이름으로 DMZ 관리권을 갖고 있어요. 그럼 미군이 들어가겠죠. 그럼 우리 국토가 다시 삼분(三分)되는 거죠. 그래서 이제는 통일을 생각하려면, 또 생각한다면, 우리가 무엇을 기여했는지 생각해봐야 돼요.

황석영 그래서 이 소설은, 말하자면, 북한 소녀가 90년대에 기아를 뚫고 빠져나와서, '바리데기 신화'에 나오는 구조 그대로, 서방으로 가는 이야기죠. 런던에 가서 만난 게 무슬림이에요. 파키스탄 출신 운전사죠. 얘들도 서구 사회에서 몰려 있어요. 그놈의 테러 때문입니다. 그 테러가 왜 생겼죠? 말하자면 부시가 '악의 축'으로 세 나라를 꼽잖아요. 이란, 이라크, 그리고 북한이죠. 그것을 보면서 미국이 너무 뻔뻔하다고 생각했어요. 그래서 바리데기 신화를 썼는데, 우선 고초와 봉쇄 속에서 10년 동안 굶어 죽어간 것은 북한 지도층도 일면적 책임이 있으니 책임지라는 것, 그리고 또 한 가지는 이중적 잣대, 봉쇄해놓고 북한에는 인권이 없고 수용소가 어쨌다는 등의 이야기를 하는 것, 이런 이야기를 BBC나 CNN 같은 데서 탈북민을 데려다가 호소하고 항의하는 것을 보고 분노를 금할 수가 없었어요. 봉쇄를 한 게 어떤 놈들인데 그렇게 말할 수 있어요? 그런 게 바리데기에 적혀 있는 거죠.

이재봉 잠깐만요. 분위기 좀 바꿔야겠습니다. 너무 가슴 아픈 얘기를 하고 흥분하시니까요. 조금 전 작품이 평양에서 출판됐다고 자랑하셨어요. 그런데 북한 작가의 소설이 남한에서 히트를 친 적이 있어요. 홍석중의 『황진이』 입니다.

남북한 다리 놓아 소설 출간 등 '문학교류' 결실 맺었다

황석영 모두 내가 소개한 겁니다.

이재봉 여러분, 『임꺽정』 작가가 누군지 아세요? 벽초 홍명희라는 사람이에요. 조선 3대 천재로 불리기도 하고, 해방 후엔 북쪽에서 부수상도 지냈어요. 그 사람 손자가 지금 북한에서 가장 유명한 작가 중 하나인 홍석중이예요. 그 사람 작품이 남쪽에서 소개됐어요.

황석영 만해문학상을 남쪽에서 줬어요. 북한 문학을 개방시키려고요. 북한은 네 가지 종류의 문학이 있어요. 대충 거칠게 네 가지로 구분할 수 있는데, 첫째는 수령을 위한 문학입니다. 수령의 가족과 수령 중심의 내용을 선전하려는 문학이죠. 둘째는 당 정책을 선전하고 인민에게 알리려는 선전선동문학이 있어요. 셋째는 역사소설이 있어요. 물론 유물사관에 따라 과거에 인민들이 당했던 계급투쟁 등을 중심으로 여러 가지 실례를 역사소설로 쓰는 분야가 있어요. 넷째는 인민들의 일상을 긍정적으로 알리는 교양문학이 있어요. 그 중에서 역사소설과 인민들의 일상을 다룬 교양문학, 이 두 가지에 북한 문학의 숨통이 있다고 봤어요. 그래서 칭찬도 해주고 좀 넓혀보자고 해서 외국에도 소개해서 굉장히 인기를 끌었습니다. 그런 작품 중 하나는 북한 젊은이들의 연애를 다룬 남대현의 『청춘송가』(아시아, 2018), 두 중년 부부가 고뇌 속에서 어떻게 이혼하게 되는지, 이혼하려고 그러다가 다시 재결합하게 되는 일상의 얘기를 담은 백남룡의 『벗』(아시아, 2018), 그리고 홍석중의 『황진이』(대훈서적, 2004)입니다. 이런 작품은 북한 역사, 북한의 문학이 획일화되려는 지점에서 숨통 역할을 하는 것이라고 보고 우리가 포용하면서 함께 가자고 한 결과가 그렇게 된 거죠.

이재봉 그런 취지로 남쪽의 최고 소설가 황석영과 북쪽의 최고 소설가 홍석중이 마침 연배도 비슷해서 친구를 맺은 거군요. 그러면서 두 분이 약속 하신 게 공동 작품을 한 번 만들어보자고 했는데, 약속만 해놓고 지금 그게 안 나오고 있어요.

황석영 만날 수가 없으니까요. 가슴 아픈 게 참 많아요. 북한 작가는 개별적으로 많이 알고 있어요. 그런데 이명박, 박근혜를 거쳐 오면서, 특히 박근혜 때 탈북민이 장난을 하고, 또 조갑제 같은 데서 탈북 소설(반디, 『고발』, 조갑제닷컴, 2014)도 만들었어요. 많이 했어요. 나가보니까 세계시장에 많이 퍼져 있더군요. 그러니까 북이 굉장히 움츠러들었지요.

이재봉 좋습니다. 한 가지만 더요. 이명박·박근혜 정부 때는 상당한 제약이 있었지만 이제 좀 나아지고 있으니까 어떻게 하면 남북 문학인들이 통일 문학을 가꾸면서 한반도 평화와 통일도 앞당길 수 있을까요?

"나는 '통일문학'이나 '반미문학'이라는 용어가 싫다"

황석영 나는 '통일문학'이나 '반미문학'이라는 용어가 싫어요. 이 교수는 굉장히 거칠어요. 사회과학을 해서 그렇게 보일 겁니다. 나는 '통일'이라는 낱말의 '통'자도 쓰지 말라는 사람입니다. 이제는 '평화운동'을 해야 돼요. 통일이라는 말이 그동안 굉장히 더럽혀졌어요. 정치하는 놈들이 갖다 써먹고 대박이니, 소박이니 하면서 마케팅으로 써먹었기 때문이죠. 정말 눈앞에 있는 것은 '평화체제'를 이루는 것입니다. 지금 우리는 '전시체제'입니다. 평화체제가 아니에요. 한국전쟁이 안 끝났단 말이죠. 70년 동안 전쟁인 나라가 어디에 있어요? 아니 남의 나라에 외국군이 주둔해 있으면서 70년 동안 전쟁 상태를 유지했단 말이에요. 여기서 결혼하고, 여기서 태어나고, 여기서 슬퍼하고, 여기서 사랑하고 그러면서 아무렇지도 않게요. 자고 깨면 오늘도

전쟁 중, 자고 깨면 내일도 전쟁 중이죠. 종전선언을 하기가 이렇게 힘들어요. 왜? 종전선언하면 여러 가지 가치가 달라지니까요. 시스템의 가치가 달라지잖아요. 이 시스템은 뭐죠? 동북아 팍스아메리카나의 총성이죠. 이번에 우리가 확인했잖아요. 중국은 사드, 지소미아는 일본이죠. 이런 게 결국 어쩔 수 없이 한반도 남쪽은 미군의 처소다, 전쟁은 안 끝났다, 우리는 전쟁 중이다라는 것을 확인하는 거잖아요. 도대체 이런 나라가 지구상에 어디 있어요? 민족적으로 한 번 생각을 해봐요. 그러니까 통일이고 개똥이고 헛소리하지 말고 평화체제를 쟁취해야 된다는 것입니다.

이재봉 바로 그것입니다. 정치하는 자들이 고정관념, 굳은 생각을 갖고 통일을 가로막고 선쟁조차 끝내지 못하고 있으니까 창의력을 가진 글쟁이들이 한반도 평화를 위해 어떻게 앞장설 수 있겠느냐, 그에 대해 한 말씀만 하시고 끝내죠.

황석영 요즘 소설 책 읽어요. 봐요, 책 읽게 생겼어요? 전혀 안 읽어요.

이재봉 재밌게 쓰면 다 읽어요.

"지금 전 세계가 서사를 잃어버렸다"

황석영 안 읽어요. 그리고 지금 전 세계가 서사를 잃어버렸어요. 왜 서사를 잃어버렸나요? 자본이, 자본가가 그렇게 만들어가고 있어요. 여러분, 마블 시리즈 알죠? 그게 모두 게임에서 가져온 것입니다. 게임이라는 것은 현실에서 벗어나서 가상세계, 현실이 아닌 세계에서 놀라는 것입니다. 취직하기 어려운 것, 위장취업, 임시직 고용 등 젊은이는 살기가 계속 나빠지잖아요. 그러면서 모든 문화 체계가 현실적 서사로부터 멀어지게 하죠. 요새 재미있는 영화 있어요? 다 똑같아요. 넷플릭스 들어가 봐요. 시시껍적(시시껄렁)해서 그게 그것입니다. 무슨 트렌드는 있어요. 조커 봤냐, 베트맨 봤냐, 이런 것을 묻는 게 트렌드입니다. 개똥대가리입니까? 자기가 살아가는 것과 아무 상관도 없는 말입니다. 옛날에는 소설책 100만 부씩 팔고, 그래서 내가 먹고 살았어요. 요새는 10만 부 팔기도 힘들어요. 인기작가가 있잖아요. 김영하 같은 젊은 작가들, 10만 부를 팔기 힘들어요. 그리고 소설도 재미가 없어요. 시 시껍적해서 물에 물 탄 것인지 술에 술 탄 것인지, 그러니까 책 안 봐요. 나는 촛불 같은 것을 보면서 이제는 '네티즌운동'을 해야 한다고 생각해요. 네티즌운동은 살아 있는 것 같아요. 이제 다 달라졌어요. 옛날 학생운동을 했던 식으로 요즘 사람들을 보면 안 돼요.

이재봉 저는 학생운동을 안했어요. 이제 학생들한테 질문 좀 받아보죠.

추현종 역사문화학부 1학년 추현종입니다. 아까 선생님께서 베트남전쟁은 북한과 한국의 2차 전쟁이라고 하셨는데, 만약 한국과 북한이 합쳐진 후 베트남과 국교를 생각한다면 한국의 입장과 베트남의 입장이 다를 수 있는데, 베트남에 어떤 태도를 취해야 할까요? 한국과 북한이 합쳐진 다음에 정치적이나 이념적 사상이 다를 수 있는데, 예를 들어서 아까 말씀하셨던 고난의 행군 시기 때 우리나라는 음식물 쓰레기가 남아도는데 지원을 하지 않고 억압을 했다면 북한 사람이 받아들이기 매우 힘들고 어려울 수 있는데, 이를 좀 더 합치고 가까워지기 위해 문학이 할 수 있는 일이 어떤 것인지 알고 싶습니다.

황석영 내가 베트남전쟁은 한국전쟁이고, 한국전쟁은 베트남전쟁이라고 하는 것은 전쟁의 성격을 얘기하는 겁니다. 말하자면 베트남은 프랑스 식민지였고, 한국은 일본의 식민지였는데, 양쪽 모두 항불 또는 항일투쟁을 하는 과정에서 이념이 갈리게 되죠. 민족주의 세력도 있고, 또 사회주의 세력도 있고요. 베트남도 똑같아요. 그러면서 세계가 냉전 체제로 재편성됐을 때

자본주의 세계 체제의 우두머리가 미국이니까 미국으로서는 중국을 견제하기 위해서 베트남 공산화를 견제하려고 했던 것이고, 한반도 역시 마찬가지죠. 똑같이 제국주의적 성격을 지닌 전쟁이었다는 의미에서 베트남전쟁과 한국전쟁을 동일하게 보는 것입니다. 통일 후 관련 이야기를 했는데, 트라우마가 많이 남아있다는 말을 하고 싶어요. 그리고 한국 자본이 엄청 들어 있어요. 지금 박항서가 축구 코치도 하고 그러잖아요. 그러니까 옛날하고 다른 거죠. 통일이 되든 안 되든 베트남하고는 굉장히 특별한 관계입니다. 국가 전략적으로도 몽골과 베트남은 우리가 특별 관리를 해야 한다고 생각해요.

김기형 인문대학 역사문화학부 1학년 김기형입니다. 방북 당시에 보았던 북한의 풍경이나 사회 중에서 기억에 남는 것이 있다면 어떤 게 있는지요?

황석영 내 외가가 평양이에요. 내가 만주에 살다가 어머니 친정 근처로 왔는데 우리 집이 전차 종점, 지금 개선문 있는 곳 근처입니다. 모란봉 언덕 바로 밑이 전차 종점이었죠. 거기에서 우리가 살았는데, 거기서 조금 올라가면 을밀대라고 있어요. 올라가는 길에 조그마한 바위가 있고 거기서 쉬었어요. 아버지에게 카라멜을 사달라고 해서 바위에 걸터앉아서 먹고 그랬는데, 그 바위가 그대로 있었어요. 그걸 봤던 게 인상적이었죠.

이지혜 역사문화학부 1학년 이지혜입니다. 마지막에 하셨던 말씀, 우리가 통일보다는 평화를, 평화체제를 먼저 바라봐야 한다는 말씀이 무척 인상 깊었는데, 종전 후 우리 사회가 어떤 모습이 되기를 바라시는지 궁금합니다.

"우리는 아직 근대조차 극복하지 못했다"

황석영 지금 '냉전'이 깨져서 전 세계가 '이념'을 심각하게 따지지 않는다고 하죠. 포스트모던 사회라고 말하잖아요. 그런데 개소리입니다. 믿지 마세요. 우리는 아직 '근대'조차도 극복하지 못했어요. 일본 역시 마찬가지고, 중국 역시 마찬가지입니다. 가라타니 고진(柄谷行人)은 일본의 유명한 평론가입니다. 고진은 일본이 싫어서 일본에 살지도 않아요. 그런데 일본은 근대를 극복했고 근대문학도 끝났다면서 한참 얘기를 하더군요. 물론 부정적으로 얘기하는 것이죠. 그래서 일본이 근대를 끝내고 근대를 극복했다면, 천왕은 어떻게 할 것인지 물었어요. 천왕은 '시스템'이지 '개인'이 아니거든요. 근대를 극복했다고 말하지만, 일본은 아직 천왕주의조차 극복하지 못했어요. 그게 무슨 포스트모던인가요? 근대에 머물러 있는 거죠. 우리는 어때요? 근대 민족국가도 이루지 못하고 있어요. 분단돼 있으니까요. 근대의 문턱에 서있는 셈이지요. 중국? 중국은 아직 일당독재 공산당이 집권을 하고 개발독재를 하고 있는 중이고, 세계 최첨단 부패 시스템인 자본주의를 채택해서 살고 있어요. 동아시아 전체가 근대를 극복하지 못했습니다. 난 그렇게 봐요. 그리고 과거의 이념이 어쩌고저쩌고 하는 것, 그것은 별로 중요한 가치가 아니라고 봐요. 사회학자들은 자본주의가 가진 여러 약점, 또 사회주의가 갖고 있는 약점을 통해 도달한 게 민주주의라는 제도와 시스템인데, 그것이 어떻게 더 인간적으로 더 많은 여러 가지를 포괄하면서 더 나은 세계로 갈 것인가 하는 이행기에 있다고 말해요. 그래서 그 이행 기간을 단축시키는 게 우리가 할 일이에요. 단축시켜야죠. 그렇게밖에는 대답을 못하겠어요.

최선경 원불교학과 최선경입니다. 미국이 달러라는 기축통화뿐만 아니라 영화나 문학을 통해서 전 세계, 헤게모니를 장악했는데, 그렇다면 평화와 통일을 위한 문학의 역할에 대해서 어떻게 생각하시는요?

황석영 문학의 역할? 그런 것은 없어요. 그것을 말하자면 문학이나 학문을 가지고 통일하는 그런 게 아니라 여러분들이 시민 또는 여러분 개인이 동참해서 실천하고, 그리고 투표 열심히 해서 좋은 정치인을 뽑도록 해서 우리 대신 나가서 일 좀 잘 할 수 있게 잘 뽑고, 감시하고, 자기가 서 있는 자리에서 운영(governance)을 잘 하고 있는지 관심을 갖고 개별적으로 시민의 한 사람으로 실천해가야죠. 글 써서 세상이 변한다, 그것은 이제 옛날 얘기에요.

박진수 건축공학과 3학년 박진수입니다. 박근혜 탄핵 당시에 계엄령 문건이 폭로됐는데, 계엄령을 실제로 겪으셨는데, 계엄 문건이 폭로됐을 때 어떤 느낌이셨는지 궁금합니다.

황석영 네, 말도 안 되는 얘기죠. 역사를 퇴보시키고 한국이 그동안 쌓아 올린 사회, 문화, 정치 등 여러 면에서 쌓아올린 것을 전부 구렁창으로 빠뜨리는 것이죠. 정말 누대(屢代)에 씻을 수 없는 역사적 범죄를 저지를 뻔한 거죠. 30~40년 전으로 되돌리는 수치, 모욕을 겪어야 할 상황이었는데, 정말 하늘이 도왔죠. 다시는 그런 생각을 못하도록 완전히 척결해야 합니다. 80년 5월 광주, 5.16군사쿠데타 같은 일이 다시는 벌어져서는 안 되거든요. 나는 엄중하게 생각하고 있습니다.

김성현 경찰행정학과 3학년 김성현입니다. 아까 통일에 대해서 기억, 진실, 용서, 상생 얘기를 해주셨는데요. 그 중 용서라는 부분에 있어서 어떻게 해야 용서를 할 수 있는지 설명을 듣고 싶습니다. 아픔을 겪은 사람은 한이 맺혀 있을 텐데, 어떻게 용서가 될 수 있을까요?

이다빈 한의예과 1학년 이다빈입니다. 분단문학이라고 분류된 문학책을 잘 집어 들지 않는 편인데요. 읽을 때 좀 불편함, 고통 같은 게 있고 따라가기가 힘들고 불편한 측면이 있는데, 어떻게 하면 불편함을 극복하고 접근할 수 있는지 궁금하고, 또 문학도 접근하기가 힘든데 우리의 불편한 역사는 어떻게 진실에 접근할 수 있는지 궁금합니다.

황석영 용서를 어떻게 할 수가 있느냐? 진실을 밝히면 돼요. 그리고 진실을 밝혀서 잘못이 드러나면 가해한 사람이나 잘못을 저지른 사람이 진심으로 사과를 해야 돼요. 그래야 용서할 수 있어요. 그렇게 해서 용서를 하면 두 사람이 다 풀려요. 그리고 풀리면 같이 사는 거죠. 최근에는 아마 르완다 사태가 아주 모범 사례인데요. 후투족과 무슨 족이 서로 죽이고 그랬잖아요. 피해자들하고 같이 얘기하면서 사과를 했어요. 사람이 하는 일에는 가치관이 있어요. 사람의 삶이나 사람과 관계가 있는 직업, 심지어 엔지니어들도 마찬가지죠. 프란츠 파농(Frantz Fanon) 같은 정신과 의사는 다리를 놓는 토목기사에게까지 휴머니티에 대한 책임이 있다고 했어요. 잘못 놓아서 무너지면 사람이 죽으니까요. 그러니까 책임감이 있어야 되는 거예요. 인문학이나 인류가 휴머니티를 어떻게 구축해 왔는지 공부하고 알 필요가 있어요.

이재봉 좋습니다. 이상으로 오늘 대담은 마치겠습니다. 두 시간 동안 재미있게 얘기해주신 황석영 선생님께 큰 박수 보내면서 끝냅시다.

황석영(黃晳暎) 1943년 만주 창춘(長春) 출생. 동국대 철학과 졸업. 고교 시절인 1962년 단편 「입석 부근」으로 『사상계』 신인문학상을 수상했고, 1970년 조선일보 신춘문예에 단편 「탑」이 당선되어 문학 활동을 본격화했다. 베트남전쟁에 참전한 뒤 「객지」, 「한씨연대기」, 「삼포 가는 길」, 『무기의 그늘』, 『장길산』 등 문학사에 획을 긋는 걸작들을 발표하면서 한국을 대표하는 작가로 부상했다. 1976년 전남으로 이주해 해남과 광주에서 집필과 현장문화운동을 병행하던 중 1979년 계엄법 위반으로 검거되고 당국의 권고로 1981년 제주도로 이주했다. 1982년 다시 광주로 돌아와 5월항쟁 진상을 알리기 위한 각종 활동을 펼쳤다. 1985년 군사독재의 감시를 피해 출판한 『죽음을 넘어 시대의 어둠을 넘어』의 저자로 나선 뒤 유럽과 미국, 북한으로 이어지는 긴 망명생활을 시작했다. 1993년 귀국해 방북 사건으로 징역 7년형을 선고받고 1998년 석방됐다. 1989년 베트남전쟁의 본질을 총체적으로 다룬 『무기의 그늘』로 만해문학상을, 2000년 사회주의의 몰락 이후 변혁을 꿈꾸며 투쟁했던 이들의 삶을 다룬 『오래된 정원』으로 단재상과 이산문학상을 수상했다. 2001년 '황해도 신천 대학살사건'을 모티프로 한 『손님』으로 대산문학상을 수상했다. 2000년대 본격적인 창작 활동을 재개하여 장편 『오래된 정원』, 『손님』, 『심청, 연꽃의 길』, 『바리데기』, 『개밥바라기별』, 『강남몽』, 『낯익은 세상』, 『여울물 소리』, 『해질 무렵』 역작들을 선보이며 소설 형식에 대한 쉼 없는 탐구 정신, 식지 않는 창작열을 보여주고 있다. 프랑스, 미국, 독일, 이탈리아, 스페인, 일본, 스웨덴 등 세계 각지에서 『오래된 정원』, 『객지』, 『손님』, 『무기의 그늘』, 『한씨연대기』, 『심청, 연꽃의 길』, 『바리데기』, 『낯익은 세상』, 『해질 무렵』 등이 번역서로 출간됐다. 『손님』, 『심청, 연꽃의 길』, 『오래된 정원』이 프랑스 페미나상 후보에 올랐으며, 『오래된 정원』은 프랑스와 스웨덴에서 '올해의 책'으로 선정됐다. 『해질 무렵』으로 프랑스 에밀기메아시아문학상을 수상했다. 주요 작품으로 『객지』, 『가객』, 『삼포 가는 길』, 『한씨연대기』, 『무기의 그늘』, 『장길산』, 『오래된 정원』, 『손님』, 『모랫말 아이들』, 『심청, 연꽃의 길』, 『바리데기』, 『개밥바라기별』, 『강남몽』, 『낯익은 세상』, 『여울물 소리』, 『해질 무렵』 등이 있다. 또한 지난 100년 동안 발표한 한국 소설문학 작품 가운데 빼어난 단편 101편을 직접 가려 뽑고 해설을 붙인 『황석영의 한국 명단편 101』(10권)과 자신의 파란만장한 삶의 행로를 되돌아본 자전 『수인』(2권)을 펴냈다.

역사·문학·예술 전문가들이 들려주는 **평화와 통일 이야기**

제7강 | 필화사건과 저항문학
필화로 국가폭력을 말하다

임헌영 문학평론가
민족문제연구소 소장

이재봉 지난주에는 한국 최고의 소설가 황석영 선생을 모셨는데, 오늘은 한국 최고의 문학평론가 임헌영 선생님을 모셨습니다. 박수로 맞아주세요. 선생님은 문학평론가로 모셨지만, 민족문제연구소 소장을 맡고 계십니다. 문학평론가가 민족문제연구소장을 맡고 계시는데 어떻게 연계가 되는지, 민족문제연구소가 어떤 곳인지, 그리고 어느 부문의 민족 문제를 연구하시는지 소개해주시면 좋겠습니다.

"현대사는 '죄악의 역사'였기에 가르치지 않았다"

임헌영 여러분, 반갑습니다. 오길 잘했습니다. 이재봉 교수님과 여러분 덕분에 제가 일류 평론가로 출세를 했습니다. 고맙습니다. 지금 민족문제연구소 소장을 맡고 있고 문학평론가 활동도 하고 있습니다. 문학평론가인데 민족 문제를 왜 하는지 궁금하실 텐데요. 5공 시절에 징역을 살아서 실직자가 되었어요. 대학 강의도 못하고요. 물론 박정희(朴正熙) 때부터 대학 강의를 못했죠. 감옥을 나와서 빈둥거릴 때 만난 게 박원순 전 서울시장이었고, 박 시장을 비롯해 몇 분이 뜻을 모아 만든 게 역사문제연구소였습니다. 1986년도에 만들었습니다. 지금은 현대사를 자유롭게 배우지만 90년대 초까지 한국의 모든 대학과 대학원에서는 3.1운동까지만 역사를 가르치고 그 이후는 아예 안 가르쳤어요. 그만큼 현대사는 그야말로 가르치기 미안할 정도로 죄악의 역사이기 때문에 안 가르쳤습니다. 그런데 모여서 이야기하다가 우리나라가 직면한 가장 큰 문제는 '국민들의 역사의식'이라는 의견에 일치했습니다. 지금 우리 국민들의 의식으로는 올바른 투표를 할 수가 없기 때문에 우리의 현대사를 올바로 알게 해야 한다는 게 결론이었습니다. 왜 국민들이 엉터리 투표를 하느냐, 그 요지는 현대사를 몰라 그렇다, 그러면 대학에서 현대사를 안 가르치니까 현대사를 공부하는 연구기관을 우리가 만들자, 그래서 만든 게 역사문제연구소였습니다.

임헌영 만들어놓으니까 서울대, 고대, 연대를 비롯해서 1급 박사 과정에 있던 정치, 경제, 사회, 역사, 철학, 문학 등 인문사회과학 전 분야 인재들이 모여들었습니다. 왜냐하면 대학에서는 아예 다루지 않는 분야니까요. 원광대학교에 계시는 김재용 국문과 교수도 역사문제연구소에 나와서 저하고 같이 카프문학을 연구했던 팀이었습니다. 역사문제연구소에 나오던 박사 과정 연구자 중 거의 90%가 대학교수가 되었습니다. 역사, 사회학, 정치학, 경제학, 문학 등 각 분야에서 발군의 학자들이 나온 겁니다. 역사문제연구소를 나온 뒤에 민족문제연구소로 들어갑니다. 그래서 '문제 전문가'입니다. 역사 문제도 잘 알고, 민족 문제도 잘 아는 문제 전문가니까 여러분들도 무슨 문제가 있을 때 저한테 오면 됩니다. 그런데 민족 문제는 무엇이냐, 크게 말하면 '동아시아에 평화를 정착하자'는 게 설립 취지입니다. 흔히 『친일인명사전』을 낸 기관이니 친일파 청산이 목표일 것이라고 생각하기 쉽지만 친일파 청산은 한 과정이고, 궁극적으로는 동아시아에 평화를 정착하도록 하는 게 목표입니다. 그러려면 제일 먼저 친일파를 청산해야 하기 때문에 『친일인명사전』을 낸 것입니다. 왜냐하면 유럽처럼 나치 전범을 깨끗하게 청소한 지역은 과거사 청산, 역사 정의를 실현하고 있잖아요. 친일파는 단순히 일본과 친하게 지낸다는 뜻이 아니라 군국주의 파시즘을 지지해서 남의 나라를 침략하는 것을 찬양하는 행위입니다. 그들은 체질적으로 민주주의를 싫어하고 사회복지, 인권, 평등 같은 것을 증오합니다. 약하고 가난한 자를 도우는 게 아니라 짓밟아서 빼앗자는 게 그들의 사상입니다. 이런 인간들을 그냥 두면 우리나라는 올바른 민주주의가 안 되며, 따라서 통일도 불가능합니다. 그래서 일단 친일파를 청산하는 게 가장 시급한 과제입니다. 이들은 계속 친일과 친미를 통해 독재와 독점재벌과 특권을 좋아하는 족속들입니다.

"과거청산, 역사청산, 친일파 청산은 동아시아 평화에 필수"

임헌영 친일 문제를 전문으로 하다 보니까 이제는 모든 친일 관련 문제는 민족문제연구소로 문의할 만큼 권위가 섰습니다. 법원을 비롯한 정부 기관과 교육기관 등이 친일파인지 아닌지 의문이 있으면 공식적으로 민족문제연구소로 질의합니다. 그럼 우리는 소정의 수수료를 받고 감정을 해줘요. 여하튼 『친일인명사전』을 만드는 게 목적이 아니고, 동아시아의 평화 정착이 민족문제연구소의 이상이고, 이는 바로 우리 민족의 염원이기도 합니다. 여러분도 평화롭게 잘 살려면, 평화가 정착돼야 하지 않아요? 남북을 비롯해서 중국, 일본도 사이좋게 지내고, 동아시아 세 나라와 북쪽을 합치면 네 개의 나라입니다. 그러고 보니까 가장 지장이 되는 게 무엇일까요? 가장 큰 방해꾼은 일본입니다. 일본이 우리나라한테 무슨 죄를 지었는지 생각해보니까 친일파에요. 우리나라가 지금처럼 고약하게 된 이유는 모두 친일파 때문에 그렇다는 것을 여러분들도 아셔야 합니다. 여러분 조상 중에는 친일파가 계실 수도 있겠지요. 그래도 괜찮아요. 조상이 친일파였다고 해도 그 후대, 아들이나 손자들이 우리 할아버지가 잘못했다, 이러면 끝납니다. 그런데 그 반대로 우리 할아버지가 잘했다고 우기면서 지금도 친일을 해야 한다고 하는 사람들, 이게 문제잖아요. 그러니까 한 마디로 말씀드리면, 동아시아 평화 정착을 위해서 과거청산, 역사청산이 필요하고 이는 곧 친일파 청산입니다. 이래서 연구소가 할 일이 많아진 겁니다.

이재봉 선생님, 대학에서 강의도 하셨는데, 본업은 문학평론 아닌가요? 문학평론을 하셨는데 어쩌다가 감옥에 가실 만큼 사회운동에 적극적으로 참여하셨습니까?

임헌영 팔자가 기구해서 그런지 몰라도 박정희 때 징역을 두 번 살았어요. 1974년에 한 번 들어가고, 1979년에 또 한 번 들어갔으니, '투 스타'입니다. 1979년 10월 26일 박정희가 피살당하기 열흘 전 즈음에 어떤 사건으로 들어가서 징역을 살고 83년에 특사(특별사면)를 받아서 나왔습니다. 그런데 박정희 시대 때는 정상적인 지식인이라면, 정상적인 대학 이상 학력을 가진 사람이라면, 유신헌법을 비판하지 않으면 대학생 자격이 없다고 봤어요. 그래서 당연히 유신헌법을 반대하다가 첫 징역을 살았고, 나와서 또 하다가 두 번째 징역을 살았습니다.

이재봉 선생님께서 지금까지 수십 권의 책 펴냈을 텐데요. 평론과 관련해서는 『임헌영의 유럽문학기행』(역사비평사, 2019), 이 책이 최근작이죠? 올해 나왔으니까요. 학생들이 교재도 잘 안 사는 경향도 있는데, 그래서 이런 책에 별로 관심이 없겠지만, 그래도 한 번 보세요. 우리가 흔히 '문사철'(文史哲)이라고 하잖아요. 자기 전공에 관계없이 문학(文學), 역사(歷史), 철학(哲學) 분야 책을 좀 보시기 바랍니다. 이 책을 보니 너무 재밌어요. 그런데 다른 곳이 아니라 왜 '유럽'입니까?

문학기행에 '역사·정치·혁명·민중운동' 역사를 담다

임헌영 다른 데도 다 했습니다. 미국, 일본, 중국은 물론이고 이집트, 그리스 등도 기행을 했는데. 우선 한 권으로 내려고 유럽에 한정한 것입니다. 원래는 나라별로 한 권씩 한 10개국 정도로 할 작정이었는데, 마침 주간지인 『한겨레21』에서 연재를 맡게 됐어요. 문인 16명을 골라 달라고 해서 고르다 보니까 미국도 있고, 유럽도 있고, 일본도 있었습니다. 연재할 때 원고 제한 매수가 1회에 20매 이내였는데, 책으로 내려고 보니까 한 사람 당 200매 정도가 되는 거예요. 그래서 열 사람만 골라서 유럽으로만 국한하자고 해서 미국도 빼고 유럽에만 국한한 것입니다. 이 교수님이 재미있다고 말씀해주셔서 고마운데, 정말 재미있습니다. 그런데 여러분, 아무리 재미있다고 해도 안 사볼 거죠? 책을 어떤 취지로 썼냐면, 기행은 문학이지만 완전히 그 시대의 역사, 여러분들이 아는 톨스토이, 빅토르 위고, 괴테 등 이런 사람들이 그 시대의 그 민족과 그 민중을 위해서 뭘 했느냐, 반독재를 위해서 무엇을 했느냐에 초점을 맞췄습니다. 그래서 문학이자 역사며 정치 비판입니다. 역사이면서 정치사, 혁명사, 민중운동사입니다. 어떤 분이 도스토옙스키를 왜 뺐느냐고 묻더군요. 왜 뺏느냐? 도스토옙스키는 만년에 엄청나게 변절했어요. 첫 소설을 냈을 때는 좋았는데, 시베리아 유행(遊行)을 갔다 온 뒤에 완전히 바뀝니다. 극우파가 돼요. 그래서 만년에, 늙어서 극우파 잡지 편집장이 됩니다. 그리고 자기가 칼럼을 써요. 쉽게 말하면, 우리나라에 지금 태극기부대 같은 거예요. 그래서 도스토옙스키는 좋은 문학 작품이 있는 데도 불구하고 내 맘에 안 드는 반동 작가라서 빼버렸습니다. 그러면 책 내용이 어떤 것일지 아시겠죠. 문학을 하지 않는 분들도 보시면 아마 상당히 재미있게 볼 수 있습니다. 책 구입은 여러분 마음에 맡깁니다.

 이재봉 '문학기행'이에요. 평론가로서 문학 작품만 다룬 게 아니고, 작가가 태어난 집에서부터 무덤까지 여기저기를 찾아다니셨는데, 문학평론을 하려면 그렇게 다녀야 되는 건가요?

 임헌영 아닙니다. 전공이 한국문학이고, 외국문학은 전공하지 않았는데, 징역을 살고 나오니까 돌아다니지 못한 게 억울했어요. 여권도 대략 18~19년 동안 못 냈어요. 그러다가 복권이 되고, 해금이 되니까 그동안 못 다닌

게 너무나 억울합디다. 그래서 문학기행을 기획해서 가고 싶은 데를 짜고, 30~40여 명의 참가자를 모아 실시하기로 했습니다.

이재봉 주제에서 조금 벗어나는 것인데, '기행'(紀行)은 '여행기'(旅行記)라는 뜻 아닙니까? 그런데 요즘 많은 사람들이 기행이라는 말을 잘못 쓰는 것 같아요. 제가 계속 시비를 걸고 있는데, 특히 역사기행, 문학기행, 평화기행, 통일기행이라는 말을 많이 쓰지요. 여행을 다녀와서 글을 쓰면 그게 평화기행, 통일기행인데 여행 자체를 기행이라고 해요. 유럽기행을 떠난다, 판문점으로 평화기행을 떠난다, 이런 식이죠. '여행의 기록'을 기행이라고 하는데, '여행 자체'를 기행이라고 하는 거죠. 많은 신문에서도 그래요. 선생님도 기행 책을 펴내셨으니까 기행이라는 말의 오용과 남용을 방치하지 마시고 좀 고쳐주시기 바랍니다.

임헌영 조심하겠습니다.

'한국의 필화사건을 통해 보는 한국 역사', 「임헌영의 필화 70년」

이재봉 오늘 주제가 '한국의 필화사건(筆禍事件)을 통해 보는 한국 역사', 특히 평화와 통일 문제입니다. 선생님께서 마침 재작년 즈음 『경향신문』에 필화사(筆禍事)를 쭉 연재하셨어요. 1년 정도 하셨던가요? 처음에 시작할 때는 「임헌영의 필화 70년」으로 하셨잖아요. 그런데 70년을 절반도 다루지 못하고 끝냈어요.

임헌영 예, 한 1/3 정도로 끝냈습니다.

이재봉 왜 중단된 겁니까?

임헌영 처음부터 끝까지 전부를 할 생각은 안했습니다. 신문사에서 요구한 것은 70년 동안에 있었던 사건을 듬성듬성 띄어서 하자는 주문을 받았는데 해보니까 띄우기가 너무 아까워서 촘촘히 하다 보니 약속한 횟수는 지났고, 지면을 독점하는 것 같아 미안해서 끊자고 얘기해 끊었습니다.

이재봉 너무 자세하게 다루진 마시고, 요즘 학생들이 한자를 잘 모르니까 먼저 필화가 뭔지, 왜 필화사건으로 우리 역사를 짚어보셨는지 30~40분 정도 말씀해주시겠어요? 중요한 필화사건부터요.

임헌영 예, 고맙습니다. 대담 때문에 조금 더 신경을 썼습니다만, 사실은 연세대 법학전문대학원에서 초청해서 '필화와 법'이라는 제목으로 다뤘던 것이고 그 자료를 활용한 것입니다.

이재봉 법대 학생들도 문학 또는 필화사건에 관심 가진 것이군요. 평화·통일을 공부하는 우리 학생들에게는 필수겠죠. 같이 볼까요?

"붓으로만 된 것이 아니라 입으로 된 것도 필화다"

임헌영 법학대학원에서 다룬 주제가 '국가폭력과 문학'입니다. 단행본으로는 『문학과 법』(사회평론아카데미, 2018)인데, 남형두 교수가 엮었습니다. 김영란, 남형두, 윤혜준, 임헌영, 정끝별, 정명교 여섯 필자가 쓴 글입니다. 저는 필화를 국가폭력으로 봤습니다. 어떠한 경우든 '학문과 표현의 자유를 억압하는 것은 국가폭력'이라고 봅니다. 단순한 필화가 아니고 국가폭력으로 본다는 건 매우 중요한 쟁점의 하나가 되고, 그리고 '필화는 붓으로만 된 것이 아니라 입으로 된 것도 필화다'는 게 제 주장입니다. 예를 들어서 박정희 때 김영삼 야당 총재가 '김일성도 만날 용기가 있다', 이 한 마디 때문에 얼마나 곤욕을 치렀는지 모릅니다. 재향군인들이 데모하고 난리가 났지 않습니까? 그런 식으로 말 한 마디 잘못한 것도 필화라는 겁니다. 그 다음에는 정치적인 필화뿐만 아니라 그 사회가 가지고 있는 모든 문제, 종교라든가 윤리라든가 그런 문제로 일어나는 모든 게 필화입니다.

이재봉 필화를 글자 그대로 해석하면 '필'(筆)은 글로 쓴 것이고, 피해를 입었다는 게 '화'(禍)잖아요. 선생님께서는 글뿐만 아니라 말, 설화(舌禍)라고 하는데, 그러니까 글이든 말이든 정권 입맛에 맞지 않다고 감옥에 가두거나 화를 내린 일을 말씀하시는 거죠? 그것을 필화사건이라고 하는 거죠.

임헌영 인간의 의사표현이라는 게 행동, 말, 글, 세 가지밖에 없지 않습니까? 민주주의 사회에서 모든 인간은 자기 의사를 표현하는 수단으로 세 가지가 있는데, 그 중 하나라도 의사표현 때문에 국가폭력을 당하면 모두 필화라고 해석한 겁니다.

이재봉 그럼 우리나라에서 가장 대표적 또는 가장 먼저라고 할 수 있는 상징적인 사건 몇 가지를 소개해주시기 바랍니다.

임헌영 말로 한 건 조봉암이죠. '평화통일'이라는 구호 하나 때문에 결국 사형당한 것 아닙니까. 그런 식으로 된 것도 필화에 넣어야 된다는 게 제 주장입니다.

이재봉 선생님, 지금 말씀하신 조봉암은 어르신들은 다 알지만, 아마 학생들은 잘 모를 겁니다. 말로 화를 입은 사건 주인공이 조봉암이죠. 1950년대 정치인이었어요. 이승만 정부에서 장관도 하고 진보당 당수가 돼 대통령 후보로 나섰죠. 이 분이 평화통일을 주장했어요. 지금은 평화통일이 너무나 당연한 것이었지만 당시 이승만 정부는 '북진무력통일'이 방침이었기 때문에 평화통일을 주장하면 간첩이 됐어요. 북한으로 쳐들어가고 싸워서 이겨야 한다는 것이었죠. 그렇기 때문에 평화적으로 통일하자고 주장해서 화를 당한 사건이죠. 목숨까지 빼앗겼어요. 그런 암울한 시절이 있었다는 것을 알아두세요. 제가 보충 설명을 조금 했습니다.

폭력은 국가만이 가지고 있는 특권

　임헌영 역시 학생들을 위해서는 이 교수님이 계셔야 돼요. 혼자 얘기하면 안 될 것 같아요. 그래서 국가폭력을, 예를 들면, 막스 베버(Max Weber)의 저서 『직업으로서의 정치』(Politik Als Beruf, 1919)는 너무나도 유명해서 '정치인들의 필독서'가 아닙니까? 국가의 특권이 뭐냐고 묻고 해답을 제시하는데, '국가만이 행사하는 특권'을 '폭력'으로 봤습니다. 정치학을 모르지만, 막스 베버는 국가의 특권이 물리력을 가지고 있다는 주장입니다. 이 말을 트로츠키(Leon Trotsky)에서 따왔다고 하는데, 트로츠키의 원전을 찾아보지 못했어요. 그가 어느 책에서 그런 말을 했는지 못 봤는데, 어쨌거나 인용하기 좋게, 막스 베버의 말에서 인용해서 쓰자면, '폭력은 국가만이 가지고 있는 특권'이라는 것입니다. 일반인들이 하면 폭행죄 등 형법으로 걸리지만, 국가는 폭행을 해도 되는 특권을 가지고 있다, 이런 얘기를 하고 있습니다. 베버는 '정당한 물리적 강제력의 독점을 (성공적으로) 관철시킨 유일한 인간 공동체는 곧 국가'라고 했고 '국가가 존속하려면 피지배자가 그때그때의 지배집단이 주장하는 권위에 복종해야 한다'는 것입니다. 그래서 '국가는 폭력의 독점기관(Monopoly on Violence)'이라는 것이죠. 이와 비슷한 주장은 우리나라 학자들도 많이 합니다. 예를 들면, 조현연 교수는 질서와 평화, 공공복리 같은 더 큰 가치를 목표로 하기 때문에 폭력이 가능하다는 거지요. 조 교수는 "국가가 국민에게 행사하는 폭력은 사사로운 감정, 증오, 국가의 자기 이해에 바탕을 둔 것이 아니라 질서와 평화, 공공의 복리라는 더 큰 가치를 목표로 하기 때문이다. 여기서 국가 폭력의 정당성은 구성원의 합의 하에서 정해진 대의 절차를 거친 법 제정, 정치에서 독립된 사법당국의 법 집행의 공정한 절차를 통해서만 인정된다"(조현연, 『한국현대정치의 악몽 : 국가폭력』, 책세상, 2000, 17쪽)고 합니다.

임헌영 그런데 사실은 독재정권은 전혀 안 죽여야 될 사람을 죽여 버리니까 그것은 정당한 폭력이 아니죠. 오로지 질서와 평화, 공공복리라는 가치, 이것만을 위해서 죽여야 된다는 겁니다. 그러려면 사실 독재자들이나 부정부패하는 집단들이 이제는 도리어 국가폭력으로 처벌을 받아야 할 대상이 되어야 하는데 거꾸로 그런 도둑놈들에게는 폭력을 안 쓰고, 정의를 주장하는 사람들에게 쓰는 게 필화지요. 러시아에서 한국으로 귀화해 한국사를 연구하는 박노자 교수는 이런 취지에서 한국의 국가권력에 대해 "거짓말의 총체다, 국가는 전쟁하는 기계다, 전쟁은 합법적 살인과 성폭행과 자본가에게 축복을 내려주는 것이다, '악의 축'의 탄생에 기여한 것은 한국 기독교와 반공주의다"(박노자, 『당신을 위한 국가는 없다 : 박노자의 삐딱한 국가론, 폭력으로 유지되는 국가와 결별하기』, 한겨레출판, 2012)는 말을 했습니다.

임헌영 국가폭력을 필화 입장에서 볼 때 국가폭력의 가장 중요한 점은 '반공 이데올로기 콤플렉스', 그 다음은 '국가보안법으로 인한 폭력', 그 다음은 '폭력을 행사했던 남산(중앙정보부, 지금은 국가정보원)' 등이 모두 국가폭력기구입니다. 그 다음에는 '반공교육, 보수 언론, 해바라기 지식인, 언론, 방송' 등을 다 포함해 네 가지를 필화 입장에서 국가폭력기구라고 정리했습니다.

임헌영 한국에서 권력이라는 것을, 역대 권력을 보면, 소설가 이병주(李炳注), 최인훈(崔仁勳)도 같은 말을 하는데, 사실 정치학자보다 소설가들이 더 정확하게 우리나라 국가권력을 정의해줬어요. 뭐라 그랬냐면, 한국의 정치인들은 우리 국민을 보호하기 위한 정치를 하는 게 아니라 상전 나라의 이익을 위해서 봉사하는 게 우리나라 국가권력이라고 했습니다. 맞지 않아요? 지금도 보면 '북핵 문제'를 이야기하고 있는데, 그 명칭 자체가 틀렸습니다.

명칭 자체가 제네바협정 위반 사항이라고 말해야 되요. '북핵 문제'는 마치 북한의 핵이 문제가 있는 것처럼 명칭 자체로 북한을 몰아세우잖아요. 제네바에서 하지 않도록 한 것을 미국이 먼저 위반했어요. 위반하니까 북한도 또 개발했단 말이에요. 그런데 그런 것은 다 빼버리고 '북핵 문제'라고만 해버립니다. 언론도 완전히 썩었어요. 그래서 북에서 대포 한 번만 쏴도 '도발'이라고 하죠. 우리나라는 연습(훈련)을 아무리 해도 신문에 나지도 않아요. 미국도 아무리 연습해도 신문에 나지 않아요. 그런 게 모두 국가권력 분류에 해당하는 것입니다. 김동춘 성공회대 사회학과 교수는 '전쟁정치 메커니즘' 개념에 주목(『전쟁정치 : 한국정치의 메커니즘과 국가폭력』, 길, 2013)했고, '안보와 치안을 빌미로 자행하는 것이 국가 폭력의 백화점'(『대한민국 잔혹사 : 폭력공화국에서 정의를 묻다』, 한겨레출판, 2013)이라고 했어요. 이게 우리나라죠. 쉽게 말하면, 국가폭력으로 필화를 완전히 막아서 유지한 정권이죠. 이승만부터 박근혜까지의 정권이었다고 요약할 수 있는 거죠. 그러니까 필화는 필화, 설화, 행동, 지금은 SNS도 포함하는 것이죠. 필화는 없을수록 좋은 건데, 아무리 언론 자유를 줘도 필화는 계속 생겨난다는 것, 이렇게 보는 것이 제가 보는 필화의 기본입니다.

　이재봉 본격적으로 들어가기 전에 배경 설명을 해주셨어요. 주로 폭력 개념에 대해서 얘기해주셨습니다. 평화학에서는 폭력을 모든 종류의 부당한 행위, 물리적 폭력뿐만 아니라 국가나 사회가 저지르는 모든 압력을 폭력이라고 하지요. 아까 일본 문제를 잠깐 얘기하셨어요. 일본이 35년 식민통치를 하는 기간에 어마어마한 국가폭력과 대량학살을 저질렀는데도 한국인은 심각하게 받아들이지 않는 것 같다고요. 우리가 전반부에 역사를 통한 평화·통일 공부를 했습니다. 그때 나온 얘기인데, 친일파를 처단하지 않고 정권을 계속 잡아왔으니까 그런 현상이 빚어진 거죠. 간단하게 말씀드리면.

아직도 우리 사회는 대학교수든, 정치인이든, 언론인이든 일본의 식민통치를 통해 우리가 잘 살게 되지 않았느냐, 일본이 길도 깔아주고, 철도도 놓아주고, 병원도 지어주고, 학교도 세워놨기 때문이라고 주장하는 사람들이 아직까지도 있는데 오죽했겠어요. 이런 얘기를 하면 한이 없으니까, 일단 본론으로 들어가시죠.

한국은 단 하루도 신탁통치 실시한 적 없다

이재봉 우리는 지금까지 민주정치를 한 적이 별로 없습니다. 1945년 해방이 되고나서 3년 동안 미군정(美軍政, 재조선미국육군사령부군정청, 在朝鮮美國陸軍司令部軍政廳)을 겪었어요. 어떤 사람들, 특히 역사를 공부한 일부 사람조차도 이것을 신탁통치라고 하는데 아주 잘못됐어요. 우리나라에서 신탁통치를 해야 된다, 하지 말아야 된다는 논란이 일었던 적은 있지만, 신탁통치는 단 하루도 실시한 적이 없어요. 45년 8월 해방부터 48년 8월 이승만 정부가 들어설 때까지 꼬박 3년 동안 여기서 실시했던 것은 신탁통치가 아니라 미군정(US Military Government)입니다. 미국 군인들이 정치했다는 것입니다. 여기 역사학도가 많은데, 다시 한 번 강조합니다. 신탁통치가 아니에요. 어느 역사학 교수까지 그런 얘기를 하던데, 아주 무식한 얘기에요. 그래서 미군정 3년 독재가 있었고, 이승만 정부 들어와서 12년 동안 이어졌어요. 이승만은 1960년까지 독재하다 쫓겨난 것입니다. 1961년에는 박정희가 쿠데타로 독재를 시작해 1979년 총 맞아 죽을 때까지 18년 동안 독재를 했어요. 그 다음에 전두환이 쿠데타를 해서 1987년까지 7년 동안 독재를 했죠. 그리고 노태우가 합법적 선거를 통해 1988년 정권을 잡았지만 군사 정부의 연장이었죠. 그럼 그것만 해서 몇 년이에요. 미군정 3년, 이승만 12년, 박정희 18년, 전두환 7년, 노태우 5년, 총 45년이에요. 40~50년이면, 우리는 거의 반세기를 독재정치 하에서 살아왔지요. 그 아래서 우리 문학인, 주로 소설가, 시인, 평론가들이 독재에 저항하고 민주화를 외치고, 한반도 평화를 구축해야 한다, 북한을 원수로만 생각하지 말고 통일해야 한다, 그런 것을 작품으로 써서 감옥에 끌려간 사건이 너무나 많아요. 그 중에 아주 중요하거나 상징적인 몇 가지만 설명해주시기를 부탁드립니다.

임헌영 예. 문학 전공이 아니거나 이공계 학생이 들어도 대단히 흥미로울 겁니다. 그러니까 주무시지 말고 귀를 좀 빌려주십시오. 5.16 뒤부터 시기를 잡았습니다. 5.16군사쿠데타 이후부터 잡은 이유는 필화사(筆禍史), 그러니까 필화 역사에서 가장 중요한 시기이기 때문입니다. 4월혁명이 일어났으면 이승만 독재가 끝나고 바로 우리가 민주화가 돼야 되요. 그런데 1년 만에 군사쿠데타를 일으켜서 정권을 잡은 뒤에 완전히 4.19를 무력화하고 완전히 무효화해서 이승만 때보다도 훨씬 더 악독한 독재를 18년 동안 했단 말이에요. 그럼 누가 시켜서 그랬을까요? 미국이 시킨 거죠. 말할 것도 없어요. 미국이 시킨 것이거든요. 그런데 시키려고 하다 보니까 이미 4.19혁명으로 민주화의 맛을 본 우리 국민들이 저항할 거 아닙니까? 그 저항을 뭐로 누르느냐? 그게 국가폭력, 바로 필화입니다. 바른 글, 바른 말, 바른 행동을 하는 사람들 다 잡아들이는 것, 이게 바로 5.16 뒤에 필화가 된 것입니다. 여러분한테 간략하게 말씀드리고 싶은 것은 네 가지입니다.

임헌영 이병주라가 있습니다. 처음 들을지도 몰라요. 그런데 제발 오늘 제 얘기는 안 들어도 좋은데, 이병주 소설은 좀 사서 보세요. 여러분 보시면 아마 시험공부 때려치우고 소설에 빠져들 겁니다. 그만큼 재미가 있어요. 아마 제 얘기 들으면 보시게 될 겁니다.

임헌영 이병주는 부산 『국제신문』 주필 겸 편집국장이었고 명논설(名論

說)로 전국적으로 이름을 날리던 사람입니다. 4.19 직전, 그러니까 이승만 독재 말기인 1960년 1월 부산군수기지사령부 사령관으로 부임한 박정희를 처음 만났습니다. 당시 신도성(愼道晟) 도지사가 경남도청 의회 회의실에서 기관장회의를 소집했던 자리였는데, 이병주는 국제신문사 사장 대리로 참석했습니다. 여윈 몸집으로 작달막한 육군 소장이 색안경을 쓰고 가죽으로 된 말채찍을 들었습니다. 박정희는 도지사와 인사를 하고 나서 나가버렸습니다. 이병주는 궁금해서 회의 후 도지사에게 그가 누구며 왜 회의도 참석하지 않고 가버렸느냐고 물으니 2관구 사령관 박정희 소장인데, 도지사나 시장 자리와 동떨어진 좌석인 것을 보고 화가 나서 돌아갔다는 대답(이병주, 『내통녕늘의 초상 : 우리의 역사를 위한 변명』, 서당, 1991)을 들었다고 합니다.

이승만, 그리고 이병주·황용주·박정희

임헌영 그 뒤 1960년 3.15부정선거와 이에 대한 항의 시위가 고조되자 4월 10일 전국에 비상계엄령을 내렸고, 부산지구 계엄사령관을 맡은 박정희가 지역 기관장을 소집해서 이병주도 참석했습니다. 그런데 이병주 옆에 앉아 있던 『부산일보』 주필 황용주(黃龍珠)가 벌떡 일어나더니 박 소장 곁으로 가서 '아, 너 복세이키 아니야?'고 하니 박 소장은 '음, 너 코류슈구나'하며 서로 손을 붙들고 얘기를 주고받더니 황용주가 이병주를 불러 '이 사람이 박정희 장군이다. 나와 대구사범 동기동창이었지. 그 동안 소식을 몰랐더니만 20여 년 만에 만났구먼'이라고 소개했습니다. 이후 황용주와 대구사범 동창인 조증출(曺增出)과 함께 이병주도 어울렸는데, 술자리에 앉기만 하면 박정희는 "이 주필, 이래 갖고 나라가 되겠소?"라며, "이놈 저놈 모두 썩어 빠졌어.", "학생이면 데모를 해야지. 이왕 할 바엔 열심히 해야지.", "도대체 오열(간첩)이란 게 뭐고. 오열이 약방의 감초가? 감당 못할 사건이 생기면 오열이 튀어나와. 오열이 어딘가에 대기하고 있다가 자유당이 필요로 하겠다 싶으면 출동하는 모양이지.", "국민을 편하게 할 방도는 생각하지도 않고 생사람 죽일 궁리만 하고 있으니 원!" 등의 욕설과 비난을 섞은 열변을 토했다고 합니다. 그런데도 맹렬한 공격을 퍼부으면서도 이승만은 물론 다른 어떤 사람의 이름도 구체적으로 입에 올리지 않았다고 해요.

임헌영 그러나 정작 4월혁명이 나자 박정희는 학생들이 쿠데타를 망쳤다고 투덜거렸지요. 결국 4월혁명은 성공해 이승만은 추방당했고 이병주는 1960년 4월 27일자 『국제신보』 사설에 「이 대통령의 비극! 그러나 조국의 운명과는 바꿀 수 없었다」는 글을 썼습니다. 말하자면 이병주는 이승만의 공죄를 논할 시기가 아니라며 학생들에게 배척받는 이승만은 결코 적이 아니라는 동정론을 편 것입니다. 며칠 뒤 이병주는 황용주, 박정희와 만났는데, 박정희는 대뜸 "두 주필의 사설을 읽었는데 황용주의 논단은 명쾌한데 이병주 주필의 논리는 석연하지 못하던데요. 아마 이 주필은 정이 너무 많은 것 아닙니까?"라고 해서 이병주는 "밉기도 한 영감이었지만 막상 떠나겠다고 하니 언짢은 기분이 들었다고 해요. 그 기분이 논리를 흐리멍덩하게 했을 겁니다"라고 응대했지요. 그러자 박정희는 "그건 안 됩니다. 그에겐 동정할 여지가 전연 없소. 12년 동안이나 해먹었으면 그만이지 4선까지 노려 부정선거를 했다니 될 말이기나 하오? 우선 그, 자기 아니면 안 된다는 사고방식이 돼먹지 않았어요. 후세에 경종을 울리기 위해서도 춘추의 필법으로 그런 자에겐 (다른 사람의 잘못 따위를 글로 꾸짖는) 필주(筆誅)를 가해야 해요"라고 말했습니다. 이에 이병주는 이승만의 독립운동을 거론하며 변명을 했지만 박정희는 "독립운동했다는 건 말짱 엉터리요, 엉터리!"라고 응대했습니다. 이어 박정희가 일본 청년 장교들이 일으킨 두 건의 반역 사건(5.15사건, 2.26사건)을 거론하자 황용주는 "케케묵은 국수주의자들"이라고 비판했고, 박정희는 "일본 군인이 천황 절대주의자를 하는 게 왜 나쁜가? 그리고 국수주의가 어째서 나쁜가?"라고 항의하자 황용주가 "고루한 생각"이라 했고 박정희는 "그런 잠꼬대 같은 소릴 하고 있으니까 글 쓰는 놈들을 믿을 수가 없다. 일본이 망한 게 뭐꼬? 지금 잘해나가고 있지 않나? 역사를 바로 봐야 해. 패전 후 얼마 되지 않아 일본은 일어서지 않았나?"라고 했습니다. 이에 황용주는 "국수주의자들이 망친 일본을 자유주의자들이 일으켜 세운 것이다"고 반박했고, 박정희는 "자유주의? 자유주의 갖고 뭐가 돼? 국수주의자들의 기백이 오늘의 일본을 만든 거야. 우리는 그 기백을 배워야 하네!"라고 했으며, 이에 황용주는 "배워야 할 것은 기백이 아니고 도의감이다. 도의심의 뒷받침이 없는 기백은 야만이다"고 반박하자 박정희는 "도의는 다음 문제다. 기백이 먼저다"는 대답(조갑제, 『내 무덤에 침을 뱉어라』 3권, 조선일보사, 1988 참고 및 인용)을 했다고 합니다.

한국 현대사 74년 중 '45년'은 '독재 기간'

이재봉 우리 학생들은 몇 가지 용어, 그리고 조갑제가 누군지 잘 모를 거예요. 우리 젊은 학생들이 잘 모를 것 같아서 보충 설명을 조금 해줄게요. 지금 나온 박정희, 황용주, 이병주 세 사람은 당시 나이가 마흔 살 안팎이었습니다. 자유당은 지금 자유한국당이 아니고 이승만 집권당이었어요. 그 다음에 조갑제는 『조선일보』 기자 출신으로 『월간조선』을 이끈 사람이에요. 우리나라에서 가장 보수적인 언론인 가운데 하나죠. 지금은 '조갑제닷컴'을 운영하고 있는데 우리나라에서 가장 유명한 극우 언론인이라고 생각하면 돼요. 이 사람이 박정희 전기를 썼어요. 그 책 이름이 『내 무덤에 침을 뱉어라』(조선일보사, 2001)입니다. 무슨 뜻이냐면 '박정희가 죽었는데, 박정희보다 더 잘한 사람 있으면 나와 봐라, 나한테 침 뱉을 자신 있느냐, 이런 취지에요. 이제 대략 이해하겠죠? 제 설명이 맞습니까?

임헌영 예, 아주 잘 해주셨습니다. 그런데 별로 재미있게 안 들으시는데, 여러분들이 이런 일에 관심 없고, 재미없게 들으면, 우리나라는 영원히 문제의 나라가 됩니다. 이런 얘기에 흥미가 없었다고 해도 '아, 뭔가 잘못됐구나', 이런 생각을 해야 우리나라가 바로 잡힙니다. 그러니까 이 특강을 수강신청 하지 않은 여러분 친구들도 다음부터는 모두 데리고 오세요. 데리고 와서 '이재봉 교수님이 하는 건 무조건 다 들어야 된다, 원광대생뿐 아니라 대한민국 대학생들 다 들어야 된다'는 소문을 여러분이 자꾸 내주시기 바랍니다.

이재봉 우리가 1945년 분단 이후 지금까지 몇 년이죠? 74년 역사 가운데 45년 정도가 독재 기간이었어요. 그 시기에 독재에 저항하면서 민주화를 외치거나, 평화와 통일을 위해 북한에 대해 좀 긍정적인 글이나 말을 쓰거나, 반대로 미국을 비판하면 국가보안법 위반으로 걸려들었어요. 이미 앞에서 말했지만, 이런 것을 '필화', '설화'라고 하는데 둘을 묶어서 그냥 '필화'라고 하면 됩니다. 필화는 45년 해방 직후부터 시작됐어요. 한 시인이 미국을 비판하는 시를 읊어가지고 탄압받은 적이 있습니다. 오래 전 것은 빼고 1961년 박정희 시대부터 중요한 것, 재미있는 것 몇 가지만 뽑아보자, 이렇게 지금 시작하고 있는 거예요. 계속 잘 들어주시기 바랍니다.

임헌영 지금 이병주 소설가 얘기를 하고 있는데요. 이병주가 명문이라는 것은 말씀드렸죠. 그의 글을 잠깐 소개하겠습니다. 이병주는 글 두 편 때문에 법정에 섰습니다. 「조국의 부재」(『새벽』, 1960.12)와 「통일에 민족 역량을 총집결하자」(『국제신보』, 1961년 1월 1일 연두사)는 글입니다. 이병주는 「조국의 부재」에서 "조국이 없다. 산하가 있을 뿐이다. 이 산하는 삼천리강산이 란 시적 표현을 가지고 있다"로 시작하는데, 분단 시대 최고의 명논설입니 다. 「통일에 민족 역량을 총집결하자」에서는 "국토의 양단을 이대로 두고 우 리는 희망을 설계하지 못한다. 민족의 분열을 이대로 두고 어떠한 포부도 꽃 피울 수 없다. 누가 누구를 경계하는 것이냐? 어디로 향한 총부리냐? 무엇 을 하자는 무장이냐?"고 했습니다.

이병주·황용주·박정희는 '이승만 욕하는 동지'

임헌영 어쨌든 이병주와 황용주와 박정희는 이렇게 술 마시고 이승만 욕 하는 동지였어요. 하지만 5.16이 나니까 곧장 이병주와 대구사범학교 동창 인 황용주를 잡아넣어버려요. 그런데 황용주는 한 달 만에 풀어주고 이병 주는 2년 몇 개월을 살다가 나왔어요. 그래서 이병주가 삐쳤어요. 막역한 술 친구고, 별 얘기 다하는 사이였는데 어떻게 날 집어넣을 수가 있나, 또 고등 학교 동창인 황용주는 한 달 만에 풀어줬기 때문이죠. 이때부터 이병주가 앙심을 품어요. 그렇지만 출옥 후 박정희 시절에 은근히 박정희 편을 들었어 요. 그것 때문에 욕을 많이 먹었죠. 그런데 작고한 후 아들을 만나서 얘기를 들어보니까 단 한 번도 박정희를 칭찬한 적이 없다고 합니다. 그리고 박정희 가 이병주한테 감투 하나 써달라고 하면 전부 거절했다고 합니다. 그러면서 어떻게 한 줄 압니까? 박정희가 1979년 10월 26일에 김재규 총탄에 쓰러 졌잖아요. 그러자 이병주는 박정희를 욕하는 소설을 써야겠다며 소설을 씁 니다. 『그해 5월』(한길사, 2006)이라는 작품(총 6권)입니다. 여러분들이 역 사 공부하려면, 특히 박정희에 대해서 궁금하면 이 소설만 봐도 됩니다. 저 도 박정희 때 징역을 2번 살았기 때문에 이병주 못지않게 원한이 맺힌 사람이에요. 그래서 박정희에 대해서 상당히 연구를 많이 했거든요. 그러나 이 소설보다 더 연구한 사람이나 정치학자는 없어요. 이 소설은 1961년 5월 16일부터 1979년 10월 26일 박정희가 죽을 때까지의 역사를 쓴 것입니다. 박정희가 우리 민족사에 끼쳤던 모든 죄악을 다 써버렸습니다. 참 속이 시원해요. 소설에서 가장 강조하는 것은 두 가지 죄악입니다. 첫째는 친일파입니다. 어떻게 일본군 장교, 그것도 하급 장교 출신이 한 나라의 국가 원수가 되느냐는 것입니다. 둘째는 5.16 쿠데타입니다. 지구상의 많은 쿠데타 예가 이 소설에 나옵니다. 나폴레옹부터 나세르까지 쿠데타 얘기가 나옵니다. 역사상 모든 쿠데타는 모두 실패했다는 게 『그해 5월』의 결론입니다.

임헌영 『그를 버린 여인』도 있습니다. 박정희의 개인 사생활, 여자 문제를 쓴 것입니다. 지금 학자들도 잘 몰라요. 박정희는 일제 때 초등학교 교사 시절에 장가를 갔습니다. 첫 장가를 갔어요. 첫 장가를 가서 만주군관학교, 지금으로 치면 육군사관학교니까 일제 때의 육군사관학교죠. 군관학교에 입교하려니까 기혼자, 그리고 나이가 20대 넘으면 안돼요. 둘 다 해당이 안 되자 그냥 받아달라고 혈서를 써요. 그 혈서가 당시 신문에 났어요. 『친일인명사전』에도 수록되어 있습니다. 『친일인명사전』을 내려고 할 때 박정희 아들 박지만이 출판 정지 가처분 신청을 법원에 냈어요. 2~3일 뒤 책이 나오는데 가처분 신청을 내서 우리는 혼비백산이 됐어요. 하지만 우리가 옳다고 판사가 우리 손을 들어줬습니다. 왜? '진충보국 멸사봉공'(盡忠報國 滅私奉公)을 하겠다고 혈서를 쓴 것 하나만으로도 반민족행위를 한 걸 충분히 입증할 수 있었기 때문입니다. 자신을 버리고 일본 천황과 일제를 위해서 싸워주겠다는 혈서 때문에 입학 자격이 없는 학생을 입교시킨 것이죠. 만주에 있는 군관학교 입학 자격이 없었지만 혈서로 부정입학한 겁니다.

"우리나라 군부 내 첫 빨갱이는 박정희"

임헌영 박정희 여성 편력이 나오는 이야기를 하죠. 『그를 버린 여인』에서 제일 중요한 것은 박정희가 여순사건 이후 친구들을 배신한 것입니다. 1948년 여수, 순천 일대에서 군 반란 사건, 즉 숙군(肅軍, 군부숙청)이 일어났는데 이를 계기로 군대 내에 좌익이 있다 해서 양심적인 군인들을 다 잡아들여요. 그때 박정희도 걸렸습니다. 왜냐면 박정희가 8.15 직후 좌익을 했거든요. 남로당 군부에 상당한 직책을 갖고 있었죠. 쉽게 말하면, 우리나라 군부 내 첫 빨갱이는 박정희입니다. 그때 박정희가 200명의 명단을 넘겨줬다고도 합니다. 명단에 오른 군인들은 처형당하거나 처벌을 받습니다. 처형당한 사람들의 아들딸이 자라서 박정희를 암살하려고 합니다. 그러나 중앙정보부에 걸려 체포됩니다. 그런데 사건이 너무 미묘해서 모두 석방합니다. 문제를 삼으면 재판정에서 박정희가 여순사건에 관련됐다는 사실, 그리고 숨겨졌던 여성 문제가 폭로되니까 일부러 숨기려고 재판을 안했단 말이죠. 굉장히 중요한 사건인데 정말이냐 아니냐, 그건 모르겠어요. 이병주 작가의 생각인데, 개연성은 있다고 봅니다. 이병주에 대해서는 제 평론집 『한국소설, 정치를 통매하다』(소명출판, 2020)에 자세히 나와 있으니 봐주시기 바랍니다. 여러분, 나중에 소설을 보십시오. 박정희가 5.16 일으킨 뒤에 우리나라 사람보다 일본 사람이 좋아했데요. 일본 육군사관학교를 나와 국가원수가 된 건 두 사람밖에 없답니다. 박정희하고 장제스(蔣介石, 본명 蔣中正)입니다. 참 치욕스러운 나라죠.

이재봉 필화사건이 아주 많으니 다 하실 수는 없고 중요한 것만 골라서 해주기 바랍니다. 특히 분단 한국의 정치 현실을 다룬 필화사건을 소개해주세요.

임헌영 그런 문제라면 단연 박계주(朴啓周) 작가가 『동아일보』에 연재(1961.06.11~11.28)한 소설 『여수』(旅愁)일 것입니다. 이 소설은 한국 신문 연재 소설사에서 가장 중요한 작품이라고 보는데, 전문가들도 잘 모를 정도로 묻혀 있습니다. 우리나라의 독서 풍토가 그렇습니다. 정작 꼭 읽어야 할 작품은 모르고 있지요. 그러니까 5.16 직후에 연재를 시작한 소설인데, 1961년 11월 28일자 연재가 문제가 되어 바로 중단을 당하고 작가는 혼쭐이 납니다. 소설 내용을 간추려 보면 주인공인 소설가가 1960년 유럽 여행을 하면서 듣고 보고 느낀 걸 풀어놓는 형식입니다. 소설에는 당시 군부쿠데타를 의식한 흔적이 있습니다. '의식'이라는 단어는 '두둔'이나 '지지'라기보다는 정치비판을 금지했던 풍토를 감안할 때 기존의 보수정치를 싸잡아 욕할 수 있는 기회를 포착한 작가의 시의적절한 대응으로 볼 수 있다는 의미로 읽을 수 있습니다. 그리고 주인공 춘우가 비엔나에 갔을 때의 대목은 마지막 연재(비엔나의 야화, 1961.11.28) 부분인데, 바로 필화를 당한 문제의 장면입니다. 중요한 부분인 만큼 본문을 직접 보도록 합시다.

"춘우는 문득 고하 송진우(古下 宋鎭禹)를 생각했다. 그는 신탁통치를 찬성했기 때문에 암살당했던 것이다. 그러나 지금 와서 생각하면 그 당시 송진우의 의견대로 5년 간 국제신탁통치를 받았던들 5년 뒤 국제기구인 유엔에 의해 오스트리아처럼 통일되었을 것이다. 국제신탁통치를 하게 되면 북한 남한으로 양단되지 않은 채 몇 개 통치 국가들이 남북을 공동감시하며 공동통치를 하게 되기 때문에 양립된 불가침의 군정은 없었을 것이다. 그러한 견지에서 본다면 신탁통치를 반대한 이승만, 김구, 이시영 등의 인사들은 독립투쟁을 한 애국자이기는 하지만 앞을 내다보거나 앞을 저울질할 줄 아는 정치가가 못되는 반면 송진우는 독립투쟁은 하지 못하였을망정 앞을 내다보는 구안(具眼)의 정치가라 할 수 있다. 대체 해방 직후 아무런 경제적 기반도 없고 경찰력도 군대력도 없고 행정적 정치적 훈련도 없고 산업도 마비 상태였는데 '독립국가'라는 문패만 붙잡고 어쩌자는 것이었는지 한심하기 짝이 없는 일이 아닐 수 없다."

바로 남한 단독 정부의 존립 근거를 뒤흔든 겁니다. 이 때문에 박계주는 중앙정보부에 연행돼 치도곤(治盜棍, 도적을 다스린다는 뜻)을 당하고 후유증을 씻을 겨를도 없이 연탄가스에 중독돼 투병하다가 1966년에 작고했습니다. 참으로 아까운 작가였습니다. 대중소설가 중 내가 제일 좋아하는 작가이기도 합니다.

임헌영 박계주가 이처럼 우리 민족사에 얽힌 문제를 주체적으로 볼 수 있었던 바탕은 기독교적 휴머니즘 사상 때문입니다. 간도 용정 출생인 그는 중학생 때부터 교회(감리교)와 관계가 있었고 졸업 후 감리교 소학교에서 교편을 잡았다가 1933년에 중앙선도원에서 이용도 목사 등이 예수교회파를 창설할 때 기관지 『예수』의 책임편집을 4년 간 맡았습니다. 여기서 우리는 잠시 이용도(李龍道, 1901~1933)에 대해 알아둘 필요가 있습니다. 이용도는 황해 금천 출생인데, 아버지가 대주(大主, 무속인의 남자 주인)였고 어머니는 기독교 신자였습니다. 1915년 개성 한영서원(韓英書院)에 다닐 때 3.1운동 가담으로 옥고를 치렀고 독립운동으로 네 차례에 걸쳐 투옥, 2년 동안 복역했어요. 그래서 졸업장이 없지요. 서대문형무소에 있을 때 수갑을 찬 사형수의 손을 자신의 배 위에 넣어준 이야기는 유명합니다. 1924년 협성신학교(協成神學校)에 입학했으나 심한 폐결핵으로 휴학, '바치라, 그저 완전히 바치라'는 신앙 정신을 터득했습니다. 1928년 신학교를 졸업 후 원산신학산(元山神學山)에 들어가 백남주(白南柱), 이호빈(李浩彬), 한준명(韓俊明), 유명화(劉明花) 등과 조선예수교회를 창설, 선언문과 교리를 작성한 뒤 타계했습니다. 이런 신상과 자세를 익힌 박계주는 '한국판 주홍글씨'라는 평가를 받는 『순애보』(殉愛譜)를 통해 기독교적 휴머니즘과 민족주체성 추구 자세를 튼튼하게 다졌지요. 지금 한국 기독교는 예수가 한국에 오면 통탄할 것 같아요. 타락한 오늘의 기독교와는 달랐던 게 박계주의 소설에 반영되어 있습니다.

『분지』는 김지하의 풍자시 「오적」 원조

이재봉 시간이 너무 지났는데, 한국문학사에서 가장 중요한 남정현의 『분지』를 이야기해주시지요. 이 작품이 어떤 내용인지, 그리고 왜 걸려들었는지 간단히 설명해주시겠어요?

임헌영 남정현 작가의 『분지』(糞地)는 여러분들에게 꼭 한 번 읽어보라고 권하고 싶어요. 왜냐하면 표현 방법이 참 재밌어요. 아주 풍자적입니다. 김지하의 유명한 풍자시 「오적」의 원조가 『분지』에요. 그만큼 표현이 재미있어서 지금 여러분들이 봐도 아마 킥킥 웃음이 나올 겁니다.

이재봉 잠깐, 아마 학생들은 『분지』를 산으로 둘러싸인 지역이라고 생각할 겁니다. 소설 『분지』는 그게 아니고 '똥 분(糞)'자입니다. '똥 덩어리 땅'이라는 뜻이니 혼돈하지 마세요. 영어로 'dung hill'입니다. 계속 이야기해주시지요.

임헌영 예, 풀이해주셔서 감사합니다. 바로 '똥의 땅'이란 뜻이지요. 단편소설인 『분지』는 홍길동의 10대손인 홍만수(洪萬壽)가 돌아가신 어머니의 영전에 호소하는 독백 형식으로 전개됩니다. 그의 어머니는 8.15 후 태극기와 성조기를 들고 무슨 환영대회에 나갔다가 미군에게 능욕당한 치욕과 분노를 견디지 못해 광분 상태로 세상을 떠나버렸습니다. 항일투사였던 아버지는 8.15가 되어도 귀환하지 않은 채 아무런 소식도 없습니다. 이 두 가지 사실은 상징적입니다. 미군이 이 땅에 와서 독립운동가의 아내를 겁탈했다는 것은 곧 미국의 대한 정책의 본질이고, 이는 아예 한국의 독립운동 따위는 인정하지 않겠다는 뜻이지요. 그리고 아버지가 귀환하지 않은 것은 분단 한국은 여전히 친일파가 득세하는 현실을 상기해주는 의도로 읽어야 합니다. 하지만 소설을 발표(『현대문학』, 1965.03)했지만 조용하다가 북한에서 널리 선전하자 작가를 연행해 온갖 고문을 당했습니다. 이 한 편의 소설로 남정현은 세계적으로 유명한 필화의 주인공으로 부각됐고 일생 동안 감시 속에서 살아야 했어요. 남정현 작가가 당했던 수모나 재판 과정 등은 널리 알려져 있으며, 방금 언급한 평론집 『한국 소설, 정치를 통매하다』에 자세히 나와 있습니다.

임헌영 다만 중요한 한 가지를 여기서 이야기할 게 있습니다. 소설에서 보듯이 홍만수는 오로지 자기 누이가 스미스로부터 당하는 온갖 학대와 폭행을 막아주려는 생각뿐이었기에 결코 그녀를 겁탈하지 않았다는 게 작가의 입장입니다. 그런데 홍만수는 죽어 마땅한 범죄를 저질렀다는 것이 한국 수사기관의 견해였고, 이런 의견은 검찰도 마찬가지였습니다. 작가는 아무리 그렇지 않다고 말해도 아예 무시당하고 말았다는 겁니다. 조작이지요. 더 기가 찬 것은 문학평론가들이 거의 수사기관처럼 홍만수를 겁탈한 시선으로 『분지』 관련 글을 썼다는 겁니다. 결국 한국의 비평계는 『분지』를 유죄의 구렁텅이로 몰아넣은 꼴이 되지 않습니까. 홍만수가 결백한 데도 억울하게 공격당했다는 게 바로 『분지』가 말하고자 하는 민족적 자존의 본질이며 미국의 오만성을 상징해주는 대목입니다. 재미있는 것은 미국 『타임』도 이게 무슨 처벌감이냐고 보도했어요. 막상 미국에서는 조용했는데, 우리나라에서 처벌했다는 거죠. 사실 미국을 비판한 것도 있지만 박정희 정부를 비판한 게 문제가 됐죠. 뭐냐면 '우리나라에서는 독립운동이든지 뭐든지 별로 한 것도 없이 반공과 친미만 외치면 국회의원도 하고 장관도 하는 것 아니냐', 이런 대목이었죠.

이재봉 이제 시간이 다 되어 갑니다. 결론적으로 말하면, 이런 작가들의 용기에 힘입어 지금은 상당히 자유롭게 미국을 비판할 수 있어요. 여러분 행복한 시대입니다. 미국 욕 하고 싶으면 얼마든지 해도 되요. 국가보안법 위반 아닙니다. 10분밖에 안 남았는데 제가 선생님께 여쭙고 싶은 게 많지만 시간 때문에 학생 여러분에게 기회를 드리겠습니다.

유진웅 역사문화학부 고고미술사학과 2학년 유진웅입니다. 오늘 강연 잘 들었습니다. 문사철이라는 말을 많이 하는데, 문학과 역사의 관계를 어떻게 생각하시는지 여쭙고 싶습니다.

추연종 역사문화학부 1학년 추연종입니다. 권력은 잡기보다 놓기가 더 어렵다고 하는데, 지금 정치인들이나 기득권층을 보면 대부분 친일에 가담했던 사람들이 많이 있어요. 이제는 친일파에게 책임을 물을 수 없는지 궁금합니다.

장세훈 역사문화학부 3학년 장세훈입니다. 일본이 싫어하거나 미국이 싫어하는 것은 우리나라에게 좋은 것이라고 말씀하셨어요. 어떤 부분이 그렇다고 생각하시는지요?

이지혜 역사문화학부 1학년 이지혜입니다. 대담 중에 우리는 이상한 민족이라시면서 독일이 유대인들을 학살한 것에 대해서는 분노하지만 일본이 우리 조상을 학살한 것은 분노하지 않는다고 하셨는데요. 제가 역사를 잘 알고 있지 않지만, 이 말에 동의하기 어려운데, 어떤 의미로 하셨는지 궁금합니다.

이재봉 좋습니다. 지금까지 네 가지 질문이 나왔는데 선생님께서 답변하시고 오늘 대담 끝내겠습니다.

역사와 문학은 서로 보완 관계

임헌영 첫째 질문인 역사와 문학의 관계는 서로 보완의 관계입니다. 예를 들면, 조정래 작가의 『태백산맥』을 비롯한 대하소설 3부작은 역사학자들이 도저히 밝힐 수 없었던 것을 다 밝혔어요. 역사적인 사실을 문학적인 상상력으로 얼마든지 사실과 다르게 다룰 수도 있습니다. 그런 예는 세계문학사에 굉장히 많습니다. 작가는 자신이 옳거나 그르다고 생각할 수 있는데, 예를 들면, 사육신 중에서 생육신이 옳았다고 할 수도 있고, 사육신이 옳았다고 할 수도 있고, 세조가 옳았다고 할 수도 있고, 단종이 옳았다고도 할 수 있는 거죠. 서로 보완 관계에 있습니다. 다만 어떻게 하면 올바른 역사와 발전에 도움이 되느냐, 그런 관점은 있어야겠지요. 이런 건 작가의 역사의식에 따라 달라집니다. 그러니 역사와 문학은 보완 관계이고 같은 민족사를 다루는 겁니다.

임헌영 그 다음 친일파 문제. 역사적으로 단죄 문제는 학문적으로는 많이 진척되었지만 여전히 친일파 명의의 기념사업이나 각종 상이 시행되고 있습니다. 개탄스럽기 짝이 없습니다. 친일 행위는 유럽처럼 공소시효에 관계없이 언제라도 처벌해야 된다고 봅니다.

임헌영 미국과 일본이 좋아하는 것이 우리나라에서는 나쁜 것이라는 것은 미국과 일본은 분명히 자기 나라 이익을 위해 국제정치를 하는 것이지 우리나라를 위해서, 도와준다고 봐서는 안 된다는 취지입니다. 우리가 사들여 놓은 미국 무기들이 만약 미국과 중국이나 러시아와 전쟁을 하게 되면 바로 우리나라에 팔아먹었던 무기로 우리 군인을 동원시켜 미국 편을 들게 만들려고 할 것입니다. 우리 돈으로 산 무기로, 우리 밥으로 키운 청년들을 왜 남의 전쟁에 끼어들게 합니까? 이렇게 말하면 북한의 침략에 대비하기 위한 미국제 무기이기 때문에 우리 돈으로 샀다고 항의하겠지요. 또 남북이 평화 체결을 하면 미국 무기를 사지 않아도 되느냐고 묻겠지요. 그런 상황이 올까 염려해서 미국과 일본은 한사코 남북평화협정을 반대하고 있다고 말한 것입니다.

　임헌영 독일이 유대인을 학살하는 영화나 드라마를 보면 흥분하면서 정작 왜 우리 민족이 일본에게 당했던 학살에는 왜 분노하지 않느냐는 내 의견에 동의하지 않는다고 한 데 대한 답변입니다. 일본이 식민통치를 할 때 저지른 만행에 분노하는 학생들에게는 박수를 보냅니다. 그런데 요즘 적잖은 젊은 층은 그렇지 않고 국제주의자나 무국적주의자처럼 행동하는 것을 볼 수 있어서 내가 한 말임을 이해해주시기 바랍니다. 저는 한일 관계가 지금처럼 껄끄러우면 일본 맥주나 식품 등이 아예 안 팔릴 정도로 우리의 민족의식을 더 고양해야 한다는 취지에서 말한 것입니다.

　이재봉 오늘 저보다 더 반미적인 선생님이 오셨어요. 미국이나 일본이 한반도 평화와 통일을 원치 않는 이유나 우리나라 극우보수세력, 흔히 말하는 '수구꼴통'이 분단을 선호하고 북한을 적대세력으로만 여기는 이유는 모두 똑같아요. 통일이 되고 평화가 정착되면 자기네들이 손해를 보기 때문이지요. 그래서 이 주제를 가지고 재미있게 얘기해주셨어요. 소설과 시, 이러한 문학을 통해서 우리가 역사 공부를 참 많이 해요. 나도 사회과학, 정치학을 공부하지만 소설을 통해서 공부를 많이 했듯이 여러분들도 소설을 통해서 역사 문제, 평화 문제, 통일 문제를 재미있게 공부해보시기 바랍니다. 이상으로 오늘 대담을 마치겠습니다. 지금까지 수고해주신 임헌영 선생님을 위해서 한 번 더 뜨거운 박수 보내주세요.

임헌영(任軒永) 1941년 경북 의성에서 태어나 중앙대 국문학과 및 대학원을 마쳤다. 『장용학론』(1966)으로 『현대문학』을 통해 문학평론가가 된 후 『경향신문』 기자, 월간 『다리』, 월간 『독서』 등 잡지사 주간을 지냈다. 유신통치 때 1974년 문학인사건, 1979년 남민전사건 등 두 차례 투옥됐다. 석방 후 중앙대 국문과 겸임교수(1998~2010)를 지냈고, 역사문제연구소 창립에 참여해 부소장, 참여사회아카데미 원장 등을 거쳐 지금은 민족문제연구소 소장으로 있다. 지은 책은 『한국근대소설의 탐구』(1974), 『창조와 변혁』(1979), 『문학의 시대는 갔는가』(1983), 『민족의 상황과 문학사상』(1987), 『문학과 이데올로기』(1988), 『변혁운동과 문학』(1989), 『분단시대의 문학』(1992), 『우리 시대의 소설 읽기』(1992), 『우리시대의 시 읽기』(1993), 『불확실 시대의 문학』(2012), 『임헌영 평론선집』(2015), 그리고 리영희 선생과의 대담을 엮은 『대화』(2005), 『임헌영의 유럽문학기행』(2019), 『한국소설, 정치를 통매하다』(2020) 등 20여 권이 있다.

역사·문학·예술 전문가들이 들려주는 **평화와 통일 이야기**

제8강 | 미술

예술은 현실과 함께 가는 것

신학철 화가

이재봉 오늘은 한국 최고의 민중화가 신학철 선생님을 모시겠습니다. 선생님을 간단하게 소개하자면, 홍익대학교 미술대학을 졸업하시고 미술 선생님으로 근무하시다가 1980년대부터 우리나라 민중미술 또는 민족미술을 이끌어 오신 분이에요. 다른 건 몰라도 「모내기」(1987)라는 그림 때문에 미술에 관심이나 조예가 깊지 않은 사람들도 다 아시리라 생각합니다.

신학철 대학교 졸업하고는 혼자 작업을 하다가 전위 미술 운동 단체와 같이 일을 하게 됐어요. '전위'라는 것은 맨 앞서가는 것, 그러니까 군사용어인데 전투부대입니다. 예술로 말하면 어떤 새로운 세계를 개척하고 앞서가는 새로운 세대를 내다보면서 작업을 하는, 굉장히 진보적인 미술 행위를 하는 사람들을 말합니다. 프랑스말로 '아방가르드(Avant-garde)', 우리말로 하면 '전위예술가'라고 하죠.

이재봉 전위예술이라…….

"이미지를 죽이기보다 찾아내려 했다"

신학철 예. 그쪽을 하다가 아방가르드 단체가 해체되면서 회의를 느끼면서 다시 바라보게 됐어요. 그래서 저하고 같이 했던 동료들은 원래 했던 대로, 해체됐어도 자기 개인적인 작품들은 같은 방향으로 가고 있었고, 저는 그 반대로 갔던 것 같아요. 그 당시에는 그런 미술을 '무(無) 이미지'라고 했어요, 이미지가 없다는 뜻, 그러니까 그림 속에서 이야기를 빼버리는, 느낌을 빼버린, 메시지를 빼버리는 것을 '무(無)이미지'라고 그래요. 그래서 행위만 남고, 미술 화가의 행위만 남고 내용은 빼버리는 것이죠. 그런데 나는 사물의 이미지를 드러내려고 했어요. 컵이면 컵의 성격을 드러내려고 했어요. 사람들은 이미지를 죽이는데, 나는 이미지를 찾아내려고 했죠. 그래서 자꾸 이미지를 찾고, 찾다보니까 여기까지 오지 않았나 싶습니다. 계속 '나는 아방가르드다, 너희들은 가짜다'는 생각을 했습니다. 그쪽 사람들이 하는 아방가르드는 가짜고 내가 이미지를 찾으려는 것이 실제 아방가르드라고 생각했습니다.

이재봉 선생님께선 4~5년 전 즈음 진보정당 창당준비위원회를 결성하면서 위원장을 맡으셨죠? 미술 활동을 하시다가 왜 정치 쪽으로 빠지려고 하셨는지요?

신학철 나도 몰라요. 경제나 정치에 자꾸 관심이 가요. 그래야만 될 것 같아요. 미술이 그런 것을 걸머져야 될 것 같습니다. 왜냐면, 그래야 미술이 실제생활과 현실하고 진짜로 가까워질 것 같아서요.

이재봉 미술이 정치를 짊어진다고요?

신학철 아니요. 짊어지는 것보다 그쪽으로 가야 될 것 같아요. 그것을 해야 할 것 같아요.

이재봉 미술가들이 현실에 참여해야 한다는 뜻인가요?

"미술이 사회와 현실에 가려면 정치가 필요"

신학철 네. 그래야 미술이 힘을 가질 수 있을 것 같아요. 내가 생각하는 것은, 미술이 사회와 현실에 가까이 또 같이 가려고 한다면 정치를 하지 않고서는 바꿀 수 없는 것 같습니다.

이재봉 과거 1940년대부터 그런 움직임이 있었던 것으로 아는데, 순수예술이냐 참여예술이냐 식으로 논쟁을 했잖아요? 그런 게 일종의 참여예술 아니겠어요?

신학철 뭐, 그렇게 봐요. 나는 '참여'보다는 '현실적인 예술'이라고 보고 싶어요. 다른 사람들은 아방가르드라고 생각하면서 하고 있을 겁니다. 그러나 그 사람들은 '형식주의 아방가르드'라고 보고 싶어요. 캠퍼스 안에서 그 행위, 뭐 물감을 가지고 장난을 하는 것 같은데, 저는 바로 그 현장, 현실, 바로 우리가 먹고사는 어떤 경제에 대한 문제까지도 관심이 가는 거예요.

이재봉 쉽게 말씀드리자면 미술가로서 화실에서 편안히 앉아서 그림만 그릴 수 없고, 특히 세월호 참사를 지켜보면서 도저히 현실에 뛰어들지 않을 수 없다는 생각을 하신 건가요?

신학철 아니죠. 그쪽으로 관심이 이미 가 있는 것이었죠. 참여한다, 안한다 보다는 '같이 간다'는 뜻이죠.

이재봉 알겠습니다. 1980년대부터 우리 사회에 소위 민족예술, 민중예술이 널리 급속도로 확산됐잖아요. 그 가운데 선생님께서 민중미술에 가장 앞장서신 분인데요. 그러다 민예총이라 불린 민족예술인총회 이사장도 지내셨는데, 민족미술이나 민중미술을 학생들한테 어떻게 설명할 수 있을까요?

신학철 '논리'로 한 게 아니라 '몸'으로 했다고 생각합니다.

민족·민중미술은 '논리' 아닌 '몸'으로 하는 예술

이재봉 몸으로 하는 예술이라고 봐야 하나요?

신학철 그냥 내 감정에 따라서 했다고 봅니다. 그래서 개념이라는 것, 이런 게 정확하진 않을 겁니다. 그때는 군부독재시절이었고 독재에 항거하는 민주화의 열망에 같이 가지 않았나 싶습니다. 하나의 미술운동이었고 그게 민족미술 또는 민중미술 형태였다고 생각합니다. 그래서 민족미술과 민중미술을 어떻게 구분해야 할지는 잘 모르겠네요. 그러나 '민족양식'이라는 것은 있어요. 우리 전통미술의 형식과 방법을 통해서 우리의 미술을 드러내려고 했던 것을 말합니다. 그런데 저는 그런 것과는 거리가 멀었던 것 같아요. 젊은 분들한테 '서양 냄새가 난다'는 비판도 많이 받았습니다.

이재봉 민족미술이나 민중미술을 하시는데, 젊은 사람이 서양냄새가 난다고 비판했다는 말이에요?

신학철 형식적인 문제였죠. 그런데 나로서는 현실적인 문제에 더 철저하게 다가가는 것이 더 중요했었고, 그래서 「모내기」를 그린 이유기도 하죠. 이 그림은 다른 그림하고 좀 다른데, 민족양식을 갖고 그린 그림이라고 할 수 있죠.

이재봉 선생님 작품을 처음 접하기 시작한 게 1990년대였습니다. 미국에서 공부하며 정치학 박사 논문을 '문학예술과 정치'라는 주제로 썼거든요. 우리나라에서 1980년대부터 시작된 민중문예운동 분야를 좀 살펴보게 된 거죠. 그림에 문외한이면서도 선생님 작품, 저 뒤에 앉아계시는 박불똥 선생님 작품 등을 그때 접했어요. 선생님은 1980년대 초에 '한국근대사' 연작을 발표하셨어요. 최근에는 '현대사' 연작 전시회도 하셨고. 특히 한국 근현대사에 관심을 갖고 미술로 표현하셨는데, 그림 보여주시면서 이 연작에 대해 설명해주시겠어요?

1980년대 초 '한국근대사' 연작 발표

신학철 그림 보기 전에 여기까지 오게 된 얘기를 하자면, 처음 이미지를 드러내려고 했던 것은 실제 물건을 캠퍼스, 화면에다 실로 감아서 매달았어요. 그러다가 이야기를 더 많이 하고 싶어서 사진을 이용해 콜라주(collage)를 하게 되는데, 그것을 사진과 실제 물건하고 동일하다고 봐요. 그렇게 보기 때문에 사진으로 해도 실로 매단 것과 똑같다고 생각한 것이죠. 그리고 주민등록을 보면 주민등록 사진과 실제 나하고는 다르지만 주민등록 사진을 보고 신학철이라고 이해해요. 그렇듯이 선전이나 광고에 나오는 상품하고 실제 물건하고 동일시하게 우리가 생각하듯이, 그래서 실물을 매다는 것보다 사진을 붙여서 똑같은 실물로 작업을 한 거죠. 실물을 사진으로 바꾼 것이 콜라주 작업이죠. 사진을 뜯어 붙여서 조립해서 만드는 작업을 꼴라주라고 해요. 그리고 목판화 운동도 콜라주 못지않죠.

이재봉 그렇죠. 홍성담 선생이 판화운동에 앞장서고, 박불똥 선생님이 콜라주 작품을 많이 만드셨어요. 저는 콜라주를 생각하면 가장 먼저 박 선생님을 떠올리는데, 얼마 전에도 전시회를 열었지요? 이제 그림을 보여주면서 설명을 해주시겠어요?

신학철 그림을 시작하던 때에는 실로 감는 작업을 했는데, 사진이 실물하고 똑같다고 느꼈기 때문에 사진으로 옮겼습니다. 사진은 어디서 구했느냐 하면, 『여성동아』(女性東亞), 『여원』(女苑) 같은 여성 잡지 상품 광고를 가장 많이 이용했습니다. 그림 그리는 모델 대상을 오브제(Objet)라고 하는데, 사진은 오브제입니다. 실물이 사진과 같다면 실물을 오브제라고 하는데, 메시지를 갖고 있습니다. 초기에 만든 콜라주에는 대량소비사회의 상품, 소비사회를 권장하는 내용을 담았습니다. 상품 사진 자체가 이미 그렇게 (소비사회를 권장하도록) 만든 것이죠. 나는 오브제가 갖고 있는 성격을 드러낸 것입니다. 상품을 사게 만드는, 광고의 느낌을 나도 모르게 드러내게 된 것이죠.

이재봉 선생님 우리는 미술학도들이 아니니까, 미술 기법보다는 그 작품이 전하고자 하는 내용이 무엇인지, 그리고 왜 그런 내용을 그렸는지 말씀해주시죠. 어떤 사건이나 어떤 역사를 그림에 넣은 것인가요?

한국 역사를 콜라주로 만들어 그림에 담다

　신학철 초기는 한국 역사의 전체적인 게 눈에 들어왔어요. 머리에 영상이 그려진 거예요. 그 결과로 나온 게 『한국근대사』 시리즈입니다. 1번, 2번도 그렇지만 3번(「한국근대사 3」, 1981)으로 그렸던 것이 출세 작품입니다. 돼지머리가 있는 그림이죠. 나는 '한국 역사' 하면 머리에 떠오르는 것, 머리에 영상이 떠오르는 대로 쫓아갔어요. (근대에서) 현대로 올라가는 것이죠. 우리가 일제에 침범당하기 전 농촌의 소박한 풍경이 나오죠. 초가집 있고, 연기가 올라가고, 밭을 가는 농부가 있고, 아이들이 연을 날리고 있어요. 그래서 소박한 농촌 풍경에서 출발해 일제강점을 당하면서, 많은 시신들이 나타납니다. 이 시신들은 주로 관동대지진에서 나온 것인데, 동아일보에서 『사진

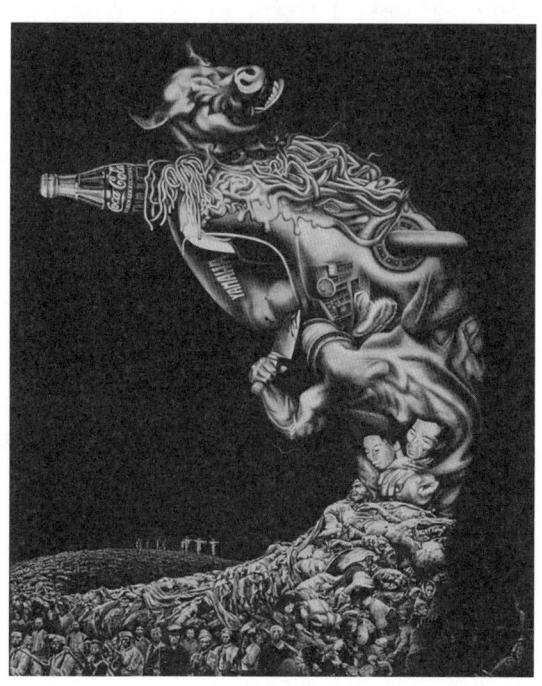

신학철, 한국근대사 3, 1981

으로 보는 한국 근현대사 100년』이라는 것으로 기억을 하는데요. 거기에서 관동 대지진을 보고 엄청 충경을 받았어요. 그래서 관동대지진, 철도사건 때 총살하는 장면, 철도를 놓는데 파괴했던 사람, 그 다음에 6.25, 의병, 이렇게 쭉 올라가는 거예요. 이 사람은 신금단(辛今丹)이고, 이 사람은 신금단 오빠에요. 신금단은 1962년 도쿄올림픽에 참가한 북한 100m 금메달리스트에요. 남한의 오빠하고 만나서 포옹하는 것을 분단의 아픔으로 표현했어요. 나도 모르게 이런 형상을 뒤틀어서 올라가는 이유는 우리나라 국민 또는 민중의 힘이라고 보고 싶었기 때문입니다. 올라가는 이유에 대해 물어보는데, 저항하는 모습을 그린 것 같습니다. 전두환 정권이나 군부독재, 실제로는 하지 않지만 속으로 저항하는 모습을 하나의 형상으로 드러낸 것 같습니다. 그리고 올라가는 모습에는 외래 경제의 침범을 당하는 장면이 들어 있습니다. 야마하나 코카콜라 등 일본, 미국의 경제가 있지요. 그래서 부패한 군부독재를 나타내지 않았나 싶어요.

이재봉 잠깐만요. 일제하에서부터 우리 민중의 고통스러운 삶을 그리시고, 다음에 일본에서 있었던 관동대지진 때 우리 민족이 입었던 참상, 그리고 일본 도쿄올림픽 때 있었던 남북이산가족 문제, 북한 육상 선수가 일본에 가서 금메달을 받았는데 남한에 살던 헤어진 오빠가 일본에 가서 만난 사건이고, 그 다음엔 현대 들어와 미국과 일본의 침탈, 그러니까 코카콜라가 상징하는 미국 경제와 야마하가 상징하는 일본 경제에 우리가 침탈당하거나 종속당해서 생긴 어려운 현실, 이런 내용이라는 것이죠?

"홍대는 정치나 현실을 그림에 넣으면 정통예술 아니라고 생각"

신학철 부패에 대한 이야기인 거죠. 나는 홍대 나왔는데, 홍대에서는 정치적이거나 현실적인 메시지를 그림에 넣는 것은 정통예술이 아니라고 생각해요. 그런 게 있는 것도 몰랐고, 그래서 가르치지도 않아요. 그래서 진짜 그림은 무엇이냐, 진실은 무엇이냐, 이런 쪽으로만 왔었죠. 그러면서 '진짜, 진짜'를 찾다보니까 사람들과 갈라졌다고 보면 되죠.

이재봉 우리나라 미술계에서 가장 영향력 있는 대학이 서울대학교와 홍익대학교라고 알고 있는데, 홍익대 미술대 쪽에서는 소위 순수미술만 중시하고, 참여예술이나 민중미술은 중시하지 않는다고요? 알겠습니다. 그럼 홍대 미대 동창 중에서는 조금 이단자 취급을 받으시겠군요.

신학철 아방가르드가 해체되면서……. 어떻게 보면 아웃사이더죠.

이재봉 한국근대사 연작을 발표하면서 고난을 당하지는 않았어요?

신학철 제목은 국립현대미술관장이었던 김윤수 선생님이 '한국근대사'라고 지었어요. '현대사'라고 해야 되는데, 그 당시는 전두환 정권이어서 '근대사'라고 하면 직접적인 느낌을 줄일 수도 있어서 '근대'라고 했어요. 하지만 영어로 하면 '모던'(modern)이라고 하니 근대나 현대나 같은 뜻이죠.

이재봉 영어로는 '근대'든 '현대'든 '모던'이라고 하는데 우리말로는 '현대'라고 하면 '당대'를 말하니까, 전두환 시대 때 '현대사'라고 하면 전두환 정권을 건드리는 게 되지만 '근대사'는 전두환 때가 아니라서 탄압을 좀 피할 수 있으리라 생각하셨다는 것 아닌가요?

신학철 그런 뉘앙스로 근대사로 했는데, 그때 나는 홍대에서 아웃사이더였어요. 콜라주를 하다가 잡지에서 현실을 바라보게 되고, 현실이 어떻게 되는가 보게 되고, 또 감동적인 역사 사진을 보면서 우리나라 역사와 만나게 된 거죠. 그래서 역사를 그리게 됐습니다. 80년인가 81년인가 모르겠는데, 미술회관에 60호 그림을 냈는데, 아무도 관심을 갖지 않았고 묻지도 않았어요. 그런 종류의 그림이 존재하지 않았기 때문이었죠. 엄청 놀랐어요. 그런데 서울대 출신인 김윤수 선생님이 그림을 보고 전시하자 해서 82년에 서울미술관에서 개인전을 했습니다.

이재봉 1982년부터 근대사 연작을 전시하기 시작했단 말씀이지요? 그런데 선생님께서 고난을 크게 당하신 게 「모내기」 때문이었죠. 89년이었던가요? 그때는 전두환 정권이 끝나고 노태우 정부로 이어지던 때인데……. 그림 설명 좀 해주시겠어요. 여러분, 저게 그 유명한 「모내기」라는 작품이에요.

"살풀이처럼 사악하고 나쁜 것들을 몰아내는 형식으로 그린 작품"

신학철 87년입니다. 87년은 6월항쟁 전이니까 전두환이 아직도 있었어요. 86년부터 민주화적인 그림운동을 했던 사람이 한데 모여 있던 단체를 결성

신학철, 모내기, 1987

했는데 그것이 '민족미술인협회'였어요. 그래서 그 민중미술협회에서는 해마다 한 번씩 주제전을 했는데, 그것이 통일염원전이였어요. 전시회에 주제를 붙였기 때문에 통일에 대한 그림을 그려야 했어요. 「모내기」도 주제에 맞게 그리려 했던 작품입니다. 써레질하는 데 처음에는 쓰레질로 구성한 게 아니고 탈춤으로 구상을 했었어요. 그러니까 살풀이를 할 때처럼 사악한 것들, 나쁜 것들을 몰아내는 형식으로 하려고 했었는데, 사진 자료를 뒤지다가 써레질하는 사진이 나왔어요. 이 사진은 고향에 가서 성묘하면서 찍은 것이고, 우리 집안 형님이 들어 있어요. 그 당시에는 통일을 싫어하는 사람이 많았어요. 지금은 재벌들이 장사를 하기 때문에 통일을 더 하고 싶을 것이라 생각합니다. 미국과 일본은 통일이 안 되는 걸 더 원하겠지만……. 통일을 가장 싫어하는 게 누구냐 하면, 군사독재입니다. 둘째는 일본, 미국, 그리고 기득권 세력입니다. 지금 기득권 세력이 자기 정권을 이어가려고 발광을 하고 있어요.

이재봉 잠깐만요. 쟁기질하는 사람이 뭘 걷어내고 있잖아요. 그런데 흙을 걷어내는 게 아니라 반통일 세력을 쓸어낸다는 것 아닌가요?

신학철 통일 모내기이기 때문이죠. 모내기를 하려면 쟁기로 논을 갈고 물을 끌어와서 덩어리, 흙덩어리 같은 것을 써레로 평평하게 골라야 해요. 거기에는 라면봉지도 있을 테고 돌멩이도 있을 테고 나뭇가지도 있겠죠. 그런 것을 쓸어내는, 걷어내는 형식을 반통일 세력을 걷어내는 것, 통일에 저해되는 요소들을 쓸어내는 것으로 표현했던 거죠.

이재봉 통일에 저해되는 세력이 일본, 미국, 군부독재인데, 통일을 원치 않는 세력이 저기에 다 들어 있는 거예요?

신학철 여기가 전두환이고, 여기가 레이건 대통령, 여기는 38선과 철조망입니다. 이것은 일본의 사무라이, 게이샤도 있어요. 또 일본 수상 나카소네, 람보, 루리(Ranan R. Lurie)도 있습니다. 루리는 정치 만화가인데, 그 사람이 그린 람보, 레이건도 있습니다. 하여튼 통일이 됐을 때 먹는 것 등 나쁜 상품, 나쁜 문화 등을 쓸어내고 싶은 마음을 담았어요. 또 매트 헌터(Matt Hunter) 같은 미국 영화를 얘기했고, E.T.(the Extra-Terrestrial) 같은 것도 있는데, 이런 게 미국 문화니까 없애자는 것이죠. 순수한 우리 종성(種性)을 갖고 통일이 됐을 때 쓸어내는 거죠. 하지만 모를 심는 것은 공간이 없어 그리지 못했어요. 대신 모를 찌는 모습이 있어요. 요즘에는 모판이 박스로 돼 있어서 그냥 들고 가서 모내기를 했지만 옛날에는 넓은 데서 손으로 하나하나 모판을 만들었어요. 묶음으로 만든 후 모판을 여기저기 쫙 던져놓고 모내기를 하죠.

이재봉 모내기 그림에 모 심는 것은 안 나오고 모 심는 준비를 하는 모습이 있군요. 아, 통일 모내기니까 통일에 반대하는 세력은 전부 쓸어낸다는 의미인가요?

신학철 예. 생략은 했지만……. 모를 잘 심고 또 풍년이 되어서 추수와 즐거워하는 모습, 통일의 모습으로 드러내려고 했죠.

이재봉 위쪽 모습을 좀 설명해주시겠어요?

신학철 통일이라는 주제의 전시니까 통일이란 말을 어떻게 넣을까 생각하다가 백두산을 넣은 거죠. 그래서 어릴 때부터 통일이나 백두산을 생각하면 통일이 먼저 떠올랐어요. 이승만 정권, 박정희 정권을 모두 거친 사람이기 때문이죠. 반공교육을 아주 철저하게 받은 사람이기 때문에 백두산 연봉(連峰)에 태극기를 날리자는 의미죠. 반공통일, 이런 말이 있지만, 백두산은 그런 통일이라는 말에 '똑같은 통일'이라는 말과 같다는 이미지로 내가 쓴 것이죠.

이재봉 가장 위에 백두산이 있는데, 그 아래 가운데 부분은 어떤 의미인가요?

"통일이 빨리 됐으면 좋겠다는 느낌 받도록 그리고 싶었다"

신학철 나는 이 그림을 그릴 때 북한을 전혀 생각하지 않았어요. 통일이 빨리 됐으면 좋겠다는 느낌을 받도록 그리고 싶었어요. 그런데 써레질이 주제와 중심이 됐기 때문에 농촌, 그러니까 우리 마을, 우리 마을 얘기가 돼버렸어요. 내가 대학교 와서 우리 고향의 봄 풍경을 생각했어요. 노란 지붕 위에 살구꽃이 한가득 폈어요. 살구꽃이 핀 마을이 꿈과 같았어요. 그래서 꿈같은 그곳, 마치 무릉도원이라고 생각하면서 그렸죠.

이재봉 그런데 1987년 전시회에 내셨을 때는 아무 문제가 없었어요. 언제, 왜 말썽이 된 겁니까?

신학철 88년으로 기억하는데, 89년도 달력을 만들 때 7월 달력에 이 그림이 들어간 거예요. 민협(민족미술협의회)에서 만든 달력인데, 그 달력을 보고 인천에 있는 단체에서 수입 사업을 하려고 부채에 인쇄를 했어요. 앞에는 「모내기」를, 뒤에는 남북이 갈라진 지도였어요. 그런데 출판사에서 신고를 한 것 같아요. 단국대학교 학생회 간부였던 이상욱이라는 학생이 출판했는데, 그 학생이 구속된 거예요. 구속 후 그림의 작가는 누구냐고 해서 제가 문제가 된 거죠.

이재봉 전시할 때는 아무 문제가 없었는데, 그림을 이용해 부채를 만든 게 말썽이 돼서 부채를 펴낸 출판사 사장이 구속됐다고요?

신학철 사장이 아니라 출판사에 맡겼던 학생이에요.

이재봉 선생님은 구속이 안 됐나요?

신학철 구속이 됐죠. 당시 민중미술협회 회장이 김정은 선생이란 분인데 서울 시경에서 만나자고 해서 가봤더니, 이 그림이 뭐야, 저기 초가집은 북한 만경대냐······.

이재봉 잠깐만요. 어디를 만경대라고 한 거예요?

신학철 여기 초가마을 있잖아요. 살구꽃 핀 우리 마을 그린 것······.

이재봉 저기 백두산이 있고, 아래로는 남쪽, 위로는 북쪽인데, 위쪽은 만경대 아니냐고요? 여러분, 만경대가 어딘지 아시죠? 김정은 할아버지, 김일성 주석, 그 수령이 태어난 곳이에요. 평양에 있는데. 원래 만경대라는 건 보통명사예요. 만 가지 경치를 본다는 곳이니까. 그런데 그게 고유명사가 된 거예요. 김일성이 태어난 고향집이라고······. 아무튼 선생님은 무릉도원으로 표현하셨지만 경찰과 검찰 쪽에서는 김일성이 태어난 집을 형상화한 것이라고 했다는 것 아니에요?

"자신들이 감정한 내용 주장하면서 나를 구속했다"

신학철 뭐, 그 사람들은 계속 자신들이 감정한 그 내용을 주장하면서 나를 구속했죠. 1심, 2심에서는 무죄로 판결이 났는데 대법원에서 파기환송을 했어요. 고등법원에서는 박영일 변호사가 해줬는데, 대법원에서 문제가 있었던 것 같아요. 그림이 보고 싶었던 것이겠죠. 대법원은 서류심사만 해야 되는데, 검찰에 그림을 가져오라고 해놓고 검찰 설명만 들은 거예요. 불공평한 거죠. 하지만 지금은 파기환송이 됐어요.

이재봉 그런데도 아직 그림을 찾지 못하고 계시다고요? 그때 검찰이 압수한 작품은 지금 어디에 있습니까?

신학철 지금은 국립현대미술관에 보관하고 있습니다. 이번 법무부장관이 미술관으로 옮기게 해준 거죠. 그 전에는 검찰 압수물 보관창고에서 있었죠. 요만한 크기로 접어서 사각봉투에 집어넣어 보관하고 있었어요. 그런데 이 사람들 참 무식합니다. 그림을, 특히 유화는 접으면 안 되죠. 언젠가 재판장이 「모내기」 그림을 놓고 재판을 해요. 그런데 가로로 말아놔도 130이 되니까 가운데 홈통이 없으면 꿀렁꿀렁하니까 반으로 접어요. 그래서 '뭐냐, 그림을 접으면 어떻게 되느냐'고 했더니 다음에는 잘하겠다고 하면서 접어가지고 사각봉투에 넣어가지고 온 거예요. 그래서 여태까지 검찰청에서 접힌 상태로 들어있었어요.

이재봉 1980년대 말에 압수한 후 검찰 창고에 보관하다가 지금은 국립현대미술관으로 옮겼단 말이죠. 그런데 아직도 선생님 개인이 소장할 수 없습니까?

신학철 안 된다고 하네요. 대법원에서 판결이 나온 것을 뒤집을 수는 없답니다.

이재봉 대법원이 유죄로 판결을 확정했기 때문에 죄인의 작품이라 돌려줄 수 없다는 식이군요.

신학철 나보다도 그림에 대한 벌인 것 같아요.

이재봉 그럼 국립현대미술관에서는 창고에 있지 않고 전시는 할 수 있습니까?

신학철 아니죠. 못해요. 보관만 하는 거예요.

이재봉 검찰 창고에서 국립현대미술관 창고로 옮겨 보관만 한다, 전시는 못하고요?

신학철 옮길 때 확인만 했었죠.

이재봉 20~30년 동안 검찰 창고에 있었으면 많이 훼손됐을 것 같은데요.

신학철 아까 얘기했듯이 유화를, 물감을 접으면 접힌 자리가 떨어져 나가요. 그래서 많이 파손됐죠. 그래서 접힌 곳, 물감이 떨어져 나오고 접히고 망가진 것은 복원을 하지 않았어요. 그 자체를 역사로 남기고 싶었어요. 그리고 다시 하나를 더 그렸어요. 그런데 아직 문제 삼고 있지는 않더군요.

이재봉 알겠습니다. 그렇게 고초를 당하시고도 계속 한국현대사 연작을 만들어내셨어요. 두어 달 전에 전시회를 열었는데, 현대사 연작에 대해 소개해주시겠어요?

6.25 주제 작품명은 '통곡', '고난의 대장정', '망령'

신학철 6.25를 주제로 4월부터 6월까지 했어요. 세 가지 주제로 했었는데 하나는 「통곡」이라는 주제로 그렸습니다. 엄청나게 많은 분들이 돌아가셨어요. 시신과 죽음, 그것을 그린 것을 통곡이라고 했죠. 두 번째는, 「고난의 대장정」과 「망령」이라는 이름을 붙였어요. 그리면서 생각하니까 역사는 과거의 사건이거나 미래이거나 바로 오늘이라는 시점이라는 생각이 들었어요. 과거를 생각한 것은 이미 오늘 시점에서 생각하기 때문에 바로 과거는 오늘의 현실이에요. 그렇게 보면 이 그림은 살아남은 사람들, 그리고 6.25에서 비굴하고 멍청한 죽음을 표현한 것이죠. 고난의 역사죠. 대장정이라는 주제는 피난에서 살아남아 일어서는 것을 주제로 했어요. 그래서 한국에 지금 문화나 경제 발전의 저력이 이런 데서 출발했다고 봤어요. 생존 경쟁, 살아남음, 그런 게 어떤 악착같은 힘, 에너지라고 생각한 것이죠. 현재 우리나라의 에너지는 엄청나다고 봐요. 다음 작품은 「망령」입니다. 태극기 부대하고 마주치게 되는데, 현재의 모습이지만 과거와 현재가 동시에 존재하는 것 같아요. 옛날에는 친일파라고 하면 친일파가 아니라면서 모두 숨어버렸어요. 그런데 노무현 정권 말기에 그 본색을 드러내요. 친일파 교수들, 이 사람들은 뉴라이트라고 봐야 하는데, 뉴라이트는 일본 우익단체, 재벌, 정치인 등으로부터 지원을 받아요.

이재봉 과거에는 친일파들이 '쉬쉬' 하면서 몰래 지냈는데, 이제는 떳떳하

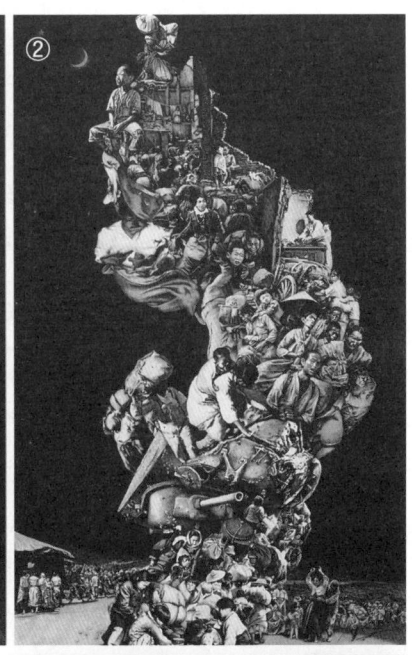

1. 신학철, 한국현대사-625, 통곡,
   220x130.5cm, 캔버스에 유화 2018

2. 신학철, 한국현대사-6.25, 고난의 대장정
   220×122cm, 캔버스에 유채 2018

3. 신학철, 한국현대사-625, 망령들,
   220x130.5cm, 캔버스에 유화 2018

게 전면에 나서서 활동한다는 거죠?

신학철 그러니까 이제 죽었던, 옛날에 죽었다고 생각했던, 죽은 것들이 다시 튀어나온 거죠. 그래서 나는 이것을 '망령'이라고 불러요. 죽은 귀신들이 나타난 거죠. 어떻게 보면, 솔직하게 요즘 말로 표현하면, '좀비'죠. 좀비로 붙이려고 했다가 우리말로 그냥 망령으로 했습니다. 태극기 부대가 망령이죠. 정권을 뺏기니까 기득권을 잃을 것 같다는 생각에 지금 정신없이 미친 듯이 하고 있는 거죠. 지금은 양심이나 부끄러움 같은 게 없어요. 자유한국당 사람들이 막말하는 것을 한 번 보세요. 그게 정치인들의 말이에요? 그런 게 좀비에요. 영화 『부산행』에 나오는 그 좀비에요. 실물들이 있어요. 나는 역사를 실명으로 그려요. 이승만이면 이승만을 그리는 거예요. 그 자체가 오브제이고 실물이죠. 전두환은 얼굴은 안 그려놔도 군부독재를 생각하게 돼요. 사진이 갖고 있는 메시지죠. 실물인 사진을 통해서 내 이야기를 하는 거예요. 실물이 다 하고 있어요. 그래서 사진은 굉장히 중요한 거예요. 사진만큼 이것을 잘 설명할 수 있는 건 없어요. 문학이요? 어떻게 사진만큼 표현하겠어요. 그때 정황과 그 느낌, 내용을 정확하게 잘 나타내는 게 사진이에요. 사진으로 콜라주를 하고 메시지를 표현하고 내 이야기를 하고 하는 거죠. 꼭 내 이야기가 아니라고 해도 사진 자체가 이야기를 해요. 리얼, 즉 사실이고 실제인 것이죠. 나는 이것을 증거, 증거물이라고 생각합니다. 내 그림을 욕하면 '사진, 그것은 실제 있었던 것이지 않느냐?', '봐라, 내가 거짓말 하느냐?', '봐라, 관동대지진 때 사람 학살했지 않느냐?', 이렇게 사진으로 그렸어요.

이재봉 선생님 아까부터 리얼리즘을 강조하셨는데, 리얼리즘, 사실주의 수단으로 가장 적합한 게 사진이라는 말씀 아닌가요?

신학철 글쎄. 그런 것 같아요. 사진을 보면 그 시대 정황, 이런 것도 다 느껴져요.

이재봉 좋습니다. 혹시 다른 작품 하나 더 있을까요?

신학철 한국현대사라는, 역사를 더 이상 그리지 않으려고 했는데, 그릴 게 자꾸 나와요. 서대문형무소에서 죄수들이 해방되가지고 만세 부르는 장면이에요. 이쪽에는 소련군이 진주하는 거예요. 이쪽에는 '웰컴'이라고 해가지고 미군이 진주해서 들어오는 거예요. 그래서 해방됐을 때 정황을 나타냈어요. 그리고 이쪽에는 일제강점기부터 학살당하고 침탈당하고 억압받아왔던 세대에요. 그래서 해방되면서 누워있던 것들이 까뒤집어져서 올라가는 거예요. 우리의 역사가 이렇습니다.

이재봉 해방에서 시작하셨는데, 그림 중간쯤엔 어떤 것을 그린 거죠?

신학철 이쪽은 남한, 이쪽은 북한이에요. 그래서 서로를 찌르고 있는 건 동족상잔(同族相殘)이죠. 6.25를 나타낸 거예요 그러니까 중간 부분은 분단이죠. 오른쪽은 북한이고 왼쪽은 남한이죠. 남한에는 정치인도 나오고, 북한에는 군인들도 있어요. 6.25 때 싸웠던 장면도 나옵니다. 3.15부정선거 투표함, 4.19도 나옵니다. 외세에 약탈당하는 장면도 있어요.

이재봉 왼쪽에 있는 사람 하체 부분이죠?

신학철 그렇죠. 강간당하는 거죠. 경제적인 강간이죠.

이재봉 외세에 강간당하는 모습이다? 우리 남쪽 사람들이 누구한테 강간을 당하나요?

신학철 그렇죠. 그것을 형상한 것입니다. 그래서 제가 욕을 많이 얻어먹어요. 왜 여자 신체를 자꾸 갖고 가느냐는 것이죠. 하지만 내가 느낀 것을 솔직하게 드러냈을 뿐이에요.

이재봉 그러니까 국가 간, 미국이나 일본으로부터 우리가 수탈당하고 침탈당한 것을 한 여인이 강간당하는 모습으로 비유했다는 것이군요. 그 위에 있는 근육질 남자 모습은 뭐죠?

신학철 공무원이나 정권의 비리죠. 군사독재 정권을 벗어나고자 하는 어떤 힘이죠.

이재봉 여기서 시비를 걸고 싶군요. 남한에서는 민중이 수탈당하고 미제, 일제가 침략해서 우리를 강간하다시피 했다면, 북한에서는 부정적인 모습이 없는가요?

"남북이 서로 싸우는 것은 통일을 하고 싶기 때문이라고 생각"

신학철 6.25까지만 그린 것이고, 북한은 안 들어갔어요. 밑으로는 민중의 수난사, 6.25때 돌아가신 분들, 4.19때 돌아가신 분들의 수난사에요. 여기가 4.19 모습이에요. 그리고 이것은 분단의 억압 모습을 체인으로 묶어놨는데, 통일은 생각하지 마라, 그런 메시지라고 볼 수 있겠죠. 통일을 하고 싶기 때문에 남북이 서로 싸우는 것 같다는 생각을 합니다. 통일을 해야 되기 때문에 싸우는 것 같아요. 인천에서 일어난 연평해전, 북한 경비정을 우리 경비정이 들이받는 게 있는데, 그 장면을 보면서 통일을 두고 '부부싸움'을 하는 것 같았어요. 서로 안 만나려 한다면 그럴 필요가 없어요. 하지만 서로 들이받고 싸우는 것 자체가 만나고 싶어한다고 봐요.

이재봉 서해교전(연평해전, 延坪海戰), 몇 번 있었죠. 1차서해교전(제1연평해전)이 1999년 6월에 일어났어요. 우리 남쪽 배가 북쪽 배를 밀어내면서 북쪽 배가 가라앉아서 북한군 30~40명이 물에 빠져 죽었어요. 3년 뒤에 2차서해교전(제2연평해전)이 일어났는데, 그 때는 북한에서 먼저 대포를 쏴서 우리 남쪽에서 6명이 죽었고요. 남북 양쪽 젊은이들이 번갈아가며 죽은 건데, 그걸 보시면서 그런 것도 통일을 하려는 열망의 분출이라고 생각하셨단 말인가요?

신학철 네, 저는 그래요. 한 번 잘 생각해보면 너무 당연한 얘기인 것 같아요. 그림의 어떤 부분은 하나의 현실이라고 볼 수 있고, 다른 부분은 통일이 아직 안됐으니까 통일 됐을 때를 생각하면서 그린 거죠. 그래서 위로 더 올라가면 남녀 관계가 나오는데, 나는 남북 관계를 부부 관계로 봐요. 꼭 만나고 싶어 하는 부부죠. 얼마 전에, 작년인가 재작년에 이산가족이 만난 적이 있죠. 안동에 계신 청상과부 한 분은 결혼도 안하고 남편만 기다렸는데, 만났어요. 만났는데 얼굴에 꽃이 핍디다. 신발까지 갖다 주었어요. 그것을 보고 남녀가 뽀뽀하는 것을 통일의 모습으로 그렸죠. 그러니까 남녀(부부)가 합방을 하면서 나쁜 모든 것들을 모두 쏟아내고, 다시 만나는 것을 순수하고 깨끗하게 그린 것이죠.

이재봉 알겠습니다. 고맙습니다. 선생님의 이상을 맨 위에 그리셨군요. 분단의 고통에서 벗어나 통일로 가자는 것 아니겠어요? 선생님께서 그리시는 우리 통일의 모습은 어떤 것입니까? 예를 들어, 통일이 1945년에 갈라진 남북 땅덩어리가 하나로 되는 것인가, 1948년부터 갈라진 서로 다른 두 체제가 하나로 되는 게 통일인가, 1950년 일어난 한국전쟁을 통해 민족 간에 원수가 돼버렸는데 찢어진 민족이 하나 되는 게 통일인가요? 선생님께서 그리시는 통일의 모습은 어떤 것입니까?

신학철 통일은 어려운 것 같아요. 우선 핵 문제만 해도 마찬가지죠. 전쟁은 안 해야 된다는 것인데, 김정은이 핵을 가지고 있다고 하는데, 이게 어쩌면 통일하고 무관하지 않을 거예요. 핵을 사용한다고 생각해봐요. 생각할 수도 없는 거죠. 그리고 만약 미국이 북한을 때린다고 생각해봐요. 그러면 우리 인사들은 미국이 북한을 가만두지 말고 때려야 한다고 생각해요. 그렇지만 그렇게 하면 자기는 살 수 있다고 생각할까요? 이 좁은 땅덩어리에서는 남한도 못살아요. 이 땅덩어리에서는 아무도 못산다고요. 그러니까 이제 핵을 쓸 수가 없어요. 써서도 안 되고요.

이재봉 좋습니다. 그러니까 무슨 일이 있어도 남북 사이에 전쟁이 일어나면 안 되죠. 선생님께서 한국전쟁을 강조해 그림을 많이 그리셨는데, 특히 전쟁의 폐해나 끔찍한 실상 등을 그리셨어요. 이를 통해 선생님이 가장 절실하게 원하시는 것은 남북 사이에 전쟁이 안 일어나야 된다는 것이죠. 그리고 선생님께서 고초를 겪으면서도 통일을 형상화하는 그림을 계속 만드셨는데 선생님께서 추구하시는 통일은 어떠한 모습인지 궁금합니다.

신학철 서로 욕심 없이, 법도 없는 그런 통일이 됐으면 좋죠. 꿈같은 것이지만, 꿈같겠지만, 천천히 가야 될 것이라고 생각해요.

이재봉 지금 이 자리엔 미술학도들이 거의 없습니다. 그래도 후배 미술가나 미술학도들이 어떻게 미술을 통해 통일운동에 참여할 수 있을까요? 다시 말해 통일을 위한 미술의 역할에는 어떤 게 있을까요?

신학철 미술이 현실에 참여했으면 좋겠다는 것입니다. 민주화부터 해야 되지 않을까 싶습니다. 정권이나 이런 것이 아닌, 바로 주권, 국민의 입장에서 바라보는 민주화부터 하면서 통일에 대한 문제를 생각해야 되지 않을까 싶어요.

이재봉 물론 많은 미술인들이 다양하게 현실에 참여해왔어요. 그 중에서도 선생님께서는 주로 통일 문제를 다루어오셨습니다. 그래서 오늘 이 자리에 모셨고요. 「모내기」작품, 근대사 연작, 현대사 연작 등을 살펴봤는데요. 선생님께서 현실에 참여하시면서 통일이란 주제에 관심을 갖게 된 계기가 있나요?

"통일이 되기 전까지 우리는 불구자"

신학철 통일이 되기 전에는 우리는 불구자(不具者)라고 봐요. 그래서 우리가 생각은 하고 있지만 다 못하거나 하지 못하는 것 같아요. 실제 행동은 더 못하게 되고, 제약을 받고 있죠. 더구나 이제는 땅만 분단돼 있는 것이 아니라 신체도 분단돼 있어요. 생각도 반쪽이에요. 그래서 분단 상태에서 철학을 해야 되고, 분단 상태에서 문학을 해야 되고, 분단 상태에서 경제를 해야 되요. 이런 것은 삐뚤어진 거죠. 모르고 살아왔지만 실제로 정상적으로 못 살아온 거예요. 그래서 모더니즘 작가들은 현실에 참여하지 않는 것 자체도 피한 거예요. 어떻게 보면, 제약을 당하기 때문에 도망간 거예요. 그렇기 때문에 우리가 좀 더 정상적인 생각을 해야 해요. 온전한 인간으로서 자유롭게, 거침 없이, 거리낌 없이 할 수 있는 그런 것이 지금 우리 현실에서 필요하다고 생각해요.

이재봉 알겠습니다. 우리 국토가 분단돼 있는데 땅덩어리만 쪼개진 게 아니라, 분단을 통해 우리 생각도 쪼개지고, 모든 것이 비정상으로 됐다는 거죠. 모든 게 비정상적으로 돼버렸는데, 이걸 정상으로 돌리는 게 통일 아니냐. 좋습니다. 저도 통일운동에 뛰어들게 된 이유가 분단 때문에 빚어지는 폐해가 너무나 크다는 것이거든요.

신학철 조금 전 '망령' 이야기를 했는데, 분단을 이용해 여태까지 이끌어온 집단은 분단 때문에 빨갱이로 몰고, 마음에 안 들면 간첩으로 만들어버렸어요. 그래놓고 지금 와서는 문재인 정권을 빨갱이라고 합니다. 창자가 배 밖으로 나온 거예요. 더러운 내장이 바깥으로 나와 가지고 하는 소리들이에요.

이재봉 좋습니다. 그러니까 내장까지 꺼내놓은 적폐세력들, 분단 옹호 세력들, 그런 것을 묘사하셨는데, 이러한 작품 활동을 계속 하실 건가요? 몇 달 전 전시회 했다고 들었는데, 나중에 들은 얘기로는 과거에 그린 작품을 모아서 전시한 게 아니라 최근에 만든 작품들을 전시했다고 들었습니다. 지금 70대 중반인데 아직도 작품 활동을 하고 계시고, 앞으로도 계속 하시겠다는 것 아니에요? 통일이 될 때까지?

신학철 꼭 작품만 하라는 것은 아니고요. 사람은 속에 여러 가지 능력을 갖고 있는 것 같아요. 작가들은 자신의 스타일로 그리잖아요. 나는 내가 하고 싶은 것을 마음대로 그립니다.

이재봉 선생님 지금까지 그린 작품은 대략 몇 점이나 될까요?

신학철 많이는 못했어요. 다른 사람에 비해서⋯⋯. 한 300점, 그 정도 될까⋯⋯.

이재봉 300점 정도의 작품 가운데서 가장 심혈을 기울여서 만든 작품이나 가장 정이 가는 작품을 꼽는다면?

가장 정이 가는 작품은 「한국현대사 : 종합」

신학철 음, 글쎄, 뭐 특별한 것은 아닌데, 내가 의식화가 덜 돼서 그렸던 「한국현대사 : 종합」입니다. 아까 봤던 형상도 그렇고⋯⋯. 그림에 시각적인 요소도 괜찮은 것 같아요. 이 작품은 높이가 3m 90cm, 폭은 130cm 정도고요. 100호보다 더 크죠. 변형 100호 세 개가 올라간 거예요. 세 개가 붙어 있는 것이죠. 지금도 보면 이야기 구조가 저 작품만큼 잘 안 만들어져요. 크게 돌출될 것은 크게 드러내고, 작은 것은 뒤로 가면서 이야기를 받쳐주고 있지요. 민주화다, 뭐다, 이런 것을 별로 생각 안하고, 그러니까 의식 같은 것이 덜 됐을 때에 그린 작품이죠.

신학철 그리고 '갑순이와 갑돌이'라는 제목을 넣은 작품(『한국현대사 : 갑순이와 갑돌이』)이 있는데, 맨 마지막 장면은 서민사(庶民史)입니다. 우리나라 서민, 서민들 역사입니다. 나처럼 시골에서 올라와서 대학교 졸업하고, 출세하려고 서울에 남아 살아가는 사람들이 주인공입니다. 그래서 나뿐만 아

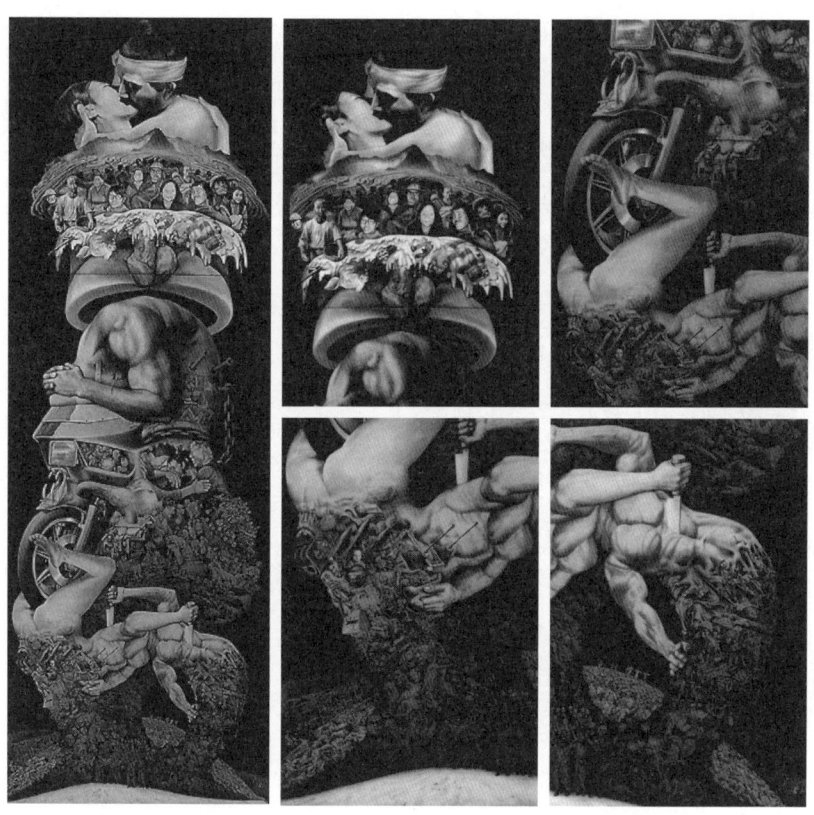

'신학철, 한국근대사-종합, 130x390cm, Oil on canvas, 1983' (左) 및 부분

니고 전두환도 갑돌이가 될 수 있고, 이순자도 갑순이가 될 수 있죠. 서울에 출세하려고 올라온 사람들을 모두 갑순이와 갑돌이가 될 수 있다고 생각해서 붙인 명칭입니다. 밑그림 크기는 한 8m 정도 돼요. 50년대 말에서 90년대까지를 서민사를 표현했다고 보면 되는데, 의자를 놓고 올라가서 내려다보니까 우리나라 역사가 50년 사이에 엄청난 변화와 발전을 했어요. 그래서 '이렇게 압축적으로 발전한 역사는 없다'고 느꼈어요. 그러면서 엄청난 에너지를 느꼈어요. 의도하지도 않고, 솔직하게 느낀 대로 한국의 서민사를 하다

'신학철, 한국근대사-갑돌이와 갑순이, 116.7x80.3cm, Oil on canvas, 1991'(上) 및 부분

보니 우리나라의 에너지를 느낀 거죠. 의도하지 않았는데, 다른 어떤 것, 그러니까 에너지, 힘이 들어 있었던 것이죠. 이것을 나는 굉장히 좋아하고 미덕으로 생각합니다. 그래서 더 그려야 돼요. 맨 마지막 장면은 서민들의 에너지가 시뻘건 불꽃처럼 덩어리로 튀어나오는 모습입니다. 그런데 에너지는 엄청난 것인데, 좋은 에너지인지 나쁜 에너지인지 잘 모르겠어요. 그리고 캄캄해요. 어디로 방향을 잡아서 갈 것인지도 몰라요. 그냥 거기에서 끝나버렸는데 촛불집회, 미선이와 효순이, 광우병, 세월호 등 이런 촛불 집회를 보면서 어떤 에너지, 그리고 선한 마음이 큰 에너지가 될 수 있다는 생각이 들었어요. 그래서 다시 그려야 되겠다고 생각했는데, 에너지가 선한 쪽으로 갈

수 있다는 것을 알았기 때문이죠. 그것을 알고 나서 갑순이와 갑돌이를 다시 그리는데, 그 마지막 장면에 호랑이가 나와요. 호랑이 등을 탄 아이가 촛불을 들고 있고, 엄마 아빠가 그 뒤에서 호랑이를 길들이는 것이죠, 꼼짝 못하게 해서 채찍을 딱 들고 있는 모습, 그게 마지막 장면이에요. 어떻게 보면 촛불이 문재인 정부를 만들었어요. 바로 그 형상이에요. 그러나 문재인 정부는 그 호랑이를 제대로 다스리지 못해요. 그런데 호랑이가 힘이 없으면 안돼요. 사나워야 돼요. 사냥을 잘해서 뭔가를 잡아와야 돼요. 그러나 국민한테는 꼼짝 못하게 해야 되겠죠.

이재봉 알겠습니다. 이젠 우리가 슬픔을 딛고 갑돌이 갑순이 같은 서민들이 호랑이도 제압할 수 있는, 그러한 힘을 갖고 앞으로 나아가자는 말씀이군요.

신학철 아니 국민의 정부니까, 국민이 주권이니까 그렇게 해야 되요.

이재봉 선생님은 화가이면서 역사 공부를 오랫동안 많이 해오셨어요. 정치학자인 저보다 역사를 더 많이 공부하셔서 그 역사를 그림으로 옮기시는 것 아니에요. 그러면 선생님은 어떤 방법으로 역사 공부를 하시는 거예요?

신학철 사진을 보면, 그 사진이 얘기해줘요. 그냥 관심이 있으면 그게 공부가 와요. 다가와요. 책은 잘 안 읽어요. 신문은 보죠. 책은 내가 눈도 나쁘고 독서력이 없어요. 책 한 권 보려면 몇 날 며칠 걸려요. 베개를 가슴에 깔고 봐야죠. 그래야 집중력이 있어요. 여하튼 거의 책은 안 봐요. 요즘에는 조금만 보면 눈이 침침해져서 못 봐요.

이재봉 좋은 말씀 고맙습니다. 학생들에게 질문할 기회를 주겠습니다.

최지민 행정언론학부 최지민입니다. 작품들을 보면서 한 가지 궁금했던 점이 있는데, 작품에서 사람의 모습이 많이 나와 있어요. 사람이란 예술적으로 어떤 의미인지 묻고 싶습니다.

신학철 그것이 이야기에요. 형상이나 사람이 갖고 있는 것, 특히 역사적인 인물이라면 역사가 들어 있는 거예요. 그래서 실물(사람)을 오브제로 쓰는 거죠.

김성현 경찰행정학과 3학년 김성현입니다. 오늘 대담해주셔서 감사하고요. 순수미술을 하시다가 정치로 관심을 바꾼 이후 현재 상황을 생각해보셨을 때 후회하신 적이 있으신가요? 그리고 어디서 영감을 얻으시는 지 궁금합니다.

신학철 후회는 안하고요, 잘했다고 봐요. 그리고 예술가는 외롭다고 그러는데, 나는 사람들을 만나고 있어요. 예술이나 예술가는 현장을 보고, 광장으로 나오면 외롭지 않아요. 그런데 순수미술을 하는 사람들은 혼자 외롭죠. 자기 내면만 파고 들어가는 경우가 많으니까요. 나는 외로운지 외롭지 않은지 아직 잘 모르겠네요. 그리고 영감 이야기인데요. 자꾸 나쁜 것을 보면 거부감과 분노가 나와요. 그것을 그리는 거예요. 그런데 요즘에는 부드러운 살도 나타내기도 해요. 험악하고 무섭고 사납고 욕하고 때려 부수는 것만이 아니고 어릴 때 느꼈던 아름다움, 그 시절 같은 것도 그리고 싶다는 생각도 해요.

질문 역사문화학부 3학년입니다. 선생님은 우리나라 현대사 부분에 관심이 굉장히 많으신데 현재 시국과 관련해서 비판하시거나 아니면 예술적으로 승화할 작품을 계획하고 있는지요?

"나쁜 질곡의 역사이고 죽음의 역사죠"

신학철 승화까지는 잘 모르겠고요. 현대사는 부딪히면 하는 거죠. 지금 당장의 사건이 아니라도 지나간 것들을 보면 '이럴 수가 있느냐', 이렇게 되면 그것을 나타내죠. 한동안 역사를 그리지 않았는데, 이명박 정권이 오면서

'이명박 정권이 도대체 뭐냐', 하고 그랬던 것이 뉴라이트, 반공주의자, 친일파, 고문기술자 등입니다. 이명박 정권 그림을 보면 해골을 그린 게 있는데, 그것은 삶의 역사로 가는 게 아니고 죽은 역사, 나쁜 역사로 가는 거죠. 그래서 괴테의 『파우스트』 같은 것을 생각하죠. 맨 위에 있는 사람은 서정갑(국민행동본부 본부장)이라는 사람이에요. 이 사람이 들고 있는 것은 대한문에 있던 노무현 빈소를 때려 부수고 영정을 탈취해서 전리품으로 들고 있는 거예요. 그래서 나도 모르게 해골이 올라갔어요. 이것은 좋은 역사가 아니라 나쁜 질곡의 역사이고 죽음의 역사죠. 어떻게 보면 좀비의 역사인데, 죽음의 승리라고 보고 싶어요. 이 사람은 이승복인데, 조선일보에서 이승복을 이렇게 만들었어요. 여기는 전쟁기념관에 있는 형제상이에요. 남한의 군인은 형인데 건장하게 서있고, 북한의 동생은 무릎까지 꿇어가면서 안는 모습입니다. 아주 비굴하게 북한을 나타내고 있어요. 그래서 이런 정권에는 친일파 세력들이 올라가는 거예요. 여기에서는 6.25를 통해 반공세력이 만들어지고 그렇게 해서 나온 게 이명박 정권이죠. 여기에는 뉴라이트가 들어 있어요. 여기는 좀비들이고 이 사람은 안병직이에요. 서울대 안병직인데, 지금 뉴라이트 대장입니다. 또 뉴라이트는 아니지만 조용기 목사, 김동길도 있고, 지만원도 나와요. 고려대 명예교수를 했던 한승조(일본의 한국 식민지화를 미화해 파문을 일으켰던 인물), 그리고 이승복을 가르치고 있는 조갑제도 있어요. 『월간조선』이 이승복 기사와 연루(김당, '이승복 기사'의 진실 게임, 시사저널, 1998.10.08)돼 있어요.

이재봉 잠깐만요. 여러분들, 초등학교 시절에 학교에 이승복 동상 있었어요? 전국에 걸쳐 거의 모든 초등학교에 이승복 동상이 있었는데요. 이승복은 1960년대 말 울진·삼척 지역에 북한 무장간첩이 들어왔을 때 '나는 공산당이 싫어요'라고 외치다 죽었다는 소년이에요. 나중에 알고 보니까, 선생님께서 말씀하셨듯, 『조선일보』나 『월간조선』에서 만들어냈다는 것 때문에 논란이 됐지요.

"나한테 밉보이면 역사로 남는다"

신학철 팔을 올려서 찍은 사진이 있어요. 하지만 엄청 부자연스러워요. 어떻게 보면 조선일보가 반공, 그것을 이용해서 사상검증도 하고 또 득을 많이 봤어요. 여기 보면 방일영, 방일영 부인, 이명박이 나와요. 나한테 밉보이면 역사로 남아요.

이지예 역사문화학부 이지예입니다. 조금 추상적인 질문일 수도 있는데 괜찮을까요? 우리가 북한과 평화로웠던 때가 있었잖아요. 하지만 분쟁도 계속 있었습니다. 하지만 그것도 통일을 향한 것이라고 하셨는데, 그렇다면 얼마나 더 많은 피를 흘려야 더 평화로워질 수 있을까요.

신학철 80년대 민주화운동을 했던 목사님들도 있었는데, '6.25는 통일전쟁이었다'고 말하는 목사도 있어요. 어떻게 보면, 지금 보면, 굉장한 막말이죠. 그것을 지금 자유한국당이 똑같이, 우리가 말하는 80년대 민주화운동과 반대로 써먹고 있어요. 똑같아요. 막말이에요. 그런데 그것은 앞에서 얘기했던 부딪히는 것, 우리가 서로 다투는 것과 같아요. 그러니까 안 다퉈야죠. 그러나 서로 만나야 할 당위성이에요. 통일할 필요 없으면 싸울 필요가 없어요. 뭐하려 건드려요? 말할 필요도 없지요. 그런데 만나고 싶기 때문에 자꾸 다투는 거예요. 통일은 돼야 한다는 겁니다.

이재봉 남북이 완전히 남남이라면, 합칠 필요가 없는 남남이라면, 싸우지도 않을 텐데, 같이 살아야 할 사람들이니까, 이견 다툼이라고 할까요, 그래서 싸운다는 거죠. 이제 질문을 연이어서 받아보겠습니다.

유진웅 역사문화학부 고고미술사학과 2학년 유진웅입니다. 80년대쯤부터 민중예술, 민족예술이 좀 커졌다고 했는데, 그 이전 시기인 50년대, 60년대, 70년대에는 없었나요?

추연중 역사문화학부 1학년 추연중입니다. 미술을 사회적 또는 정치적으로 악용하는 사례들도 있는데 어떻게 생각하는지 궁금합니다.

장혜연 소방행정학과 2학년 장혜연입니다. 미술과 통일 사이의 연관성을 잘 모르겠는데, 선생님이 생각하시기에 앞으로 미술이 통일에 기여하는 바가 무엇인지 궁금합니다.

방다영 경찰행정학과 2학년 방다영입니다. 선생님께서 「모내기」 작품을 다시 그리셨다고 하셨는데 전시할 생각이 있는지 궁금합니다.

황보영 경찰행정학과 2학년 황보영입니다. 오늘 선생님께서 보여주신 작품들이 한국전쟁의 참상과 농촌, 서민들의 삶, 그리고 70~80년대 독재정권에 대한 저항까지 한국 근현대사를 적나라하게 보여주셨다고 생각합니다. 「모내기」는 통일에 대한 염원을 담은 작품이라고 설명하셨는데, 그렇다면 오늘 주제가 평화와 통일을 위한 미술의 역할 차원에서 「모내기」 외에 통일과 관련이 깊은 다른 작품이 있는지 여쭤보고 싶습니다.

"'한국근대사' 시리즈에 통일 문제는 거의 들어 있다고 생각"

신학철 하나만 갖고 그린 것은 아니지만 '한국근대사' 시리즈에 통일 문제는 거의 들어 있다고 생각해요. 그래서 분단 문제, 이산 문제 같은 것도 통일 문제하고 연관이 된다고 봐요. 그런 만큼 「모내기」는 통일 문제만 담고 있는 게 아니라 다른 부분도 들어 있었던 것 같아요. 그리고 80년대에 민족미술, 민중미술이 될 수 있었던 것은 상황이 있어요. 60년대 말부터 서울대에서는 현실주의 미술이 저지를 당한 적 있어요. 70년대 유신시대에도 캄캄했어요. 하지만 문학은 70년대에 업적이 많은 것 같아요. 캄캄한 유신시대 때도 저항을 했죠. 김지하 선생 같은 분들은 해왔던 것 같아요. 광주, 그러니까 민중미술, 민족미술 같은 경우는 광주민주화항쟁이 일어난 후에 시작되지 않았나 싶어요. 군부독재에 대해서 뭔가 하려는 것에 겁을 좀 덜 먹게 되면서 다가섰던 것이라고 생각합니다. 나도 처음에는 하지 않고 순수미술 쪽만 해오다가 폭력적인 현실과 역사를 만나면서 민족, 민중미술을 만나게 된 것 같아요. 아, 그리고 「모내기」는 이제 전시를 할 수가 없어요.

이재봉 고맙습니다. 서민, 민중에 대한 사랑으로 작품 활동을 하고 계시고, 그리고 분단의 폐해를 빨리 떨쳐버리고 통일로 나아가자는 열망을 갖고 계속 작품을 하고 계신데, 앞으로 건강 잘 지키시면서 더 좋은 작품 더 많이 만들어주시라고 박수치면서 끝내겠습니다.

신학철(申鶴澈) 1943년 경북 김천에서 태어났다. 1968년 홍익대 서양화과를 졸업했다. 1989년부터 1974까지 남강고등학교 미술 교사로 재직했으며, 한국민족예술인총연합 이사장 등을 지냈다. 1982년 신학철초대전(서울미술관, 서울)을 시작으로 여러 차례의 개인전과 1967년 『WHAT』(조흥은행 본점, 서울)을 비롯해 100회 이상의 단체전에 참여했다. 대학 시절인 1960년대 말 홍익대 미술대학에서 진행한 전위적인 실험에 참여했으며, 전위미술그룹인 '아방가르드협회'에서 활동했으며, 1967년 『WHAT』 전시회를 비롯해 다수의 실험적인 작품 활동을 펼쳤다. 80년대에는 콜라주(포토몽타쥬) 기법을 이용해 1980년대를 기억하고 기록하는 『한국근대사』 연작을 발표해 주목을 받았다. 근대사 연작은 일제 때 민족의 수난을 포함해 독립 운동, 해방, 6.25전쟁, 분단 전후의 정치사 및 사회사, 외래문화 범람 등으로 이어지는 민중의 수난사를 날카로운 비판의식으로 형상화한 뛰어난 역작이자 대표작이다. 근대사 연작에 대해 시인 황지우는 '모더니즘의 뒷문을 열고 나왔다'고 평가했으며, 김윤수 평론가는 '우주에서 운석이 떨어진 듯한 충격'이라고 썼다. 90년대에 들어서면서 농촌과 노동자, 서민들의 삶을 바라보는 시선이 늘었다. 1999년 제16회 금호미술상, 1990년 제1회 민족미술상, 1982년 미술기자가 뽑은 82년 작가상 등을 수상했다.

역사·문학·예술 전문가들이 들려주는 **평화와 통일 이야기**

제9강 | 음악

노래로 세상을 바꾸고 싶다

백자 가수

이재봉 여러분, 민중가요라고 들어보셨어요? 1980년대 광주민주화운동을 계기로 민중운동이 확산됐습니다. 민중신학, 민중문학, 민중미술, 민중음악 등……. 요즘 우리 귀에 익숙한 시민운동은 1990년대에 나왔는데 시민운동 전신을 민중운동이라고 할 수 있겠지요. 오늘 공부 주제는 '민중음악과 통일'인데요. 노래를 통해 통일운동을 하고 있는 민중가수 백자 선생님을 모시겠습니다. 노래패 '우리나라'를 이끌어온 우리나라 최고의 민중가수입니다. 가수는 가수인데 민중가수에요. 그리고 노래만 부르는 게 아니라 작곡과 작사도 하고요. 언제부터, 왜 이런 활동을 했는지 학생들을 위해 잠깐 소개해주시겠습니까?

민중가요는 민중의 아픔을 부르는 노래

백자 주로 공연장에서 공연을 하다가 이렇게 강연장에서 펜을 들고 있는 모습을 보니깐 제가 굉장히 긴장이 되네요. 교수님께서 민중가요는 80년 광주항쟁 당시부터라고 하셨는데 그 말씀이 가장 정확할 것 같습니다. 그때 광주에서 많은 시민들이 피를 흘리고 죽었는데 TV에서는 미스코리아 선발대회를 전국적으로 내보냈다고 그래요. 아무도 자신들의 아픔을 담아주지 않았던 거죠. 그래서 그때 광주에 계신 분들의 마음을 담아 황석영 소설가나 백기완 선생님, 이런 분들이 가사를 쓰고 광주의 작곡가가 노래를 붙여서 탄생한 노래가 우리 많이 알고 있는 「임을 위한 행진곡」입니다. 그런데 이런 노래들은 TV에는 잘 나오지 않았습니다. 부르기만 해도 잡혀가기도 했죠. 말하자면 민중가요는 민중들 스스로 자신의 아픔을 노래로 만들어서 부르는 노래라고 할 수 있습니다. 특히 노동자들의 삶 같은 경우는 많이 안 다루지 않습니까? 그런 분야입니다. 제가 고3이었을 때 전교조가 결성됐습니다.

그때 선생님들이 해직되는 것을 보고 굉장히 마음이 울컥해서 삭발을 했어요. 하필 그 다음날 졸업사진을 찍는 날이어서 지금 졸업사진을 보면 스님 모습으로 있습니다. (웃음) 그런 마음을 먹고 있다가 대학에 가서 노래패 활동을 했습니다. 원광대는 노래패가 있나요? 없어요? 없으면 여러분들이 한번 만들어도 좋겠네요. 노래패 활동을 하느라 강의실에 앉아있지 못했어요. 여러분을 보니 참 부럽네요. 이런 좋은 수업이 있었으면 제가 다 들어갔을 텐데, 그때는 그러지 못했습니다. 노래패 활동을 쭉 하다가 사회에 나오면서 뭘 할까 생각했습니다. 그 시절은 한총련(한국대학총학생회연합, 1993), 전대협(전국대학생대표자협의회, 1987) 시절이었잖습니까? 그래서 전국적인 집회를 하면서 만났던 동료들, 무대에서 같이 노래를 불렀던 친구들과 노래하자고 해서 99년에 '우리나라'라는 노래패를 결성했는데, 올해 20년이 되었습니다. 교수님이 '최고'라고 말씀하셨는데, 처음 들어보는 가수라 당황스러울 것 같네요. 여러분, 저도 조금 당황스럽습니다. 잘 부탁드리겠습니다.

이재봉 저는 대학교 졸업할 때까지도 사회적 의식을 전혀 갖지 못했어요. 그래서 '민주화의 죄인'이라는 표현을 쓰는데, 선생님은 고등학교 3학년 때 문제의식을 가지고 삭발투쟁을 하셨다고 하니 조숙(早熟)했다는 생각이 드는군요. 여러분 혹시 고3 때 그런 생각 가져보셨어요? 대단하죠. 그런데 언젠가 선생님 글을 보니 '노래로 세상을 바꾸고 싶다'는 표현이 있던데, 그렇다면 지금까지 살아온 세상이 어떤 세상인데, 이 세상을 어떻게 바꾸고 싶다는 거예요?

유년 시절 경험과 기억이 사회적 문제에 관심 갖게 했다

백자 첫 주제부터 굉장히 무거운 대화가 되는군요. 제 유년 시절을 얘기해야 되는데요. 서랍에 탄알, 탄피 같은 것들이 있었어요. 동네 친구들이랑 총 싸움하면서 놀았는데, 제가 그것을 갖고 있으니깐 친구들이 신기해했죠. 나중에 커서야 그게 광주항쟁 당시에 우리 형들이 주워온 것이라는 것을 알았어요. 광주항쟁 당시 셋째 형이 대학생이었는데, 그때 대학생들은 길에서 공수부대에 잡히면 바로 죽는 것이었어요. 구사일생으로 형은 살아났습니다. 그리고 작은 형은 버스 위에 올라가서 태극기 흔드는 것, 그것을 하셨다고 그래요. 그러니까 사실상 거의 돌아가실 뻔한 거죠. 시골에 계시던 아버님이 자식들과 연락이 안 되고 다 폭도라고 하니까 시골에서 걸어서 광주까지 갔다고 합니다. 차편이 없었으니까요. 가보니 날아오는 총알을 막으려고 창문에 이불을 쳐놓고 있더랍니다. 저 빼고 형제 5명이 다 거기에 있었던 거죠. 그런 얘기들을 어려서부터 듣다 보니 마음속에 '이 세상 좀 뭔가 잘못됐구나, 진실이 밝혀지지 않는구나, 억울하게 사람들이 죽는구나!', 이런 것에 대한 마음들이 있었던 것 같습니다. 전교조 선생님들도 제가 잘 아는 선생님들인데, '저분들이 왜 해고를 당하셔야 되는 건가? 노동자라고 말하는 게 그렇게 위험한 건가?', 이런 것들이 제 마음속에 많이 있었던 것 같고요. 또 살아가면서, 공부하면서 알게 된 것도 많습니다. 노동자의 아픔이나 고통, 이런 것은 제가 직접 체험은 못해본 것이었으니까요. 그러면서 사회적인 문제나 민족적인 문제, 그런 문제에 대해 눈을 뜨게 되면서 그런 내용을 담은 노래 활동을 해왔던 것 같습니다.

이재봉 알겠습니다. 지난 주 일본 다녀오셨다고 들었습니다. 공연으로? 어디를 다녀오신 거죠?

백자 노래패 '우리나라'가 올해 20년이 되지 않았습니까? 20년 동안 우리와 일본 조선학교가 인연을 여러 번 가졌습니다. 20주년을 맞아 서울에서 콘서트를 한 번 했고, 일본에서도 한 번 하고 싶은 거예요. 그래서 일본에 계신 동포와 평화운동을 하는 분을 만난 것이죠. 우리가 최근 일본반대운동을 많이 했었잖아요? 그런데 일본에서 평화운동을 하고 계시는 일본인들, 이분들은 정말 감동입니다. 그 분들하고 콘서트를 했습니다. 그 다음 공연은 조선학교를 돕는 몽당연필(조선학교와 함께 하는 사람들 몽당연필)이라는 모임이 있습니다. 배우 권해효 씨가 지금 대표로 있습니다. 얼마 전 일본 도호쿠 지방에 지진(도호쿠지방태평양해역지진, 2011)이 있었죠? 이때 조선학교도 피해를 많이 봤습니다. 그런데 일본 사람들의 특징은 조선인의 피해, 한국인의 피해에 대해서는 전혀 대책이 없어요. 관동대지진(関東大震災, 1923) 때도 조선인이 우물에 독을 탔다며 발음이 어려운 일본말을 시킨 후 제대로 못하면 조선인이라며 찔러서 죽였지 않습니까? 지금은 죽이지는 않지만 탄압은 여전합니다. 조선학교에 무상화를 해주지 않고 있습니다. 다른 일본학교는 다 무상인데 말이죠. 그 조선학교를 돕는 모임이 몽당연필입니다. 그 몽당연필 공연을 2회 했습니다. 그런데 도쿄에서 한 번 하고 나고야에서 한 번 했는데, 이틀을 연속으로 했더니 지금 목이 좀 안 좋습니다. 방사능 때문인가? (웃음) 그런데 그런 얘기들도 실제 있어요. 목이 예민한 부분이라서 방사능 때문에 상하기도 한다는 것이죠.

일본 정부, 조선학교에 무상교육 허용하지 않아

이재봉 제가 지난 5월 일본 도쿄에서 강연 했는데, 거기에 있는 조선학교를 방문했습니다. 여러분은 조선학교를 잘 모를 수도 있을 텐데요. 일본에 있는 동포들이 자신의 얼, 말, 글을 그대로 지키겠다면서 세운 학교입니다. 흔히 우리가 말하는 친북 쪽이지요. 재일동포에는 크게 두 가지 그룹이 있어요. 친남 그룹과 친북 그룹이죠. 과거 냉전시대에 갈라졌어요. 조선학교에서는 우리 옷, 우리 고유의 한복 차림을 더 선호하고 우리말과 우리글을 엄청 중시하죠. 그런데 일본에서는 고등학교까지 무상교육을 실시하는데, 조선학교는 일본 정부의 차별을 받아 무상교육 대상이 아니에요. 우리 동포들 경제적 환경이 좋지 않음에도 비싼 등록금을 내면서 다니는 학교지요. 그러한 학교가 있다는 것을 여러분이 알아두시기 바랍니다. 그리고 그 학교를 지원하기 위한 민간단체가 '몽당연필'인데, 영화배우 권해효 선생이 주도하는 모임이에요. 선생님이 그 지원의 일환으로 다녀오신 것 같은데 참 좋은 일을 하고 오셨네요. 그리고 조금 전 노동가요를 얘기하셨는데 민중노래 가운데서도 평화와 통일을 주제로 한 노래를 선생님이 가장 많이 부르신 것 같더군요. 선생님을 모신 이유입니다. 평화통일 관련 노래뿐만 아니라 지금까지 선생님께서 만드신 노래가 몇 곡이나 될까요? 그리고 재밌는 노래 몇 곡만 들려주시겠어요?

백자 네. 같이 노래도 부르려고 준비해왔는데요. 첫 노래는 「아름다운 것들」이라는 노래를 해보겠습니다. 들어보신 분들이 있을까요? 제가 다 만든 노래는 아니고요. 아시는 분들은 같이 불러주세요.

꽃잎 끝에 달려있는 작은 이슬방울들 빗줄기 이들을 찾아와서 음 어디로 데려갈까 / 바람아 너는 알고 있나 비야 네가 알고 있나 무엇이 이 숲 속에서 음 이들을 데려갈까 / 엄마 잃고 다리도 없는 가엾은 작은 새는 바람이 거세게 불어오면 음 어디로 가야 하나 / 바람아 너는 알고 있나 비야 네가 알고 있나 무엇이 이 숲 속에서 음 이들을 데려갈까 / 모두가 사라진 숲에는 나무들만 남아있네 때가 되면 이들도 사라져 음 고요만이 남겠네 / 바람아 너는 알고 있나 비야 네가 알고 있나 무엇이 이 숲 속에서 음 이들을 데려갈까 백자 고맙습니다. 이 노래 들어보셨어요? 많이 안 들어봤을 텐데요. 우리 세대 노래인가 봐요. 여러분 부모님들이 좋아하시는 노래인가 보네요. 저는 동요인 줄 알았어요. 한국의 동요인 줄 알았는데 알고 보니 외국 곡이었습니다. 작사가로 적혀 있는 방의경 씨는 7~80년대에 활동하던 여성 포크가수입니다. 이분이 개사를 한 곡입니다. 이 노래를 만든 배경을 나중에 알게 됐는데, 80년 광주항쟁을 겪고 나서 아무런 말도 할 수 없었잖습니까? 광주에 대해서요. 그런 마음을 담아 개사했다고 합니다. 그 사실을 알고 더 마음이 가는 노래라 즐겨 부릅니다. 다음 노래 한 곡 더 부르겠습니다. 최근에 시를 노래로 만드는 '시노래' 작업들을 좀 하고 있습니다. 신채호, 윤이상, 윤동주, 안중근, 유관순, 이런 분들의 노래를 만드는 작업입니다. 이번에 불러드릴 노래는 '시노래'입니다. 시집 『내 몸속에 잠든 이 누구신가』(문학과지성, 2007)를 출간한 김선우라는 시인이 있습니다. 여성 시인인데요. 이 분은 좀 독특해요. 소설도 쓰는 시인이에요. 보통 소설과 시는 영역이 다르다고 하는데요. 이 분은 시로 등단했고 소설도 많이 쓰고 있습니다. 『캔들 플라워』, 『물의 연인들』, 이런 작품은 촛불시위와 4대강 문제를 다룬 소설입니다. 최근, 몇 년 전에는 『발원』(민음사, 2015, 전2권)이라는 소설도 썼습니다. 원효대사와 요석공주의 사랑을 다룬 소설입니다. 원효대사는 들어보셨지요? 서울에 원효대교도 있습니다. 제가 원효동에 살았는데, 그럼에도 원효에 대해 잘 몰랐습니다. (웃음) 이 소설 덕분에 깊이 알게 됐네요. 원효대사가 당나라 가려다가 해골바가지 물먹고 당나라에 간다 한들 도를 깨우치겠냐면서 신라 시장 바닥으로 들어가신 분이지 않습니까? 그런 내용을 쭉 다뤘습니다. 꼭 한 번 읽어보시길 추천하고 싶습니다. 이 노래는 「사과꽃 당신」(『나의 무한한 혁명에게』, 창비, 2012)인데, 사과가 영글어가는 모습을 담은 시로 만든 것입니다. 이 시가 재밌어서 만든 것인데, 일종의 레크리에이션입니다. 노래 중에 '노크 노크 노크 똑똑똑' 하는 부분이 있는데, 그 뒤에 이어서 박수를 세 번 '짝짝짝' 쳐주시면 되겠습니다.

> 사과나무 속으로 들어갈 테야 / 푸른 사과 속으로 / 사과씨 속으로 / 노크 노크 노크 똑똑똑 (짝짝짝) / 사과꽃핀 사과나무 아래 / 달밤 귀 기울이면 / 노크 노크 노크 똑똑똑 (짝짝짝) / 입구와 출구 그 시작과 끝이 / 구두점 없이 서로를 향해 / 노크 노크 노크 똑똑똑 (짝짝짝)

이재봉 제가 이석기 의원 항소심 재판에서 전문가 증언을 했습니다. 재판관이나 검사는 법에 관한 전문지식만 있지 북한이나 통일 문제는 전문지식이 별로 없잖아요. 그래서 그 분야 전문가들이 법정에서 왜 통일을 해야 하는가, 북한이 어떤 나라인가 등에 관해 설명을 하는 거죠. 내 딴에는 판사, 검사를 상대로 강의하는 거죠. 나중에 한나라당, 지금 자유한국당과 보수신문에서 원광대 이재봉 교수가 증언했다면서 난리를 쳤어요. 그런데 그 재판과 관련해 무슨 행사에서 부른 노래가 선생님이 쓴 것이었다는 사연이 있잖아요. 그에 대해 얘기 좀 해주시겠어요?

"내 음악이 법조계에 남는 큰 영광 누리게 됐다"

백자 예. 아주 민감한 주제인데요. 제가 대학교 2학년 즈음에 노래를 하나 썼어요. 「혁명동지가」라는 노래였습니다. 대학교 2학년 시절이었으니 혈기왕성할 때였지요. 이 노래가 학생운동권에서 조금씩 불리기 시작했습니다. 이석기 의원 재판은 원래 내란음모 재판이었습니다. 그런데 그때 변호사 말씀에 의하면 공소장이 100쪽이면 90쪽까지가 내란음모 얘기인데 '무조건 무죄다, 죄가 될 수가 없다', 이렇게 얘기를 했어요. 그래서 검찰 측도 불안하니까 뒤에 10쪽을 붙였다는 겁니다. 붙인 내용이 뭐냐면, 어떤 행사에서 북한 노래를 불렀다는 거예요. 그러면서 노래 두 곡을 제시했습니다. 한 곡은 「적기가」인데, '민중의 기 붉은 기는 전사의 시체를 싼다', 뭐 이런 노래거든요. 교수님 책에서 거론이 되어 있는데 이게 원래 영국인가, 아일랜드인가 노래예요. '소나무야, 소나무야' 그 노래죠? 그 노래를 일제 강점기 때 독립운동을 하시던 분들이 개사해서 불렀던 거죠. 원래 북한 노래가 아니에요. 그 다음에 또 얘기한 게 제가 만든 「혁명동지가」입니다. 이게 갑자기 북한 군가로 둔갑했더군요. 제가 졸지에 북한 군가 작곡가가 되었죠. 그래서 변호인단 측에서 부탁을 한 게 뭐냐면 사실상 10쪽 때문에 감옥을 갈 일이 생길 수 있다는 거죠. 그래서 관련해서 의견을 제출해줄 수 있냐고 물어보시더라고요. 그래서 제가 의견서를 제출했죠. 이건 북한 노래가 아니고 제가 만든 노래고, 일제 때 항일운동을 펼쳤던 분들에 대한 그런 마음을 담아서 만들었다는 의견서를 만들어 보냈죠. 법정에서도 이 노래를 틀었다고 하더라고요. 그래서 대한민국 역사에, 그러니까 내 음악이 법조계에 남아있게 되는 아주 큰 영광을 누리게 되었는데요. 내란음모 부분은 결국 무죄가 됐습니다. 그러나 한국 역사에서 이게 무죄가 됐는지 아닌지는 중요하지가 않잖아요. 이미 마녀가 된 것 아닙니까? 마녀 사냥이라는 게 그렇지 않습니까? 나중에 무죄를 받아도 사람들은 이게 무죄인지 아닌지는 아무 상관이 없어요. 나중에 법정에 출석해 줄 수 있냐고 연락이 왔었어요. 그런데 저는 교수님만큼 용기가 있지 않아 출석하지 않았습니다. 여러분, 교수님은 정말 용기 있는 교수님이십니다. 분단을 온 몸으로 거부하시는 분이세요. 그 일이 있고 나니 아무래도 공연 섭외가 좀 떨어지더라고요. 그래서 '아, 내가 법정까지 나갔다가는 먹고 사는 데 지장이 있겠다', 이런 생각에 법정에 출석은 못하고 의견서만 제출했습니다.

이재봉 「적기가」라고 했는데 '적'자가 붉은 '적'자예요. 그러니까 '붉은 깃발의 노래'라는 뜻이지요. 붉은 기는 혁명을 상징하니까 보통 사회주의, 공산주의 국가에서 많이 부르는 노래고요. 이 때문에 「적기가」는 북한 노래가 아니냐, 이렇게 재판부에서 판단했을 것이라는 생각이죠. 그 다음에 선생님께서 지으신 「혁명동지가」에서 혁명이라고 하는 것은 사회주의, 공산주의 혁명 아니냐고 추정했겠네요. 아무튼 가사를 보고 노래를 이적표현물로 취급한 것 아닌가요? 어떤 부분이었어요?

백자 아마 이적성 문제는 '혁명의 별'을 문제로 삼지 않았나 싶습니다.

이재봉 지금 「적기가」를 불러주실 수 있어요? 여기서 부른다고 감옥에 가지는 않을 테니까요. 도대체 어떤 노래가 이적표현물로 취급되어 부르는 사람들이 감옥에 가기 쉬웠는지 들어봅시다. 우리가 지난주에 「모내기」 그림을 감상해봤잖아요. 어떠한 그림인데 왜 그렇게 말썽이 되어 화가가 감옥에 가고 그림은 검찰창고에 처박혔는지 알아봤는데요. 오늘은 도대체 어떤 노래이기에 이적표현물이 되어 금지하고 또 잘못하면 감옥에도 갈 수 있는지 한 번 들어보시죠. 박수로 모십시다.

백자 예, 아마도 깜짝 놀라실 것 같은데, 가사는 PPT 파일을 준비하지 못했습니다. 간단하게 불러볼게요.

동만주를 내달리며 시린 장백을 넘어 진격하는 전사들의 붉은 발자욱 잊지 못해 / 돌아보면 부끄러운 내 생을 그들에 비기랴마는 뜨거웁게 부둥킨 동지 혁명의 별은 찬란해 / 몰아치는 미제에 맞서 분노의 심장을 달궈 변치 말자 다진 맹세 너는 조국 나는 청년

이재봉 소위 미국 제국주의, 일본 제국주의를 반대한 노래를 많이 썼을 텐데, 어떤 내용인지 이해할 수 있도록 몇 곡 하실 수 있을까요? 특히 요즘 일본에 대한 우리의 반감이 상당히 높아지고 있잖아요. 미국도 주한미군 방위비분담금을 다섯 배, 여섯 배를 내라 하고, 일본과의 군사정보교류협정 연장에도 압력을 많이 가하고 있는데, 그와 관련해 우리 국회에서부터 반미 반일 움직임이 커지고 있잖아요. 우리 학생들도 대부분 '독립운동은 못했어도 불매운동은 한다'고 동참하고 있을 텐데, 소위 그러한 반미·반일로 분류할 수 있는 노래 몇 곡 해주시겠어요?

"북한 동포는 뿔이 없다"

백자 제가 하기는 좀 그렇겠지만, 일단 먼저 소개를 해보겠습니다. 반미 노래를 가장 많이 부르게 된 것은 제가 예전에 「반미반전가」라는 노래를 쓴 적이 있는데요. 유튜브(노래패 우리나라)에 있습니다. 2000년 초반이었는데 미국이 유고슬라비아를 폭격했습니다. 관련 기사를 봤고, 굉장히 충격을 받은 후 쓴 노래입니다. 미군 비행사가 아침에 비행장에 출근을 해요. 그래서 비행기를 타고 바다를 건너가 유고슬라비아에 가서 단추를 몇 개 누릅니다. 그다음에 오후 세 시에 퇴근을 해요. 자기 집에 가서 아이랑 같이 잔디를 깎는 기사였어요. '와, 이게 말이 되는가? 저 사람이 아이를 사랑한다는 게 정말 사랑하는 건가? 자기가 누른 단추가 사람을 죽인다는 걸 모른다는 건가? 게임처럼 전쟁을 하는가?', 이런 분노를 담아서 써본 적이 있어요.

백자 그 다음에 우리 사회에서 가장 컸던 것은 효순이, 미선이 때인 2002년이죠. 그에 앞서 2000년 6월 6.15남북공동선언을 발표됐습니다. 김대중 대통령과 김정일 위원장이 만나서 발표한 선언이죠. 교수님 수업을 들은 학생들이라 잘 아실 겁니다. 6.15공동선언 2주년 기념행사가 금강산에서 있었습니다. 그래서 남북한과 해외에서 오신 분이 모두 모여서 하는 행사였어요. 우리도 그 행사에 참가했습니다. 북한 동포를 태어나서 처음 만난 거죠. 머리에 뿔이 정말 있나 한 번 만져보고 싶었습니다. (웃음) 하지만 뿔이 안 달렸더라고요. 해외동포도 만나고, 조선학교 아이들도 만났어요. 여러분들처럼 대학생들이죠. 일본에 조선대학교(재일본조선인총련합회가 운영하는 대학교)가 있어요. 광주에만 있는 게 아닙니다. 그 때 행사를 마치고 서울로 돌아오는데 효순이와 미선이가 죽었다는 거예요. 미군 탱크에 깔려서요. 그래서 촛불이 시작됐지요. 광화문이 촛불로 뒤덮였습니다. 그 때 주한민군이 해당 미국 병사들을 내놓지 않았잖아요? 그래서 「탱크라도 구속해」라는 노래를 만들어서 부르고, 또 얼마나 더 죽어야 되는 것인가 하는 마음을 담아 「얼마나 더」라는 노래를 발표했었습니다.

　백자 일본과 관련 이야기를 하자면, 사실 그동안 일본은 계속 엎드려 있었어요. 최근처럼 세게 나오지 않았습니다. 그래서 2000년 초반에 '일본을 조심해야 한다'는 의미를 담아 약간 민요풍으로 「일본이 온다」는 노래를 만들었었는데, 그때만 해도 반응이 별로 없었습니다. 그런데 최근에 들어서서 아베가 세게 나오고 있습니다. 제가 이번에 일본에 갔을 때가 검찰개혁 촛불시위가 막 일어났을 때였어요. 그런데 촛불시위는 일본에서 방송을 별로 하지 않아요. 반면 태극기부대 시위는 어마어마하게 방송을 하는 거예요. 이에 대해 일본 평화시민들이 걱정을 많이 하시더군요. 그리고 조국 청문회를 일본 방송사가 생방송으로 했습니다. 신기하지 않습니까? 그래서 농담 삼아 하는 말이 일본 사람들이 일본의 법무부장관은 몰라도 한국의 법무부장관 조국은 안다는 거예요. 왜 조국 청문회를 일본이 생방송으로 했을까요? 일본도 문재인 정권을 흔들고 싶었던 것입니다. 지금 한일 간에 지소미아

(GSOMIA) 문제가 가장 강력한 이슈로 떠올랐습니다. 오늘 밤에 NSC(국가안전보장회의)를 한다고 하는데 내일 밤 자정이면 끝나는 것입니다. 노래패 '우리나라'가 이것으로 「노아베송」을 발표했습니다. 그래서 유튜브 찾아보면 '노노노노노노~아베'라는 가사가 있고 간주 때는 '지소미아! 폐기!'를 넣어 만든 노래입니다. 좀 재미있는 일화가 있어요. 노래를 발표했는데 일본에서 시민운동하는 분 중에 한국 민중가요를 좋아하는 분이 이 노래를 유튜브에서 듣고 자기들이 이 노래를 도쿄에서 부르겠다는 거예요. 자기들도 아베가 너무 싫은 거죠. 아베가 지금 추진하려는 게 뭡니까? 평화헌법을 바꿔 전쟁국가로 만들겠다는 것이죠. 다시 대동아공영권(大東亞共榮圈)을 하겠다는 거죠. 다시 우리 젊은 여성들을 붙잡아가겠다는 거죠. 그러니까 평화운동을 하는 일본 분도 너무 싫어해서 「노아베송」을 부르겠다며 반주 좀 달라고 해서 보내드렸어요. 도쿄에서 그 아베송이 울려 퍼졌습니다. (웃음) 그런 활동들을 계속 하고 있습니다.

"윤동주 시인은 독립운동투사였다"

백자 다음으로 노래를 준비한 것은 윤동주의 「서시」입니다. 「서시」도 반일 노래로 볼 수 있습니다. 몇 년 전에 윤동주 시인 생가를 갈 기회가 있었습니다. 솔직히 말씀드리면 생각보다 너무 초라하더라고요. 정말로요. 우리가 아는 민족 시인만큼 잘 돼 있지 않았어요. 그래서 참 아쉽다는 생각을 했습니다. 윤동주 시인에 대한 저의 생각은 두 가지가 있었습니다. 하나는 학교 다닐 때 배웠던 대로 윤동주 시인은 나약한 시인, 문약한 지식인, 여성적 시인이라는 이미지였습니다. 그 반대에 있는 시인은 이육사 시인입니다. 대륙적, 남성적, 강한 지사 형태의 시인이었고 자기 수인번호인 264번을 썼다고 배웠습니다. 또 하나는 생체실험으로 돌아가셨다는 것입니다. 그런데 저는 아무리 일본이 미워도 너무 과한 주장이라는 생각을 갖고 있었어요. 명동촌(明東村)이라는 마을(중국 길림성 용정에서 서남쪽으로 15㎞ 떨어진 곳이며, 용암·장재·대룡·영암 등 네 곳의 마을을 이르는 말)이 있는데, 이장님이 나오셔서 해설을 하셨습니다. 그 분들에게 윤동주 시인은 독립운동투사입니다. 서울 와서 윤동주 시인 평전을 읽어보니까 일제 때 2년 동안 감옥에서 있다가 감옥에서 돌아가셨으면 투사가 맞지 않습니까? 그런데 왜 내가 그렇게 배웠는지 모르겠어요. 제가 생각하기에는 실제 문화 권력을 갖고 있던 사람들이 윤동주 시인의 생애를 별로 추켜세우고 싶지 않았기 때문이었을 것 같습니다. 투사였던 윤동주를 나약하네 뭐네 하면서 깎아내리려고 한 것인데, 시가 너무 유명해져버린 거예요. 그러니깐 어쩔 수 없이 윤동주 시인이 살아난 거죠. 제가 보기에는 그래요.

백자 그리고 생체실험, 이것도 사실이에요. 일본이 망하기 직전에 전선이 너무 넓어지니깐 피가 모자란 거예요. 그래서 얘들이 사람한테 바닷물을 투여하면 살 수 있는지 실험을 해요. 말하자면 '마루타'(환태, 丸太, まるた, 일본 731부대가 생체실험 재료로 삼은 인간을 이르는 말. 마루타는 '통나무'를 뜻하는 일본어)지요. 45년 1월에서 2월 사이에 모든 조선인 죄수들한테 실험을 합니다. 그때 조선인 죄수들이 다 죽었어요. 윤동주 시인도 그때 돌아가신 거죠. 해방을 6개월 앞두고요. 그렇지 않았다면 우리가 좋은 시를 더 많이 볼 수 있었을 텐데 참 안타깝습니다. 일본 약품은 참 좋습니다. 조선 사람들을 임상실험해서 좋아진 것이라고 봅니다. 교수님께서 반일 노래를 불러달라고 하셨는데 「노아베송」 같은 것은 유튜브를 활용해주시고요. 오늘은 「서시」에 곡을 붙인 노래를 다 같이 함께 만나보도록 하겠습니다.

죽는 날까지 하늘을 우러러 한 점 부끄럼이 없기를 / 잎새에 이는 바람에도 나는 괴로워했다 / 별을 노래하는 마음으로 모든 죽어가는 것을 사랑해야지 / 그리고 나한테 주어진 길을 걸어가야겠다 / 오늘 밤에도 별이 바람에 스치운다

백자 고맙습니다. 다음곡으로는 제가 「안중근의 노래」를 준비했습니다. 윤동주 시인 생가와 백두산에 들렀다가 길림성(吉林省) 지안(集安) 지역에 있는 광개토대왕비(廣開土王陵碑)와 장수왕릉(長壽王陵)을 보고, 대련에 있는 여순감옥(旅順監獄)에 갔습니다. 그래서 안중근 의사의 죽음에 대해서도 듣고 노래를 써봤는데요. 안중근 의사와 관련해 여러분이 많이 알고 있는 게 어머니의 편지죠? 어머니께서 '너, 항소하지 말고 죽어라', 그러면서 수의를 보내시지요. 어머님의 강한 품성이 안중근 의사를 강하게 키우지 않았나, 그런 생각을 해보는데요. 「안중근의 노래」, 여러분들과 함께 나눠보겠습니다.

사나이 길 떠나네 칼바람을 뚫고 떠나네 / 어머니 내 어머니 그리움 안고 떠나네 / 죽음이 두려우랴 역사에 외침 나를 부르네 / 손가락 깨물면서 가리라 나는 가리라 / 하늘에 가서라도 역사에 외침으로 살리라 / 눈부신 그 날 오면 덩실 춤을 추리라 / 웃으며 나는 가리라

"재일동포는 분단 전 국적 '조선'을 포기하지 않는 사람들"

백자 고맙습니다. 그럼 한 곡을 더 하고 오늘 노래를 마치겠습니다. 이 노래는 이재봉 교수님께서 말씀하셨던 조선학교, 우리 학교에 관한 노래입니

다. 2006년 부산국제영화제에서 개봉한 『우리학교』(김명준, 2006)라는 영화가 있습니다. 시간 있을 때 주문형비디오(VOD) 서비스로 보시면 좋을 것 같은데요. 해방이 되자 일본에 있는 동포들에게는 두 가지 길이 있었습니다. 하나는 조국으로 돌아가자, 또 하나는 여기에 남아서 우리 아이들한테 우리말을 가르치는 것입니다. 그런데 당시에는 일본은 물론 한국에서도 일본식으로 교육을 했지 않습니까? 그래서 초등학교부터 중학교까지 일본말을 많이 했어요. 그렇기 때문에 우리말을 잘 못하는 학생들이 많았답니다. 우리 글을 잘 쓸 수 없는 사람들도 많았다고 해요. 그러니 일본에 사는 사람들은 더 심했겠죠. 그래서 일제히 학교를 만들기 시작합니다. 재미난 얘기는 뭐냐면, 국적 이야기입니다. 재일동포들에게 국적이 두 가지가 있습니다. 한국 국적이 있고, 조선 국적이 있어요. 북한 국적은 없어요. 신기하죠? 이분들은 자신들이 분단되기 전 조선 사람들이라는 거예요. 그래서 조선 국적을 포기하지 않고 계속 갖고 있습니다. 그러니까 일본에서 보기에는 무국적자죠. 무국적자니까 여권 등 불편한 게 굉장히 많습니다. 그렇지만 '나는 조선 사람이다', 이렇게 하고 있는 거죠. 사실 전 세계적으로 유례가 없는 일이예요.

백자 재일동포는 이제 세대가 4대 이상이 되었는데요. 만약 우리가 해외에 나갔다면 아들과 딸까지는 우리말을 할 것 같잖아요. 그런데 내 손자, 그리고 그 아래까지 우리말을 하는 것은 쉽지 않은 일일 것입니다. 그렇기 때문에 재일동포가 조선 국적을 유지하는 것은 거의 전무후무한 일입니다. 재일동포들은 초등학교부터 대학교까지 만들어놨어요. 물론 지금은 숫자가 많이 줄어들고 있어요. 일본에 귀화도 많이 했고요. 여러 가지 탄압 때문에 활동하기가 굉장히 어렵습니다. 조선학교 고교무상화 투쟁을 하고 있는데요. 일본이 우리 동포에게도 세금을 받아요. 세금은 똑같이 받아요. 세금을 똑같이 받았으면 혜택도 똑같이 줘야 하죠? 그런데 조선학교라고 안 줘요.

고등학교, 그리고 최근에는 유치원까지도 주지 않아요. 그런데 4, 5대에게 우리 학교, 그러니까 조선학교는 고향이에요. 1, 2대는 「고향의 봄」을 불러드리면 모두 울어버려요. '나의 살던 고향은~', 앞 소절만 불러도 눈물이 줄줄 줄줄 흐릅니다. 하지만 3, 4대만 되면 노래에 대한 감흥이 많이 없어요. 왜냐하면 엄마, 아버지, 할아버지, 할머니가 우리 고향은 경상도, 전라도라고 말씀하셨지만 자신들은 가본 적이 없잖아요. 그러기 때문에 이들에게는 학교가 곧 고향이에요. 그래서 우리 동포들이 우리 학교를 지킨다는 것은 정말 소중한 일입니다. 우리도 후원을 많이 해야 한다고 생각합니다. 그런 의미에서 이 노래를 준비해보았습니다. 「우리 학교 영원하여라」입니다.

먼먼 이국 땅 기나긴 세월동안 / 우리 말 우리 넋을 지키며 살아왔네 / 눈물 많은 사연이야 그 얼마나 많았던가 / 하지만 쓰러지지 않겠노라 걸음 걸음 싸워 이겨왔네 / 우리 학교 영원하여라 우리 동포 영원하여라 / 백두한라 찬란할 그 날 그날까지 / 백두한라 찬란할 그 날 그날까지

"우리의 소원은 통일, 통일이여 오라"

이재봉 오늘 '음악과 평화통일'이라는 주제로 직접 작사·작곡하신 노래를 많이 부르셨습니다. 그런데 우리가 통일을 생각하면 가장 먼저 떠오르는 상징적인 노래가 뭐겠어요? 진보와 보수, 남녀노소를 통틀어 「우리의 소원은 통일」이겠죠? 통일 생각하면서 합창 한 번 해볼까요? 이것은 해주실 수 있죠?

백자 네, 가사를 준비해왔습니다. 「우리의 소원은 통일」 가사는 남과 북, 해외에서 다르게 불러서요. 가사를 다 아시니까 다 같이 불러보겠습니다.

우리의 소원은 통일 꿈에도 소원은 통일 / 이 정성 다해서 통일 통일을 이루자 / 이 겨레 살리는 통일 이 나라 살리는 통일 / 통일이여 어서 오라 통일이여 오라

이재봉 노래 배경 설명하시는 것을 들어보니까 역사 공부도 참 많이 하시고 노래만 잘 하시는 게 아니라 말씀도 참 잘하시는데, 한 가지 묻겠습니다. 통일과 평화를 추구하는 노래를 많이 부르셨는데, 선생님에게 통일의 의미는 뭘까요? 통일의 모습이 여러 가지잖아요. 선생님께서 그리시는 통일은 어떤 모습이고, 왜 통일을 해야 하는 거예요?

백자 사실은 제가 우리 민족의 통일에 대한 생각을 대학 시절부터 많이 하고 살아왔습니다. 그런데 일본에 가서 동포들을 만나면서 사실은 많이 깨졌습니다. 이것은 재일동포의 또 다른 축인데요. 한통련(재일한국민주통일연합), 한청(재일한국청년동맹)이라는 단체가 있습니다. 원래는 민단(재일본대한민국민단)이라는 단체였습니다. 김대중 대통령이 박정희에 의해 죽을 위험에 처하지 않습니까? 석방운동을 하신 분들이 민단에서 따로 떨어져 나옵니다. 이게 한통련이고 그 안에 있는 청년 조직이 한청입니다. 물론 반국가단체라서 만나면 국가보안법으로 잡혀가지요. 만나면 다 인사만 하고 명함은 절대 가져오지 않습니다.

백자 그런데 이들은 우리 학교를 다니지 않은 사람들이 대부분입니다. 그래서 우리말을 잘 못해요. 한국 드라마를 보면서 우리말을 배우고 우리말을 알기 위해서 굉장히 애를 씁니다. 이 사람들에게 우리말은 '생명'과 같은 것이더군요. 또 민족은 정말 완전히 생활입니다. 또 조선학교 다니는 아이들은 치마저고리를 입고 다닙니다. 그러면 전철에서 나쁜 일본인들이 칼로 치마를 찢는 거예요. 실제로 그렇습니다. 그러니까 이 사람들, 동포들에게는 민

족 문제와 분단 문제는 생활이고 생존의 문제가 되더라고요. 그래서 이분들에게는 통일이라는 게 대단히 절실하다는 것을 느꼈습니다.

"외세에 휘둘리지 않고 민족이 화목하게 사는 세상 원해"

백자 제가 바라는 통일이 있다면, 지소미아나 방위비분담금 문제에 관련해서 문재인 대통령이 굉장히 강력하게 얘기를 하고 계신데, 솔직히 말하면 한국 역사 공부를 해본 것으로 생각해봤을 때, 이렇게까지 우리가 세게 얘기를 한 적이 있나 싶어요. 그래서 굉장히 긴장된 마음으로 내일 밤 12시까지 기다리고 있습니다. 사실은 쉽지 않습니다. 지소미아 압력을 견뎌낸다는 게 쉽지가 않아요. 미국 국방부장관까지 왔는데 조선일보가 뭐라고 했냐면 '국방부장관 면전에서 지소미아 거부' 이렇게 썼어요. 이건 뭐 완전히 식민지 신문이지요. 제가 바라는 세상은 외세에 휘둘리지 않고 우리 민족이 서로 화목하게 사는 세상입니다. 통일은 경제적으로도 굉장히 큰 힘을 발휘하거든요. 지금 청년실업 문제가 많은데요. 앞으로 남북이 이어지고 동북지역, 만주지역이 많이 발전하게 되면 경제가 크게 번창할 겁니다. 그러면 우리 청년 실업 문제도 해결되고 또 그곳에 사는 동포와 민족 공동체를 이룬다면 비록 국경선은 중국이랑 갈라져있더라도 참 좋겠다는 생각을 해보고 있습니다.

이재봉 좋은 말씀 고맙습니다. 질문을 받겠습니다. 신청곡도 좋고, 질문도 좋고, 비판도 좋습니다.

유진웅 역사문학부 고고미술사학과 2학년 유진웅입니다. 김광석 선생님도 개인적으로 알게 되었는데 오늘은 백자 선생님도 뵙게 돼 영광입니다. 노래도 좋고 강의도 좋았는데 노래를 쓰실 때 어떻게 해서 영감을 떠올리는지 궁금합니다. 그리고 신청곡으로 「광야에서」를 부탁드립니다.

박진수 건축공학과 3학년 박진수입니다. 개인적으로 백자라는 성함이 어떻게 탄생했는지요. 본명은 아닐 것 같아서요. 그리고 꿈의 무대가 있으신가요? 서보고 싶은 무대가 어떤 것인지 궁금합니다. 「노아베송」도 듣고 싶습니다.

"음악은 준비되어 있는 것만큼 쓸 수 있다"

백자 하하하. 아까도 말씀드렸지만 「노아베송」은 앞부분을 여성들이 불러요. 그래서 제가 가사를 잘 모릅니다. 질문을 잊어버리기 전에 이걸 적어놔야 되는데, 작곡할 때 영감을 물었지요? 보통 예술은 뮤즈가 와서 주는 것으로 생각하지 않습니까? 사실은 그렇지 않습니다. 준비되어 있는 것만큼 쓸 수 있는 것 같아요. 우리가 말하는 세계관의 문제가 되는 건데, 그래서 노력을 합니다. 곡을 쓰기 위해서 노력을 하고 책도 많이 보고 정세에 대해서도 늘 생각을 많이 하죠. 그러다가 가슴을 '쿵' 칠 때가 있지요. 어떤 사건, 그런 게 있을 때 그것을 계속 가슴속에 담고 있죠. 그리고 메모를 많이 합니다. 메모를 많이 해서 가지고 있다가 다른 사건이 터졌을 때 이 메모를 같이 연결하죠. 아마 그런 능력이나 습관이 곡으로 탄생한다고 생각합니다. 어렸을 때 완전 촌에 살았습니다. 그러니 악기 같은 것은 다뤄본 적이 없고, 주로 흙만 만지면서 놀았습니다. 그러다 보니 어렸을 때 피아노 같은 교육을 잘 받았으면 좋았겠다는 생각은 합니다.

백자 이렇게 답을 하고요. 대학교 때 풍물패를 했어요. 그래서 남원 좌도 풍물을 배우러 다녔거든요. 필봉굿이라고 합니다. 그런데 거기에 온 다른 학교 학생들이 모두 '자'자를 붙이고 노는 거예요. 이 씨면 이자, 김 씨면 김자, 그래서 '백자'라고 했어요. 전수를 마친 후 잊고 있었는데, 곡을 쓰면서 작사, 작곡에 백자라고 쓰다 보니 지금까지 쓰게 됐습니다. (웃음) 멋있게 이야기할 때는 '고려 귀족들의 청자가 아니라 조선 백성들의 질그릇 백자로 살고 싶다', 라고 말을 합니다만 그건 뻥이고요. (웃음) 답변이 된 건가요? 그리고 꿈의 무대! 노래패 '우리나라'가 올해 20주년을 맞이해 서울에서 콘서트를 하고, 일본에서도 했지 않습니까? 원래 목표 중 하나는 평양에서 콘서트를 해보고 싶었습니다. 평양 무대에서 삼지연관현악단과 해보고 싶어요. 과한 꿈이겠지요? 접겠습니다. (웃음)

이재봉 평양에서 삼지연관현악단과 공연하게 되면 평양방문단을 모집해 가겠습니다.

백자 교수님만 믿겠습니다.

장세훈 역사문화학부 3학년 장세훈입니다. 선생님께서 지소미아 거론하셨고 외세에 휘둘리지 않는 나라 이야기를 하셨는데 20대 청년들이 어떻게 해야 휘둘리지 않는 나라를 만들 수 있다고 생각하시는지 궁금합니다. 그리고 노래를 매우 인상 깊게 들었는데 솔직히 말하면 나이에 좀 안 맞는 것 같아요. 7080 노래를 아주 좋아합니다. 가수 양희은을 좋아하는데, 「상록수」를 해주실 수 있나요?

안재현 경찰행정학과 2학년 안재현입니다. 민중가요를 썼을 당시 상대적으로 표현의 자유를 억압당했을 것이라는 생각이 드는데요. 그런 상황에서 음반 작업을 어떻게 하셨는지 궁금합니다. 신청곡은 4.3 관련 노래인 「아이야」를 들어보고 싶습니다.

"20대는 지금 굉장히 슬픈 연대를 거치고 있다"

백자 20대 청년들에게 바라는 점입니다. 20대는 지금 굉장히 슬픈 연대를 거치고 있다는 생각합니다. 80~90년대만 해도 학생운동권은 공부를 안 해도 취직하는 게 어렵지 않았어요. 지금은 너무 어렵지요. 역설적인 것은 IMF 들어와서 그렇다고 하는데 그때에 비하면 지금 경제는 좋아졌어요. 훨씬 더 많은 일자리를 줄 수 있습니다. 그런데 비정규직 문제가 심각하지요. 처음에는 '비정규직'이 무슨 말인지도 몰랐어요. 아주 낯선 단어였어요. 그러나 지금은 60%를 넘어선다고 하죠. 우리 청년들 스펙은 단군 이래 최고라고 하는데 취업이 너무 안 되는 아주 어려운 구조지요. 그것은 굉장히 가슴이 아픕니다. 하지만 당부하고 싶은 것은 영화 『트루먼쇼』처럼 우리가 보고 있는 이 세트는 전부가 아니라는 것입니다. 우리가 처한 현실을 당연하다고 받아들여야 할 것은 아니라고 생각합니다. 그 계단을 타고 세트를 벗어날 수 있는 게 무엇인지, 세트 밖에 무엇이 있는지, 우리가 꿈꿀 수 있는 세상이 무엇인지를 우리 청년들이 알고 싸워나갈 때 이 세상이 바뀐다고 생각해요. 지금 한국 재벌들이 돈이 없어서 여러분이 힘든 게 아니에요. 전 세계 경제가 돈이 없어서 청년들이 힘든 게 아니에요. 분명히 돈은 있어요. 그런데 그 돈을 누군가 가지고 있으면서 절대 풀지 않는 거죠. 그리고 젊은 사람들이 공부를 해야 될 나이에 전부 편의점 가서 알바하고 고생하고 있어요. 이 때문에 굉장히 슬픈 연대를 살고 있다고 생각하고요. 여러분들이 세트를 뚫고 나가기를 바라고 있습니다.

백자 그리고 음반작업에 탄압 같은 것이 있었을 때가 있었냐고 물었죠? 99년에 팀을 결성했는데, 이때는 이미 그런 법적인 문제가 많이 해결되었을 때입니다. 그 전에는 모두 불법 테이프였어요. 그러니깐 80년대 후반부터 90년대 초반에는 민중가요 테이프를 가지고 있으면 이적표현물 소지가 되요. 그러나 지금은 모두 합법화가 됐죠. 「이 산하에」 같은 노래, 노찾사 노래들이죠. 황당하죠. 갖고 있거나 듣고 있으면 감옥에 잡혀가야 했으니까요. 당시 선배들은 어떻게 했냐면 강의실이나 동아리방에서 몰래 북치고 기타 치면서 만들었어요. 정말 들어보면 북과 기타밖에 없어요. 우리가 음반을 낼 때는 정태춘 선생님이 투쟁을 많이 해서 음반 심의는 합법적으로 했어요. 그랬는데도 우리가 낸 1, 2집 음반에 대해 이적성 시비가 붙은 적이 있습니다. 국정원에서 공안문제연구소(현 치안정책연구소. 2016년 충남 아산으로 이전한 경찰대학 소속 연구소. 1978년 설립한 내외정책연구소가 전신. 1980년 치안연구소, 1988년 공안문제연구소 등 경찰대학이 설립한 연구소로 출발해 2005년 치안연구소·공안문제연구소를 거쳐 치안정책연구소로 통합)라는 이상한 정부 단체에 이적성 문의를 했습니다. 그럼 결과는 대부분 이적성이 있다고 나옵니다. 왜냐면 모든 가사가 자기 입맛에 맞춰 색안경으로 보면 소위 '빨갱이 가사'로 보이는 거죠. 예전에 했던 검열하고 똑같습니다. 여기까지 하겠습니다.

김채연 경찰행정학과 2학년 김채연입니다. 평화와 관련된 곡을 많이 쓰셔서 '민중가요', '민중가수'라고 칭하잖아요. 어떻게 보면 '민중'이라는 말에 가두는 것이라고 생각할 수 있는데 이 부분에 대해서 어떻게 생각하시는지요? 좀 더 넓은 음악을 하고 싶지는 않으신지 궁금합니다. 신청곡은 「수선화 편지」입니다.

이지혜 역사문화학부 이지혜입니다. 윤동주 시인의 「서시」를 인상 깊이 들었는데 1920, 30, 40년대에 활동하신 시인 작품에 곡을 붙여 노래하신 게 있으면 꼭 듣고 싶습니다.

이다빈 한의예과 1학년 이다빈입니다. 요즘 음악시장을 보면 소비가 잘 되는 음악을 좋은 음악으로 치부하는 것 같아요. 그런 상황 속에서 민중가요만의 가치를 지켜나가는 방법이 있다면 어떤 것이 있을까요?

백자 교수님, 질문이 이렇게 활발한 수업입니까? 이런 수업이었으면 대학

때 많이 들어갔을 텐데요.

"매일 김용균이 있었다 : 오늘도 3명이 퇴근하지 못했다"

이동원 경영학과 이동원입니다. 개인적인 질문인데요. 20대 취준생(취업준비생) 입장이 되신다면 어떤 코스를 밟아갈지 궁금합니다.

백자 민중가요를 가두지 않느냐는 질문이었죠? 네, 사실은 제가 민중가수라는 말은 하고 있지는 않습니다. 제 스스로는 좀 부담스러운 것도 있어요. 그래서 그렇게 표현은 하지 않고 있습니다만 그렇게 지칭해주시는 것은 영광으로 생각하고 있습니다. 문제는 다른 것에 있습니다. 80년 광주항쟁 때 그랬는데 지금은 괜찮은가의 문제입니다. 지금 한국 대중음악 시장이 광주나 제주와 같은 아픔을 다뤄주고 있나요? 어제였던가, 오늘인가요? 경향신문에 '매일 김용균이 있었다 : 오늘도 3명이 퇴근하지 못했다'(황경상, 2019.11.21)는 기사가 첫 면에 나왔더군요. 젊은 김용균이 하루에 세 명씩 죽고 있다는 거죠. 여러분 자본가 중에서, 회사 사장들 중에서 하루에 세 명씩 죽었다는 소리를 들어본 적 있어요? 그러면 난리가 났겠죠. 그러면 정말 대중가요가 (김용균과 같은) 그들의 아픔을 이제는 다루고 있는가? 저는 그렇게 하지 못하고 있다고 생각합니다. 그렇기 때문에 민중가요의 역할은 그런 부분들을 계속해서 노래로 부르는 것, 이것이 의연히 과제로 남고 남아야 한다고 생각합니다.

백자 윤동주 「서시」 외에 따로 곡을 붙인 노래는 없습니다. 안중근 의사 노래처럼 유관순 열사, 신채호 선생, 이런 작업들은 계속 할 생각입니다. 시와 관련된 것들은 계속 찾아보려고 해요. 그리고 민중가요 소비에 대한 건데요. 아이가 있습니다. 고2인데 음악을 하고 싶다고 해요. 그래서 음악을 하는 아이들이 대학을 가는 방식을 보니 전혀 공부를 안 하더라고요. 음악으로만 가는 거예요. 10여 년 전쯤에 기타 신동이 있었어요. 이름은 밝히지 않겠습니다. 그럼 10년이 지나면 그 친구들은 뭘 하나. 다 소비되고 말아요. 우리가 아는 BTS도 지금은 유명하죠. 하지만 자신의 음악성을 갖고 또 철학을 갖고 평생 음악을 할까요? 그렇게 하는 것은 쉽지 않죠. 대부분 단순히 소비가 되고 나면 끝나는 거죠. 떠먹기 좋고 단맛이 나는 사탕과 같은 것인데, 그런 게 우리 한국의, 한국 음악시장의 큰 문제라고 생각해요. 제가 이름도 없습니다만 앞으로 좋은 노래를 계속 써보려고 노력하고 있습니다.

민중가요는 '헌법 제1조' 같은 노래다

백자 취준생 문제입니다. 제가 졸업할 때 IMF가 왔습니다. 아주 어려웠지만 그래도 원서를 내고 취업할 수가 있었습니다. 솔직히 말씀드리면, 제가 경영학과였는데, 저처럼 공부를 잘 하지 못하는 사람도 은행 쪽으로 많이 들어갈 수 있었어요. 저는 노래를 선택한 거죠. 노래를 선택한 배경은 '잘하지 못할지라도 내 가슴을 뛰게 하는 노래를 해보고 싶다', 이런 마음이었어요. 저로서는 좀 큰 결단을 내린 거죠. 이상입니다.

이재봉 후반부에 신청곡이 더 들어왔어요. 「수선화 편지」, 이게 선생님 곡인가요?

백자 아닙니다. 「이등병의 편지」를 만든 김현성 곡입니다. 노래로 참여를 해서 부른 곡이라서 기억이 잘 나질 않습니다. 대신 다른 곡을 하겠습니다. 민중가요가 뭐냐?, 그러면 좀 난감하지 않습니까? 한 마디로 말하면, 촛불시위 때 많이 부르는 노래라고 생각하면 될 것 같아요. '헌법 제1조' 같은 노래를 말하는 것이죠. 제가 만든 노래 중에서는 세월호 참사가 있고 나서 도종환 시인이 쓴 「화인」이라는 시에 붙인 노래가 있습니다. 화인은 '불도장'이라는 뜻입니다. 옛날 노비들 얼굴에 불도장을 찍듯이 4월 그날의 아픔이 세월호 부모님들에게 또 우리 모두에게 불도장으로 남아있다는 의미를 담은 시입니다. 「화인」이라는 노래를 여러분과 함께 불러보겠습니다.

> 이제 사월은 내게 옛날의 4월이 아니다 / 이제 바다는 내게 지난날의 바다가 아니다 / 눈물을 털고 일어서자고 쉽게 말하지 마라 / 하늘도 알고 바다도 아는 슬픔이었다 / 이제 4월은 내게 옛날의 4월이 아니다 / 이제 바다는 내게 지난날의 바다가 아니다 / 화인처럼 찍혀 평생 남아있을 아픔 / 죽어서도 가지고 갈 이별이었다 / 이제 4월은 내게 옛날의 4월이 아니다 / 이제 바다는 내게 지난날의 바다가 아니다

백자 고맙습니다. (한 곡 더! 한 곡 더!)
백자 그러면 한 곡 더 하겠습니다. 이 시도 도종환 시인의 시로 만든 「담쟁이」입니다.

> 저것은 벽 어쩔 수 없는 벽이라고 우리가 느낄 때 / 그때 담쟁이는 말없이 그 벽을 오른다 / 물 한 방울 없고 씨앗 한 톨 살아남을 수 없는 / 저것은 절망의 벽이라고 말할 때 / 담쟁이는 서두르지 않고 앞으로 나아간다 / 한 뼘이라도 꼭 여럿이 함께 손을 잡고 올라간다 / 푸르게 절망을 다 덮을 때까지 바로 그 절망을 잡고 놓지 않는다 / 저것은 넘을 수 없는 벽이라고 고개를 떨구고 있을 때 / 담쟁이 잎 하나는 담쟁이 잎 수 천 개를 이끌고 / 결국 그 벽을 넘는다 벽을 넘는다

이재봉 선생님이 지난 주 일본에서 몇 차례 공연 하시면서 목이 조금 상했어요. 평화나 통일 이야기를 하면 우리는 상당히 딱딱한 것 같은데, 이렇게

노래를 통해 평화통일을 생각하니 참 좋지요? 불편하신 몸인데도 불구하고 한 시간 반 쉬지 않고 공연해주신 백자 선생님께 더욱 건강하시라고, 그리고 지속적으로 더 많은 노래를 통해 세상을 바꿔달라고 박수를 보내면서 오늘 수업 끝내겠습니다.

백자 작사·작곡·노래를 하는 싱어송라이터(Singer-songwriter)다. 1972년 5월 21일(음력 4월 9일) 전남 장흥에서 태어났다. 한국외국어대학교 경영학을 졸업했다. 1997년부터 1999년까지 그룹 '혜화동 푸른섬' 멤버였으며, 1999년부터 그룹 '우리나라' 멤버로 활동하고 있다. 2009년 음반 『걸음의 이유』를 내면서부터 솔로 활동도 하고 있다. 2010년 1집 『가로등을 보다』를 냈고, 2012년 비정규 음반 『담쟁이』, 2013년 2집 『서성이네』를 발표했다. 「범민련전사」, 「주한미군철거가」, 「국가보안법철폐가」 등 '우리나라'가 부른 반미·진보 성향의 노래와 독립군을 기리는 내용을 담아 그룹 '천리마'가 불러 유명한 「혁명동지가」, 도종환 시에 곡을 붙인 「담쟁이」, 「화인」 등이 있다. 「화인」은 세월호 참사 이후 세월호추모문화제에서 널리 불리고 있다.

역사·문학·예술 전문가들이 들려주는 **평화와 통일 이야기**

제10강 | 연극과 영화

연극은 생각과 만남의 예술

권병길 연극·영화배우

이재봉 오늘 공부 주제는 연극과 평화통일입니다. 지난주 수업 재미있었다고 했는데 오늘 수업은 더 재미있겠지요? 노래보다 연극이 더 재미있을 테니까요. 연극은 노래를 포함하잖아요. 우리 수업에서 지금까지 각 분야 최고 전문가들 모셨는데, 오늘 모신 분은 연극계 최고 전문가입니다. 원로 배우 권병길 선생님을 앞으로 모시겠습니다. 박수로 맞아주시겠어요? 선생님께서는 재단법인 경기도문화의전당 이사장도 맡고 계시는데, 경기도문화의전당이 어떤 곳이고 이사장이란 무슨 일을 하시는 지 소개 좀 해주시죠.

권병길 경기도문화의전당은 여러분들이 잘 아시는, 서울에 있는 예술의전당과 같은 곳이죠. 경기도에 자리를 잡은 예술의전당입니다. 문화는 지역에 영향을 끼치는 것이고 또한 수준을 알아볼 수 있는 것이어서 문화의 척도라는 생각을 합니다. 그 중에서도 극장, 극장이라는 것이 참 중요합니다. 극장은 어느 나라든지 다 있는데요. 그 극장이 어떻게 활성화 되느냐에 따라 그 나라, 그 지역의 문화의식과 수준을 얘기한다고 할 수 있습니다.

이재봉 문화 활성화를 꾀하기 위한 것이라면, 작년 1년 동안 활성화 많이 꾀하셨어요?

"어려서부터 극장과 관계가 많았다"

권병길 네. 뭐 그렇게 크게 이바지한 건 없지만, 서울에 좋은 극단들이 있으면, 좋은 공연이 있으면 문화의전당에 초청도 하고, 추천도 계획하고자 했습니다. 극장이라는 것, 저는 어려서부터 극장과 관계가 있었습니다. 제 형님께서 유년 시절에 극장 관장을 했습니다. 조그마한 지역이었죠. 어려서부터 극장을 내 집처럼 드나들었던 기억이 있습니다. 그래서 극장과 저와는 운명적으로 뗄 수 없는 관계였습니다.

이재봉 어려서부터 연극과 영화에 관심이 있었다고 하셨는데, 연극과 영화에서 활동하신 건 언제부터입니까?

권병길 어려서부터 좋아했습니다. 별명이 '안방변사'였어요. 안방변사는 방안에서 어른들 흉내를 내는 것이죠. 또 극장에서 연기하는 모습을 혼자서 흉내를 냈죠. 그래서 동네에서 안방변사라는 별명을 줬어요. 12살 때 서울로 이사를 왔는데, 서울로 오자마자 다닌 곳이 극장입니다. 엄마한테 돈을 받아 몰래 극장에 가기도 했었죠.

이재봉 학교는 안 가고요?

권병길 아, 학교는 가죠. 학교는 잘 다녔습니다. 여하튼 극장이 좋아 많이 다녔습니다. 극장은 운명적인 것도 있지만, 거기서 나오는 어떤 드라마 속에서 얻을 수 있는 인간사의 일상이 굉장한 삶의 양식이 됐습니다. 중학교 다닐 때는 특활 활동을 열심히 했고, 제일 먼저 뽑혔습니다. 고등학교에 가서 제일 먼저 들어간 게 연극부였어요. 연극부에서 있을 때 제1회 전국방송드라마경연대회 참가자를 뽑았는데, 또 들어가게 됐습니다. 처음에는 주인공 역할이었습니다. 1학년이 할아버지 역할을 맡았어요. 1학년이 할아버지 흉내를 내는 것이 좀 무리가 있고, 3학년 선배 중에 늙수그레한 선배가 있었는데, 그 선배가 목소리가 더 굵직했습니다. 처음에는 연출 선생님이 재능이 있다 하고 나를 찍었는데, 나중에 그 선배에게 역할을 뺏기게 되었습니다. 그런 추억이 있고요. 그렇게 연극을 시작했죠. 그러던 차에 제가 몸이 좀 아파서 고등학교 때 휴학을 했어요. 선배들을 보니 연극영화과에서 공부를 하고 실제 무대에서 공연을 하더군요. 얼마나 부러웠는지 모릅니다. 정말 잠이 안 오더군요. 그래서 몸이 원기를 회복하는 때에 극단을 만들었습니다. 감히 몇 살인데, 뭘 알아서 극단을 만드는 것이냐고 얘기할 지도 모르지만, 연극으로 하고 싶은 작품이 있었어요. 작품을 구해 오면 몇 사람이 모여서 낭독하고, 또 실제로 연기를 해봤습니다. 이렇게 해서 조그마한 소극장에서 공연을 했습니다. 얼마나 좋은지요! 날이 새고 날이 지고……. 그냥 '연극 속'에서 지냈습니다. 그리고 연극은 그냥 하는 게 아니에요. 돈이 들죠. 그렇죠? 돈이 드는데 어떻게 하느냐면, 몰래 시계도 전당포에 잡히고, 귀중품을 잡혔습니다. 왜냐하면 돈이 없으니까요. 그렇게 해서라도 연극을 해야겠다며 작품을 했습니다. 그 당시 배우들이 누구였느냐면, 『바보들의 행진』(하길종 감독, 최인호 원작·각본, 1975)에 나온 그 여자 배우 기억하세요? 이영옥이라는 배우, 김미영 배우, 그런 배우들하고 했던 기억이 납니다. 그 당시 유명한 배우들이었죠. 어렸을 때지만 그렇게 공연을 했습니다.

이재봉 선생님 연세를 공개하는 게 바람직한 것인지 모르겠으나, 70대 중반으로 알고 있는데요.

권병길 중반까지는 안 되고요. 초반입니다.

"시계 등 귀중품 전당포에 맡기며 연극을 했다"

이재봉 하여튼 20대 초반에 그렇게 하셨으면 반세기 50년이 지났는데요. 연극배우가 되면서 동시에 연극 극단주가 되셨다고요. 그런데 연극이 돈 버는 게 아니고 돈 쓰는 것이라고요?

권병길 그렇죠. 그렇습니다. 어려서 연극을 시작하면서 고생을 하다가 '이렇게 해서는 안 되겠다', '그래도 좀 전통이 있는 극단, 또 어른들과 선배들이 있는 극단에 가서 배워야겠다'는 마음을 먹고 있었는데, 기회가 왔어요. 그래서 극단 신협(新協)에 갔습니다. 극단 신협은 우리나라에서 가장 오래된 극단이고 전통이 있죠. 뭐 유명한 배우들이 그 극단을 다 거쳐 갔어요. 옛날 배우들, 여러분은 잘 모르시겠지만, 최무룡, 황정순, 최은희, 최남현, 박암,

김동원, 최삼……. 이루 말할 수 없는 유명한 분들이 그 극단을 거쳐서 갔는데, 그 분들이 60대 중반 쯤 됐을 때 20대 말에 들어갔어요. 주·조연급의 역할을 하는데, 그렇게 좋아하고 존경하던 분들이 제 주위에서 도와주는 역할, 조역이라든가 단역이라든가 이런 역할을 하는 거예요. 스크린에서 내가 그렇게 존경하고 좋아하던 분들이 나보고 잘한다고 말씀해주시고, 격려도 해주셨죠. 이러니까 꿈속에 사는 것처럼 생각할 정도로 과분했습니다. 그 분들과 같이 호남 지역인 여수, 순천, 광주, 전주 등으로 순회공연을 다녔던 기억이 납니다. 지금부터 40~50년 전이지만, 어제 같은 것처럼 기억이 납니다. 이제 내가 그 분들의 나이를 넘어갔어요. 하하, 참 인생이란 게 왜 그렇게 빠른지 모르겠어요.

이재봉 여기 어르신들이 몇 분 와 계십니다. 김동원, 최무룡, 황정순, 박암 선생님들입니다. 이 분들은 다 아실 거예요. 학생들은 잘 모를 테고요. 50년 전이니까요. 지금까지 50년 남짓 활동하시면서 출연한 작품은 얼마나 될까요?

권병길 일일이 세어보지는 않았지만, 한 해도 거르지 않고 50년 동안 작품을 했습니다. 그러니깐 50년 동안 한 작품만 했어도 50여 편은 되죠. 그런데 한 작품만 갖고는, 물론 연극이 먹고사는 직업은 아니지만, 먹고 살 수는 없습니다. 그래서 한 해 동안 적어도 서너 작품, 대략 세 작품 정도는 했던 거 같아요.

이재봉 최소한 150편 정도의 작품으로 연극 활동을 하셨을 텐데, 그 중에서 가장 기억에 남는다거나 다시 해보고 싶은 연극이 있나요? 선생님 이력을 살펴보니까 영화 출연하면서 좌의정을 한 번 지내셨고, 얼마 전 TV 드라마에서는 국무총리를 하셨더군요.

권병길 국무총리를 하다가 대통령 자리가 없는데, 혹시 드라마『쓰리데이즈』(Three Days)를 보신 사람 있으세요? 드라마 끝나려고 하는데, 권한대행까지 갔어요.

이재봉 대통령 권한대행이면 최규하와 황교안이 있죠.

"'햄릿'과 '돈키호테'를 한 사람은 아마 나밖에 없을 것"

권병길 예, 황교안! 대통령 권한대행을 했죠. 제가 셰익스피어 작품인 『햄릿』(『덴마크 왕자 햄릿의 비극』, The Tragedy of Hamlet, Prince of Denmark)에서 햄릿의 숙부인 클라우디우스(King Claudius) 역할을 했습니다. 햄릿 이후에는 캐릭터에 차이가 많이 나는 역할을 했는데, 『돈키호테』를 했었습니다. '햄릿'과 '돈키호테'를 한 사람은 아마 대한민국에서 나밖에 없을 겁니다. 돈키호테에서 돈키호테 역할을 맡았습니다. 뮤지컬이죠. 여러분들이 잘 아는 남경주, 이경미, 이런 분들하고 했습니다. 돈키호테는 내가 벌써 한 30년 전에 했습니다. 자랑 좀 하겠습니다. 지금까지 돈키호테 하신 분들 많이 있는데, 제일 잘했다고, 또 캐릭터와 잘 맞는다는 얘기를 들었습니다.

이재봉 지금 한 대목 하실 수 있을까요?

권병길 '싼초, 싼초, 어디 갔느냐. 저기 보이는 게 무엇이냐. 저기 뱅글뱅글 도는 게 뭐야, 풍차냐?' 뭐, 이런 목소리와 비슷해요.

이재봉 사전에 귀띔도 하지 않고 부탁드렸는데 즉석에서 응해주시는군요. 대단하십니다. 지금까지 초대권을 몇 번 보내주셨어요. 작년에도요. 선생님이 정성스럽게 초청해주셨는데 응하지 못하다가 작년에 '이번만큼은 꼭 가야지!' 하고 연극을 봤습니다. '권병길 연극 생활 50주년 기념' 공연이었고, 모노드라마(Monodrama)였어요. 그걸 보면서 웃기도 하고 울기도 하면서 감동 많이 받았습니다. 거기에 선생님 50년 연극생활이 다 들어있는 것 같았어요. 서울에서 상당히 오랫동안 하셨는데, 갈 때마다 관객이 꽉 찼던 것으로 기억합니다. '아, 연극이란 게 바로 이런 것이구나. 혼자서도 감동적으로 연기할 수 있는 것이구나!', 이렇게 느끼고 왔습니다.

권병길 여러분, 악극이라고 들어보셨어요? 악극, 보셨어요? 변사(辯士)라는 말 들어보셨어요? 지금은 방탄소년단에 열광하지만 우리 시대에는 우리 시대 나름대로 열광하는 게 있었어요. 그 한 토막을 간단하게. 악극이라는 것, 악극은 어떻게 하느냐, 뭐 이런 정도로만 해보겠습니다.

"영화에서 사람의 움직임을 말해주는 게 변사"

권병길 시작하겠습니다.

"철수야. 네가 고향을 떠난 지가 벌써 20년이 되지 않았느냐. 이제 고향에 와서 농사나 짓고 살자. 너를 기다리는 순임이가 지금도 밤낮으로 울면서 너를 찾고 있다. 철수야, 어서 고향으로 돌아오려무나. 아버지, 이 불효자식, 이 자식을 용서하소서. 저는 고향을 떠난 지 이미 오랩니다. 아버지, 이 사나이가 왜 할 일이 없겠습니까. 저는 이 나라와 이 민족을 위해서 제 목숨을 바치기로 결심하였습니다. 아버지, 용서하소서. 철수야, 그게 무슨 말이냐. 순임이는 너를 매일매일 기다리고 있는데 이를 어쩌란 말이냐. 순임이, 미안하오. 어느 좋은 분이 있으면 따라가도록 하오. 내가 고향이 그리우면 이런 노래를 그리면서 아버님과 순임이를 생각하겠소. 한 송이 눈을 봐도 고향 눈이오. 두 송이를 보아도 고향 눈일세. 낯선 밤하늘에 뿌려진 눈, 고향의 눈이려니 고향의 눈이려니 너를 그린다."

"아리랑, 아리랑, 아라리요. 오늘도 영식이는 제정신으로 돌아왔으니, 매일같이 우리를 못살게 구는 나카무라가 있었으니, 이를 참다 참다 못한 영식이는 이 나쁜 놈아, 네가 그렇게 못살게 굴다니, 하면서 낫을 꺼내어 가슴팍을 푹 찔렀던 것이었던 것이었다. 이 소식을 들은 일본 형사들이 나를 포박해서 끌고 가고 있을 때 먼발치에서 보고 있던 영숙이는 두 눈에 눈물을 흘리면서 끌려가는 오빠를 애절하게 바라보고 있었으니, 오빠, 오빠, 오빠가 그렇게 끌려가면 어찌하오리까? 아리랑 고개를 끌려가던 영식이는 가다가 뒤돌아보고 가다가 뒤돌아보고 부모님을 잘 부탁한다, 이 한 마디를 남기고 아리랑 고개를 넘어가고 있었으니……."

뭐, 이렇게……. (박수) 감기가 와서 그런지 약간 목소리가 안 좋습니다. 연습을 좀 해야 됩니다. 변사는 활동사진이 지나갈 때 해설을 해주는 것입니다. 그게 변사입니다. 목소리는 대충 이렇게 가는 거지요. 옛날에는 영화를 틀면 대사가 안 나올 때에요. 화면만 나오죠. 사람은 움직이고요. 그러면 누가 해설을 해줘야 해요. 사람은 움직이니까요. 그게 변사입니다.

이재봉 과거에 '무성영화'라고 했죠. 그림만 보여주고 말이 안 나오는 거예요. 초기 영화기술이죠. 그림만 보여주면서 뒤에서 성우, 지금 변사라고 했던 사람이 말을 대신 해줬습니다. '변사'에서 '변'자가 '말씀 변'자예요. 말하는 사람이죠. 옛날 영화가 더 재밌었겠죠?

"스페인『피의 결혼식』공연서「껍데기는 가라」대서특필"

권병길 옛날에는 정말 재밌었습니다. 그래서 그 당시에 하고 싶었던 작품이「껍데기는 가라」입니다. 신동엽 시인인데요. 시 제목이 작품 제목은 아닙니다. 『피의 결혼식』(Blood Wedding)이라는 작품을 스페인에서 공연한 적이 있어요. 거기에서 「껍데기는 가라」를 삽입했어요. 이 작품은 각 배우들이 각자 자기가 창조를 해서 대사를 하기를 바란다는 연출 지시가 있었습니다. 그런데 신동엽 시인의 '껍데기는 가라'라는 대사가 너무나 마음에 들어서 이 대사를 크게 외치며 읊었습니다. 그랬더니 이튿날 스페인 언론이 내 얼굴을 대서특필했어요. 내가 그 대사를 하고 있는 장면이었죠. 그런 것이 있었습니다.

이재봉 잠깐 설명하자면, 과거 60년대에 아주 유명한 민족시인이라고 할까요? 두 분이 계셨어요. 김수영 시인과 신동엽 시인입니다. 김수영은 서울대 교수로 지내면서 주로 도시생활을 했고, 고향이 충청도인 신동엽은 농촌에서 활동을 많이 하신 분이죠. 그 분의 대표작으로 「금강」이라는 대서사시가 있는데, 「껍데기는 가라」는 4월혁명 직후에 나온 시에요

"우수 시나리오 선정작 『치마』는 '위안부' 얘기"

이재봉 올해 연극 『치마』를 공연하셨죠? 이 작품은 어떤 내용이었어요?
권병길 『치마』는 '위안부' 얘기입니다. 피아노를 공부하는 피아니스트 청년이 있었는데, 노래를 좋아하는 애인이 위안부로 끌려가게 되었어요. 그 당시에는 그 사람 집안이 뭐고, 무슨 일을 하는지, 그런 것은 모르잖아요. 그냥 잡아서 끌고 가면 끌려갔으니까요. 그러니까 남자 친구도 애인이 끌려간 곳에 자원해서 징용을 했죠. 애인이 있는 곳에 가서 같이 훈련을 받고, 그런 과정을 겪었습니다. 그런데, 나중에 시간이 흘러서 이 위안부를 못살게 굴던 일본 장교 아들하고, 피아니스트와 애인이 낳은 손녀가 연애를 한 거예요. 두 사람은 세월이 흘러서 서로의 관계를 잘 모르죠. 이런 상황에서 일본 장

교 아들은 일본을 증오하고 아버지가 생활했던 당시 일본 시대에 일본 장교들이 한 행위에 대해 아주 나쁘다며 아버지에게 저항하고 울부짖는 장면이 등장합니다. 세월이 흘러도 위안부 사건은 지금도 남아 있고, 그것이 2대, 3대 후세에게 대대로 이어지고 있다는 내용입니다. 저는 피아니스트 역할을 했습니다.

이재봉 고맙습니다. 아까 말씀드렸듯 선생님을 모신 이유는, 오랫동안 연극 하시면서 분단, 전쟁, 평화, 통일, 민주화 문제 등을 많이 고민하시고 활동 하셨기 때문입니다. 그리고 지난 촛불시위에도 개근하셨잖아요. 연극영화를 하는 배우인데 언제부터 시국 문제에 관심을 갖게 되셨어요? 특히 평화, 통일 문제에 관심을 갖게 된 배경이 어디에 있는지 궁금합니다.

"전쟁과 반공교육, 부조리 보면서 평화와 통일에 관심"

권병길 어린 시절부터 자연스러웠던 것 같습니다. 우리는 전쟁 속에서 살았잖아요. 어릴 때, 내가 중학교 때인 것 같은데, 삼척에 간첩, 그러니까 공비가 나타났죠. 그런데 작은 동네에 사는 어린이가 '나는 공산당이 싫어요'라고 했다며 계속 반공 교육에 써먹던 일이 있었죠. 그때 공비들은 바닷가에 가마니 같은 것으로 덮어놨어요. 가만히 보니까 얼굴이 우리하고 똑같이 생겼어요. 똑같이 생긴 젊은 사람들이 바닷가에 일렬로 쭉 누워 있었습니다. 저 친구들도 다 부모가 북쪽에 있을 텐데, 우리하고 똑같은 얼굴인데, 똑같은데……. 그런 생각을 하면서 뭉클했어요. 그러면서 분단의 모순, 이런 것들에 대한 생각이 내 마음속에 싹트고 있었어요. 그러면서 '이건 아니다', '이건 아닌 것 같은데, 이런 부조리가 어디 있나?', '사람은 생각하는 동물인데, 내가 생각할 때 상식적으로, 내가 아무리 생각해도 이건 아니다, 부모와 자식의 관계에서도 그렇고, 왜 같은 형제들을 죽이느냐', 이런 생각을 하면서 어른들의 강의를 듣기 시작했어요. 그런 것에 의문을 갖고 있으면서 훌륭한 분의 강의를 꾸준히 들었습니다. 민주주의를 사랑하고 민족 통일을 원하는 분들의 명사 강의였죠. 그런 강의를 들으면 들을수록 '내 생각이 결코 틀리지 않았다, 맞다, 그렇다'는 생각을 했습니다.

권병길 내가 확인을 하는 거죠. 공산당과 빨갱이는 죽여야 한다는 것, 이것은 상식적으로, 내가 영화와 연극을 하는 사람인데, 할 수가 없죠. 어떻게 하겠어요. 연극은 생각하는 예술입니다. 생각하는 사람에게 의문을 자꾸 만들기 때문에 실질적으로 우리의 분단 문제는 심각하다, 내가 생각하는 예술을 하는 사람으로서 그런 것은 생각하지 말고, 또 그런 방향으로 몰입하면서 주춤주춤하게 했어요. 생각하면서, 심각하게 생각하면서, 민주주의나 통일이 어떻다고 말하면, 조금 이상한 사람으로 보는 분위기잖아요. 나는 심각한 표정을 하지 않는 편이라고 생각합니다. 하지만 어이가 없습니다. 내가 코미디를 잘합니다. 코미디가 왜 생겼을까요? 어이가 없을 때 상식을 뛰어넘는 게 코미디인데, 예를 들어서 『공공의 적』을 보면 똥 이야기가 나오는데, 국과수 국장이 '이건 너무 하는 거 아냐?'라는 대사를 들어봤어요? 그게 접니다. 그 대사가 지금까지도, 수십 년을 돌아다니고 있어요. 연기를 재미있게 했기 때문이라고 생각합니다.

권병길 이 영화는 설경구를 비롯해 유명한 배우들 다 나오는데, 관객들은 내 대사를 제일 좋아했습니다. 열광적으로 좋아하더군요. 그래서 내가 대단한 배우라는 생각도 했습니다. 지금도 유튜브(YouTube)에 있습니다. 무슨 얘기를 하다 말았죠? 통일에 대한 생각이었죠. 그런데 어느 날 임수경이라는 외국어대 학생이 평양공항에 나타났어요. 그것을 보는 순간 내 의식 속에는 남과 북을 왔다 갔다 하던 사람인데 실질적으로 서울에 있는 대학에

다니는 학생이 순안공항에 나타났을 때 내가 이미 거기에 있는 착각이 들었어요. '그렇다, 저렇게 가야 된다'고 생각했죠. 그런데 한 술 더 떠서 백두산에서부터 사람들이 남쪽을 향해서 판문점과 휴전선을 넘어서 왔어요. 그래서 '바로, 바로 저것이다, 새들도 오가고 요즘 멧돼지도 오가는데 왜 사람만, 생각하는 사람만 오가지 못하느냐, 내 부모가 있고 자식이 있는데, 이산가족이 천만인데, 그런데 왜 오가지 못하느냐, 남의 땅이냐? 5,000년 동안 우리 민족의 땅이 아니냐?' 이런 생각을 했습니다. 그래서 임수경 씨가 넘어오는 순간에 내가 넘어오는 착각을 했지요. 임수경 씨는 고생했지만, 나는 고생도 하지 않고 간접적인 상상을 할 수 있었습니다. 배우는 직접적으로 실천은 하지 못해도 간접적으로 상상을 할 수 있는 특권이 있거든요. 그런 간접적인 생각을 배우는 할 수 있습니다.

　권병길 그런 생각을 하면서 임수경후원사업회 운영위원까지 했습니다. 그래서 감옥에 있을 때 내가 팬레터를 썼어요. 서로 간에 편지를 주고받았죠. 처음에는 오해했을 것 같습니다. 내가 임수경을 좋아하나, 이런 오해를 할 수 있는데, 천만의 말씀입니다. 저에게는 순수하게 통일에 대한 의지라든가 그런 상상력이 있었어요. 그리고 젊은 시절 영화『스파르타쿠스』(Spartacus)를 봤습니다. 이 영화 보셨어요? 커크 더글라스(Kirk Douglas)가 출연했고 로마제국을 향해서 노예 반란을 일으키는 영화입니다. 노예들이 제국을 향해서 아무 무기도 없이 몽둥이 하나씩 들고 등장합니다. 어마어마한 군대 앞에서 저항을 하는 영화입니다. 이 영화에서 주는 것은 '내가 비록 죽더라도, 패배하더라도 이겼다, 나는 패배해도 이겼다'는 마음으로 노예들이 죽는다는 것입니다. 왜냐하면 살아도 고생이고, 살아도 노예고, 죽으면 도리어 해방감을 갖는 것이죠. 죽으면 모르잖아요. 그러니깐 사나 죽으나 마찬가지니까 이 사람들이 저항을 하다가 다 죽습니다. 영화를 보고 '인간이 얼마나 위대한가, 인권이라는 게 뭔가, 먹고 살고 뭐 이런 것만이 전부인가, 인간의 존엄성을 위해 목숨을 바칠 수도 있다, 그런 존엄성이 인간이다', 그런 생각을 했습니다. 제가 연극·영화배우로서 지금 우리가 처해 있는 분단의 현실이 결코 과장된 게 아니라 참 얼마나 심각하고 부조리하고 모순이라는 생각이 저를 늘 따라다녔습니다.

권병길 엊그저께 트럼프가 한국에서 전쟁이 나면 1억 명이 죽는다고 했어요. 1억 명이 무슨 멧돼지입니까? 돼지입니까? 1억 명이 죽을 수도 있다고 얘기하는 것을 보고 '말이 참 안 되는 세상에 살고 있다'는 생각을 했습니다. 여러분들은 편안하게 좋은 곳에서 공부도 하고 좋은 음식도 먹고 있지만, 내면적으로는 우리가 심각한 세상에 살고 있다는 생각을 하면서, 제가 통일 투사는 아니지만 최소한 배우로서 그런 의식을 갖고 연극을 할 수밖에 없는 게 현실이라는 생각을 하는 거죠. 그런 생각을 하는 사람이 잘 안 되는 우리 사회, 이것은 모순입니다. 민주주의, 민족통일 이런 얘기를 하는 사람들, 예를 들어서, 내가 방송국이나 음식점에서 얘기를 하면 '너, 무슨 얘기를 하는 거야? 밥이나 먹어! 뭔 헛소리하느냐?' 이런 소리를 할 것입니다. 그래서 나는 '통일'이라는 말을 '만남'이라는 단어로, 우리 연극계에서 쓰는 말인데, '만남의 예술'이라고 해서 '연극은 만남의 예술'이라고 합니다. 그러니까 통일은 만남입니다. 진정한 의미에서, 진정성을 가졌을 때 만남이 이뤄지잖아요. 여러분과 저도 만남입니다. 연극에서 인물은 한 사람이 아니죠. 인물이 한 사람이 아니라 그 무대에서 관계가 있는 여러 사람들이 만나서 이뤄집니다. 물론 거기에는 갈등도 있고, 커뮤니케이션도 있습니다. 그러면서 연극이 진행됩니다. 연극이 만남의 예술인 이유입니다. 진정한 의미에서 남과 북은 만남이 필요합니다. 진정한 의미의 만남, 이런 것을 생각하면서 연극 역시 철학이 있어야 한다고 생각합니다. TV에 나오는 연기자는 물론 진정한 의미에서 진짜 연극을 하고 진짜 배우가 되려면 의식을 가져야 한다고 생각합니다.

"배우는 실천하지 못해도 상상할 수 있는 특권 있다"

이재봉 고맙습니다. 존경스럽습니다. 재미있는 말씀을 들었어요. '연극은 생각하는 예술'이다, '만남의 예술'이다는 표현입니다. 선생님 말씀하시면서 두 가지 역사적 사건을 소개하셨습니다. 울진·삼척공비침투사건, 학생들도 기억할 겁니다. 과거 초등학교 운동장에 세종대왕과 이순신 다음으로 많았던 동상이 이승복 동상이죠? 1968년 '공산당이 싫어요'라고 외친 후 죽었다는 소년입니다. 공비는 북쪽에서 무장하고 내려온 사람, 무장간첩이라고 생각하면 돼요. 우리 양민을 죽였지요. 그런데 북한 공비들이 가마니로 덮여 있었는데, 그 사람들 얼굴을 보니까 뿔 달린 괴물이 아니고 우리와 똑같이 생긴 사람들이더라, 한 민족인데 왜 이렇게 서로 싸우면서 죽여야 되느냐, 이것을 보면서 분단의 아픔을 느끼셨다고 하셨습니다. 그리고 임수경, 여러분 잘 모를 텐데, 얼마 전 21대 국회의원이 된 분이에요. 1980년대 말 대학생 때 평양 다녀와서 감옥에 갇혔어요. 지난달 여기 모셨던 황석영 소설가와 비슷한 시기에 평양을 방문했지요. 선생님은 임수경 씨가 감옥에 있을 때 후원회장을 맡으셨다고요?

권병길 후원회장은 홍근수 목사였고요. 저는 운영위원을 했습니다.

이재봉 저도 임수경 씨와 연락 주고받으며 지내왔는데, 아무튼 방북했던 때가 1989년이니까 정확하게 30년 전이군요. 그러한 사건들을 통해 통일문제를 더욱 심각하게 생각하셨다는 말씀이죠? 하나만 더 여쭙겠습니다. 평화통일 얘기를 하셨는데, 선생님께서 그리는 통일은 어떤 모습인가요? 조금 전에도 말씀하셨습니다만, 어떠한 통일을 원하세요?

"민족에 흐르는 혈관이 막혀 있다"

권병길 정치적이라는 것은 원해서 되는 게 아니더라고요. 요즘 자한당(자유한국당, 현 국민의힘)하고 민주당(더불어민주당)하고 하는 것을 보면 민주당이 그리는 어떤 사회가 있다면 자한당은 그건 사회가 아니고 악마의 소굴이라는 식으로 얘기하잖아요. 상식이 통하는 평화로운 상태의 통일을 바라면 되는 것인데, 서로 다릅니다. 그러니까 우리는 혈관이 통하지 않고 있습니다. 민족에 흐르는 혈관이 막혔어요. 막히니까 북쪽은 북쪽대로 요동을 칩니다. 혈관이 막혀 있으면, 그게 정상이에요? 눈이 뒤집어지고 죽는 상태가 되지 않겠어요? 남북도 혈관이 막혔어요. 막히니까 지금 벌어지고 있는 모든 현상, 이런 것들이 정상이 아닌 거죠. 지금 우리는 정상적이 사람들이 사는 사회가 아니라는 생각이 들어요. 그렇잖아요. 남과 북이 끊어진 것 혈맥이 끊어진 것과 똑같은 것이거든요. 혈맥이 끊어졌는데, 무엇 때문에 끊어졌을까요? 이념일까요? 이념이라는 건 누가 만드는 것이죠? 부모와 자식이 만나는, 만나지 못하는 것이 이념입니까? 그런 이념이 어디 있어요? 자기가 낳은 자식과 어머니가 만나지 못하는 이념이 세상에 어디에 있어요? 이건 있을 수 없습니다. 비정상적인 사회를 정상적으로 만들어야 합니다. 막히면 병원에 가서 뚫잖아요. 그럼 정상적으로 돌아오잖아요. 똑같습니다. 우리 민족의 혈맥이 막혔어요.

권병길 이에 대한 연극을 조금 해보겠습니다. 이 연극은 제가 잠깐 쓴 작품인데요. 여덟 살 때 식구들하고 서울에, 남쪽에 친척이 있어서 내려오던 소년이 어떻게 하다보니까 못 올라간 거예요. 38선에 막혀버렸어요. 막혀버리니까 이 소년이 얼마나 황당하겠어요. 어머니, 형제를 찾으려고 어쩌다보니 남쪽에 눌러 살게 되는데, 멀리 살지 않고 속초입니다. 휴전선하고 가까운 데를 떠나지 못하는 거예요. 왜냐하면 여차하면 어머니한테 가려고 속초 근처에, 휴전선 가까운 데서 살다 성장하면서 어부가 되는 거죠. 여차하면 가겠다는 그런 마음이 마음속에 깊이 있었던 거죠. 어느 날 지금 가면 안 되겠다, 어머니가 돌아가실 것 같다, 간절하게 생각이 나는데, 혼은 돌아가는데, 정상적으로 돌아가는데, 배워서 부모를 못 알아보는 사람보다 무식해도 부모를 알아보는 사람이 더 인간적인 사람 아니겠어요? 그래서 인간적인 사람을 그렸습니다.

이재봉 우리나라 연극영화계에 선생님 혼자 평화, 통일, 민주, 인권을 고민하신 건 아니잖아요. 분단, 평화, 통일과 관련해 작품 활동하신 분들 많이 있을 것 같은데요. 그런 작품을 소개해주실 수 있으시겠어요? 우리나라 연극영화사라고도 말할 수 있을 것 같네요.

"연극은 인류가 없어지지 않으면 없어지지 않는 예술"

권병길 예, 그렇습니다. 많이 계시죠. 길게 얘기하면 뭐하지만, 해방 이후에 우리나라에 연극인이 굉장히 많았습니다. 그때는 영화도 텔레비전도 없었고, 오직 연극이었어요. 극단이 굉장히 많았어요. 연극인이 많았고, 재주 있는 사람도 많았어요. 그때 연극을, 연극운동을 하자는 결의를 서로 했는데, 어느 날부터, 말하자면 반탁, 신탁운동이 벌어지면서, 남쪽에 단독 정부가 세워지고, 미군정이 들어서면서 연극을 같이 하던 사람들이 수군수군하기 시작했어요. 그러면서 '이건 아니다'고 하면서, 당시에는 70~80%가 사회주의를 지향했거든요. 연극인들도 춥고 배고프니까 그런 상상을 할 수밖에 없었죠. 어느 날 '좌익이다, 빨갱이다', 이런 소리가 들리면서 사람을 구분하기 시작했어요. 당시 조선연극동맹(朝鮮演劇同盟)이 있었어요. 조선연극동맹을 만든 소위 사회주의 지지파들, 그런 분들이 뭉치기 시작했고, 또 남쪽을 지지하는 사람들이 또 있었고요. 동경학생예술좌(東京學生藝術座)나 극예술연구회(劇藝術研究會)를 하는 분들, 이 분들은 해외에서 공부를 하신 분들이고, 이 분들이 그 길을 걸어왔죠.

권병길 그렇게 해서 사회주의를 지향하는 분들이 하나씩 월북하기 시작했어요. 월북한 분들은 이서향(李曙鄕, 본명 이영수(李榮秀)), 나웅(羅雄). 안영일(安英一), 이런 분들입니다. 그리고 배우들은 황철(黃徹), 심영(沈影), 문정복(文貞福), 문예봉(文藝峰), 김선영(金鮮英), 박영신(朴永信) 등이 있습니다. 작가로는 함세덕(咸世德), 임선규(林仙圭), 이런 분들이 월북을 했습니다. 문정복은 탤런트 양택조 씨 어머니입니다. 어머니는 북쪽으로 갔지만, 양택조 씨는 남쪽에 떨어져 있었죠. 그 당시 유능한 배우들이 다 넘어갔어요. 같이 밥 먹고, 같이 연습하고, 같이 영화하고, 같이 연극하던 오라버니, 동생, 선배, 후배로 부르던 사람들이었죠. 그런 상황에서 분단이 된 거죠. 이것 자체도 모순 아닙니까? 모순이죠. 북한은 김일성 시대, 김정일 시대, 김정은 시대 등 세 시대를 거치면서 당을 위한 선전, 인민의 삶을 북돋아주고, 인민의 삶을 동등하게 체험하면서 거기에서 얻은 얘기를 무대화 또는 영화화 활동을 하는 데 연극을 활용했죠. 천리마운동이나 고난의 행군 시대, 이런 시대를 넘어오면서 연극과 영화는 인민들에게 굉장히 중요한 역할을 했습니다. 그래서 유명한 『피바다』라든가 『꽃 파는 처녀』 같은 작품이 나왔어요. 아주 굉장히 스펙터클한 작품들이죠.

권병길 남쪽은 남쪽대로 사방에서 극단이 만들어졌죠. 저도 앞에서 얘기한 극단 신협을 거쳐서, 그 신협이라는 극단 자체가 남쪽의 인맥을 거친 배우들이 많이 있습니다. 그리고 극단 자유(自由)를 거쳐서 지금까지 활동하고 있습니다. 극단들은 춥고 배고팠는데 영화시대가 오면서 연극이 점점 쇠약해지고, 영화 쪽에 관객을 많이 빼앗기고, 텔레비전이 생기면서 연극은 굉장히 소외받는 장르가 됐습니다. 그러나 연극이 없으면 안 되는 거죠. 텔레비전도, 영화도 안 됩니다. 연극은 기초입니다. 인류 사회를 보면, 태초에 연극부터 있었어요. 연극은 인류가 없어지지 않으면 없어지지 않는 예술입니다.

우리의 연극은 이런 상태에서 해왔습니다. 저는 연극의 방향이 앞으로 어떻게 나아갔으면 좋겠는지 나름 준비했습니다. 역사극 작품은 공통적인 게 있어요. 남북이 모두 이순신, 을지문덕, 안중근 등 역사적 인물을 다룹니다. 물론 해석은 좀 다를 수 있어요. 또 설화를 바탕으로 한 설화극(說話劇)은 서로 거북한 것 없이 만들 수 있는 작품입니다. 30년 전, 제가 일본에서 공연을 하는데, 북한에서 『나무꾼과 선녀』를 갖고 왔더군요. 우리가 아는 나무꾼과 선녀를 만나니 신기했어요. 가정극의 경우 남북한이 모두 가정을 꾸리고 살고 있으니 부부의 사랑, 효, 부모와 자녀의 사랑 같은 것을 바탕으로 드라마를 만들면 거부감이 없는 거죠. 북한 사회에서도 노동자를 비롯해 삶 속에서 움트는 사랑이 있습니다. 물질에 매몰되지 않으면서 순수한 사랑을 하는 얘기, 이런 작품을 하면서 처음에 서로 간에 이데올로기를 뛰어넘는 작품을 할 수 있는 그런 지점을 찾아야 된다고 봅니다. 아까 얘기했던 만남의 입장을 취하면 좋겠습니다. 국가보안법 같은 것을 폐지하면 더 좋은, 더 진솔한 얘기를 할 수 있는 작품의 세계가 될 것 같습니다. 한 가지 예를 들면, 러시아 혁명가 트로츠키(Leon Trotsky)는 공산주의 예술행위에 대해서 비판적 입장이었어요. 혁명적 구원은 진정한 예술이라고 볼 수 없다고 봤는데, 자유가 없다는 게 이유였습니다. 트로츠키는 공산주의자입니다. 그는 또 공산당 당원인 피카소(Pablo R. Picasso)가 그린 스탈린(Joseph Stalin)

초상화를 보고 스탈린을 닮지 않았다고 했어요. 사실주의적인 모습을 원하는 거죠. 피카소는 좀 추상적이잖아요. 피카소가 공산주의자입니다. 예술로서 만나는 것도 갭(gap, 틈새)이 있습니다. 그래서 만나기까지는 시간이 좀 필요합니다. 그렇기 때문에 이데올로기를 떠나서 만나는 것, 작품으로 만남의 형상이 됐으면 좋겠다는 생각을 해봅니다. 할 얘기는 더 많지만 여기까지 하겠습니다.

"이데올로기 뛰어넘는 작품으로 만남의 지점 찾아야"

이재봉 예, 고맙습니다. 조금 전 연극이 소외되고 있는 예술이라 하셨는데, 영화가 나오고, TV가 나오면서 소외된 예술이 돼버렸죠. 하지만 없어져서는 안 되는 장르죠. 제가 공부하기로는 일제 강점기나 해방 전후 때는 연극이 가장 중요한 계몽 수단이었다고 했어요. 왜냐면 문학은 글을 알아야 되잖아요. 그 당시에는 문맹률이 높았는데, 글을 알아야 소설도 읽고 시도 읽는데 그러지 못했죠. 그때는 영화가 안 나왔을 때고, 연극을 통해서 계몽을 했다는 거죠. 그런 역할을 했던 게 연극인데, 지금은 사장돼 간다는 게 안타깝네요. 그리고 사회주의에서는 사실주의를 중시합니다. 피카소가 세계적으로 유명한 작가이고, 더구나 사회주의자였는데도 사실주의 기법을 쓰지 않아 사회주의 국가에서도 별로 인정받지 못한다고요? 피카소는 지난번에 미술 주제로 한 번 다뤘어요. 피카소가 그린 유명한 작품이 있잖아요. 한국전쟁을 그린 「조선에서의 학살」이죠. 그는 사회주의자지만 추상화법을 쓰기 때문에 사회주의권에서 별로 인정받지 못한다는 게 재미있습니다.

권병길 그런 것도 이제는 변해야 되는 시간이 필요할 것 같습니다.

이재봉 앞에서 원로배우라고 소개했는데, 언제까지 공연하실 건가요?

권병길 앞으로 10년 더 하려고 그러는데, 『돈의 맛』이라는 영화에서 90세의 노인 역할을 했거든요. 다운받아서 보시면 좋겠습니다. 젊었을 때 젊은 역을 주지 않고 노인 역을 줘서 60이 넘어가면서, '이제는 내 세상이 왔다', 이렇게 생각을 했는데, 이제 거꾸로 얘기가 또 나오네요. (웃음)

"일상에서 통일과 평화를 자연스럽게 말하는 분위기 소망"

이재봉 후배 예술가들, 연극·영화배우들이 '이렇게 하면 좋겠다'는 바람이 있을까요?

권병길 있죠. 통일, 평화, 그렇게 얘기하지 말고 우리 만나자 술 마시자, 만나서 얘기하자, 그렇게 했으면 좋겠습니다. 자꾸 만나서 우리가 얘기하는 분단의 아픔 얘기를 하면 됩니다. 또 실제 그렇게 합니다. 의식이 있는 연극·영화인들이 많이 있습니다. 하지만 통일을 얘기하자고 하면, 의식이 있다 하더라도, 바쁘다고 말합니다. 만나서 술 한 잔 마시자고 하면 잘 나옵니다. 만나서 얘기를 나누고 분위기를 자꾸 만들고, 그런 분위기가 와야 하고 만들어야 됩니다. 자본주의 사회에서는 소비가 미덕이고, 돈 있는 사람이 추앙받는 세상입니다. 예를 들어서, 외국에서 유명한 작품이 오면 입장료가 10만원, 20만원씩 해요. 우리 연극하는 사람들은 웬만해서는 못 봅니다. 부자들만 보죠. 돈 없으면 볼 수가 없어요. 유명한 작품들이 많이 오지만 실질적으로 그런 작품을 볼 수 없습니다. 어떤 의미에서는 그런 세속이 도리어 고귀한 예술행위를 저지하기도 하는 세상 속에서 살고 있다는 게 안타깝습니다.

이재봉 아까 사회주의적 연극으로 북한에 대해 말씀하셨는데, 북한은 대형집체 연극이 유명하잖아요. 『피바다』나 『꽃 파는 처녀』 등은 수십 년 동안 공연되고 있어요. 우리와 다른 게 있지요. 우리는 흔히 선전이나 선동이라는 말을 부정적 뜻을 담아 정치적으로 얘기하지만 북한에선 선전선동을 긍정적으로 쓰지요. 연극이 선전과 선동을 위한 가장 효과적인 도구이고요. 북한에서는 이런 연극을 몇 십 년 동안 전 국민이 볼 수 있도록 하는 거죠. 우리는 그런 게 안 된다는 것 아닌가요? 준비해 오신 게 좀 더 있습니까?

권병길 시간도 다 되어가고……. 그러면 제가 김남주 선생의「조국은 하나다」를 낭독하는 것으로 여러분들과 오늘 작별을 할까 합니다.

이재봉 여러분 혹시 김남주 시인 아세요? 1980년대 감옥생활을 오래 했어요. 우리나라에서 가장 유명한 저항시인이고, 통일에 대한 시를 가장 많이 썼어요. 감옥에 있을 때 나온 시집 제목이『조국은 하나다』입니다. 시의 이름이면서도 시집의 이름입니다. 내가 가장 좋아하는 시인이기도 하고요. 이 분은 '시인은 전사가 되어야 한다'고 외친 분인데, 감옥에서 나오자마자 조금 활동하다 돌아가셨어요. 그 시를 연극적으로 낭송해주신다는 거죠?

권병길 예. 연극적이라니까 좀 이상한데요.

이재봉「조국은 하나다」는 굉장히 긴 시에요. 박수로 맞이해주겠어요?

"조국은 하나다"

권병길 김남주 시인의 시를 보고 이 분이 얼마나 분단에 대한 아픔을 가지고 계신가, 하는 것을 절절히 느끼게 하는 시였습니다. 본래 제목은「조국은 무엇인가, 무엇일까?」였습니다.

"조국은 하나다"
이것이 나의 슬로건이다
꿈속에서가 아니라 이제는 생시에

남모르게 아니라 이제는 공공연하게

"조국은 하나다"

권력의 눈앞에서

양키 점령군의 총구 앞에서

자본가 개들의 이빨 앞에서

"조국은 하나다"

이것이 나의 슬로건이다

      (중략)

그리고 나는 내걸리라 마침내

지상에 깃대를 세워 하늘에 내걸리라

나의 슬로건 "조국은 하나다"를

키가 장대 같다는 양키들의 손가락 끝도

언제고 끝내는 부자들의 편이었다는 신의 입김도 감히 범접을 못하는 하늘 높이에

최후의 깃발처럼 내걸리라

자유를 사랑하고 민족의 해방을 꿈꾸는

식민지 모든 인민이 우러러 볼 수 있도록

겨레의 슬로건 "조국은 하나다"를!

이재봉 낭독을 좀 하겠다고 하셔서 연극 대사만 낭독하실 줄 알았더니 시까지 낭독해주셨어요. 제가 이 시를 참 좋아하고 이 시인을 가장 좋아하는 사람이라고 소개했는데, 정말 재미있네요. 김남주 시인은 감옥에서 시를 썼어요. 그런데 감옥에 볼펜과 종이가 공급되지 않았어요. 그래서 핀을 사용해 우유팩에 수백 편의 시를 썼습니다. 핀으로 긁어서 썼단 말이에요. 그런

시들을 감옥의 간수가 우유팩을 몰래 빼돌린 겁니다. 간수가 아주 착했던 거죠. '저런 사람이 우리 감옥에 와있구나' 하면서 도와준 거예요. 간수가 빼돌린 우유팩의 시를 묶어 시집으로 펴낸 겁니다. 하여튼 제가 가장 좋아하는 시인의 가장 좋아하는 작품을 뜻밖에 낭독해주셔서 감사합니다. 다시 한 번 박수 보내주시겠어요?

이재봉 이제 학생들에게 기회를 주겠습니다. 여러분, 선생님께 질문하거나 부탁하고 싶은 게 있어요?

"남북정상회담·이산가족찾기는 잊을 수 없는 감동"

장혜연 소방행정학과 2학년 장혜연입니다. 선생님께서는 연극을 많이 보시기도 하셨을 텐데, 가장 기억에 남는 연극은 어떤 것이었는지요? 그리고 연극을 하면서 슬럼프는 없으셨는지요?

권기성 생물환경화학과 4학년 권기성입니다. 아까 연극은 만남의 예술이라고 말씀해주셨잖아요. 배우님께서 가장 기억에 남는 만남이 어떤 것이었는지 여쭙고 싶습니다.

박중희 생물환경화학과 3학년 박중희입니다. 지금까지 연기를 본 결과 남북 분단에 대한 연기는 대부분 원통함한 감정으로 표현됐는데, 통일 후에는 어떤 감정으로 연기가 될 수 있는지 궁금합니다.

유현석 산림조경학과 유현석입니다. 질문이 두 개인데요. 첫 질문은 배우에게는 어려운 시기가 있는데, 연극에도 매우 어려웠던 시기가 따로 있을까요. 둘째 질문은 개인적인 질문인데, 영화 『공공의 적』에서 명대사를 하셨는데 대사가 애드리브인가요 아니면 각본에 있던 것인가요?

권병길 좌절을 했느냐고 물어봤는데, 밥을 굶으면 굶었지, 연극과 연기자의 생활을 떠날 순 없었어요. 좌절은 없습니다. 나는 연극을 하면서 가난하다는 말이 제일 싫거든요. 왜냐하면 내가 하고 싶은 것을 하기 때문에 그까짓 가난한 것은 괜찮은데, 너무 가난한 것, 이것은 조금 짜증이 나게 했어요. 그래서 중간에 잠깐 집세도 내야 되고, 어떤 것도 해야 하죠. 내가 책임을 져야 하니까 잠깐 외도를 한 적이 있어요. 한 몇 개월 정도인데, 그것이 유일한 좌절이었고, 그 좌절도 연극 끝나고 술 한 잔 마시면 또 희망으로 바뀌었어요. 참 희한한 예술이었던 것 같아요. 그리고 슬럼프도 방금 말한 그런 것이었어요.

권병길 만남에 대해서 얘기했는데, 만남이라는 것 중에서 내가 몇 가지 굉장한 감동을 받았던 것이 있어요. 남북정상회담이죠. 김대중 대통령이 순안공항에 내려서 김정일 국방위원장을 만날 때입니다. 그 장면은 정말 55년 만에 남북의 정상이 만나는데, 그 순간은 정말 잊을 수가 없어요. 너무나 감격적이었죠. 또 하나는 KBS 이산가족찾기운동입니다. 수천 명, 수만 명이 자기 식구, 헤어진 식구들을 만나는 장면을 방송에서 하고 있을 때 그 만남의 광경을 보면서 밤새 울었던 기억이 있습니다. 봐도 또 울고 봐도 울고……. 왜냐하면 상황이 다 달라요. 모든 사람이 달랐죠. 보면 또 눈물이 나고 보면 또 눈물이 나고……. 세상에 눈물이 없다는 냉혈인간이 있었는데 그 사람도 눈물을 흘렸다는 소문을 들었어요. 그만큼 많이 울었습니다.

권병길 셋째 질문은 통일극을 얘기하셨나? 연극 패턴이 어떻게 달라질 것인가, 그런 말씀을 하신 것 같은데요. 내가 지금까지 비장한 연기를 많이 했는데, 통일 후에는 이런 비장함보다 어떤 연기를 하면 좋을지 생각해봐야 하겠네요. 제가 코미디를 잘 합니다. 연극에서 되게 웃깁니다. 김정일 국방위원장이 언젠가 이런 이야기를 했다고 합니다. 북쪽의 책을 보면 너무 경직되어 있다고 했답니다. 그래서 우리도 분노만 할 게 아니라 이제는 코미디나 해학적인 작품을 하면서 연극의 패턴을 바꿔보자는 언질을 했다고 해요. 물론 좋은 시절이 오면 정말 더 다양하게, 장인정신을 갖고 그런 모습을 보여주는 연극을 했으면 좋겠습니다. 그리고 연극도, 또 연극배우도 어려운 시기가 있죠. 연극은 즉흥성이라는 것도 있고 각본이 있는데, 나는 정극을 주로 했어요. 즉흥성이 있는 것은 연출과 상의를 해서 연출이 허락하면 즉흥성이 있는 것으로 하고 허락되지 않으면 각본대로 해야 하는 원칙이 있어요. 저의 경우는 연출과 마찰을 최대한으로 피하면서 연기했습니다. 자기식대로 막 하면 안돼요. 그래서 연극에서도 배운 사람과 못 배운 사람의 차이가 있죠. 연극도 정석으로 해야 된다고 생각합니다.

이재봉 한 학생이 히트를 친 대사를 작가가 써준 것인지 선생님께서 즉흥적으로 만든 것인지 물었어요.

권병길 내가 즉흥적으로 만든 거죠. 그러니까 근거를 갖고 만든 거지요.

김선영 경찰행정학과 3학년 김선영입니다. 얼마 전 추상미 감독이 만든 『폴란드로 간 아이들』(The Children Gone to Poland, 2018)을 인상 깊게 봤어요. 이 영화와 비슷한 작품을 추천해줄만한 게 있는지 여쭤보고 싶고요. 그리고 돈이 있고 없고를 떠나서 예술은 힘들어야 작품이 나오는 것 같은데, 왜 그런지 궁금합니다.

이다빈 한의예과 2학년 이다빈입니다. 선생님께서는 연극을 생각하는 예술이라고 하셨잖아요. 그렇다면 연극인들은 당연히 문제의식을 가지고 예술을 대해야 하는 의무를 가질 텐데, 그렇다면 관객이 연극 감상에 있어서 어떤 의무를 가져야 궁금합니다.

이지예 안녕하세요 역사문화학부 1학년 이지예입니다. 연극 원로배우시잖아요. 지금까지 맡은 역할 중에서 가장 기억에 남는 캐릭터가 있는지요?

유진웅 역사문화학부 고고미술학과 2학년 유진웅입니다. 옛날에 삐라(전단지) 사건처럼 잘못을 하면 고문도 받고 끌려가는 사건이 있었는데, 연극계에서는 그런 게 없었나요? 그리고 선생님은 의식을 갖고 계셨으니 그런 고초를 겪으신 적이 있는지 궁금합니다.

"연극은 고난의 산물, 고난은 연기의 재료이자 씨앗"

권병길 『폴란드로 간 아이들』, 그 영화는 못 봤습니다. 예술을 편하게 하면 되지 왜 꼭 힘들어야 하느냐. 끝 질문부터 얘기를 할게요. 고초를 겪은 적은 없고요. 언젠가 내 작품을 보고 그 다음에 나하고 말도 안 하고, 상대를 안 하는 사람은 봤어요. 그 다음부터는 내 눈치를 보면서 상대를 안 하려고 하더군요. 하여튼 심각하게 받아들였던 것 같은 느낌이 듭니다. 다시 맡고 싶은 배역은, 아까 얘기했는데, KBS에서 내가 주인공을 한 드라마가 있는데, 바이올리니스트의 장인 정신을 그린 작품입니다. 스트라디바리(Stradivari)를 다룬, 예술가 바이올리니스트 역할을 한 적이 있습니다. 그 작품이 KBS에서 뽑혀서 캐나다에서 열린 드라마 페스티벌 예선을 통과한 작품입니다. 그 작품 이후 스타가 되는 줄 알았는데, 그 다음부터는 더 부르지 않더군요. 그 다음에는 MBC에서 유명한 화가 역할을 해달라고 얘기를 시작했는데, 내 눈치를 슬슬 보더니 그 뒤로 소식이 없어요. 내가 굉장히 의심스러운 게 그것인데요. 굉장히 칭찬을 받았던 작품인데, 다른 방송에서도 어떤 역할을 주문했는데, 그 다음부터 부르지 않아요. 왜 그런가? 그게 난 의문스러웠습니다. 내가 데모를 많이 해서 그런지, 하여튼 난 데모를 많이 했는데, 그런 것에 원인이 있는 게 아닌가 싶고, 여하튼 굉장히 의문스러운 게 있어요.

권병길 추상미 씨를 얘기했는데, 추상미는 아버지가 추성웅인데, 추성웅 선배님하고 내가 연극을 같이 했어요. 추상미는 아주 어렸을 때 연극 연습장을 찾아와서 연극을 구경하던 모습이 기억납니다. 지금은 나보다 더 유명한 배우죠. 내가 추상미 작품을 못 봤어요. 그래서 뭐라고 얘기할 수 없어요. 연극은 고난의 산물입니다. 연극은 그냥 하는 게 아니에요. 고난의 산물입니다. 고난을 일부러 겪는 건 아니지만 고난 속에서 그 고난의 맛이라든가 느낌, 심정, 이런 것들이 나오는 거죠. 그러니깐 어떤 면에서 고난을 사야 돼요. 고난을 겪어야 돼요. 난 고난을 더 겪을 겁니다. 고난아, 와라. 난 좋다! 고난은 연기의 재료가 되고, 씨앗이 되는 것입니다. 내 연기에 좋은 양식이 되기 때문에 난 고난을 즐깁니다. 그런 의미로 이해를 해주시면 고맙겠습니다.

권병길 우리나라 관객들은, 이렇게 말씀드리면 스스로 격하시키는 건데, 좀 경망스럽다고 할까요? 사회주의 국가일수록 관객들의 자세가 아주 대단합니다. 특히 러시아 관객의 자세가 아주 진지합니다. 요즘은 어떤지 모르죠. 자본주의 물이 많이 들어가서요. 요즘 많이 달라졌겠지만, 러시아에서는 연극을 보러 올 때 정장을 하고 옵니다. 우리는 텔레비전에 채널이 수십 개 되잖아요. 수십 개를 다 보려고 하나요? 아니죠. 자꾸 돌리잖아요. 이리 돌리고 저리 돌리죠. 그러니 감동이 있겠어요? 그렇게 돌려서 봐서는 아무 의미가 없어요. 옛날에는 그러지 않았죠. 작품이 며칠에 한 번씩 왔습니다. 그럼 기다려야 해요. 배고픈 사람이 기다렸다 밥을 먹듯이 작품을 처음부터 끝까지 아주 절실한 마음으로 봤습니다. 그런 것이 나로서는 영원히 남는 것입니다. 그런데 지금은 너무 먹을 게 많아요. 먹을 게 많으니까 유익한 것인지 해로운 것인지 몰라요. 관객은 볼 게 너무 많으니까 자세가 흐트러졌습니다. 사실 이런 자세는 스스로 만드는 거죠. 연극을 보는 자세를 잃었죠? 연극을 만드는 사람을 존중하는 마음으로 찾아가서 연극을 보는 자세가 필요하다고 생각합니다.

권병길 1946년 출생. 연극배우이자 영화배우다. 충청남도 청양군 출신이며, 1969년 연극배우로 처음 데뷔했다. 1960년 연극계 아마추어리즘 소극장운동을 시작했으며, 1974년 극단 '신협'에 입단 후 본격적인 배우 활동을 시작했다. 제29회 국제극예술협회(ITI) 영희연극상(2003), 제32회 동아연극상 남자연기상(1996), 제1회 현대연극상 연기상(1995) 등을 받았다. 극단 자유, 한국연극배우협회 회원이다. 어렸을 때 시골의 한 이름 없는 극장에서 영화를 접한 후 영화에 대한 무한한 동경을 갖기 시작했다. 문화원 원장이었던 형님이 극장 책임을 맡고 있던 환경 때문에 영화를 많이 접할 수 있었고, 수많은 영화를 관람하면서 연기자가 되겠다는 꿈을 꾸게 되었다. 초등학교에서도 연극에 부문에서 빠지지 않고 활동했으며, 12세에 상경해 배우의 길을 걷기 시작했다. 연극으로 배우의 길을 걸으면서 가장 기초적인 부문을 비롯해 다양한 연기에 대해 배웠고, 연극을 시작한지 약 20년 되는 해인 1990년대에 영화배우로 입문했다. 주요 작품은 △나의 사랑 나의 신부(이명세, 1990) △누가 용의 발톱을 보았는가(강우석, 1991) △내 머리 속의 지우개(이재한, 2004) △그때 그 사람들(임상수, 2005) △돈의 맛(임상수, 2012) 등이 있다.

역사·문학·예술 전문가들이 들려주는 **평화와 통일 이야기**

제11강 | 연극과 영화

북한에도 문학이 있다

김재용 원광대학교 국어국문학 교수
『겨레말큰사전』 편찬위원

이재봉 오늘 주제는 남북한 언어와 문화입니다. 북한 언어와 문학 분야에서는 우리나라 최고 전문가로, 우리 학교 인문대학 국어국문학과에 계시는 김재용 교수를 모셨습니다. 박수로 맞아주시겠어요? 우리 학교에 계셔서 모신 게 아니고 북한문학의 최고 전문가라서 모신 것입니다. 김재용 교수는 현대문학, 그중에서도 북한문학을 오랫동안 공부하신 분이에요. 오늘 문학뿐만 아니라 언어 분야도 다뤄보기로 했습니다. 2000년대 초였던가요? 『겨레말큰사전』이죠. 남한과 북한이 공동으로 사전을 편찬하는 작업을 10여 년 전부터 해오고 있지요. 남북 간에 서로 언어가 달라지고 어법과 문법이 달라졌는데 공동사전 편찬 작업을 해오고 계십니다. 우선 이것부터 공부해봅시다. 『겨레말큰사전』이 어떤 사전인지 얘기해주시겠어요?

"남북한 언어적 뿌리는 '조선어학회'에서 시작"

김재용 반갑습니다. 『겨레말큰사전』은 20년 전에 시작할 때는 남과 북의 사전, 남과 북의 말이 너무 다른데, 언어를 통합할 수 있는 길을 고민하던 끝에 사전을 통해서 해보자는 것이 『겨레말큰사전』의 본래 취지였습니다. 남쪽과 북쪽은 같은 언어적 뿌리인 '조선어학회'에서 시작했습니다. 일제 강점기 때 총독부가 조선말 정책을 펼치고 있을 때 총독부 언어정책에 맞서서 조선어학회라는 단체가 생겼는데, 그 조선어학회에서 두 가지를 했습니다. 하나는 '맞춤법'이고 다른 하나는 '표준어 제정'이었습니다. 이 두 가지를 행함으로써 비로소 사전이라는 것을 만들 수 있는 예비 작업을 마무리한 것입니다. 그런데 '황민화'를 시작하면서 조선어사전을 만들고 있던 조선어학회를 탄압하고 결국 1942년에는 조선어학회사건을 조작해 압살했습니다. 조선어학회 회원들이 해방 후에 남과 북으로 흩어져 각각 사전 작업을 했습니다. 남쪽은 남쪽대로, 북쪽은 북쪽대로 작업을 하다 보니 조선어학회 전통을 따랐지만 세부적으로 적지 않은 차이가 나타나게 되었습니다. 그래서 남북이 함께 모여서 새로운 겨레말사전을 만들자고 했던 것입니다. 규범사전(規範辭典)이 아니고 유산사전(遺産辭典)으로 말입니다.

이재봉 취지가 참 훌륭한데, 언제 어떻게 시작했어요?

김재용 『겨레말큰사전』이라는 편찬 논의를 하기 전에 문화문체부 산하 국립국어원에서 남북 언어 통합을 놓고 북과 다양한 모색을 했습니다. 하지만 국가기관이라 제약이 많았습니다. 김대중 대통령과 김정일 국방위원장이 만나면서 남북의 관계가 좋아지니까 민간 차원에서 이런 일을 하는 것이 좋다는 의견이 시민사회에서부터 나오기 시작했고 그것이 현재의 겨레말큰사전 편찬모임(겨레말큰사전남북공동편찬사업회)으로 이어진 것입니다. 2005년 북한 사회과학원 언어학연구소 성원들과 남쪽의 대학을 비롯한 다양한 단체의 언어학자들이 함께 모여 통합적인 편찬위원회를 구성했습니다. 시간이 흘러 편찬위원은 부분적으로 바뀌었지만 면면히 흘러오고 있습니다.

이재봉 2005년에 시작했군요. 그런데 교수님은 언어학자가 아니라 문학자잖아요.

김재용 『겨레말큰사전』은 남과 북의 기존 사전처럼 규범을 우선으로 하는 사전이 아니고 우리 민족의 어휘 유산을 정리하는 유산사전이기 때문에 대한제국 이후 현재까지의 우리 어휘를 정리하는 것이 매우 중요한 일입니다. 그런데 작가들이 가장 민감하게 어휘를 사용해 작품을 남겼기 때문에 문학작품을 조사하는 것은 가장 기본적인 일이었습니다. 저는 일제 강점기 문학뿐만 아니라 북한문학도 연구하고 있었던 터라 아마도 이런 작업을 하는 데 일정한 역할을 할 수 있으리라는 공감대 위에서 참여하게 되었던 것입니다. 운이 좋았던 셈입니다.

이재봉 유일한 문학자군요. 좋습니다. 2005년 시작했으면 벌써 14년 됐어요. 언제쯤 끝납니까?

"『겨레말큰사전』은 언제 끝날지 모르는 상황"

김재용 끝나도 벌써 끝나야 하는 일인데 그렇지 못했습니다. 남북이 지속적으로 만나야 실질적인 진척이 있게 되는데 이명박 정부 이후 남북이 만나지 못했습니다. 문재인 정부가 들어선 다음에 남북 관계가 좋아지면 되리라는 희망이 컸는데 그렇지 못하다보니 언제 작업이 끝날지 모르는 상황이 되었습니다. 하지만 그동안의 작업을 남과 북이 각각 마무리하고 있어 남북이 만나는 기회가 생기면 마무리할 수 있을 것 같습니다.

이재봉 지금은 만나지 못하고 계시다 했는데, 예전에는 주로 어디서 만나셨어요?

김재용 처음에는 부담이 되어서 서울과 평양에서 직접 만나지 않고 주로 중국에서 만났습니다. 중국의 여러 도시에서 만났는데, 시간이 흐르면서 서울과 평양에서 직접 만나기도 했습니다. 개성에서 만나기도 했습니다. 여러 여건 때문에 평양에서 제일 자주 만난 것 같습니다.

이재봉 좋습니다. 그런데 아까 잠깐 얘기했지만, 우리가 1945년 분단되고 실제로 체제가 나눠진 건 1948년부터 아니에요? 지금까지 70년인데, 나뉘어 살다보니까 맞춤법도 달라지고, 어법과 문법도 모두 달라져 버렸어요. 국어사전 어휘 배열 순서도 다르잖아요. 예를 들어, 우리는 ㄱ 그다음에 ㄲ 나오고 ㄴ이 나오는데 북한 사전을 보면 ㄱ에서 ㅎ까지 다 나온 다음에 ㄲ, ㄸ 이런 식으로 나온단 말이에요. 두음법칙이라든지 이런 것도 살짝 다르고요. 어떻게, 어느 쪽으로 통일을 하는 거예요?

"남한 표준어와 북한 문화어의 어휘 문제가 컸다"

김재용 처음에는 편찬위원회에 참여한 남북의 모든 학자들이 어문규정에 꽤 신경을 세웠습니다. 두음법칙 등 통일해야 할 것들이 꽤 있었습니다. 하지만 몇 번 회의를 하면서 이것은 꽤 간단한 문제라는 것을 알 수 있게 되었습니다. 자모순이라든가 두음법칙의 문제들에 대해서는 남북이 각각의 주장과 근거가 있지만 사실 사전을 만들 때 이것들은 합의하기 나름이기 때문에 매우 예민한 대목이 아니었습니다. 기존의 관습이 누르는 무게가 크기 때문에 편찬위원들이 중압감을 느꼈지만 얼마 지나지 않아 이것들은 정치적 결정의 영역이라는 것을 알게 되었습니다. 차츰 만나면서 오히려 발견한 것은 남한 표준어와 북한의 문화어의 어휘 문제였습니다. 1936년 조선어학회에서 표준어를 만듭니다. 당시에는 하나의 사물에 대해 여러 지역에서 다르게 표현하는 어휘들이 많았습니다. 그런데 당시 조선어학회 편찬위원들은 이런 낱말들을 모두 사전에 담아내는 일은 곤란하다고 생각하고 하나의 대표 어휘를 상상하게 됩니다. 이것이 바로 '표준어'입니다. 경성의 중산층이 사용하는 교양 있는 어휘를 대표어로 간주한 것입니다. '매우'라는 표준어에 해당하는 전라도와 경상도 말이 많이 있습니다. 전라도에선 '많다'라고 할 때 '허벌나게 많다'고 하면서 '허벌나게'라는 부사를 사용합니다. 경상도에서는 '매우' 대신에 '억수로'라는 어휘를 사용합니다. '억수로 많다'라고요. 또 전라도 안에서도 어떤 지역은 '허벌나게'라는 어휘보다 '겁나게'라는 어휘를 사용합니다. 조선어학회 편찬위원들은 '억수로', '허벌나게', '겁나게', '매우'라는 어휘를 사전에 모두 수록하는 것은 부적절하다고 생각하고 서울 지역에서 사용하던 '매우'를 대표어로 선정해 이를 '표준어'라고 칭하고 배제한 다른 어휘는 '방언'으로 취급했습니다. 이 위계가 이후 작용해 우리 민족의 숱한 어휘들이 사라지는 사태가 벌어집니다. 당시 조선어학회 맞춤법 규정에는 작가들은 열렬하게 호응했지만 표준어 규정에 대해서는 반발이 적지 않았습니다. 좀 순한 이들은 사전을 만드는 이들의 고충을 이해하자고 하면서도 이 표준어 규정에 의해 배제된 어휘들을 문학 작품에서 일부러 살려 사용하곤 했습니다. 당시 조선총독부에서 만든 사전만 있고 우리 조선인들이 민간 차원에서 만든 사전은 없었기 때문에 이러한 조치에 대해서 토를 달지 않고 그냥 넘어갔던 것 같습니다. 하지만 또 다른 문학가들은 매우 완강하게 저항했습니다. 백석 같은 시인은 자신이 사용하던 평안도 어휘들이 졸지에 방언으로 폄하되는 것을 견디지 못하고 많은 시에서 어 어휘들을 시어로 살려 사용합니다. 이 문제는 해방 후 분단이 되면서 새로운 국면으로 나아갑니다. 처음에는 남북이 모두 과거 조선어학회 표준어 규정을 따랐지만 서울말에 근거를 둔 이 표준어에 딴죽을 걸기 시작하면서 북은 '문화어'라는 새로운 규정을 만듭니다. 북이 기반을 두고 있는 평안도와 함경도의 어휘들이 표준어 규정 탓으로 그동안 방언으로 취급당했는데 더 이상 이러한 규정을 받아들이기 어렵다고 생각해서 문화어라는 규정을 만들어 그동안 방언으로 취급했던 많은 평안도 어휘들을 문화어로 살려냅니다. 그렇게 되면서 남북의 어휘 유산들은 복잡한 양상으로 전개되어 갔습니다. 조선어사전 편찬위원들은 서울지역의 '거위'라는 어휘와 평안도의 '게사니'라는 어휘 중에서 '거위'는 표준어로 규정하고 '게사니'는 방언으로 간주했습니다. 그런데 북이 문화어라는 새로운 개념을 내세우면서 '게사니'를 '거위'와 마찬가지로 동등한 지위의 문화어로 올립니다. 이러한 수정 작업이 대대적으로 펼쳐지면서 남북의 어휘는 이질적인 양상이 한층 새롭게 전개되어 나갑니다. 이런 문제가 제기되면서 『겨레말큰사전』 편찬 사업은 차츰 규범에서 유산으로 이동하게 되었습니다. 그러다보니 그동안 이러저러한 이유로 사라졌던 어휘들을 찾아내는 작업이 이 『겨레말큰사전』 작업의 핵심적인 일이 되었습니다.

이재봉 교수님이 문학자로서 거기 들어가셔서 상당히 큰 역할을 하신 것 같군요.

김재용 지금은 제 스스로 조금 보람을 느끼고 있습니다.

"표준어는 서울, 문화어는 평양이 아니다"

이재봉 조금 전에 표준어와 문화어 얘기가 나왔는데, 남쪽의 표준어하고 북쪽의 문화어는 양쪽에서 중심이 되는 언어에요. 가장 큰 차이는 서울 사람들이 써온 말이냐 평양 사람들이 써온 말이냐, 그 차이인가요?

김재용 일반적으로 표준어는 서울, 문화어는 평양이라고 생각하기 쉬운데 이 문제는 매우 복잡합니다. 역사적으로 고찰하지 않으면 미궁에 빠질 수도 있는 그런 문제입니다. 처음에는 저 역시 표준어는 서울, 문화어는 평양이라고 쉽게 생각했는데, 이 사전을 만들면서 대한제국 이후의 우리말 어휘를 역사적으로 고찰하면서 이런 단순한 접근으로는 좀 더 나은 통합 미래 사전을 만들기 어렵다는 생각이 들었습니다. 그래서 '발본(拔本)적으로 접근하자'고 해서 근대 이후의 우리말 어휘를 살핀 것입니다. 일제하에서는 우리 어휘에 대한 방대한 수집 같은 것은 진행하지 못했습니다. 작가들 중심으로 문필가들이 일상생활에서 민중들이 사용하는 어휘들을 글로 옮기는 일이 전부였습니다. 그런데 조선총독부 사전에 맞서 우리 조선인 민간 차원에서 사전을 만들어야 한다는 위기의식이 강하게 작용해 만들어진 조선어학회 사전에서는 광범위한 어휘조사 대신에 사전 만드는 작업에 집중했습니다. 그러다보니 어휘를 제대로 수집할 수 없었죠. 물론 그 당시 어려운 조건을 생각하면 어휘 수집을 제대로 하는 것을 기대하기 힘든 대목도 있습니다.

표준어 제정을 계기로 우리 어휘들이 배제되는 의도하지 않은 결과가 그렇게 나온 것입니다. 사실 북에서 서울 중심주의를 비판하면서 문화어를 제정할 때 한 번의 기회가 생겼지요. 하지만 서울에 맞선 평양의 강조로 인해 근대 이후의 방대한 우리 어휘의 조사와 수집은 진행하지 못했습니다. 그러다 이번에 『겨레말큰사전』을 만들면서 우리 근대 어휘의 방대한 수집과 조사를 시작해보자는 것이 남북의 기대였습니다. 물론 만만치 않은 작업이지만 남북이 함께 하는 쉽지 않은 기회라 열의를 다하고 있습니다. 표준어와 문화어의 틀에 갇히지 않고 근대 이후의 우리 어휘를 체계적으로 작업하고 그 말뭉치를 만들어서 후손들에게 빛나는 보배를 물려주는 것이죠.

이재봉 맞춤법에 대해 한 가지 여쭙고 싶은데요, 문학 작품은 아니지만 거의 매일 글을 쓰다시피 하면서 고등학교 때부터 맞춤법에 상당히 신경을 써왔어요. 누구 못지않게 맞춤법은 자신 있다고 생각해왔는데, 그동안 우리 남쪽에서는 맞춤법이 여러 번 바뀌었습니다. 그래서 요즘도 나이 좀 드신 분들은 '-습니다' 하지 않고 '-읍니다'라고 표기한단 말이에요. 북쪽에서는 1960~70년대 맞춤법을 될수록 고치지 말자고 했다는 말을 들었습니다. 왜냐하면 우리가 분단돼 있지만 통일을 생각해서 언어 혼란을 최소화하기 위해 맞춤법을 될수록 고치지 말자고 했다는 거죠. 그게 사실인가요?

"이승만 개인 취향이 '한글간소화파동' 원인"

김재용 부분적으로 사실이고 부분적으로는 아닌 것 같아요. 북쪽도 맞춤법은 계속 바꾸었습니다. 남쪽에서는 '한글파동'(한글간소화파동)이라는 것이 있었습니다. 이승만이 일제 강점기에 미국에 있다 보니까 30년대 만들어진 맞춤법을 공부할 기회가 없었습니다. 이승만 머릿속에 있는 맞춤법이라는 것은 19세기말 20초에 선교사들이 했던 맞춤법이었습니다. 해방 후 와서 보니 식민지 조선에서 조선어학회가 만든 형태론적 표기가 적용되고 있는데 이것이 매우 낯설었죠. 그러니 자신이 잘 아는 표기법으로 바꾸자고 주장했죠. 당시에 국어학자들이 항의하는 바람에 결국 이승만이 항복했습니다. 그게 유명한 한글파동입니다. 그러니까 30년대 이후에 우리 어학자들이 만든 그 노고를 무시하고 국가 권력을 앞세워 이승만 개인의 취향대로 해버린 것이죠. 이런 의미의 변화가 북에는 없었다는 점에서는 부분적으로 맞습니다. 하지만 북에서도 맞춤법을 꽤 바꾸었습니다. 특히 인민들이 사용하기 편한 쪽으로요. 예를 들면, 의존명사 같은 경우 남에서는 조선어학회 규정대로 띄어쓰기를 하고 있습니다. 하지만 북에서는 인민들이 사용하기 불편하니 그냥 붙입니다. 이런 식의 변화는 계속 있었습니다.

이재봉 남북이 앞으로 같이 살게 될 때 글쓰기는 큰 문제가 없을 텐데, 말하기는 좀 문제가 있을 것 같아요. 요즘 우리 남쪽에 탈북민이 3만 명 정도 삽니다. 이 사람들이 가장 곤란한 게 남쪽에서 외래어를 너무 많이 쓴다는 거예요. 우리는 미국의 영향을 많이 받다보니까 영어식 외래어가 너무 범람하는데 혹시 북쪽에서는 중국이나 러시아 영향을 받으면서 그쪽 외래를 많이 쓰는 건 아닌가요?

김재용 남쪽이 압도적으로 많이 쓰고 있습니다. 작업을 할 때 외래어를 올리는 것을 보니 남쪽이 압도적으로 많습니다. 물론 러시아의 영향을 받은 외래어가 많습니다. 그런데 의외로 일본어도 있습니다. 예를 들면 '꼬뿌'(잔, 盞, cup) 같은 어휘입니다.

이재봉 북쪽에서 일본말을 오히려 많이 쓴다고요?

김재용 많이 쓰는 것은 아니지만 나온다는 것이죠. '꼬뿌'라는 말이 많이 나오는데 아세요?

이재봉 '컵'을 일본식으로 발음하니까 '꼬뿌'가 되는 거죠.

김재용 한국어는 초성, 중성, 종성이 있기 때문에 웬만한 외국 발음을 우리식으로 딱 맞춰 할 수 있는데 일본에서는 자모가 많지 않아 외국어를 옮기는 게 불편하죠. '크림'을 '구리무'라고 하고 '컵'도 '꼬뿌'라고 하죠. 그런데 북에서 이런 것을 만나니 좀 특이했습니다. 봉사원들이 너무나 자연스럽게 '꼬뿌'라는 말을 사용합니다. 남쪽에서는 듣기 어려운 어휘죠. 저는 어릴 때 이 말을 들은 적이 있지만 지금은 거의 듣기 어렵죠. 이런 것도 있습니다. 남북이 문서를 만들 때 남쪽에서는 '남북상호'(南北相互)라고 말하고 북쪽에서는 '남북호상'(南北互相)이라고 말합니다.

이재봉 북남호상(北南互相)이겠죠.

"남북한 모두 일본식 한자어 사용"

김재용 예, 맞아요. 역시 예리하십니다. '상호'는 일본식 한자어입니다. 일제 강점기 이전에는 우리도 '호상'이라는 말을 사용했습니다. 그런데 일제 강점기 이후 일본식 한자어의 영향을 받아 '상호'라는 어휘를 사용했습니다. 해방 후 남쪽에서는 그냥 '상호'를 사용하고 북쪽에서는 원래대로 '호상'을 사용했습니다. 이런 역사적 차이 때문에 남북의 정상이 만나면 '상호'와 '호상', 이렇게 다르게 사용하게 된 것입니다. 이처럼 우리말 어휘의 역사가 복잡합니다. 외래어 문제는 매우 복잡한 문제입니다.

이재봉 한자 얘기하시는데요. 재밌는 일화가 있어요. 1998년 처음 평양에 들어갈 준비를 할 때 중국에 있는 조선족 교수를 통해 편지를 보냈어요. 내가 이런저런 일로 평양에 가고 싶으니까 초청장을 보내 달라는 내용이었죠. 저는 우리가 영어를 밥 먹듯이 쓰고 있듯이 북쪽에서는 한자어를 많이 쓰지 않겠느냐 생각해서 토씨 빼놓고는 전부 한자로 썼어요. 그랬더니 조선족 중개인이 제 편지를 받아보고 전부 우리 한글, 조선글로 바꿨다고 하더군요. 북쪽에서는 정말 한자 안 쓰고 외국어 공부는 안 하나요?

김재용 우리가 사고를 표현할 때 개념어들은 많은 경우 일본어 번역을 통한 구미어(歐美語)입니다. 그런데 일본에서는 이러한 한자어가 매우 익숙하기 때문에 모든 구미어 개념을 한자어로 표현합니다. 이것을 우리가 다시 받아들이다 보니 그렇게 된 것 같습니다. 물론 북한도 개념어를 한자어로 사용하는 것이 일반적입니다. 하지만 인민과의 소통을 위해 구어체에서 온 어휘를 개념어로 사용하고자 하는 노력을 하고 있는 것 같습니다. 이런 점은 우리가 참고해야죠. 학자들이 특히 유의해야 할 것 같습니다. 우리 입말(구어, 口語)을 사용해도 사유를 표현할 수 있는 개념어를 만들 수 있다는 자신감과 노력이 중요한데 우리는 등한시하고 있는 것 같습니다. 아예 처음부터 고유어로 사유를 표현하려는 노력을 포기하고 일본에서 사용하는 일본식 한자를 사용하려는 것은 문제죠. 요즈음은 조금 나아지는 것 같기도 합니다만…….

이재봉 알겠습니다. 지금 계속 우리가 북한 쪽을 배워야 한다고 하시는데 상당히 친북적이군요. 북한을 배우자는 것은 종북이 되는 거죠. 우스갯소리고요. 문학자를 모셔놓고 자꾸 어학에 대해서 얘기하고 있는데, 『겨레말큰사전』 편찬위원을 하고 계시니까, 이제 문학 쪽으로 가볼까요. 선생님께서 북한문학에 대해 관심 갖고 또 전공까지 하게 된 계기가 무엇인가요?

"한국근대문학 연구에 북한문학은 필수"

김재용 한국근대문학을 본격적으로 공부하다보면 매우 당혹스러운 것 중의 하나가 일제 강점기 많은 작가들이 해방 후에 남한에 많지 않았다는 점입니다. 백석, 한설야처럼 원래 고향이 북쪽인 사람도 있지만 해방 후에 북으로 간 사람도 많았기 때문에 남쪽에는 작가들이 많지 않았습니다. 1950년대 김수영 시인은 '알맹이는 올라가고 쭉정이만 남았다'는 자조어린 말을 한 적도 있습니다만, 한국근대문학을 연구한 이들로서는 매우 당혹스러운 문제입니다. 결국 북한문학을 제대로 하지 않고서는 한국근대문학을 연구할 수 없다는 곤혹스러움에 처합니다. 백석을 일제 강점기 작품만 연구하고 북한에서 활동한 것을 보지 않는다면 백석에 대한 엄격한 연구라고 할 수 없을 것입니다. 바로 이 점이 북한문학을 연구한 계기라고 할 수 있겠죠.

이재봉 북한문학을 공부하시려면 기본적으로 북한 작품을 읽어야 하잖아요. 북한의 시와 소설 등을 엄청나게 읽으셨을 텐데, 그런 작품 소장하는 게 국가보안법 위반 아닌가요?

김재용 연구를 위한 소장은 불법이 아닙니다. 유포가 문제죠.

이재봉 그러면 가질 수는 있다고요? 이적표현물이라도?

김재용 예. 아주 모호한 규정이죠. 사실 제가 운이 좋았던 것은 북한문학을 공부하려고 할 무렵에 통일부 자료실이 본격적으로 열렸고, 거기에 북한문학이 굉장히 많았습니다. 그것을 보는 건 문제가 없었기 때문에 열심히 다녔죠. 엄청난 시간을 할애해 북한문학을 읽기 시작했습니다.

이재봉 그런 문학작품조차 개인적으로 보관하지 못한다는 말이에요? 그럼 북한에서 새로운 작품이 나오는 것을 대비해 주기적으로 통일부 자료실로 가시는 건가요?

김재용 서초동 국립중앙도서관에 북한 자료실이 있습니다. 예전에 비해 자료도 풍부해지고 접근도 용이합니다. 북한문학이 매년 들어와요. 그것만 잘 읽어도 북한문학의 면모를 파악할 수 있을 정도입니다. 물론 매우 제한된 범위입니다. 오히려 문제는 한국근대문학을 연구하는 이들이 선입관 때문에 그런 작품들을 보고 연구하지 않는다는 것이죠.

"남한에서 북한 소설『황진이』출간한 것은 획기적인 사건"

이재봉 한 달 전 황석영 소설가를 모시고 얘기 나누었는데요. 과거 남북교류가 활발해질 때 북한 작가 작품을 직접 우리 남쪽에서 출판한 경우가 있었잖아요. 그 중 가장 대표적인 게 아마 홍석중 선생의『황진이』[1]일 거예요. 저는『황진이』를 읽어보고 '이야, 여기서는 북한 냄새가 전혀 나지 않네, 물론 옛날이야기니까 그러겠지!'라는 생각을 했는데, 해설을 교수님이 쓰셨어요. 그 작품에 대해 학생들한테 얘기 해주실 수 있을까요?

김재용 북한문학 연구자로서는 아주 운이 좋은 경우였습니다. 북한문학을 읽다가『황진이』를 만났습니다. 처음 읽는 순간 남쪽에 이 작품을 알려야겠다는 생각이 들었습니다. 그래서 한 잡지에 이 작품에 관한 글을 썼는데 대훈서적 사장에게 연락이 왔습니다. 제 글을 보고 감동을 받아 이 책을 출판하

1.『황진이』(대훈서적, 2004) 북한의 중진작가 홍석중(洪錫中, 1941~)이 쓴 장편소설『황진이』(2002)이다. 2004년 대훈서적에서 두 권으로 나눠 발간했으며, 창비(창작과비평)가 제정해서 운영하고 있는 '제19회 만해문학상'을 수상했다. 북한 작품이 국내 문학상을 수상한 것은 분단 이후 최초다. 또한 정식 절차를 거쳐 남한에서 출간한 최초의 북한소설이며, 정식으로 인세를 지급하는 최초의 북한소설이다.『황진이』는 서경덕과 황진이의 사랑 이야기가 중심이 아니다. 화담 서경덕과의 만남은 자그마한 에피소드로 처리되어 있을 뿐이다. 작가는 조선 시대 사대부의 시각에서 전승되어오던 기존 줄거리를 허물고 황진사댁 하인 출신의 가공인물인 '놈이'를 내세워 기생 '황진이'와의 비극적인 사랑을 그려내고 있다. 또한 북한소설로는 보기 드물게 성애 장면을 거침없이 묘사하고 있다. 문학평론가 김재용 원광대 교수는 "서울의 표준어와 평양의 문화어 어휘들이 한 작가의 작품 속에서 기억을 통해 공존하고 있다는 것은 놀라운 일이자 남북의 언어와 문화 통합에서 범상한 일이 아니다"고 말했다. 박태상 한국방송통신대 교수는 "『황진이』는 북한의 문학 작품에서는 상상할 수도 없었던 노골적인 성애 장면이 여러 차례 나온다.『황진이』는 이런 장면들이 등장하는 최초의 북한소설일 것"이라고 말했다. 브라이언 마이어스 고려대학교 북한학과 교수는 "『황진이』는 북쪽에서 출판한 소설이면서도 남쪽 독자들이 부담 없이 읽을 수 있다는 데 커다란 의의가 있다"고 말했다. 한편 홍석중은 벽초 홍명희선생의 손자이며, 국어학자인 홍기문의 아들로서 할아버지가 완성하지 못한『임꺽정』마지막 부분을 손질한 것으로 알려져 있으며, 첫 장편소설『높새바람』도 남쪽에 소개된 바 있다.

겠다고 하더군요. 그 후에 출판사가 통일부 허락을 받아 북으로부터 출판권을 샀습니다. 출판 후에 남쪽 독자의 반응이 뜨거웠습니다. 어느 정도 짐작했지만, 그렇게 많이 팔리리라고는 예상하지 못했습니다. 남쪽 출판사가 주는 문학상도 받았고요. 이후 일본어, 중국어, 영어로 번역했습니다. 예상치 못한 반응이었습니다. 이후 영화사에서 영화로 만들었으니 당시 분위기를 짐작할 수 있습니다. 저는 이것을 '황진이현상'이라고 불렀습니다. 분단 이후 북의 작품이 남은 물론이고 세계로 나아갔다는 점은 획기적인 일이었습니다. 이 일을 계기로 작가 홍석중을 평양과 서울에서 직접 만나 이야기도 많이 했습니다. 이 작품을 소개할 때 두 가지 목적이 있었습니다. 하나는 남쪽의 독자들에게 '북한에도 문학이 있다'는 이야기를 하고 싶었습니다. 대부분의 남쪽 독자들은 북에도 문학이 존재하느냐고 묻습니다. 이 작품을 통해 북에도 문학이 존재한다는 사실을 알려주고 싶었습니다. 다른 하나는 북쪽의 작가들에게도 '남한 독자들이 존재한다'는 사실을 우회적으로 알려주고 싶었습니다. 영혼을 담아 작품을 진지하게 창작하면 남쪽의 독자들이 충분히 공감하고 감동을 받는다는 사실 말입니다. 이 작품이 남쪽에서 많이 읽히고 북으로 많은 저작료가 갔다는 사실을 통해 어느 정도 그 목적을 이루었습니다.

이재봉 알겠습니다. 그게 대략 10여 년 전이에요. 우리 학생들은 잘 모를 텐데, 여러분이 『임꺽정』 소설은 잘 아시죠? 홍석중 선생은 『임꺽정』을 쓴 홍명희의 손자입니다. 홍명희는 조선시대 3대 천재였고요. 그리고 북쪽에 가서는 부수상을 지낸 정치인이기도 해요. 그 손자가 『황진이』라는 소설을 썼는데, 북쪽 냄새가 전혀 나지 않는 아주 재미있는 소설이라는 거예요. 여러분, 인터넷에서 한 번 찾아 읽어보시기 바랍니다. 해설은 김 교수님이 하신 거예요. 교수님은 돈 좀 버셨어요?

김재용 전혀 못 벌었습니다. 출판업자가 준 돈은 원고료밖에 없었습니다.

그런데 그것과는 비교가 되지 않을 정도의 큰 선물을 받았습니다. 일단 홍석중 선생을 자주 만나서 이야기할 수 있는 기회가 생겼습니다. 평양을 갔을 때 이 소설을 매개로 여러 이야기를 할 수 있었고요. 또 홍석중 작가가 서울로 내려왔을 때 역시 많은 이야기를 할 수 있었습니다. 평양 때보다 더 많은 이야기를 했습니다. 이것이야말로 최고의 보답이었습니다. 또 하나 흥미로운 것은 이 사건 이후 북쪽의 작가들이 변했다는 점입니다. 즉, 남쪽 독자들이 어떤 것을 기대하는지를 알게 된 것입니다. 그리고 '문학이 무엇인가'라는 점을 새롭게 생각하게 되었다는 점이죠. 북한 작가들이 저에게 출판을 청탁해올 정도였습니다.

"진정한 북한문학은 당 아닌 인민의 지향을 따르는 것"

이재봉 알겠습니다. 그런데 북한에도 문학이 있느냐는 말을 많이 듣는데, 지금까지 북쪽에서 '문학예술'이라고 하면 우리가 생각하는 순수문학예술이라기보다는 선전선동의 도구라고 하는 게 적절하지 않겠어요? 우리는 선전선동을 부정적인 의미로 쓰지만 북쪽에선 당연한 것 아니에요? 그렇게 하다 보니까 이념적인 게 많이 들어가죠. '김일성 시대', '김정일 시대', 이제 '김정은 시대'로 오면서 문학사조라고 할까요, 뭐 좀 변화가 감지됩니까?

김재용 지도자가 바뀌면 그에 따라 문학의 방향이 바로 전환한다는 생각을 갖고 있지 않습니다. 북한문학은 곧 '당의 문학'이라고 생각하기 때문에 그러한 사고의 습관을 갖게 되는 것이죠. 정치에서는 그러하겠지만, 문학은 좀 다른 것 같습니다. 진정한 북의 문학은 당의 방침을 따르는 것이 아니고 인민의 지향을 따르는 것이라고 생각합니다. 그런 점에서 김정은 위원장이 들어선 이후 상당한 시간이 흐른 후에서야 일정한 변화가 드러나는 것 같아요. 대표적인 게 정현철(『삶의 향기』(1991), 『구기자꽃』 작가)의 장편소설인데요. 이 작품에는 고난의 행군 시절에 길거리에 나온 아이들을 데려다 키운 한 여인이 자신의 친자식과 남편 사이에서 겪는 갈등이 주를 이룹니다. 열 명이 넘는 아이들을 데려다 키우는데 사연이 좀 많겠습니까? 국가가 이들을 책임지지 못하기 때문에 한 여인이 개인적인 노력을 하게 됩니다. 국가로서는 매우 부끄러운 일이죠. 그런데 이런 것을 쓸 수 있다는 것은 대단히 중요한 변화입니다. 인민들이 직접 겪는 아픔과 고통을 문학이 다루어야 한다는 생각이 없으면 이런 구상을 처음부터 할 수 없는 것이죠. 물론 고난의 행군이라는 것이 김정은 시대의 일이 아니고 김정일 시대의 일이라는 것도 감안해야 하겠지만, 이런 작품을 쓸 수 있다는 것은 매우 의미 있는 변화라고 할 수 있습니다. 앞선 시대에 대한 애도와 더불어 새로운 시대의 차별성을 확인할 수 있는 작품입니다. 당과 수령을 신비화시켜서는 인민으로부터 진정한 지지를 받을 수 없다는 자기성찰의 결과라고 할 수도 있을 것 같네요.

이재봉 김정은 시대 들어와서 나온 것 아니에요? 자유화라고 할까요, 그런 게 조금씩 일어나는 것 같고, 또 하나는 어떤 자신감 같은 게 아닐까요? 탈북민들이 1990년대 중반 김정일 시대에 많아졌다가 김정은 시대엔 늘어나지 않고 있어요. 그런 면에서 자기 선대(先代)를 욕하는 것이지만 자기는 잘못이 없다, 또 김일성·김정일은 신과 같은 존재였는데 김정은은 그런 것도 아니다, 이제 문학 작품에서도 이런 모습이 보인다는 것이죠?

"문학문학에 '애도'와 '차별'이 나타나는 것은 변화의 모습"

김재용 예, 저는 그렇게 표현합니다. 애도와 차별이다. 김정은은 어떻게 보면 자기 선대에 대해 애도를 하면서 동시에 차별도 꾀하고 있다고 볼 수 있겠죠.

이재봉 요즘에는 호기심이나 관심을 가질 수 있는 연애소설 같은 것도 많이 나오나요?

김재용 네, 연애소설 쪽은 나왔던 것 같아요. 단지 연애를 다루는 방식이 좀 달라지는 것일 뿐이죠.

이재봉 데이트를 하더라도 나는 앞으로 수령을 위해서 몸을 바치겠다는 식의 대사가 나왔는데, 아무튼 연애하는 장면은 계속 나왔지요. 그런데 요즘은 연애 장면이 좀 노골적으로 묘사되지 않아요? 우리말로 좀 야하다고 할까요? 그런 성적인 장면도 많이 나옵니까?

김재용 아까 말씀드렸던 홍석중 소설이 이 방면에서는 압도적이죠. 물론 조선시대 기생을 통해서 묘사한 것이지만 이전의 북한 역사소설이나 다른 소설에서는 상상하기 힘든 것들이죠. 홍석중의 성애(sexuality) 묘사는 당시 북의 독자들에게 적지 않은 충격을 준 모양입니다. 하지만 이에 대해서 북의 평론이나 담론에서는 전혀 언급하지 않는 점도 매우 흥미로운 대목입니다. 인민들은 이 소설을 이런 차원에서도 읽고 있지만 평론가들은 아예 언급하지 않는 기묘한 상황이지요. 그런데 최근 여성소설에서 볼 수 있는 것은 성차(性差, gender)의 강화입니다. 성차 부분은 굉장히 바뀐 것 같아요. 북한의 문학은 물론이고 북의 사회를 직접 보게 되면서 매우 놀라운 일 중의 하나는 여성 해방의 문제가 생각보다 매우 더디다는 점이었습니다. 해방 후 북에서는 남녀평등법을 만들 정도로 이 대목을 강조했지만 어느 순간보다는 여성의 해방 문제가 다른 의제에 밀려 나갔다는 점입니다. 국가가 강화되면서 여성 문제가 뒤로 미루어진 것이 아닌가 생각합니다. 초기 여성 해방의 의제가 국가동원으로 수렴되는 양상도 벌어지고요. 하여튼 북쪽 사회를 직접 만나고 겪게 되면서 이 대목이 놀라웠습니다. 남쪽에서는 여성의 진출이 두드러지고 목소리가 높아진 반면에 오히려 북쪽에서는 사회적으로 미약하다는 것이죠. 그리고 최근 10년 동안의 작품을 보게 되면 여성 작가의 진출이 매우 뚜렷합니다. 그리고 이들 작품에는 '에코페미니즘'(Ecofeminism, 생태여성주의)이라고 부를 수 있을 정도의 작품도 있습니다. 남성들이 국가의 동원과 생산력의 증가에 몰두한 반면 여성들은 생태를 고려하는 작품도 나오고 있습니다. 최근 '북한 여성문학'에 대한 책을 집필하고 있는데, 이러한 현상에 고무된 바가 적지 않습니다. 북의 여성문학은 매우 주의 깊게 들여다볼 대목인 것 같습니다.

이재봉 북한 여성에 관해 공부하면서 조금 혼란을 느낀 게 있어요. 사회주의 사회니까 남녀평등이 제도적으로 잘 이루어진 사회 아니겠느냐는 것이었는데, 공적인 면에서는 당 생활이니 직장 생활에서 남녀평등이 잘 이루어져 왔어요. 그러나 가정에서는 그게 아니잖아요. 우리 남쪽은 호주제를 폐지했어요. 북쪽에는 여전히 남편을 세대주라고 하지 않습니까. 그러한 용어에서부터 가부장적인 냄새가 상당히 강한데 그게 이젠 계속 옅어지고 있다는 것 아니에요?

김재용 옅어지는 것인지 정확히 모르겠습니다만, 문학에서는 굉장히 강한 것 같아요.

이재봉 이제 남녀평등 차원에서는 아주 좋은 또는 바람직한 현상이라고 할 수 있겠죠.

김재용 남북 여성들의 해방은 각기 다른 역사적 맥락에서 진행되고 있지만 매우 바람직한 방향으로 나아가고 있는 것 같아요.

'먼 통일'보다 '가까운 통합'이 더 적절하다

이재봉 그럼 언어도 점점 접점을 찾는 것 같고 선생님이 참여하시는 『겨레말큰사전』을 통해 문학도 점점 차이가 좁혀지는 것 같습니다. 앞으로 통일로 나가도 큰 혼란이 일어나지 않겠군요. 그런데 교수님한테는 통일이 어떤 의미입니까?

김재용 어려운 질문입니다. 통일 관련 질문을 가끔 받는데요. 요즘에는 '통일'이라는 말보다는 '통합'이라는 말을 더 많이 사용하고 있습니다. 왜냐면 어차피 남북의 최대 과제는 합해지는 것보다 전쟁하지 않고 공존할 수 있는가, 이게 나에게는 최대 과제인 것 같아요. 그러니까 남북이 한자리에 만나고 같아지는 것, 그렇게 되면 너무 좋겠지만, 그것은 멀리 있는 이야기인 것 같고, 그래서 지금 제1의 당면 과제는 어쨌든 이 땅에서 전쟁만은 하지 말아야 한다, 무슨 일이 있어도, 만나든 안 만나든, 안 만나더라도 전쟁은 하지 말아야 한다고 생각합니다. 다르게 말하면 '평화체제'를 만들어야 한다는 것입니다. 지금 조금 아쉬운 것은, 당사자가 미국과 북한이기 때문에 어쩔 수 없습니다만, 어쨌든 무엇이 어떻게 되더라도 결과적으로는 전쟁만 하지 않으면 좋은 것이라고 생각해요. 그러니까 '어떤 전쟁보다도 평화가 중요하다'고 봅니다. 이것을 평화 측면에서 보면 '공존'이 되기 때문에 그 공존에 맞는 평화가 필요하다고 생각합니다. 남북의 평화적 공존에 맞는 평화는 통일보다는, 그러니까 '먼 통일'보다는 '가까운 통합'이 적절할 것 같아 요즘에 통합이란 말을 쓰고 있습니다. 통합을 한다는 것은 또 중요한 의미가 있습니다. 남북한을 연구하는 정치학자는 정치적 정의(시선)에서 보려는 버릇이 있고 지금은 그게 사회의 버릇이 돼버렸습니다. 하지만 나는 문학을 하기 때문에 좀 낙천적인 차원에서 생각을 합니다. 이재봉 교수님은 정치학을 하시면서도 폭이 넓습니다. 일반적으로 정치학을 하는 분들은 그렇지 않습니다.

이재봉 이 부분은 선생님과 제가 일치하는 것 같아요. 우리가 같이 살든 떨어져 살든 전쟁만큼은 일어나지 않도록 해야 된다는 것, 무슨 일이 있어도 전쟁은 일어나지 않으면서 점진적으로 통합해 나가자고 하는데, 이 과정에서 문학 또는 문학인의 역할은 어떤 게 있을까요?

김재용 북한문학에 관한 글을 쓰다 보니 많은 사람들이 북한에도 문학이 있냐고 묻습니다. 그런데 홍석중의 『황진이』란 작품이 남에 소개되기 이전만 해도 저가 아무리 설명해도 잘 이해를 하지 못했습니다. 워낙 북의 문학이란 당의 문학이라는 선입관이 강해서 그렇죠. 그런데 홍석중의 『황진이』가 남에서 출판된 이후에는 매우 편해졌습니다. 북의 문학이 당의 문학만은 아니라는 것을 이 작품을 읽고 납득하기 시작한 것이죠. 참으로 다행입니다. 그리고 많은 독자들이 놀라는 것은 홍석중 작가의 언어 능력입니다. 우리말을 잘 다룰 뿐만 아니라 풍부한 어휘력을 갖고 있기 때문이죠. 북의 문학을 소개한 저로서는 그런 점에서 홍석중 작가에게 고마울 따름입니다. 그가 아니었더라면 여전히 곤혹스러운 상황에 처해 있었을 것입니다. 그런데 당시 이 책의 출판 상황을 돌이켜보면 생각되는 바가 많습니다. 이 책의 의미를 소개하는 글을 썼을 때 서울에 있는 주요 출판사에서는 아무런 관심이 없었습니다. 창작과비평, 문학동네, 민음사, 문학과지성 등 주요 출판사에서는 아무런 관심을 가지지 않았습니다. 그런데 대전의 한 조그마한 출판사에서 연락을 주어서 결국 출판에 이르게 되었습니다. 이후 이 책이 폭발적인 인기를 얻은 후에서야 주요 출판사들이 관심을 가졌죠. 창작과비평사에서 주관하는 만해문학상에서는 이 작품에 상을 수여했죠. 그 영세한 지방 출판사 북의 문학에 대한 관심이 없었더라면 황진이 현상은 일어나지 않았을 것입니다. 그런 점을 생각할 때 남북의 통합은 아주 작은 일에서 일어나는 것 같아요. 최근 6.15민족문학협회[2]를 재결성했습니다. 진보의 한국작가

---

2 6·15민족문학협회 6·15민족문학인협회 결성은 2005년 7월 평양에서 열린 '6·15민족문학인대회'에서 남북 문인들이 모여 합의한 사항이다. 당시 남쪽과 북쪽 문인들은 △6·15민족문

회의와 보수의 한국문인협회를 중심으로 여러 문학 단체가 함께 모여 만든 단체입니다. 작가들은 남북 통합 문제에 대해서는 진보와 보수가 없을 정도로 남쪽 내에서 통합되어 있습니다. 물론 작가들이기 때문에 가능한 일이기도 하지만 홍석중의 『황진이』 같은 작품이 없었다면 불가능한 일이었겠죠. 이런 점들을 고려할 때 남북의 문화적 통합이라는 것은 꾸준하게 진행해야 할 것 같아요. 문제는 이 방면 전문가들의 꾸준한 관심이겠죠. 그런 것들이 없다면 대중적, 시민적 차원의 소통 기회도 제대로 얻기 어려울 것입니다. 그런 점에서 근대 이후 한국문학 연구자로서 큰 소명의식을 느낍니다.

"남북 통합은 아주 작은 일에서 일어나는 것 같다"

이재봉 아, 좋습니다. 그 말씀 듣고 한 가지 더 질문하고 싶군요. 얼마 전에 문학인 모임이 있었는데요. 어떤 기자가 '최초의 좌우 작가들 모임'이라고 표현했어요. 남북 사이에도 그런 모임이 있었잖아요. 남북작가회의인가? 거기서 『통일문학』이라는 잡지를 펴내기도 했잖아요. 그것을 우리 남쪽에서 계속 펴내지 못한 것 같은데요.

김재용 예, 2005년 6.15민족문학협회가 생겼고 기관지로 『통일문학』 잡지를 발간했습니다. 1, 2호를 내고 3호까지 만들었습니다만 남쪽에 배포한 것은 1, 2호뿐이었습니다. 당시 남측 편찬위원으로 관여했는데, 잘 아시다시피 남북 관계가 냉랭해지면서 이것도 구실을 제대로 하지 못했습니다. 그래서 얼마 전에 이를 새롭게 살려본다는 차원에서 6.15민족문학협회를 재결성하게 되었습니다. 그리고 남쪽 편찬위원을 각 단체 대표들로 구성했습니다. 과

학인협회 결성 △협회 기관지 『통일문학』(가제) 발간 △'6·15민족문학상' 제정 등을 합의했다. 이후 남북 양쪽은 개성과 금강산을 오가며 실무회담을 진행해 단일 조직 결성에 합의했다.

거 잡지 편찬위원이었던 이유로 이번에는 남측 편찬위원장을 맡았습니다. 과거에는 말석이었다가 지금은 위원장을 맡은 셈이지요. 책임을 느낍니다.

이재봉 고참이 되었으니까요! 꼭 추진해주시기 바랍니다. 우리 학생들한테 질문 기회 드릴게요.

유진웅 역사문화학부 고고미술사학과 2학년 유진웅입니다. 우리는 흔히 근대소설의 시초를 친일파 이완용 비서 이인직이 쓴 『혈의 누』를 언급하는데, 북한에서도 그런 식으로 근대소설의 효시라고 가르치는지요? 근대소설의 효시는 따로 있다고 주장하는 사람도 있다고 들었습니다. 북한에서도 서정주 같은 시인을 가르치는지 궁금합니다. 우리가 흔히 두음법칙을 쓰는 것은 일제가 칙령으로 두음법칙을 쓰게 해서 그때부터 반벙어리가 됐다는 주장도 있던데, 북한에서는 두음법칙을 적용하지 않는 게 조선어학회를 따르기 때문인가요?

김재용 고맙습니다. 아주 흥미로운 질문을 많이 하셨네요. 우선 이인직 문제입니다. 이인직 작가를 한국 근대소설의 첫 머리에 두는 문제는 남쪽 내에서도 의견이 분분해요. 이인직의 『혈의 누』를 근대소설의 처음으로 두자는 사람도 있고, 다른 작가와 다른 작품을 주장하는 이도 있습니다. 북쪽의 경우 과거에는 이인직을 아예 다루지 않았습니다. 1960년대 중반 잠깐 다룬 적은 있습니다만, 아주 잠시였습니다. 그런데 최근에 와서 이인직을 적극적으로 다룹니다. 단지 친일을 다룬 작품은 경시하고 그 대신에 반봉건적인 측면은 아주 강조합니다. 이인직은 봉건에 대한 비판의식이 아주 강한 작가였습니다. 둘째는 서정주인데요. 서정주는 해방 이후 남쪽에서 활동했기 때문에 북쪽에서는 거의 다루지 않았습니다. 그런데 최근에는 근대문학의 유산을 넓히면서 서정주도 아주 부분적으로 다룹니다. 조선어학회도 두음법칙을 지키자고 했습니다. 그러니 북쪽의 입장은 조선어학회와는 별 관계가 없는 독자적인 판단입니다.

장세훈 역사문화학부 3학년 장세훈입니다. 역사학도이다 보니까 아무래도 오래된 용어 같은 게 많이 걸리는데요. 실제로 광복 이후든 아니면 일제강점기든 또 조선시대 때든 '인민', '동무'라는 말들이 좋은 뜻이었고, 많이 사용했지만 현재는 이념 또는 대립 관계 때문에 남한에서는 통용하지 않는 금기어처럼 돼 있습니다. 앞으로 남북한이 『겨레말큰사전』을 공동 편찬하게 된다면 '국민', '친구' 또는 '인민', '동무' 등에 대해 어떤 방향으로 통합이 될 것인지 여쭤보고 싶습니다.

김재용 아주 좋은 질문입니다. 말씀하신 네 어휘는 해방 후에 남북에서 만든 어휘가 아니고 근대 이후 줄곧 사용하던 낱말입니다. 단지 분단되면서 남북이 서로 의식하면서 사용하거나 사용하지 않은 것일 뿐입니다. 근대 한국어 말뭉치를 조사하면 이런 것이 자주 나옵니다. 『겨레말큰사전』에서는 이러한 용례를 역사적으로 보여줌으로써 불필요한 이질성을 극복하고자 합니다.

윤정식 대구에서 온 윤정식입니다. 교육 관련 책을 전반적으로 내는 도서출판 살림터 이사로 있고, 시민사회단체(NGO)에서 지방 분권 운동을 하고 있습니다. 홍석중의 『황진이』라고 하는 대어를 낚았습니다만, 황진이뿐만 아니라 월북 작가인 민촌(民村) 이기영(李箕永) 선생과 작품도 연구 대상으로 많이 다루고 있는지요?

"민촌 이기영은 근대문학과 겨레말큰사전의 핵심 인물"

김재용 아이고, 멀리 대구에서 오셨다니까 답변을 더 치밀하게 해야 되겠네요. 앞에서 말씀드린 것처럼 북한문학을 공부한 계기가 월북 작가 연구였다고 했습니다. 일제 강점기 중요한 작가들 중 해방 후에 북에서 활동한 작가들에 대한 것은 필수적이었죠. 그런데 이전에는 일제 강점기에 한정해서 연구하고 그 이후에는 하지 않았습니다. 저로서는 이러한 태도를 도저히 받아들일 수 없었습니다. 일제 강점기 문학을 제대로 연구하기 위해서라도 북한에서 했던 활동도 당연히 연구해야 하기 때문이죠. 그런 작가 중에 가장 궁금하고 처음으로 연구한 작가가 이기영이었습니다. 왜냐하면 이기영은 카프(조선프롤레타리아예술가동맹, KAPF, Korea Artista Proleta Federacio) 소설가 중에서 가장 중요한 작가였기 때문입니다. 카프를 연구하지 않고서는 근대문학을 제대로 파악할 수 없고, 카프를 연구하자면 이기영을 빼고는 생각할 수 없습니다. 그렇기 때문에 이기영을 처음 연구했습니다. 『겨레말큰사전』과 관련해서 이기영은 매우 중요한 존재입니다. 이기영은 조선어학회 표준어 제정 이후에도 표준어에 구애(拘礙)되지 않고 독자적으로 농민, 특히 충청도 농민이 쓰는 언어를 많이 사용했습니다. 그렇기 때문에 이기영의 전체 작품에 드러난 어휘들을 조사하면서 그동안 남과 북의 사전에 올라 있지 않던 많은 어휘들을 발견하게 됩니다. 우리 어휘, 특히 농민 어휘의 보고이죠. 그런 점에서 이번 『겨레말큰사전』에서도 민촌 이기영은 핵심적인 인물입니다.

추연중 역사문화학부 1학년 추연중입니다. 『겨레말큰사전』을 배포한다면 남북한 모두 국어적인 면에서 큰 변화가 생길 것 같습니다. 남한의 경우 수능이나 국어교육에 매우 큰 변화가 있을 것 같은데, 사전 배포 이후 남북한의 국어교육 방침에 대해 얘기가 나온 게 있는지 궁금합니다.

김재용 앞에서 말씀드린 것처럼 『겨레말큰사전』은 규범사전이 아니고 유산사전이라고 했습니다. 그런데 국어교육은 철저하게 규범에 기초해 있기 때문에 이 유산사전과는 거리가 있습니다. 그렇기 때문에 국어교육에서는 직접적으로 이어지지 않습니다. 하지만 근대 사전의 편찬 과정에서 우리 어휘가 어떻게 등재되었는지, 특히 남쪽의 표준어와 북쪽의 문화어가 어떻게 형성되었는가를 보는 측면에서는 매우 유용할 것이라고 생각합니다. 그래야만 표준어와 문화어를 넘어서는 새로운 공통어에 대한 인식을 가질 수가 있기 때문입니다. 국어교육을 학교라는 울타리에서 벗어나 일상의 삶의 차원가지 넓혀서 본다면 이 사전은 결정적으로 중요합니다. 대한제국 이후 한 번도 이런 조사 작업을 한 적이 없으니까요. 이 사전이 잘 나온다면 남북 주민의 언어생활에 획기적인 계기를 줄 것이라고 기대합니다.

 이재봉 고맙습니다. 오늘은 북한의 언어와 문학에 대해 공부해봤습니다. 지금까지 두 시간 동안 쉬지 않고 좋은 말씀을 해주신 김재용 교수께 큰 박수 보내면서 끝내겠습니다.

김재용(金在湧)
연세대 영문학과, 연세대학원 국어국문학과를 졸업했다. 한국근대문학과 세계문학을 전공했으며, 현재 원광대학교 국어국문학과 교수로 재직하고 있다. 저서로 『민족문학운동의 역사와 이론』, 『북한문학의 역사적 이해』, 『분단구조와 북한문학』, 『한국 근대민족문학사』, 『협력과 저항』, 『세계문학으로서의 아시아 문학』, 『풍화와 기억』 등이 있다.